Pflichten zum Compliance-Management in der konzernfreien Kapitalgesellschaft und im Konzern

Intradisziplinäre Forschung zur Compliance
Studien zur Rechtsentwicklung und -praxis

Herausgegeben von Andrea Lohse, Roman Seer und Katharina Uffmann

Band 9

Zur Qualitätssicherung und Peer Review der vorliegenden Publikation

Die Qualität der in dieser Reihe erscheinenden Arbeiten wird vor der Publikation durch Herausgeber der Reihe geprüft.

Notes on the quality assurance and peer review of this publication

Prior to publication, the quality of the work published in this series is reviewed by editors of the series.

Jens Hausmanns

Pflichten zum Compliance-Management in der konzernfreien Kapitalgesellschaft und im Konzern

PETER LANG

Bibliografische Information der Deutschen Nationalbibliothek
Die Deutsche Nationalbibliothek verzeichnet diese Publikation in der Deutschen Nationalbibliografie; detaillierte bibliografische Daten sind im Internet über http://dnb.d-nb.de abrufbar.

Zugl.: Düsseldorf, Univ., Diss., 2017

D 61
ISBN 978-3-631-76164-9 (Print)
E-ISBN 978-3-631-76504-3 (E-PDF)
E-ISBN 978-3-631-76505-0 (EPUB)
E-ISBN 978-3-631-76506-7 (MOBI)
DOI 10.3726/b14544

Peter Lang – Berlin · Bern · Bruxelles · New York · Oxford · Warszawa · Wien

Diese Publikation wurde begutachtet.

www.peterlang.com

Meinen Eltern

Vorwort

Die vorliegende Arbeit wurde im Wintersemester 2017/2018 von der Juristischen Fakultät der Heinrich-Heine-Universität Düsseldorf als Dissertation angenommen. Die Disputation hat am 17.10.2017 stattgefunden.

Mein besonderer Dank gilt meinem Doktorvater, Herrn Univ.-Prof. Dr. Ulrich Noack, für die Betreuung und Förderung dieser Arbeit. Herrn Prof. Dr. Lutz Strohn, Richter am Bundesgerichtshof a.D., danke ich für die Erstellung des Zweitgutachtens.

Bedanken möchte ich mich zudem bei Frau Univ.-Prof. Dr. Andrea Lohse, Frau Univ.-Prof. Dr. Katharina Uffmann und Herrn Univ.-Prof. Dr. Roman Seer für die Aufnahme meiner Arbeit in die Schriftenreihe „Intradisziplinäre Forschung zur Compliance – Studien zur Rechtsentwicklung und -praxis".

Ganz herzlich bedanke ich mich schließlich bei meinen Eltern, meiner Schwester und Eva-Marie für den uneingeschränkten Zuspruch während der Erstellung dieser Dissertationsschrift. Meinen Eltern, denen diese Arbeit gewidmet ist, danke ich ganz besonders für ihre bedingungslose Unterstützung und die liebevolle Förderung meines bisherigen Lebensweges.

Düsseldorf, Essen, Niederkrüchten, im Juli 2018

Jens Hausmanns

Inhaltsverzeichnis

Abkürzungsverzeichnis ... 21

A Einleitung ... 27

I Anlass der Untersuchung und Problemaufriss ... 27

II Gang der Darstellung ... 29

B Compliance – eine Begriffsbestimmung ... 31

I Herkunft, Übersetzung und Verwendung des Wortes Compliance ... 31

II Erste Definitionsversuche und Anfänge in der Rechtswissenschaft ... 32

III Spezialgesetzliche Compliance-Regeln (insbesondere im Bankenrecht) ... 33

IV Definitionen im DCGK und im IDW EPS 980 ... 35

V Normative Vorgaben im Rahmen von Compliance-Systemen ... 36

1 Vertragliche Verpflichtungen als normative Vorgaben im Compliance-Management ... 37

2 Stellungnahme ... 38

VI Drei grundlegende Bestandteile von Compliance ... 39

VII Zielrichtungen und Nutzen eines Compliance-Management-Systems ... 40

1 Die Schadensprävention ... 40

2 Der Reputationsschutz ... 43

3 Zusammenfassung der Ziele von Compliance ... 43

VIII Ein abschließender Definitionsvorschlag ... 44

C Entwicklung von Compliance im Lichte der Causa Siemens ... 45

I Die Affäre innerhalb der Siemens AG ... 45

1 Der Aufbau des „Korruptionssystems“ ... 46

2 Die Folgen des Siemens-Skandals 47

II Die Auswirkungen des Siemens-Falles auf die Entwicklung von Compliance in der deutschen Wirtschaft 49

D Die gesetzlichen Compliance-Pflichten der Organe in der konzernfreien Kapitalgesellschaft und im Konzern 51

I Rechtspflichten im Zusammenhang mit Compliance in der konzernfreien Gesellschaft 51

1 Die gesetzlichen Compliance-Verpflichtungen der geschäftsführenden Organe in der Einzelgesellschaft 51

a) Spezialgesetzlich normierte Compliance-Inhalte 52

aa) Rechtsanalogie zu spezialgesetzlichen Vorschriften zur Begründung einer allgemeinen Compliance-Pflicht 52

bb) Prüfung der Voraussetzungen einer analogen Anwendung der branchenspezifischen Vorschriften 54

(1) Planwidrige Regelungslücke 54

(2) Rechtsähnliche Lage (Vergleichbarkeit der Sachverhalte) 55

(3) Verallgemeinerungsfähiger Rechtsgrundsatz 56

(4) Ablehnung der Rechtsanalogie zu den branchenspeziellen Normen 57

b) Die Aufsichtspflicht in Betrieben und Unternehmen innerhalb des OWiG 57

aa) Mittelbare Compliance-Pflicht aus § 130 OWiG 58

(1) Der Normzweck des § 130 OWiG 59

(2) Der Begriff des Inhabers i. S. v. § 130 OWiG und die Unternehmensgeldbuße nach § 30 OWiG 59

(3) Die Voraussetzungen des § 130 Abs. 1 Satz 1 OWiG 61

(4) Die erforderlichen Aufsichtsmaßnahmen i. S. v. § 130 Abs. 1 Satz 1 OWiG 61

bb) § 130 Abs. 1 Satz 1 OWiG ist keine brauchbare Grundlage einer allgemeinen gesetzlichen Compliance-Pflicht 63

c) Gesellschaftsrechtliche Compliance-Verpflichtungen 65
aa) Ziffer 4.1.3 DCGK als Basis einer Compliance-Rechtspflicht 65
bb) § 91 Abs. 2 AktG als Compliance-Grundlage 67
(1) § 91 Abs. 2 AktG als Grundlage einer gesetzlichen Compliance-Pflicht 68
(2) § 91 Abs. 2 AktG taugt nicht zur dogmatischen Herleitung einer gesetzlichen Compliance-Pflicht . 69
(3) Stellungnahme und Auslegung des § 91 Abs. 2 AktG 71
(a) Grammatikalische Auslegung 71
(b) Historische Auslegung 73
(c) Teleologische Auslegung 74
(d) Ergebnisse der Auslegung 74
(4) Die Begriffe Risikofrüherkennungssystem, Risikomanagementsystem und Compliance 74
cc) §§ 76 Abs. 1, 93 Abs. 1 AktG als Grundlage von Compliance 75
(1) Die Pflicht zur sorgfältigen Unternehmensleitung und deren Inhalte 76
(a) Die Legalitäts- und Organisationspflicht als Bestandteile der Pflicht zur sorgfältigen Unternehmensführung 78
(aa) Die organschaftliche Legalitätspflicht 78
(aaa) Interne und externe Pflichtenbindung 79
(bbb) Die Legalitätspflicht und „nützliche“ Rechtsverletzungen 79
(ccc) Grenzüberschreitende Schmiergeldzahlungen 80
(ddd) Verletzung von vertraglichen Verpflichtungen der Gesellschaft gegenüber Dritten 81
(eee) Zusammenfassende Aspekte zum Legalitätsprinzip 83

(bb) Die organschaftliche Organisationspflicht ... 83
(aaa) Die horizontale und vertikale Unternehmensüberwachung als Teil der organschaftlichen Organisationspflicht ... 84
(bbb) Die Ausgestaltung der Überwachungspflicht ... 85
(b) Compliance als Teil der sorgfältigen Unternehmensführung ... 86
(aa) Keine generelle Verpflichtung zur Einrichtung eines Compliance-Systems ... 88
(bb) Compliance-Rechtspflichten aus §§ 76 Abs. 1, 93 Abs. 1 AktG ... 90
(aaa) Absolute Compliance-Rechtspflicht ... 91
(bbb) Relative Compliance-Rechtspflicht ... 92
(ccc) Auswahlermessen trotz Compliance-Pflicht ... 93
(cc) Zusammenfassendes Zwischenergebnis ... 93
(aaa) Gemeinsamkeiten und Unterschiede der verschiedenen Ansichten im Vergleich ... 94
(bbb) Stellungnahme ... 95
(dd) Endergebnis zu Compliance als Teil der sorgfältigen Unternehmensführung ... 99
(2) Folgen aus den §§ 76 Abs. 1, 93 Abs. 1 AktG für die Compliance-Thematik ... 100
(a) Die Compliance-Risikoermittlungspflicht ... 101
(b) Die Compliance-Risikobewertungspflicht ... 105
(c) Die Compliance-Entscheidungspflicht ... 106
(d) Die Entscheidungen zum „ob“ und „wie“ von Compliance ... 106

(aa) Die Business Judgment Rule aus § 93 Abs. 1 Satz 2 AktG 108
(aaa) Entstehungsgeschichte und Zweck der Business Judgment Rule 108
(bbb) Die unternehmerische Entscheidung im Rahmen der Business Judgment Rule 110
(ccc) Das Handeln zum Wohle der Gesellschaft 111
(ddd) Das Handeln ohne Sonderinteressen und sachfremde Einflüsse 112
(eee) Angemessene Informationsgrundlage 113
(fff) Die relevante Beurteilungsperspektive 114
(ggg) Die Gutgläubigkeit des jeweils handelnden Organs 116
(bb) Abschließende Bewertung des Zusammenhangs zwischen den Compliance-Entscheidungen und der Business Judgment Rule 117
(e) Grundsätze zur maßgeblichen Darlegungs- und Beweislast 118
(aa) Die Beweislastverteilung i. R. v. § 93 Abs. 2 Satz 1 AktG 118
(bb) Die Beweislast im Rahmen eines Haftungsprozesses wegen unzureichender Compliance 120
(f) Die Compliance-Dokumentationspflicht 121
(aa) Die Obliegenheit zur Compliance-Dokumentation 121
(bb) Informationsspeicherungspflicht und BGH-Rechtsprechung 123
(cc) Dokumentationsverantwortung – insbesondere im IDW PS 980 124

(dd) Die Compliance-Dokumentationspflicht aus §§ 76 Abs. 1, 93 Abs. 1 AktG 125
(ee) Der inhaltliche Umfang der Compliance-Dokumentation 126
(3) Resümee der Compliance-Verpflichtungen der geschäftsführenden Organe aus §§ 76 Abs. 1, 93 Abs. 1 AktG 127
dd) § 43 Abs. 1 GmbHG als Grundlage von Compliance ... 128
2 Ergebnisse zu den Compliance-Pflichten in der konzernfreien Kapitalgesellschaft 129

II Gesetzliche Compliance-Pflichten im Konzern 130
1 Compliance-Pflichten der Konzernmuttergesellschaft 131
a) Spezialgesetzliche Compliance-Regelungen mit Konzernbezug 131
b) Die ordnungswidrigkeitsrechtliche Aufsichtspflicht nach § 130 OWiG mit Blick auf den Konzern 132
aa) Zwei Praxisbeispiele zu konzernweiten Aufsichtspflichten 133
(1) Bußgeldbescheid gegen die Siemens AG der Staatsanwaltschaft München I 133
(2) Bußgeldverfahren gegen die Etex Holding GmbH des Bundeskartellamtes 134
(3) Zwischenfazit zur konzernrechtlichen Aufsichtspflicht 135
bb) Anwendbarkeit des § 130 Abs. 1 OWiG auf die Konzernsituation 135
(1) Die Konzernobergesellschaft und der Inhaberbegriff des § 130 Abs. 1 Satz 1 OWiG 136
(a) Die herrschende Gesellschaft als Unternehmensinhaberin 136
(b) Obergesellschaft nicht Unternehmensinhaberin i. S. v. § 130 Abs. 1 Satz 1 OWiG und Ablehnung einer konzernweiten Aufsichtspflicht 138
(2) Stellungnahme und Entscheidung 140

cc) Fazit zur ordnungswidrigkeitsrechtlichen Aufsichtspflicht mit Blick auf den Konzern 144
c) Ergebnis zu den Compliance-Pflichten der Konzernmutter 144
2 Die gesellschaftsrechtlichen Compliance-Pflichten der geschäftsführenden Organe der Muttergesellschaft im Konzern . 145
a) Konzernbezug im Rahmen von Ziffer 4.1.3 DCGK 145
b) § 91 Abs. 2 AktG 145
aa) Die unterschiedlich verstandene Konzerndimensionalität des § 91 Abs. 2 AktG 147
bb) Stellungnahme zur Konzerndimensionalität von § 91 Abs. 2 AktG 149
c) Konzernweite Compliance-Pflichten aus §§ 76 Abs. 1, 93 Abs. 1 AktG, § 43 Abs. 1 GmbHG 149
aa) Die konzernweiten Pflichten der geschäftsführenden Organe der herrschenden Gesellschaft 150
(1) Die umfassende Konzernleitungspflicht nach *Hommelhoff* 151
(2) Kritik an *Hommelhoffs* Konzernleitungspflicht 153
(a) Kritische Stimmen zur umfassenden Konzernleitung im faktischen Konzern 154
(b) Die umfassende Konzernleitung im Vertrags- und Eingliederungskonzern 154
(c) Zusammenfassung der Kritik an einer umfassenden Konzernleitungspflicht 155
(3) Festlegung umfassender Konzernleitungspflichten per Satzung 156
(4) Die konzernweiten Sorgfaltspflichten der geschäftsführenden Organe der herrschenden Gesellschaft 157
(a) Die dogmatische Grundlage konzernweiter Verpflichtungen 157
(b) Zusammenfassendes Ergebnis zu den konzernweiten Sorgfaltspflichten 160
(c) Ausgestaltung und Inhalt der konzernweiten Sorgfaltspflichten der Organe der herrschenden Gesellschaft 160

(aa) Die Konzernplanung 161

(bb) Die Konzernorganisation bzw. -koordinierung 162

(cc) Die Konzernüberwachung bzw. -kontrolle 163

(dd) Besetzung der Führungspositionen in Konzerngesellschaften 164

(ee) Ergebnis zum Inhalt der konzernweiten Sorgfaltspflichten 165

(d) Die konzernweiten Sorgfaltspflichten im Verhältnis zu den abhängigen Gesellschaften 165

bb) Die konzernweiten Compliance-Verpflichtungen seitens der Organe der herrschenden Gesellschaft 166

(1) Die Übertragung der Compliance-Pflichten-Trias und der Dokumentationsverpflichtung auf die Konzernsituation 168

(a) Die Compliance-Risikoermittlungspflicht im Konzern 169

(b) Die Compliance-Risikobewertungspflicht im Konzern 172

(c) Die Compliance-Entscheidungspflicht im Konzern 172

(d) Die konzernweite Compliance-Dokumentationspflicht 173

(2) Die Entscheidungen zum „ob“ und „wie“ der Konzern-Compliance 173

cc) Die konzernrechtlichen Grenzen der Compliance-Pflichten der geschäftsführenden Organe der herrschenden Gesellschaft 176

(1) Leitungsbefugnisse der Organe der herrschenden Gesellschaft im Vertrags- und Eingliederungskonzern 177

(a) Einflussmöglichkeiten im einstufigen Unterordnungsvertragskonzern (Aktienkonzern) 177

(aa) Unterstellung der Leitung i. S. v. § 291 Abs. 1 Satz 1, 1. Alt. AktG 178
(bb) Das Weisungsrecht aus § 308 AktG 179
(aaa) Einschränkungen des Weisungsrechts 181
(bbb) Weisungsempfänger 183
(cc) Das Weisungsrecht des herrschenden Unternehmens und konzernweite Compliance-Verpflichtungen 184
(dd) Ergebnis zum Einfluss im einstufigen Aktienkonzern 186
(b) Einflussmöglichkeiten im einstufigen GmbH-Vertragskonzern 187
(c) Einflussmöglichkeiten im mehrstufigen Aktien- und GmbH-Vertragskonzern 188
(aa) Beherrschungsvertrag zwischen Mutter- und Enkelgesellschaft 190
(bb) Der „durchlaufende Beherrschungsvertrag" 190
(cc) Ergebnis für den mehrstufigen Vertragskonzern 192
(d) Einflussmöglichkeiten im (Aktien-) Eingliederungskonzern 192
(e) Keine konzernrechtlichen Einschränkungen der konzernweiten Compliance-Pflichten im Vertrags- und Eingliederungskonzern 193
(2) Die Compliance-Pflichten im faktischen Konzern 193
(a) Einflussmöglichkeiten der herrschenden Gesellschaft im faktischen Aktienkonzern 193
(aa) Die Regelungen der §§ 311 ff. AktG 194
(bb) Die fehlende rechtlich durchsetzbare Konzernleitungsbefugnis 195
(cc) Auswirkungen der faktischen Konzernierung auf die konzernweiten Compliance-Pflichten (Bemühensverpflichtungen) 197

(dd) Kein umfassender Informationsanspruch der Obergesellschaft ... 199
(aaa) § 131 Abs. 1 Satz 1 AktG kann Informationsfluss im Konzern nicht sicherstellen ... 199
(bbb) Kein Informationsfluss im Konzern aus §§ 294 Abs. 3, 320 Abs. 3 HGB ... 200
(ccc) Kein Informationsanspruch als Nebenpflicht aus dem Sonderrechtsverhältnis nach den §§ 311 ff. AktG ... 202
(ddd) Keine Informationspflicht der abhängigen Gesellschaft aus den gesellschaftsrechtlichen Treuepflichten ... 203
(eee) Kein Informationsrecht der herrschenden Gesellschaft im faktischen Konzern ... 205
(ee) Berechtigung der abhängigen Gesellschaft zur Information der herrschenden Gesellschaft ... 206
(aaa) Verschwiegenheitspflicht aus § 93 Abs. 1 Satz 3 AktG ... 206
(bbb) Informationsweitergabe als Nachteil der beherrschten Gesellschaft ... 208
(ccc) Erweiterte Auskunftsrechte der übrigen Aktionäre aus § 131 Abs. 4 AktG ... 211
(ddd) Konzernweiter Informationsfluss im faktischen Konzern nicht grundsätzlich unzulässig ... 212
(ff) Begrenzte Einflussmöglichkeiten der herrschenden Gesellschaft auf die faktisch beherrschte Gesellschaft ... 213
(aaa) Die Informationsmöglichkeiten der herrschenden Gesellschaft ... 214

(bbb) Die Personalentscheidungsgewalt der herrschenden Gesellschaft 214
(ccc) Unmittelbarer Einfluss auf die Besetzung des Aufsichtsrates 215
(ddd) Mittelbarer Einfluss auf die Besetzung des Vorstands 217
(eee) Die Folgen aus der Personalentscheidungsgewalt für die konzernweiten Compliance-Pflichten 219
(gg) Fazit zu den tatsächlichen Einflussmitteln der herrschenden Gesellschaft 220
(b) Einflussmöglichkeiten der herrschenden Gesellschaft im faktischen GmbH-Konzern 221
(aa) Keine Normierung des faktischen GmbH-Konzerns im GmbHG 221
(bb) Konzernleitungsbefugnisse der herrschenden Gesellschaft 222
(aaa) Weisungsrechte gegenüber den Geschäftsführern der abhängigen GmbH 223
(bbb) Personalentscheidungsgewalt der herrschenden Gesellschaft 224
(ccc) Auskunfts- und Informationsansprüche 224
(ddd) Konzernweite Leitungsmacht und mitgliedschaftliche Treuepflichten 225
(cc) Auswirkungen des Konzernrechts auf die Compliance-Pflichten im faktischen GmbH-Konzern 226
(c) Ergebnis zu den Compliance-Pflichten im faktischen Konzern 226
3 Konzernweite Sorgfaltspflichten der geschäftsführenden Organe der abhängigen Gesellschaft 227

a) Die abhängige Gesellschaft im faktischen Aktienkonzern 227
b) Die abhängige Gesellschaft im vertraglichen Unterordnungs- bzw. Eingliederungskonzern 228
c) Ergebnis 230

E Zusammenfassung der wesentlichen Ergebnisse 231
I Compliance-Pflichten in der konzernfreien Kapitalgesellschaft 231
II Compliance-Pflichten im Konzern 234

Literaturverzeichnis 241

Abkürzungsverzeichnis

a. A.	andere Ansicht
Abs.	Absatz
a. E.	am Ende
a. F.	alte Fassung
AG	Aktiengesellschaft; auch Die Aktiengesellschaft (Z); auch Amtsgericht
AktG	Aktiengesetz
Alt.	Alternative
Anh.	Anhang
Anm.	Anmerkung
AnwBl.	Anwaltsblatt (Z)
ArbeitsR	Arbeitsrecht
Art.	Artikel
Az.	Aktenzeichen
BaFin	Bundesanstalt für Finanzdienstleistungsaufsicht
BB	Betriebs-Berater (Z)
BFH	Bundesfinanzhof
BFuP	Betriebswirtschaftliche Forschung und Praxis (Z)
BGB	Bürgerliches Gesetzbuch
BGBl.	Bundesgesetzblatt
BGH	Bundesgerichtshof
BGHZ	Entscheidungen des BGH in Zivilsachen
BilMoG	Gesetz zur Modernisierung des Bilanzrechts
BImSchG	Gesetz zum Schutz vor schädlichen Umwelteinwirkungen durch Luftverunreinigung, Geräusche, Erschütterungen und ähnliche Vorgänge (Bundes-Immissionsschutzgesetz)
BR-Drucks.	Drucksache des Bundesrats
BT-Drucks.	Drucksache des Bundestags
bzw.	beziehungsweise
CCZ	Corporate Compliance Zeitschrift (Z)
CMS	Compliance-Management-System
Compl.	Compliance
Darst.	Darstellung
DB	Der Betrieb (Z)

DCGK	Deutscher Corporate Governance Kodex
d. h.	das heißt
DNotZ	Deutsche Notar-Zeitschrift (Z)
D&O-Versicherung	Directors-and-Officers-Versicherung
DStR	Deutsches Steuerrecht (Z)
Einf.	Einführung
Einl.	Einleitung
EU	Europäische Union
EUBestG	Gesetz zu dem Protokoll vom 27. September 1996 zum Übereinkommen über den Schutz der finanziellen Interessen der Europäischen Gemeinschaft (EU-Bestechungsgesetz)
EuGH	Europäischer Gerichtshof
FAZ	Frankfurter Allgemeine Zeitung
f./ff.	folgend(e)
Fn.	Fußnote
FS	Festschrift
GesellschaftsR	Gesellschaftsrecht
ggf.	gegebenenfalls
GmbH	Gesellschaft mit beschränkter Haftung
GmbHG	Gesetz betreffend die Gesellschaften mit beschränkter Haftung
GmbHR	GmbH-Rundschau (Z)
Großkomm.	Großkommentar
GRUR-RR	Gewerblicher Rechtsschutz u. Urheberrecht Rechtsprechungsreport (Z)
GWB	Gesetz gegen Wettbewerbsbeschränkungen
GwG	Gesetz über das Aufspüren von Gewinnen aus schweren Straftaten (Geldwäschegesetz)
Hdb.	Handbuch
HGB	Handelsgesetzbuch
IDW	Institut der Wirtschaftsprüfer in Deutschland e. V.
IDW PS 340	IDW Prüfungsstandard: Die Prüfung des Risikofrüherkennungssystems nach § 317 Abs. 4 HGB
IDW EPS 980	Entwurf IDW Prüfungsstandard: Grundsätze ordnungsgemäßer Prüfung von Compliance Management Systemen

IntBestG	Gesetz zu dem Übereinkommen vom 17. Dezember 1997 über die Bekämpfung der Bestechung ausländischer Amtsträger im internationalen Geschäftsverkehr (Gesetz zur Bekämpfung internationaler Bestechung)
i. R. v.	im Rahmen von
i. S. d.	im Sinne des
i. S. v.	im Sinne von
i. V. m.	in Verbindung mit
Kap.	Kapitel
KK	Karlsruher Kommentar zum OWiG
Komm.	Kommentar
KonTraG	Gesetz zur Kontrolle und Transparenz im Unternehmensbereich
KrWG	Kreislaufwirtschaftsgesetz
KrW-/AbfG	Gesetz zur Förderung der Kreislaufwirtschaft und Sicherung der umweltverträglichen Beseitigung von Abfällen (nicht mehr in Kraft) (Kreislaufwirtschafts- und Abfallgesetz)
KStG	Körperschaftssteuergesetz
KWG	Gesetz über das Kreditwesen
LG	Landgericht
lit.	litera, Buchstabe
MaRisk	Mindestanforderungen an das Risikomanagement der BaFin
Mio.	Million(en)
Mrd.	Milliarde(n)
MüKo	Münchener Kommentar
m. w. N.	mit weiteren Nachweisen
NJW	Neue Juristische Wochenschrift (Z)
NJW-RR	NJW-Rechtsprechungs-Report Zivilrecht (Z)
Nr.	Nummer
NStZ-RR	Neue Zeitschrift für Strafrecht-Rechtsprechungs-Report Strafrecht (Z)
NZG	Neue Zeitschrift für Gesellschaftsrecht (Z)
NZI	Neue Zeitschrift für das Recht der Insolvenz und Sanierung (Z)
OECD	Organisation für wirtschaftliche Zusammenarbeit und Entwicklung
OLG	Oberlandesgericht

OWiG	Gesetz über Ordnungswidrigkeiten
passim	allenthalben
RefE	Referentenentwurf
RegBegr.	Regierungsbegründung
Rn.	Randnummer
S.	Seite; auch Satz
s. a.	siehe auch
SchlAnhKonzernR	Schlussanhang: Die GmbH im Unternehmensverbund
SE	Societas Europaea
SEC	U. S. Securities and Exchange Commission
sog.	sogenannt; auch sogenannte
StGB	Strafgesetzbuch
StPO	Strafprozessordnung
SZ	Süddeutsche Zeitung
Tz.	Textziffer
u.	und
u. a.	unter anderem, und andere
UMAG	Gesetz zur Unternehmensintegrität und Modernisierung des Anfechtungsrechts
UmwG	Umwandlungsgesetz
v.	vor, von
v. a.	vor allem
VAG	Gesetz über die Beaufsichtigung der Versicherungsunternehmen
VG	Verwaltungsgericht
vgl.	vergleiche
VO	Verordnung
Voraufl.	Vorauflage
Vorb./Vorbem.	Vorbemerkung
WM	Wertpapier-Mitteilungen (Z)
WpDVerOV	Verordnung zur Konkretisierung der Verhaltensregeln und Organisationsanforderungen für Wertpapierdienstleistungsunternehmen
WPg	Die Wirtschaftsprüfung (Z)
WpHG	Gesetz über den Wertpapierhandel
WuW	Wirtschaft und Wettbewerb (Z)
WuW/E	Wirtschaft und Wettbewerb, Entscheidungssammlung Kartellrecht (Z)
Z	Zeitschrift

ZAG	Gesetz über die Beaufsichtigung von Zahlungsdiensten
z. B.	zum Beispiel
ZGR	Zeitschrift für Unternehmens- und Gesellschaftsrecht (Z)
ZHR	Zeitschrift für das gesamte Handels- und Gesellschaftsrecht (Z)
ZIP	Zeitschrift für Wirtschaftsrecht (Z)
ZWeR	Zeitschrift für Wettbewerbsrecht (Z)

A Einleitung

I Anlass der Untersuchung und Problemaufriss

Ein Korruptionsfall in der ausländischen Tochtergesellschaft, ein Kartellverstoß in der Enkelgesellschaft oder ein Submissionsbetrug in der faktisch beherrschten Beteiligungsgesellschaft! Liegen bei diesen beispielhaften Verfehlungen in den möglicherweise weitverzweigten Konzerngesellschaften stets auch Pflichtverletzungen der Konzernobergesellschaft und deren geschäftsführenden Organen vor? Sind gerade auch die Geschäftsleiter der Obergesellschaft zu Compliance-Maßnahmen in Bezug auf die Konzerngesellschaften verpflichtet, um Verfehlungen in den Beteiligungsgesellschaften zu verhindern oder diese zumindest zu minimieren? Die vorstehenden Themen- und Fragekomplexe sind die Ausgangspunkte dieser Darstellung, die Antwortmöglichkeiten zu den „Pflichten zum Compliance-Management in der konzernfreien Kapitalgesellschaft und im Konzern" aufzeigt.

Begrifflichkeiten rund um die Thematik Compliance haben in den letzten gut zwanzig Jahren einen rasanten Aufstieg erfahren. Compliance-Themen werden dabei nicht nur in einschlägigen wissenschaftlichen Publikationen in vielfacher Weise aufgegriffen, sondern der Compliance-Begriff fällt auch immer wieder in der Tagespresse. Beinahe keine Berichterstattung über einen neuerlichen Wirtschaftsskandal kommt aktuell ohne Hinweise zu Compliance bzw. zu Compliance-Management-Systemen aus.

Eisele scheint bereits zu Beginn der neunziger Jahre das Potential einer sich zu dieser Zeit noch in den Anfängen befindlichen Compliance-Debatte erkannt zu haben. In einer Veröffentlichung, welche schon aus dem Jahre 1993 stammt, führt er aus, dass Compliance ein bevorzugtes Thema der neunziger Jahre sein und die Compliance-Debatte über die Bankenwelt hinausgehen werde.[1] Der Hinweis auf Compliance im Zusammenhang mit der Bankenwelt ist zu diesem frühen Zeitpunkt der Compliance-Debatte stringent gewesen, denn der Ursprung der Compliance-Thematik liegt gerade im Bank- und Kreditwesen.

Neben aufsehenerregenden Wirtschafts- und Unternehmensskandalen stellt die ARAG/Garmenbeck-Entscheidung des BGH aus dem Jahre 1997 einen der Fixpunkte in der Entwicklung der Compliance-Debatte dar.[2] Mit der

---

1 *Eisele,* WM 1993, 1021.

2 BGH, NJW 1997, 1926.

höchstrichterlichen Verpflichtung des Aufsichtsrates, Schadensersatzansprüche einer Gesellschaft gegen Vorstandsmitglieder grundsätzlich verfolgen zu müssen, hat die Diskussion rund um die Thematik der Managerhaftung insbesondere im Zusammenhang mit Compliance bzw. Compliance-Management-Systemen endgültig auch gesellschaftsrechtlich Fahrt aufgenommen.

Im Laufe des ersten Jahrzehnts des 21. Jahrhunderts hat sich sodann mehr und mehr die Auffassung und Erkenntnis durchgesetzt, Compliance als einen der zentralen Punkte der Unternehmensleitung zu betrachten. Einige Literaturstimmen beschreiben Compliance im Einklang mit dieser Ansicht als einen Bestandteil guter Corporate Governance und als eine der zentralen Aufgaben der Unternehmensleitung bzw. der Geschäftsleitungsorgane.[3] Die Implementierung einer Corporate Compliance-Organisation sei nicht zuletzt ein wichtiger Baustein zur ordnungsgemäßen Corporate Governance[4] und auch aus der Sicht der Unternehmen ein unverzichtbarer Bestandteil guter Corporate Governance.[5]

Seit der Fassung vom 14. 06. 2007 enthält auch der Deutsche Corporate Governance Kodex (DCGK) wörtlich den Begriff „Compliance“ und eine Definition seines Compliance-Verständnisses. Hieraus hat eine Literaturstimme gefolgert, dass sich durch diese Aufnahme in den DCGK Compliance als allgemein anerkanntes Mittel der sachgerechten Unternehmensorganisation etabliert hätte.[6] An anderer Stelle wird das allgemeine Fazit gezogen, dass Compliance ein bezahlbares Muss für jede Organisation sei.[7]

Ferner hat auch die Causa rund um die Siemens AG, welche durch die Durchsuchungen der Staatsanwaltschaft Ende 2006 erstmals an die Öffentlichkeit gelangt ist, die Compliance-Diskussion in Deutschland nachhaltig geprägt und die praktischen Notwendigkeiten von Compliance-Management-Systemen verdeutlicht. Die Aufarbeitung der Causa Siemens AG führte 2013 zu dem viel beachteten Siemens/Neubürger-Urteil[8] des Landgerichts München I. In seiner Urteilsanmerkung bringt *Bachmann* die Bedeutung dieses landgerichtlichen Urteils zum Ausdruck, indem er wörtlich ausführt: „*Das Urteil ist ein Paukenschlag. Nie zuvor hat ein deutsches Zivilgericht die Compliance-Verantwortung des*

---

3 *Fleischer*, in Hdb. Vorstandsrecht, § 8, Rn. 40; *Kiethe*, GmbHR 2007, 393 (394); *Schneider*, ZIP 2003, 645 (646 f.).

4 *Campos Nave/Bonenberger*, BB 2008, 734 (735).

5 *Wermelt*, CCZ 2010, 150.

6 *Bürkle*, BB 2007, 1797 (1801).

7 *Zenke/Schäfer*, in Zenke/Schäfer/Brocke, Compliance in Energieversorgungsunternehmen, S. 406.

8 LG München I, ZIP 2014, 570.

einzelnen Vorstandsmitglieds so deutlich angesprochen und daraus so drastische Konsequenzen gezogen."[9] *Fleischer* hält das Siemens/Neubürger-Urteil ebenfalls für einen wichtigen Referenzpunkt in der weiteren Diskussion um die Reichweite aktienrechtlicher Compliance-Pflichten.[10]

Trotz dieser stetigen Entwicklung der Compliance-Thematik ist die Debatte längst nicht abgeschlossen. *Immenga* fehlt es bei der Compliance-Diskussion plakativ an Eindeutigkeiten.[11] Eine Dissertationsschrift aus dem Jahre 2010 beginnt im gleichen Kontext mit der Feststellung, dass viele Betroffene bei einem umfassenden Verständnis von Compliance im Dunkeln tappen würden.[12]

Diese Gemengelage aus einer umfassend und breit geführten Compliance-Debatte über die Grenzen der Juristerei hinweg und einer ständigen Konfrontation mit der Begrifflichkeit Compliance auf der einen Seite und den vielfältigen rechtlichen Unwägbarkeiten auf der anderen Seite, die mit der Thematik Compliance-Management einhergehen, haben den Anstoß zu den nachfolgenden Untersuchungen gegeben.

II Gang der Darstellung

Die Gliederung dieser Untersuchungen stellt sich dabei wie folgt dar: Nach einer Bestimmung des Compliance-Begriffs (Teil B) geht es im eigentlichen Kern dieser Untersuchung um die Darstellung und Entwicklung der gesetzlichen Compliance-Pflichten der geschäftsleitenden Organe einer Kapitalgesellschaft, wie sich diese de lege lata darstellen (Teil D). Die Untersuchung beginnt mit den Compliance-Pflichten in der konzernfreien Kapitalgesellschaft (Teil D, I). Unter Berücksichtigung der in diesem Abschnitt gewonnenen Erkenntnisse werden sodann die gesetzlichen Compliance-Verpflichtungen im Konzern beleuchtet (Teil D, II). Hierbei wird der Fokus auf die gesellschaftsrechtlichen Compliance-Pflichten der geschäftsführenden Organe der herrschenden Gesellschaft insbesondere im Hinblick auf die jeweils abhängigen Gesellschaften gerichtet. Bei der Betrachtung der Compliance-Verpflichtungen in Konzernierungssachverhalten ist den konzernrechtlichen Grenzen eine besondere Bedeutung beizumessen. Die Auswirkungen dieser konzernrechtlichen Grundlagen auf die jeweiligen Compliance-Pflichten der geschäftsleitenden Organe der Konzernmuttergesellschaft sind, jeweils gesondert für den Vertrags- bzw. Eingliederungskonzern

---

9 *Bachmann*, ZIP 2014, 579.

10 *Fleischer*, NZG 2014, 321 (329).

11 *Immenga*, in FS Schwark, S. 199.

12 *Geiser*, Leitungspflichten des Vorstandes in der AG, S. 1.

sowie für den faktischen Konzern, jeweils im Gewand eines Aktien- und eines GmbH-Konzerns und in einstufigen und mehrstufigen Konzernierungssachverhalten, zu untersuchen. Die Darstellung schließt mit einer thesenförmigen Zusammenfassung der wesentlichen Ergebnisse der Untersuchung (Teil E).

B Compliance – eine Begriffsbestimmung

Zu Beginn der Untersuchungen und Darstellungen ist der Begriff Compliance als Ausgangspunkt näher zu erläutern. Abgesehen von branchenspezifischen Sonderregelungen gibt es in Deutschland bislang keine allgemeine gesetzliche Definition des Begriffs Compliance. Weiterhin hat auch die Rechtsprechung eine inhaltliche Konturierung der Begrifflichkeit bisher nicht vorgenommen, sodass es an einer Definition, welche auf eine allgemeine Akzeptanz stößt, bisher mangelt.[13] In der Literatur wird der genaue Begriffsgehalt von Compliance daher als nicht klar konturiert umschrieben.[14] Demnach wird innerhalb dieses Kapitels der Versuch einer Begriffsbestimmung – unter Auswertung des einschlägigen Schrifttums – unternommen.

I Herkunft, Übersetzung und Verwendung des Wortes Compliance

Der Begriff Compliance stammt ursprünglich aus dem angloamerikanischen Rechtskreis und ist ein „legal transplant" in das deutsche Gesellschaftsrecht.[15] Gibt man den Begriff Compliance in ein Online-Wörterbuch ein, so erhält man als deutsche Übersetzungsvorschläge u. a. die Begriffe Regeltreue, Übereinstimmung, Befolgung, Einhaltung, Konformität und Ordnungsmäßigkeit.[16] Eine solche Deutung des Terminus Compliance wird auch in der rechtswissenschaftlichen Literatur vorgenommen, wo z. B. die deutschen Übersetzungen „*Einhaltung, Übereinstimmung im Sinne von Gesetzestreue*" vorgeschlagen werden.[17]

In der Medizin wird der Ausdruck Compliance ebenfalls verwendet und ist dort bereist eingedeutscht. Mit Compliance im medizinischen Kontext, ist „*die zuverlässige Befolgung der therapeutischen Anweisung*" – also die Therapietreue – gemeint, was auch von der Rechtsprechung so gesehen wird.[18] Dieser

---

13 *Kremer/Klahold,* ZGR 2010, 113 (116); *S. H. Schneider,* Informationspflichten, S. 271; *Vetter,* in FS Graf von Westphalen, S. 719 (721).

14 *Koch,* WM 2009, 1013.

15 *Hauschka,* in Corporate Compliance, § 1, Rn. 2; *Bürkle,* BB 2005, 565; *Kiethe,* GmbHR 2007, 393 (394).

16 http://dict.leo.org/ende/index_de.html#/search=compliance&searchLoc=0&resultOrder=basic&multiwordShowSingle=on, abgerufen am 07. 10. 2015.

17 *Hauschka,* NJW 2004, 257 (261).

18 OLG Hamburg, GRUR-RR 2003, 105; *Hauschka,* NJW 2004, 257.

medizinische Blickwinkel gibt neben den deutschen Übersetzungsmöglichkeiten weitere Anhaltspunkte über die Bedeutung von Compliance im wirtschaftsrechtlichen Kontext. Anstelle des Arztes agieren im gesellschaftsrechtlichen Bereich als „Anweisende" indes der Gesetzgeber, die Aufsichtsgremien oder die Anteilseigner.[19]

II Erste Definitionsversuche und Anfänge in der Rechtswissenschaft

Mit Fokus auf das deutsche Bankgeschäft und die Kreditwirtschaft ist der Begriff Compliance bereits eingangs der neunziger Jahre aufgetaucht.[20] Der Fachterminus ist als *„Verhalten in Übereinstimmung mit geltenden Regeln"*[21] verstanden worden, wobei aber bereits zu diesem frühen Zeitpunkt auch auf die präventive Wirkung von Compliance im Bankensektor hingewiesen worden ist.[22] Eine erste umfassende[23] Definition von Compliance im deutschen rechtswissenschaftlichen Schrifttum hat dann *Schneider* geliefert, indem er im Jahre 2003 geschrieben hat: *„Compliance umfasst die Gesamtheit aller Maßnahmen, um das rechtmäßige Verhalten der Unternehmen, der Organmitglieder und der Mitarbeiter im Blick auf alle gesetzlichen Gebote und Verbote zu gewährleisten."*[24] *Schneider* gibt aber auch zu bedenken, dass die alleinige Tatsache, dass Unternehmen, ihre Organe und ihre Mitarbeiter sich an geltendes Recht zu halten hätten, eine Binsenweisheit darstelle. Dies ändere sich auch dann nicht, wenn man diese Gegebenheit nun als Compliance bezeichnen würde.[25] Dennoch bezog sich das ursprüngliche Verständnis von Compliance im angloamerikanischen Rechtskreis lediglich auf die Sicherstellung des gesetzeskonformen Mitarbeiterverhaltens in den Risikobereichen der Kreditindustrie.[26]

---

19 *Hauschka*, NJW 2004, 257.

20 *Schneider*, ZGR 1996, 225 (229) m. w. N.

21 *Eisele*, WM 1993, 1021.

22 *Eisele*, WM 1993, 1021 (1021 ff.).

23 Dem Verfasser ist eine frühere umfängliche Definition von Compliance jedenfalls nicht bekannt. Ferner bescheinigt auch *Hauschka* – in ZIP 2004, 877 – *Schneider* das Verdienst, die Diskussion um Compliance in der BRD ernsthaft eröffnet zu haben.

24 *Schneider*, ZIP 2003, 645 (645 f.).

25 *Schneider*, ZIP 2003, 645.

26 *Fleischer*, NZG 2004, 1129 (1131); *Kiethe*, GmbHR 2007, 393 (394); *Campos Nave/Bonenberger*, BB 2008, 734.

Dieses eingeschränkte Verständnis von Compliance ist allerdings heute nicht mehr aktuell und auch nicht zielführend. Compliance ist nach heutigem Verständnis mehr als die bloße Erwartung an ein Unternehmen sich rechtstreu zu verhalten, die sich im Übrigen bereits aus dem Legalitätsprinzip ergibt. Neben der schlichten Gesetzestreue umfasst Compliance als umfassende Aufgabe im Kern eine präventiv wirkende Unternehmensorganisation zur Vermeidung und Minimierung von Haftungsrisiken.[27] Compliance stellt komprimiert ausgedrückt eine *„Risikovermeidungsstrategie"* für Unternehmen dar, welche aus einem ganzen Bündel von Maßnahmen besteht[28] oder anders beschrieben: eine *„durch Managementprozesse organisierte Gesetzeseinhaltung"*.[29] Unter Compliance-Management versteht man somit alle präventiven Organisationsmaßnahmen eines Unternehmens, die gewährleisten sollen, dass den gesamten normativen Vorgaben entsprochen wird.[30] Compliance verlangt folglich nicht nur das Unterlassen von relevanten Verstößen, sondern gerade eine Aktivität der Unternehmen, um zukünftiges ordnungsgemäßes Verhalten zu gewährleisten.[31]

III Spezialgesetzliche Compliance-Regeln (insbesondere im Bankenrecht)

Bereits im Abschnitt zuvor ist erwähnt worden, dass sich die Entwicklungen von Compliance-Strukturen zuerst im Bank- und Kreditwesen gezeigt haben. Besonders die sog. Wertpapier-Compliance wird dabei als *„Kern von Compliance"*[32] oder als *„Wurzel unseres Compliance-Verständnisses"*[33] dargestellt. Somit ist es nicht verwunderlich, dass die ersten gesetzlichen Normierungen zum Thema Compliance innerhalb dieses Rechtsgebietes zu finden sind. Aus diesen Gründen erscheint es sinnvoll, bei der Suche nach einer Definition von Compliance diese spezialgesetzlichen Regelungen näher zu beleuchten.

Die ursprüngliche Fassung des § 33 WpHG, welche am 01. 01. 1995 in Kraft trat, normierte erstmals Bestandteile einer Compliance-Organisation in

---

27 *Hauschka,* in Corporate Compliance, § 1, Rn. 2; *Vetter,* in FS Graf von Westphalen, S 719 (721 f.); *Schneider,* ZIP 2003, 645 (646); *Hauschka,* NJW 2004, 257; *Kiethe,* GmbHR 2007, 393 (394).

28 *Lelley,* Compl. im ArbeitsR, S. 9.

29 *Mengel,* Compl. und ArbeitsR, Einleitung, S. 1.

30 *Hauschka,* NJW 2004, 257 (261); *Bürkle,* BB 2005, 565.

31 *Lelley,* Compl. im ArbeitsR, S. 10.

32 *Gebauer/Kleinert,* in Hdb. Managerhaftung, § 20, Rn. 8.

33 *Lösler,* NZG 2005, 104.

Deutschland als Organisationspflichten für Wertpapierdienstleistungsunternehmen.[34] In der aktuellen Fassung spricht § 33 Abs. 1 Satz 2 Nr. 1 WpHG nun ausdrücklich von einer dauerhaften und wirksamen Compliance-Funktion, die ein Wertpapierdienstleitungsunternehmen einzurichten hat. Ferner verweist § 33 Abs. 1 Satz 1 WpHG auf § 25a Abs. 1 KWG, wo es in § 25a Abs. 1 Satz 1 KWG heißt: „*Ein Institut muss über eine ordnungsgemäße Geschäftsorganisation verfügen, die die Einhaltung der vom Institut zu beachtenden gesetzlichen Bestimmungen und der betriebswirtschaftlichen Notwendigkeiten gewährleistet.*"

Weiter fordert § 25a Abs. 1 Satz 3 KWG ein wirksames Risikomanagement. § 25a KWG wird konkretisiert durch die von der Bundesanstalt für Finanzdienstleistungsaufsicht (BaFin) aufgestellten Mindestanforderungen an das Risikomanagement (MaRisk)[35]. Da die Normen des KWG auf alle Kreditinstitute und Finanzdienstleistungsinstitute (vgl. § 1 Abs. 1b KWG) Anwendung finden, wird § 25a Abs. 1 KWG auch als Basisnorm für Compliance im Finanzsektor bezeichnet. Während § 33 WpHG hingegen als eine Sonderregel für Wertpapierdienstleitungsunternehmen zu betrachten ist, die spezifische Organisationspflichten enthält, welche sich gerade auch auf die Compliance-Funktion beziehen.[36] Konkretisiert werden die Pflichten des § 33 WpHG durch die WpDVerOV.[37] § 12 Abs. 3 Nr. 1 und Nr. 2 WpDVerOV beschrieben als Aufgaben der Compliance-Funktion die Überwachung und Kontrolle der organisatorischen Grundsätze und Vorkehrungen sowie Beratung und Unterstützung der Mitarbeiter, damit insgesamt nicht gegen die gesetzlichen Bestimmungen verstoßen wird.[38] Ferner verpflichtet § 12 Abs. 4 WpDVerOV das Wertpapierdienstleistungsunternehmen zur Benennung eines Compliance-Beauftragten.

Insbesondere durch diese Konkretisierungen des § 12 WpDVerOV wird auch innerhalb der normierten Compliance-Regeln im Bankensektor die präventive Funktion von Compliance verdeutlicht und betont. Im sektorspezifischen Schrifttum wird daher Compliance ebenfalls als Teil einer „*wirksamen Risikobegrenzungsstrategie*"[39] beschrieben, wenn die Compliance-Funktion effektiv in

---

34 *Eisele,* in Bankrechts-Hdb., § 109, Rn. 2; Fuchs-*Fuchs,* § 33 WpHG, Rn. 3.

35 http://www.bafin.de/SharedDocs/Veroeffentlichungen/DE/Rundschreiben/rs_1210_marisk_ba.html, abgerufen am 07. 10. 2015.

36 Schwark/Zimmer-*Fett,* § 33 WpHG, Rn. 16; Schwennicke/Auerbach-*Langen,* § 25 KWG, Rn. 15.

37 Verordnung zur Konkretisierung der Verhaltensregeln und Organisationsanforderungen für Wertpapierdienstleitungsunternehmen vom 20. 07. 2007.

38 Schwark/Zimmer-*Fett,* § 33 WpHG, Rn. 19 f.; Fuchs-*Fuchs,* § 33 WpHG, Rn. 71 f.; Assmann/Schneider-*Koller,* § 33 WpHG, Rn. 24.

39 Fuchs-*Fuchs,* § 33 WpHG, Rn. 73.

das operative Geschäft integriert wird. Insgesamt strebt somit auch die bankenrechtlich normierte Compliance-Funktion danach, durch bestimmte präventive Maßnahmen in der Unternehmensorganisation Gesetzesverstöße von vornherein zu vermeiden und damit dem Legalitätsprinzip nachzukommen.[40]

Weitere bankensektorspezifische Regelungen, die sich mit Teilen einer Compliance-Funktion beschäftigen, finden sich in § 9 GwG und in § 22 ZAG. § 9 Abs. 1 GwG spricht von angemessenen internen Sicherungsmaßnahmen zur Bekämpfung von Geldwäsche und Terrorismusfinanzierung. § 22 ZAG, der sich an sog. Zahlungsinstitute wendet, fordert u. a. angemessene Maßnahmen, die gewährleisten, dass das Institut seine Verpflichtungen erfüllt (vgl. § 22 Abs. 1 Satz 2 Nr. 1 ZAG).

Eine mit § 25a KWG vergleichbare Regelung findet sich außerhalb des Finanzsektors noch im Versicherungsrecht. § 64a Abs. 1 Satz 1 VAG a. F. formuliert: „*Versicherungsunternehmen müssen über eine ordnungsgemäße Geschäftsorganisation verfügen, welche die Einhaltung der von ihnen zu beachtenden Gesetze und Verordnungen sowie der aufsichtsbehördlichen Anforderungen gewährleistet.*“

Weiter wird in § 64a Abs. 1 Satz 3 VAG a. F. ein angemessenes Risikomanagement gefordert. Im weiteren Verlauf dieser Darstellung wird noch anzusprechen sein, ob und welche Auswirkungen diese sektorspezifischen Regelungen auf das Compliance-Management von Unternehmen außerhalb der Banken- und Versicherungsbranche haben. Insbesondere die Ausstrahlungswirkung dieser gesetzlichen Compliance-Regeln in andere Branchen wird in der rechtswissenschaftlichen Literatur kontrovers diskutiert.[41]

IV Definitionen im DCGK[42] und im IDW EPS 980[43]

Bei der Suche nach einer Definition von Compliance hilft seit 2007 auch ein Blick in den Deutschen Corporate Governance Kodex (DCGK). Dieser nimmt innerhalb der Ziffern 3.4, 4.1.3, 5.2 und 5.3.2 seit der Fassung vom 14. 06. 2007 mehrfach Bezug zum Thema Compliance.[44] Insbesondere heißt es in Ziffer 4.1.3

---

40 Schwark/Zimmer-*Fett,* § 33 WpHG, Rn. 20; Fuchs-*Fuchs,* § 33 WpHG, Rn. 73.

41 Beispielhaft: Schwennicke/Auerbach-*Langen,* § 25 KWG, Rn. 32 (Ablehnung jeder Ausstrahlungswirkung); *Kort,* NZG 2008, 81 (82 f.) (Annahme einer Ausstrahlungswirkung).

42 Deutscher Corporate Governance Kodex: Die Kommission wurde 06. 09. 2001 berufen. Die erste Fassung des Kodexes folgte am 26. 02. 2002.

43 Entwurf IDW Prüfungsstandard: Grundsätze ordnungsmäßiger Prüfung von Compliance Management Systemen verabschiedet am 11. 03. 2011.

44 *Liese*, BB-Special Compliance 2008, 17 (20).

DCGK wörtlich: „*Der Vorstand hat für die Einhaltung der gesetzlichen Bestimmungen und der unternehmensinternen Richtlinien zu sorgen und wirkt auf deren Beachtung durch die Konzernunternehmen hin (Compliance).*"

Diese Umschreibung des Compliance-Begriffs der Kodex-Kommission wird in der Literatur teilweise als eine allgemeingültige Definition von Compliance aufgefasst.[45] An dieser Stelle sei aber bereits vorwegnehmend darauf hingewiesen, dass dem DCGK kein Gesetzesrang bzw. keine Normqualität[46] zukommt. Demnach ergibt sich aus dem Wortlaut von Ziffer 4.1.3 DCGK keine zwingende Legaldefinition zum Thema Compliance. Vielmehr soll die zitierte Passage aus dem DCGK lediglich als weiterer Anhaltspunkt bei der Suche nach einer angemessenen Compliance-Definition behilflich sein.

Neben dem DCGK enthält auch der Prüfungsstandard des Instituts der Wirtschaftsprüfer in Deutschland (IDW) „Grundsätze ordnungsgemäßer Prüfung von Compliance-Management-Systemen" (IDW EPS 980) Erläuterungen der Begriffe Compliance und Compliance-Management System. Der IDW EPS 980 stellt insgesamt den Inhalt eines Prüfungskonzeptes für den Wirtschaftsprüfer dar, um eine freiwillige Überprüfung eines Compliance-Management-Systems eines Unternehmens durchzuführen.[47] In Tz. 6 des IDW EPS 980 wird ein Compliance-Management-System wie folgt definiert: „*Unter einem Compliance-Management-System sind die auf der Grundlage der von den gesetzlichen Vertretern festgelegten Ziele […] eingeführten Grundsätze und Maßnahmen eines Unternehmens zu verstehen, die auf die Sicherstellung eines regelkonformen Verhaltens der gesetzlichen Vertreter und der Mitarbeiter des Unternehmens sowie ggf. von Dritten abzielen, d. h. auf die Einhaltung bestimmter Regeln bzw. die Verhinderung von wesentlichen Verstößen (Regelverstöße) […]*".

Ferner beschreibt Tz. 5 des IDW EPS 980: „*Unter Compliance ist die Einhaltung von Regeln zu verstehen (gesetzliche Bestimmungen und unternehmensinterne Richtlinien)*".

V Normative Vorgaben im Rahmen von Compliance-Systemen

Die vorgestellten Definitionsvorschläge werfen weiter die Frage auf, was nun unter den einzuhaltenden normativen Vorgaben innerhalb von Compliance-Systemen

---

45 *Vetter*, in FS Graf von Westphalen, S 719 (722); *Fett/Theusinger*, BB-Special Compliance 2010, 6 (7).

46 *Hauschka*, in Corporate Compliance, § 1, Rn. 23; *Liese*, BB-Special Compliance 2008, 17 (20); *Ringleb*, DCGK, Rn. 54.

47 Vorbemerkungen zum IDW EPS 980, Tz. 1.

zu verstehen ist. Unzweifelhaft gehören zu diesen normativen Vorgaben alle verbindlichen gesetzlichen Regelungen, d. h. die gesamten normativen Gebote und Verbote.[48] Weiter sind mit den normativen Vorgaben auch die quasi-gesetzlichen Regelwerke (soft law) wie z. B. der DCGK gemeint.[49] Auch die sog. unternehmensinternen Regeln und Richtlinien sind eindeutig mit einzubeziehen. Mit diesen unternehmensinternen Regelwerken sind insbesondere die Gesellschaftsverträge, die Arbeitsverträge und Geschäftsordnungen gemeint. Es treten ferner Stellenbeschreibungen, Arbeitsanweisungen, Ethik-Standards sowie Verhaltenskodizes hinzu.[50]

1 Vertragliche Verpflichtungen als normative Vorgaben im Compliance-Management

Im rechtswissenschaftlichen Schrifttum uneinheitlich beantwortet wird die Frage, ob auch die vertraglichen Verpflichtungen eines Unternehmens zu den im Rahmen von Compliance zu beachtenden normativen Vorgaben zu zählen sind. Nach einer Ansicht seien vertragliche Verpflichtungen nicht Gegenstand von Compliance.[51] Begründet wird dies damit, dass Verstöße gegen vertragliche Verpflichtungen nicht in jedem Falle pflichtwidrig seien. Ferner habe die Einhaltung vertraglicher Verpflichtungen im Vergleich zu solchen aus Gesetz oder unternehmensinternen Richtlinien eine andere Zielrichtung und Bedeutung.[52]

Nach anderer Ansicht könnten auch vertragliche Vereinbarungen Compliance-Pflichten auslösen, und seien daher zu den normativen Vorgaben im Rahmen von Compliance zu zählen. Dies sei gerade deshalb der Fall, da bei Verstößen gegen vertragliche Vorgaben der Abbruch einer Geschäftsverbindung drohe, was insbesondere bei einem marktmächtigen Vertragspartner oder einem wichtigen Kunden problematisch sein könne. Als klassische Vereinbarungen in diesem Bereich würden z. B. die Sozialstandards innerhalb einer Lieferkette gelten.[53]

---

48 Anstelle aller: *Schneider,* ZIP 2003, 645 (646).

49 *Lelley,* Compl. im ArbeitsR, S. 11; *Schneider,* ZIP 2003, 645 (646).

50 *Hauschka,* ZIP 2004, 877; *Bürkle,* BB 2007, 1797 (1798); *Kort,* NZG 2008, 81 (83).

51 *Fett/Theusinger,* BB-Special Compliance 2010, 6 (7); *Horney/Kuhlmann,* CCZ 2010, 192 (193).

52 *Fett/Theusinger,* BB-Special Compliance 2010, 6 (7); *Horney/Kuhlmann,* CCZ 2010, 192 (193).

53 *Lelley,* Compl. im ArbeitsR, S. 11; *Vetter,* in FS Graf von Westphalen, S 719 (723); *Hauschka,* ZIP 2004, 877.

2 Stellungnahme

Im Ergebnis ist der zweiten Ansicht zu folgen. Demnach sind nach hiesiger Auffassung auch vertragliche Verpflichtungen zu den normativen Vorgaben zu zählen, welche im Rahmen von Compliance-Programmen zu überwachen sind. Die anderslautende Auffassung überzeugt gerade nicht, wenn dort beschrieben wird, die Einhaltung von vertraglichen Verpflichtungen hätte im Vergleich zu solchen aus Gesetz oder unternehmensinternen Richtlinien eine andere Zielrichtung. Denn auch die Einhaltung entscheidender vertraglicher Verpflichtungen kann für ein Unternehmen von herausragender Bedeutung sein. Gerade mit Blick auf die bereits dargestellte Aufgabe von Compliance als präventiv wirkende Unternehmensorganisation zur Vermeidung von Haftungsrisiken wird deutlich, dass auch entscheidende vertragliche Vereinbarungen in das Compliance-Management-System des Unternehmens mit einzubeziehen sind. Denn es ist unbestritten, dass auch Verstöße gegen vertragliche Verpflichtungen zu einer Haftung der Gesellschaft bzw. ihrer geschäftsführenden Organe führen können. Somit ist eine unterschiedliche Zielrichtung der verschiedenen Vorgaben im Rahmen von Compliance-Systemen nicht erkennbar. Vorwegnehmend sei ferner bereits an dieser Stelle auf die Funktion von Compliance im Rahmen des Reputationsschutzes des Unternehmens hingewiesen. Auch um den guten Ruf eines Unternehmens in der Öffentlichkeit zu schützen, gilt es entscheidende vertragliche Vereinbarungen z. B. über wichtige Sozialstandards einzuhalten und im Rahmen von Compliance zu überwachen. Eine solche Einbeziehung von vertraglichen Abreden in das Compliance-System erfolgt auch in der Praxis. Dies ergibt sich aus dem von *Wermelt* erhobenen Meinungsbild zum EPS 980. Hierin gaben Unternehmen ausdrücklich an, auch ihre Lieferanten in ihr Compliance-Management-System mit einzubeziehen.[54] Um eine solche Einbeziehung effektiv zu gestalten, erscheinen aus Sicht des Verfassers vertragliche Vereinbarungen unabdingbar.

Somit bleibt festzuhalten, dass im Rahmen von Compliance-Management-Systemen verbindliche gesetzliche Regeln, quasi-gesetzliche Regelungen, unternehmensinterne Richtlinien und vertragliche Vereinbarungen als einzuhaltende normative Vorgaben zu betrachten sind.

---

54 *Wermelt*, CCZ 2010, 150.

VI Drei grundlegende Bestandteile von Compliance

Nachdem nun der Umfang der normativen Vorgaben innerhalb eines Compliance-Systems festgelegt worden ist, ergeben sich zusammenfassend – aus dem bisher beschriebenen – folgende Bestandteile, die den Begriff Compliance maßgeblich kennzeichnen:

Zunächst geht es um die tatsächliche Einhaltung und Durchsetzung des Legalitätsprinzips, was im Schrifttum auch als materielle Compliance[55] bezeichnet wird. Ferner besteht daneben ein weiterer Teil, der als das sog. organisatorische Verständnis von Compliance charakterisiert werden kann. Hierbei sind die präventiven Organisationsmaßnahmen zur Gewährleistung eines regelkonformen Verhaltens gemeint.[56] Diese beiden Aspekte von Compliance kommen innerhalb der Definition der Kodex-Kommission in Ziffer 4.1.3 DCGK sowie in den Erläuterungen innerhalb von Tz. 5 und Tz. 6 des IDW EPS 980 zum Ausdruck. Denn auch hier werden Gesichtspunkte der materiellen Compliance mit solchen der präventiven Compliance-Organisation kombiniert.[57] Diese Kombination der beiden Elemente ist ebenfalls innerhalb der spezialgesetzlichen bankenrechtlichen Compliance-Regelungen erkennbar. Ein drittes Element von Compliance, welches im Rahmen dieser Darstellung bisher noch nicht angesprochen worden ist, stellt im Falle von entdeckten Regelverstößen das Krisenmanagement dar.[58] Ein besonderer Krisenfall, auf den sich ein Unternehmen vorzubereiten hat, ist die Präsenz von staatlichen Ermittlungsbehörden. Hier gilt es Sofortmaßnahmen im Rahmen der Compliance-Organisation zu implementieren, um Schaden vom Unternehmen abzuwenden.[59] Das Krisenmanagement ist somit als Bestandteil einer Compliance-Organisation zu verstehen. Dieses Element ergänzt die präventive Funktion von Compliance, da Regelverstöße niemals vollständig auszuschließen sind.[60]

---

55 *Kremer/Klahold,* ZGR 2010, 113 (116).

56 *Vetter,* in Wecker/van Laak, Compliance in der Unternehmerpraxis, S 33; *Streck/Binnewies,* DStR 2009, 229; *Kremer/Klahold,* ZGR 2010, 113 (116 f.).

57 *Kremer/Klahold,* ZGR 2010, 113 (117).

58 *Vetter,* in Wecker/van Laak, Compliance in der Unternehmerpraxis, S 33 (35).

59 *Campos Nave/Bonenberger,* BB 2008, 734 (736).

60 *Vetter,* in Wecker/van Laak, Compliance in der Unternehmerpraxis, S 33 (35); *Rodewald/Unger,* BB 2007, 1629 (1633).

VII Zielrichtungen und Nutzen eines Compliance-Management-Systems

Diese zuvor dargestellten drei Bestandteile von Compliance erlauben es, auf die Zielrichtungen und den Nutzen einer funktionierenden Compliance-Organisation zu schauen. Hierbei ist allerdings nicht von der Hand zu weisen, dass die verschiedenen Bestandteile bereits Teile der vorrangigen Ziele zum Ausdruck bringen. Als Hauptziele von Compliance lassen sich Schadensprävention und Reputationsschutz verifizieren.[61] Diese beiden oberbegrifflich genannten Ziele sollen im Folgenden näher ausgestaltet werden. Im Einzelnen:

1 Die Schadensprävention

Vor dem Hintergrund der Schadensprävention hat eine Compliance-Organisation als „Risikovermeidungsstrategie" – wie beschrieben – das Ziel, die Haftungsrisiken für die Gesellschaft und deren Organe zu minimieren. Realisieren sich solche Haftungsrisiken aufgrund von Non-Compliance oder uneffektiver Compliance, drohen sowohl dem Unternehmen als auch den geschäftsführenden Organen massive negative Rechtsfolgen. *Hauschka* beschreibt diese Rechtsfolgen plakativ wie folgt: *„Gravierende Rechtsverstöße kosten die Unternehmen und ihre Anteilseigner viel Geld, die Geschäftsführer und Vorstände ihren Job, ihr Vermögen und gelegentlich ihre Freiheit, die Mitarbeiter ihre Arbeitsplätze und so manches Unternehmen die Existenz."*[62]

Die Gründe für den Anstieg des zivilrechtlichen und strafrechtlichen Haftungsrisikos für Geschäftsführer und Vorstände deutscher Gesellschaften, weshalb die Bedeutung von Compliance als präventiv wirkendes Mittel stetig wächst, sind vielschichtig. Voraussetzung für eine zivilrechtliche Haftung der geschäftsführenden Organe gegenüber der Gesellschaft nach § 93 Abs. 2 Satz 1 AktG bzw. nach § 43 Abs. 2 GmbHG ist eine Pflichtverletzung bzw. eine Obliegenheitsverletzung. Besonders zu beachten ist dabei die Beweislastverteilung zulasten der geschäftsführenden Organe gemäß § 93 Abs. 2 Satz 2 AktG. Ferner können die geschäftsführenden Organe mit einer außerordentlichen Kündigung des Arbeitsvertrages oder mit persönlich erfüllten Ordnungswidrigkeits- bzw. Straftatbeständen konfrontiert werden.[63] Die Pflichten und Obliegenheiten der

---

61 *Hauschka,* in Corporate Compliance, § 1, Rn. 24; *Bürkle,* BB 2005, 565 (566).

62 *Hauschka,* AnwBl. 2010, 629 (630).

63 *Thüsing,* Arbeitnehmerdatenschutz und Compliance, S. 21 ff., Rn. 32 ff.; *Lelley,* Compl. im ArbeitsR, S. 15 f.

Unternehmensleitung, bei deren Verstoß eine Haftung droht, haben sich in den letzten Jahren stetig vermehrt. Ferner ist zu berücksichtigen, dass diese normierten gesetzlichen Pflichten, welche teilweise strafbewehrt sind, beinahe alle Bereiche des Wirtschaftsrechts betreffen und oftmals mehrere unterschiedliche Rechtsgebiete überlagern.[64]

Neben den Aktivitäten des Gesetzgebers ist aber auch eine strengere Rechtsprechung des BGH zu beobachten.[65] Hier sei besonders auf die ARAG/Garmenbeck-Entscheidung des BGH aus dem Jahre 1997 hingewiesen. Als Essenz dieses Urteils lässt sich festhalten, dass Aufsichtsräte grundsätzlich verpflichtet sind, voraussichtlich bestehende Schadensersatzansprüche der Gesellschaften gegen ihre Vorstände auch tatsächlich zu verfolgen.[66] Diese Entscheidung hat maßgebliche Bedeutung für den Aufstieg und die Entwicklung von Compliance, da durch den grundsätzlichen Zwang des Aufsichtsrates Haftungsprozesse gegen Vorstände und ehemalige Vorstände nicht länger eine Ausnahme bleiben.[67]

Bezüglich der Gesellschaft drohen insbesondere Unternehmensgeldbußen z. B. nach § 30 OWiG, Schadensersatzansprüche und Vertragsstrafen von Vertragspartnern sowie kapitalmarktrechtliche Sanktionen.[68] Besonders die in den letzten Jahren dramatisch angestiegenen Höhen der Bußgelder, welche von den deutschen und europäischen Aufsichtsbehörden – vornehmlich im Kartellrecht – verhängt worden sind, machen Compliance als Mittel der Schadensprävention unverzichtbar. Das Bußgeldrisiko der Unternehmen steigt auch deshalb, weil die Behörden ihre Ermittlungstätigkeiten intensiviert haben.[69]

Die präventive Wirkung von Compliance zeigt sich auch im Falle, dass eine Strafe oder ein Bußgeld gegen das Unternehmen verhängt wird. Denn in diesen Fällen ist ein effektives Compliance-System bei der Festlegung der Höhe der Zahlung zu berücksichtigen. Beispielhaft sei hierzu die angesprochene Unternehmensgeldbuße i. S. v. § 30 OWiG genannt, bei der sich ein wirksames Compliance-Management als unternehmensbezogener Umstand positiv auf die Höhe der Geldbuße auswirken sollte.[70]

---

64 *Lelley*, Compl. im ArbeitsR, S. 9; *Schneider*, ZIP 2003, 645 (646); *Mengel/Hagemeister*, BB 2006, 2466.

65 *Kiethe*, GmbHR 2007, 393.

66 BGH, NJW 1997, 1926.

67 *Kremer/Klahold*, in Hdb. Managerhaftung, § 21, Rn. 7; *Hauschka*, NJW 2004, 257; *Mengel/Hagemeister*, BB 2006, 2466.

68 *Thüsing*, Arbeitnehmerdatenschutz und Compliance, S. 19 ff., Rn. 28 ff.

69 *Dreher*, ZWeR 2004, 75 (76); *Kremer/Klahold*, ZGR 2010, 113 (114 f.).

70 *Stetter*, CCZ 2009, 227 (229).

Auch in diesen Fällen besteht ein persönliches Haftungsrisiko der geschäftsführenden Organe, da die Gesellschaften im Falle von Bußgeldzahlungen die Geltendmachung von Schadensersatzansprüchen gegen den Vorstand bzw. den Geschäftsführer anstreben. Der Compliance-Organisation als Absicherung kommt außerdem verstärkte Bedeutung zu, da die sog. Directors- und Officers (D&O) Versicherungspolicen die Bußgeldrisiken in der Regel nicht abdecken.[71]

Die möglichen Haftungsrisiken für die Gesellschaften und ihre geschäftsführenden Organe weiten sich in Konzernlagen noch aus. Hier sei nur auf internationale Konzerne hingewiesen, wo es neben den nationalen Vorgaben im Land der Muttergesellschaft auch die Vorgaben der Rechtsordnungen in den verschiedenen Ländern der Tochtergesellschaften zu beachten gilt.[72] Weiter kann bei Kartellrechtsverstößen auf europäischer Ebene der Gesamtumsatz der Unternehmensgruppe Bedeutung erlangen. Hier können nämlich gemäß Art. 23 Abs. 2 Satz 2 VO (EG) Nr. 1/2003[73] Geldbußen von bis zu 10 % des gesamten Konzernumsatzes verhängt werden.[74]

Somit geht es bei Compliance-Programmen insbesondere um die Abwendung von zivilrechtlichen Ansprüchen, hohen Bußgeldern und Strafen, ausgelöst durch vorsätzliche oder fahrlässige Rechtsverletzungen der handelnden Personen.[75] Weiter verfolgt Compliance das Ziel, bei Mitarbeitern und Organen der Gesellschaft ein geschärftes Bewusstsein bezüglich der drohenden Haftungsrisiken zu schaffen. Folglich hat die Compliance-Organisation auch ratgebende und aufklärende Funktion vor dem Hintergrund der Prävention vor Schadensfällen.[76] Ferner soll das Unternehmen vor externen Beratungs- und Verfahrenskosten sowie vor der Aufbringung großer personeller und zeitlicher Ressourcen im Rahmen einer durch Non-Compliance ausgelösten Krise bewahrt werden.[77] Nicht zuletzt sollen Unternehmen, die an öffentlichen Vergabeverfahren teilnehmen, davor geschützt werden, aufgrund von Wirtschaftskriminalität und Skandalen von diesen Verfahren ausgeschlossen zu werden.[78]

---

71 *Kremer/Klahold,* in Hdb. Managerhaftung, § 21, Rn. 7; *Dreher,* ZWeR 2004, 75 (76).

72 *Schneider,* ZIP 2003, 645 (647).

73 Verordnung (EG) Nr. 1/2003 des Rates vom 16. Dezember 2002 zur Durchführung der in den Artikeln 81 und 82 des Vertrages niedergelegten Wettbewerbsregeln.

74 *Kremer/Klahold,* in Hdb. Managerhaftung, § 21, Rn. 4.

75 *Schneider,* ZIP 2003, 645 (648); *Lösler,* NZG 2005, 104; *Kiethe,* GmbHR 2007, 393 (394).

76 *Lösler,* NZG 2005, 104 (105).

77 *Bürkle,* BB 2005, 565 (566); *Bussmann/Salvenmoser,* CCZ 2008, 192 (193).

78 *Thüsing,* Arbeitnehmerdatenschutz und Compliance, S. 20, Rn. 30; *Bürkle,* BB 2005, 565 (566).

2 Der Reputationsschutz

Dieser letztgenannte Aspekt findet sich auch in der zweiten großen Zielrichtung von Compliance wieder – dem Reputationsschutz. In erster Linie muss es das Ziel eines jedes am Markt operierenden Unternehmens sein, sich einen guten Ruf in der Öffentlichkeit zu erarbeiten. Die Gesellschaft sollte die Reputation eines „*good corporate citizen*"[79] anstreben. Dieses Image dient insbesondere der Sicherung des Vertrauens der Kunden und der Geschäftspartner in das Unternehmen.[80] Der Reputationsaufbau und -schutz ist demnach unmittelbar entscheidend für die Steigerung und Erhaltung des Unternehmenswertes sowie für die Steigerung der Wettbewerbsfähigkeit. Bei Beschädigung des guten Rufs drohen der Verlust von Marktanteilen, Absatzprobleme sowie bei börsennotierten Gesellschaften massive Kursverluste.[81]

Dieser Reputationsschutz hat stetig an Bedeutung gewonnen, da die Öffentlichkeit in zunehmendem Maße für das Thema Wirtschaftskriminalität sensibilisiert worden ist. Diese Sensibilisierung resultiert vornehmlich aus den umfassenden Presseberichten über nationale und internationale Wirtschaftsskandale.[82] Neben der allgemeinen Öffentlichkeit interessieren sich auch zunehmend Wettbewerber, Kunden, Investoren, Gesellschafter und Kunden für die Reputation des Unternehmens und dessen Schutz im Rahmen einer Compliance-Organisation.

3 Zusammenfassung der Ziele von Compliance

Lelley umschreibt die Ziele jeder Compliance-Organisation zusammenfassend in vier Punkten: Erstens ginge es bei einem Compliance-Programm um die Kenntnis der rechtlichen Risiken, die mit der Unternehmenstätigkeit einhergehen. Zweitens sei es erst durch diese Kenntnis der Risiken möglich, die drohenden Rechtsfolgen von Rechtsverstößen durch Organe, Management und Mitarbeiter abzuwehren. Drittens sichere erfolgreiche Compliance die Marktstellung, und viertens würde das Bild eines verantwortungsbewussten Corporate Citizen in der Öffentlichkeit verstärkt.[83] Die von *Lelley* genannten ersten beiden

79 *Schneider*, ZIP 2003, 645 (648); *Kiethe*, GmbHR 2007, 393 (394).

80 *Lelley*, Compl. im ArbeitsR, S. 14; *Schneider*, ZIP 2003, 645 (648); *Kiethe*, GmbHR 2007, 393 (394); *Lösler*, NZG 2005, 104 (105).

81 *Thüsing*, Arbeitnehmerdatenschutz und Compliance, S. 24, Rn. 39; *Bürkle*, BB 2005, 565 (566); *Campos Nave/Bonenberger*, BB 2008, 734.

82 *Bussmann/Salvenmoser*, CCZ 2008, 192.

83 *Lelley*, Compl. im ArbeitsR, S. 14.

Punkte sind dabei der Schadensprävention zuzuordnen und die Punkte drei und vier dem Reputationsschutz zuträglich.

VIII Ein abschließender Definitionsvorschlag

Die innerhalb dieses Kapitels beschriebenen Aspekte und Facetten von Compliance sollen nun in einem abschließenden Definitionsvorschlag münden. Der Verfasser erwägt hierzu folgende Formulierung:

Der Begriff Compliance umschreibt die tatsächliche Einhaltung und Durchsetzung des Legalitätsprinzips (materielle Compliance-Komponente), **aber auch die gesamten präventiven Organisationsmaßnahmen eines Unternehmens zur Vorsorge, dass allen normativen Vorgaben** (verbindliche gesetzliche Regelungen, soft law, unternehmensinterne Richtlinien und vertragliche Vereinbarungen) **entsprochen wird** (organisatorische Compliance-Komponente), **um ein ausreichendes Niveau an Schadensprävention und Reputationsschutz zu erreichen.**

Abschließend wird zur Klarstellung auf das Verständnis der Begriffe Compliance und Corporate Compliance eingegangen. Vor dem Hintergrund, dass Compliance sämtliche Unternehmensbereiche durchdringt, wird in der Literatur statt nur von Compliance, differenzierend auch von Corporate Compliance gesprochen.[84] Innerhalb dieser Darstellung sollte jedoch der Terminus Compliance ausreichend sein, womit dann die besagte unternehmensbezogene Compliance-Organisation i. S. v. Corporate Compliance gemeint ist.

84 *Streck/Binnewies*, DStR 2009, 229; *Passarge*, NZI 2009, 86 (87).

C Entwicklung von Compliance im Lichte der Causa Siemens

Nachdem nun verschiedene generelle Aspekte von Compliance angesprochen worden sind und eine Definition herausgearbeitet worden ist, soll nun die Bedeutung von Compliance in der Praxis aufgezeigt werden. Der Praxisbezug lässt sich eindringlich durch ein bekanntes Beispiel darstellen, in dem Compliance-Probleme deutlich geworden sind. Hierzu ist, stellvertretend für die verschiedensten Fälle von Wirtschaftskriminalität und Wirtschaftsskandalen aus der näheren Vergangenheit in Deutschland, auf die Causa Siemens AG einzugehen.

I Die Affäre innerhalb der Siemens AG

Der „Korruptionsskandal“ innerhalb der Siemens AG wird in der Presse als *„größten seiner Art in der bundesdeutschen Wirtschaft“*[85] oder als *„größten Bestechungsfall der deutschen Nachkriegsgeschichte“*[86] bezeichnet. Der Siemens-Fall bringt zudem das völlige Versagen eines unzureichenden Compliance-Systems zum Ausdruck. Es wurde berichtet, dass auch Führungskräfte aus der Compliance-Abteilung vom Korruptionssystem Kenntnis gehabt hätten. Die damalige Compliance-Organisation des Siemens-Konzerns ist deswegen als *„Farce“* oder *„Torso“* bezeichnet worden.[87] Die Business Conduct Guidelines des Konzerns sind scheinbar nicht ernst genommen und im operativen Geschäft ist wohl bewusst gegen dieses Regelwerk verstoßen worden. Dies bezeugt ein Beschäftigter, der in der Presse mit der Aussage *„Die Guidelines sind Wischiwaschi“* zitiert wird.[88]

In die breite Öffentlichkeit gelangte der Wirtschaftsskandal im November 2006 durch die von der Staatsanwaltschaft München groß angelegten Durchsuchungen verschiedener Standorte der Siemens AG.

Bis heute seien etwa 4300 illegale Zahlungen bei mehr als 330 Projekten durch die Ermittlungen aufgedeckt worden, wobei etwa 1,3 Mrd. € „Schmiergelder“ zwischen den Jahren 2000 und 2006 in verschiedenste Länder geflossen seien.[89]

---

85 *Ott*, SZ vom 11. 06. 2011, S 29.

86 *Dahlkamp/Deckstein/Schmitt*, Der Spiegel vom 14. 04. 2008, S. 76.

87 *Ott/Balser*, SZ vom 27. 11. 2006, S. 17; *Leyendecker/Ott*, SZ vom 26. 07. 2008, S. 25.

88 *Herr*, FAZ vom 28. 11. 2006, Nr. 277, S. 22.

89 *Leyendecker*, SZ vom 14. 01. 2011, S 21.

Das Geld sei dabei in mindestens sechs Sparten des Konzerns zur Auftragsakquise eingesetzt worden, wobei besonders die Geschäftsbereiche Kommunikationstechnik und Kraftwerkstechnik betroffen gewesen seien.[90]

1 Der Aufbau des „Korruptionssystems"

Die Erlangung von Aufträgen mittels Schmiergeldzahlungen hätte des Rückgriffes auf ein gewachsenes „Korruptionssystem" bedurft. Hierzu seien in den neunziger Jahren zwei Konten in Innsbruck und Salzburg unterhalten und von jeweils einem Kaufmann der Siemens AG betreut worden. Die Kaufmänner hätten sich von der Siemens AG ausgestellte Schecks auszahlen lassen und hätten mit dem erlangten Bargeld die Konten in Österreich bestückt. Ohne Hinweise auf den Siemens-Konzern seien so über das Konto in Salzburg jährlich Schmiergeldbeträge von 100 bis 200 Mio. € und über das Konto in Innsbruck jährliche Beträge von mindestens 20 Mio. € in verschiedenste Länder gezahlt worden.[91]

Wohl aus Angst vor Entdeckung der Konten in Österreich und als Reaktion auf eine geänderte strafrechtliche Lage sei zu Beginn des neuen Jahrtausends ein anderes System installiert worden und die österreichischen Konten seien geschlossen worden. Durch das IntBestG[92] und das EUBestG[93] – jeweils vom 10. 09. 1998 – ist nach deutschem Recht die Bestechung im internationalen Verkehr von ausländischen Richtern, sonstigen Amtsträgern, Soldaten und Abgeordneten unter Strafe gestellt worden. Ferner ist im Jahr 2002 die Anwendbarkeit von § 299 StGB, welcher die Bestechlichkeit und Bestechung im geschäftlichen Verkehr bestraft, auf den ausländischen Wettbewerb ausgedehnt worden.

Zur Verschleierung der „Korruptionen" seien innerhalb des neuen Systems nun Tarnfirmen und Briefkastenfirmen eingesetzt worden. Das Geld sei fortan mittels fingierter Rechnungen über Beratungshonorare aus dem Konzern auf die Konten der Scheinfirmen geschleust worden. Von diesen Konten sei das Geld dann über weitere Briefkastenfirmen in die Schweiz geflossen, von wo aus nun die Schmiergeldzahlungen vorgenommen werden konnten.[94]

---

90 *Dahlkamp/Deckstein/Schmitt*, Der Spiegel vom 14. 04. 2008, S. 76 (77).
91 *Ott*, SZ vom 12. 04. 2008, S. 26.
92 Gesetz zur Bekämpfung internationaler Bestechung.
93 EU-Bestechungsgesetz.
94 *Ott*, SZ vom 12. 04. 2008, S. 26.

2 Die Folgen des Siemens-Skandals

Die Folgen der Korruptionsaffäre für den Konzern und die Beteiligten waren massiv und haben zu vielfachen Änderungen in der Konzernstruktur geführt. Insbesondere haben sich beinahe alle oben dargestellten nachteiligen Konsequenzen von Non-Compliance in der Causa Siemens realisiert.

Durch den „Korruptionsskandal" ist dem Siemens-Konzern ein enormer finanzieller Schaden entstanden. Durch die national und international verhängten Strafen, Steuernachzahlungen und zusätzlichen Beratungskosten für Anwälte und Wirtschaftsprüfer sowie für eigene Ermittlungen und den Aufbau einer effektiven Compliance-Organisation wird von Gesamtkosten in Höhe von etwa 2,5 Mrd. € berichtet.[95]

Aufgrund des Ganges an die New Yorker Börse im März 2001 habe große Sorge seitens des Konzerns bestanden, wie die Reaktion der amerikanischen Börsenaufsicht U.S. Securities and Exchange Commission (SEC) ausfallen würde. Hier sei eine Strafzahlung von mehreren Milliarden Euro befürchtet und sogar der Verkauf eines Konzernteils zur Begleichung der Geldbuße sei für möglich gehalten worden.[96]

Aufgrund der Kooperation mit den Ermittlungsbehörden, der rücksichtslosen Aufklärung und einer völligen Neuausrichtung des Siemens-Konzerns sei im Wege des Vergleichs eine Strafzahlung in den USA von „nur" 600 Mio. € erreicht worden.[97] Hierzu beigetragen haben wohl der Aufbau und die Gestaltung eines effektiven Compliance-Systems. Nicht zuletzt hat das deutsche Traditionsunternehmen durch die öffentlich gewordene Schmiergeldaffäre einen Reputationsschaden erlitten.

Neben diesen Schäden des Konzerns haben mehre geschäftsführende Organe und leitende Siemens-Mitarbeiter zivilrechtliche und strafrechtliche Konsequenzen erfahren. Innerhalb der Konzernspitze und dem Aufsichtsrat ergaben sich zahlreiche personelle Veränderungen. Insbesondere der Vorstandsvorsitzende *Klaus Kleinfeld* und der Vorsitzende des Aufsichtsrates und langjährige Vorstandsvorsitzende *Heinrich von Pierer* legten im Jahr 2007 ihre Ämter nieder.[98]

Anhand des Beispiels *Thomas Ganswindt*, der zwischen 2004 und 2006 Mitglied des Zentralvorstandes der Siemens AG und Leiter der Kommunikationssparte gewesen ist, sollen exemplarisch die den ehemaligen Siemens Manager

---

95 *Leyendecker,* SZ vom 14. 01. 2011, S. 21; *Balser,* SZ vom 31. 12. 2008, V3/9.

96 *Ott,* SZ vom 01. 10. 2007, S. 17.

97 *Beise,* SZ vom 15. 12. 2008, S. 4.

98 *Ott/Schäfer,* SZ vom 26. 04. 2007, S. 2.

persönlichen treffenden Konsequenzen konkret dargestellt werden. *Ganswindt* ist zunächst im Dezember 2006 im Zuge des Korruptionsskandals für mehrere Tage in Untersuchungshaft genommen worden. Die strafrechtlichen Ermittlungen gegen ihn mündeten in einer Anklage vor dem Landgericht München. Das strafrechtliche Verfahren wurde im Mai 2011 gegen Zahlung von 175.000 € nach § 153a Abs. 2 StPO eingestellt.[99] Neben diesen strafrechtlichen Folgen ist *Ganswindt* von der Siemens AG auf Schadenersatz in Höhe von 5 Mio. € gerichtlich in Anspruch genommen worden.[100] Auf Anregung des Gerichtes haben sich die Parteien 2012 im Rahmen eines Vergleiches geeinigt. *Ganswindt* hat sich darin zu einer Zahlung von insgesamt 500.000 € an die Siemens AG verpflichtet.[101] Die Hauptversammlung hat diesem Vergleichsvorschlag im Januar 2013 zugestimmt.[102] Als weitere Folge der Korruptionsaffäre habe er 2006 seine damals aktuelle Position als Vorstandsvorsitzender der luxemburgischen Elster Group verloren.[103]

Neben *Ganswindt* wurden mehrere ehemalige Siemens-Manager und Mitarbeiter wegen des Schmiergeldskandals mit Untersuchungshaft, strafrechtlichen Konsequenten, zivilrechtlichen Schadenersatzansprüchen und negativen beruflichen Folgen konfrontiert. Bezüglich der möglichen zivilrechtlichen Schadensersatzansprüche der Siemens AG wurden mit insgesamt neun bzw. zehn (inkl. *Ganswindt*) ehemaligen Organmitgliedern Vergleichsvereinbarungen geschlossen.[104]

---

99 Einberufung der ordentlichen Hauptversammlung 2013 der Siemens AG, S. 53, (http://www.siemens.com/investor/pool/de/investor_relations/events/hauptversammlung/2013/hv2013_einberufung_20121128_d.pdf, abgerufen am 07. 10. 2015); *Ott*, SZ vom 21. 05. 2011, S. 21; *Ott*, SZ vom 06. 03. 2008, S. bin.

100 Einberufung der ordentlichen Hauptversammlung 2013 der Siemens AG, S. 53, (http://www.siemens.com/investor/pool/de/investor_relations/events/hauptversammlung/2013/hv2013_einberufung_20121128_d.pdf, abgerufen am 07. 10. 2015); *Ott*, SZ vom 26. 01. 2010, S. 17.

101 Einberufung der ordentlichen Hauptversammlung 2013 der Siemens AG, S. 53, 60 (http://www.siemens.com/investor/pool/de/investor_relations/events/hauptversammlung/2013/hv2013_einberufung_20121128_d.pdf, abgerufen am 07. 10. 2015).

102 Abstimmungsergebnisse der Hauptversammlung 2013 der Siemens AG, siehe Top 7 (http://www.siemens.com/investor/pool/de/investor_relations/events/hauptversammlung/2013/abstimmungsergebnisse.pdf, abgerufen am 07. 10. 2015).

103 *Ott*, SZ vom 06. 03. 2008, S. bin.

104 Einberufung der ordentlichen Hauptversammlung 2013 der Siemens AG, S. 52 f., (http://www.siemens.com/investor/pool/de/investor_relations/events/hauptversammlung/2013/hv2013_einberufung_20121128_d.pdf, abgerufen am 07. 10. 2015); *Fleischer*, NZG 2014, 321 (322).

Lediglich mit einem ehemaligen Vorstandsmitglied konnte zunächst keine Vergleichsvereinbarung erzielt werden. Daraufhin hat das Landgericht München I das ehemalige Vorstandmitglied der Siemens AG mit Urteil vom 10. 12. 2013 zur Zahlung von 15 Mio. € aufgrund der Einrichtung eines mangelhaften Compliance-Management-Systems und der nicht ausreichenden Überwachung dieses Systems verurteilt.[105] Dieses Urteil, das sog. Siemens/Neubürger-Urteil, ist insoweit bemerkenswert, da erstmalig ein geschäftsleitendes Organ durch ein deutsches Gericht zum Schadensersatz gegenüber der eigenen Gesellschaft aufgrund von unzureichender Compliance verurteilt worden ist. In der Berufungsinstanz haben sich die Parteien sodann im Wege einer Vergleichsvereinbarung über einen Vergleichsbetrag von 2,5 Mio. € verständigt.[106] Da der Rechtsstreit damit beendet wurde, blieb eine Bewertung des Urteils des Landgerichts München I durch höchstrichterliche Rechtsprechung aus.

II Die Auswirkungen des Siemens-Falles auf die Entwicklung von Compliance in der deutschen Wirtschaft

Der abgebildete kurze Überblick über die Siemens-Affäre wurde in diese Darstellung überhaupt erst integriert, weil diese Affäre von maßgeblicher Bedeutung für die Entwicklung von Compliance in Deutschland gewesen ist. Die Presse spricht von einer Zäsur durch den Siemens-Fall und von einer Zeit vor und nach dem Siemens-Fall.[107] Zwar gab es, wie aufgezeigt, auch schon vor der Aufdeckung des Siemens-Skandals eine Compliance-Diskussion im deutschen juristischen Schrifttum, aber in der Wirtschaft scheint das Thema erst durch den Siemens-Fall vollständig angekommen zu sein. *Hauschka* schrieb noch ein halbes Jahr vor Beginn der Affäre, dass die deutsche Praxis relativ wenig bekannt sei und lediglich Anzeichen für Aktivitäten im Compliance-Bereich sichtbar seien.[108] Dies hat sich nun in der Zeit nach der Siemens-Affäre merklich gewandelt. Konzerne präsentieren öffentlich ihre Compliance-Systeme und ihre unternehmensinternen Richtlinien bzw. Ethikkodizes, wie ein Blick auf verschiedenste Internetauftritte

105 LG München I, ZIP 2014, 570.

106 Einberufung der ordentlichen Hauptversammlung 2015 der Siemens AG, S. 53 ff., http://www.siemens.com/investor/pool/de/investor_relations/events/hauptversammlung/2015/hv2015_einberufung_de.pdf, abgerufen am 09. 10. 2015.

107 *Leyendecker*, SZ vom 14. 01. 2011, S. 21.

108 *Hauschka*, DB 2006, 1143.

beweist. Beispielhaft sei hier nur auf die Internetseiten der Siemens AG[109], der BASF SE[110] und der Deutschen Telekom AG[111] verwiesen.

Insgesamt scheint der „Skandal“ bei der Siemens AG, mit seinen einschneidenden Folgen für das Unternehmen und sein Management, das Thema Compliance endgültig in das Bewusstsein der Organe der Gesellschaften gerückt zu haben. Ferner scheint sich auch die Ansicht in den Unternehmen durchzusetzen, dass die Kosten für ein effektives Compliance-System geringer und beherrschbarer sind, als solche Kosten, die dem Unternehmen und seinem Management bei Non-Compliance drohen.[112] Der stellvertretende Vorsitzende von Transparency International Deutschland wird demgemäß mit nachfolgenden Worten zitiert: „*Der Siemens-Skandal war für die Korruptionsbekämpfung von unschätzbarem Wert*“.[113]

---

109 https://www.siemens.com/about/sustainability/de/themenfelder/compliance/system/index.php, abgerufen am 11. 10. 2015.

110 https://www.basf.com/de/company/about-us/management/code-of-conduct.html, abgerufen am 11. 10. 2015.

111 https://www.telekom.com/konzern/konzernprofil/compliance/219358, abgerufen am 11. 10. 2015.

112 *Wilhelm,* SZ vom 24. 09. 2009, S. 23; *Campos Nave/Bonenberger,* BB 2008, 734.

113 *Wilhelm,* SZ vom 24. 09. 2009, S. 23.

D Die gesetzlichen Compliance-Pflichten der Organe in der konzernfreien Kapitalgesellschaft und im Konzern

Im nun folgenden Kapitel wird untersucht, welche gesetzlichen Compliance-Pflichten de lege lata existieren. Im Fokus dieser Darstellung stehen allein die Kapitalgesellschaften i. S. v. § 3 Abs. 1 Nr. 2 UmwG, wobei auf die Kommanditgesellschaft auf Aktien verzichtet wird. Betrachtet werden sollen dabei sowohl die Konstellationen in der konzernfreien Gesellschaft als auch in der Konzernsituation. Besonders die Fokussierung auf die gegenwärtige gesetzliche Compliance-Lage innerhalb des Konzerns bildet einen Schwerpunkt dieser Darstellung. Gerade bezüglich der spezifischen Compliance-Situation innerhalb des Konzerns erscheint vieles ungeklärt und wenig gesichert.[114]

I Rechtspflichten im Zusammenhang mit Compliance in der konzernfreien Gesellschaft

Der nun anschließende Abschnitt beschränkt sich auf die Compliance-Situation im Einzelunternehmen, um sodann in einem nächsten Schritt die gewonnenen Erkenntnisse auf die Gegebenheiten im Konzern zu übertragen und auszuführen. Die Erörterungen bezüglich der Compliance-Verpflichtungen in der konzernfreien Kapitalgesellschaft verstehen sich dabei als Grundlage und notwendige Voruntersuchung, um überhaupt auf die Compliance-Situation im Konzern fundiert und verständlich eingehen zu können.

1 Die gesetzlichen Compliance-Verpflichtungen der geschäftsführenden Organe in der Einzelgesellschaft

Zunächst ist der Blick auf die gesetzlichen Compliance-Pflichten der geschäftsführenden Organe zu richten, womit bei der AG der Vorstand (§§ 76 ff. AktG) und bei der GmbH der Geschäftsführer (§§ 35 ff. GmbHG) gemeint ist.

Inhaltlich ist dabei bezüglich der konzernfreien Gesellschaften der Frage nachzugehen, ob die jeweiligen Geschäftsleiter de lege lata verpflichtet sind, eine Compliance-Struktur in der Gesellschaft zu implementieren. Ein umfassendes Compliance-Management im Sinne dieser Darstellung würde die gesamten

---

114 *Fleischer*, CCZ 2008, 1 (3); *Koch*, WM 2009, 1013.

Bestandteile und normativen Vorgaben, welche im oben angeführten Definitionsvorschlag[115] enthalten sind, beinhalten und berücksichtigen. Innerhalb des rechtswissenschaftlichen Schrifttums wird die zuvor aufgeworfene Frage kontrovers diskutiert und beantwortet. Insgesamt lassen sich in dieser juristischen Diskussion über eine Rechtspflicht zu Compliance im konzernfreien Unternehmen verschiedene Meinungsblöcke verifizieren. Im nun folgenden Abschnitt soll dieses Meinungsspektrum dargestellt und die dogmatischen Hintergründe beleuchtet werden. Die Darstellung der Diskussion bezüglich einer möglichen Rechtspflicht zu Compliance orientiert sich aber nicht an den unterschiedlichen Meinungsblöcken. Diese erfolgt vielmehr in Anlehnung an die jeweiligen dogmatischen Grundlagen einer möglichen Compliance-Verpflichtung.

a) *Spezialgesetzlich normierte Compliance-Inhalte*

Begonnen wird die Untersuchung mit solchen spezialgesetzlichen Normen, welche sich inhaltlich mit dem Thema Compliance beschäftigen und sich auf die konzernfreie Gesellschaft beziehen. In einem vorderen Abschnitt dieser Darstellung wurde bereits zu spezialgesetzlichen Normen mit Compliance-Inhalten Stellung bezogen.[116] Genannt worden sind dort: § 33 Abs. 1 WpHG, § 25a Abs. 1 KWG, § 9 GwG, § 22 ZAG sowie § 64a Abs. 1 VAG a. F. Hinzu kommen an dieser Stelle § 52a Abs. 2 BImSchG und § 53 KrW-/AbfG a. F. (aktuell: § 58 KrWG). Nun gilt es zu klären, welche Bedeutung diese branchenspezifischen Normen im Hinblick auf Compliance-Pflichten der geschäftsführenden Organe aller unverbundenen Gesellschaften haben.

aa) *Rechtsanalogie zu spezialgesetzlichen Vorschriften zur Begründung einer allgemeinen Compliance-Pflicht*

Zur Begründung einer allgemeinen und umfassenden Compliance-Pflicht für sämtliche Unternehmen – unabhängig von der jeweiligen Branche – wird in der Literatur eine Analogie zu einigen dieser spezialgesetzlichen Normen vorgeschlagen, die vornehmlich aufsichtsrechtlicher Natur sind. Insbesondere *Schneider* nimmt in seinem bereits angesprochenen und viel beachteten Aufsatz aus dem Jahre 2003 eine Pflicht zur Einrichtung eines Compliance-Systems für alle Unternehmen an. Er gibt zwar zu, dass es an einer allgemeinen gesetzlichen Grundlage hierzu fehlen würde, jedoch ließe sich eine solche insbesondere durch eine Rechtsanalogie zu den verschiedenen spezialgesetzlichen

---

115 Siehe schon Seite 44.

116 Siehe schon Seiten 33 ff.

Einzelvorschriften begründen.[117] Als spezialgesetzliche Vorschriften werden von *Schneider* § 25a KWG a. F., § 33 WpHG a. F., § 14 Abs. 2 GWG a. F.,[118] § 52a Abs. 2 BImSchG, und § 53 KrW-/AbfG a. F. aufgeführt, die als analogiefähig betrachtet werden. Hinter diesen spezialgesetzlichen Normen verberge sich ein verallgemeinerungsfähiger Rechtsgedanke.[119]

Diesen Aspekt hat auch das Verwaltungsgericht Frankfurt in einer Entscheidung aus dem Jahre 2004 in Ansätzen aufgegriffen.[120] Zu entscheiden hatte das Gericht über ein Abberufungsverlangen der BaFin bezüglich eines Vorstandsmitgliedes eines Versicherungsunternehmens. Innerhalb der Entscheidung hat das Gericht die Anforderungen des § 25a Abs. 1 KWG über § 34 Satz 2 VAG und § 91 Abs. 2 AktG auf das Versicherungsunternehmen ausgeweitet. Die Kammer hat diese Ausweitung mit einer Gesamtintention des Gesetzgebers begründet, die dieser bei der Einführung von § 25a KWG und § 91 Abs. 2 AktG verfolgt habe.[121] Nach der Einführung von § 64a VAG a. F. im Jahre 2007, welcher mit § 25a KWG vergleichbare Anforderungen an die Geschäftsorganisation stellt, ist eine solche Ausweitung der Anforderungen aus dem Kreditwesengesetz aktuell nicht mehr notwendig.[122] Dennoch gilt es die vom Gericht beschriebene grundsätzliche Möglichkeit der Ausweitung von § 25a KWG auf eine andere Branche zur Kenntnis zu nehmen.

Andere Stimmen sprechen den aufsichtsrechtlichen Spezialnormen lediglich eine „*Schrittmacherrolle*" zu. Die aufsichtsrechtlichen Regelungen hätten in ausgewählten Bereichen das Gesellschaftsrecht überholt, weshalb sich diese auch bei der Konkretisierung der Organisation von Unternehmen in anderen Branchen bemerkbar machen würden.[123] *Kort* sieht ferner eine Ausstrahlungswirkung der sektorspezifischen Compliance-Vorgaben auf andere Wirtschaftsbranchen, gerade auch im Hinblick auf § 64a VAG a. F.[124]

---

117 *Schneider*, ZIP 2003, 645 (648 f.); *Schneider*, NZG 2009, 1321 (1323).
118 Aktuell wäre wohl auf § 9 GwG abzustellen.
119 *Schneider*, ZIP 2003, 645 (649).
120 VG Frankfurt, WM 2004, 2157.
121 VG Frankfurt, WM 2004, 2157 (2160).
122 *Bachmann*, in GesellschaftsR in der Diskussion 2007, S. 65 (70).
123 *Fleischer*, ZIP 2003, 1 (10); bestätigend: *Preußner*, NZG 2004, 57 (58); *Preußner*, NZG 2004, 303 (305).
124 *Kort*, NZG 2008, 81 (82 f.).

bb) *Prüfung der Voraussetzungen einer analogen Anwendung der branchenspezifischen Vorschriften*

Nun ist zu prüfen, ob die zuvor – vornehmlich von *Schneider* – behauptete Rechtsanalogie zu den genannten branchenspezifischen Vorschriften tatsächlich zur dogmatischen Herleitung einer allgemeinen gesetzlichen Compliance-Pflicht taugt. Bei einer Rechtsanalogie oder auch Gesamtanalogie wird mehreren Normen, die unterschiedlichen Tatbeständen eine identische Rechtsfolge zuordnen, ein allgemeiner Rechtsgrundsatz entnommen, der dann auf den ungeregelten aber wertungsmäßig ähnlichen Sachverhalt angewendet wird.[125] Damit eine solche Form der Analogie angenommen werden kann, müssen die grundsätzlichen Voraussetzungen einer analogen Anwendung gegeben sein. Diese sind immer dann erfüllt, wenn eine planwidrige Regelungslücke, eine rechtsähnliche Lage und ein verallgemeinerungsfähiger Rechtsgrundsatz vorliegen.[126]

(1) Planwidrige Regelungslücke

Fraglich erscheint deshalb zunächst, ob eine Gesetzeslücke in Form einer planwidrigen Regelungslücke gegeben ist. Eine solche planwidrige Lücke liegt immer dann vor, wenn eine bestimmte Regelung fehlt, die nach der Regelungsabsicht des Gesetzgebers oder dem Gesamtzusammenhang des Gesetzes zu erwarten gewesen wäre. Sie ist aber gerade dann nicht anzunehmen, wenn es der Gesetzgeber bewusst unterlassen hat, eine Normierung vorzunehmen, sog. *„beredtes Schweigen des Gesetzes“*.[127] Diesem folgend nimmt die Rechtsprechung eine Gesetzeslücke dann an, wenn eine gesetzliche Regelung aufgrund ihres Zweckes unvollständig und daher ergänzungsbedürftig erscheint, wobei sich eine solche Ergänzung aber nicht im Widerspruch zu den beabsichtigten Beschränkungen des Gesetzgebers befinden darf.[128]

Zwar fehlt es vorliegend an einer Normierung einer allgemeinen Compliance-Organisation für alle Gesellschaften, weshalb man eine Gesetzeslücke annehmen könnte.[129] Die aufgeführten verschiedensten spezialgesetzlichen Regelungen sprechen aber dagegen, dass es sich dabei um eine planwidrige Regelungslücke handelt. Die Anzahl von Spezialgesetzen bringt vielmehr zum Ausdruck,

---

125 *Larenz,* Methodenlehre, S. 384; *Schwacke,* Juristische Methodik, S. 133.

126 *Larenz,* Methodenlehre, S. 370 ff.; *Schwacke,* Juristische Methodik, S. 125 ff.

127 *Larenz,* Methodenlehre, S. 370, 375; *Schwacke,* Juristische Methodik, S. 125 f.

128 BFH, NJW 2006, 1837.

129 *Huber,* Die Reichweite konzernbezogener Compliance-Pflichten des Mutter-Vorstands des AG-Konzerns, S. 90.

dass der Gesetzgeber den Bedarf zur Normierung besonderer organisatorischer Pflichten für Gesellschaften durchaus erkannt hat. Die tatsächliche gesetzliche Normierung hat er aber auf gewisse spezialgesetzliche Bereiche beschränkt.[130] Diese Aspekte bringen zum Ausdruck, dass sich die Regelungsabsicht des Gesetzgebers auf ganz bestimmte Wirtschaftsbereiche bezogen hat. Demnach fehlt es vorliegend schon an einer planwidrigen Regelungslücke.[131]

(2) Rechtsähnliche Lage (Vergleichbarkeit der Sachverhalte)

Weiter fehlt es zudem an einer rechtsähnlichen Lage, also der Vergleichbarkeit zwischen dem geregelten und ungeregelten Sachverhalt. Die Ähnlichkeit der Tatbestände muss sich dabei darin begründen, dass sie im Hinblick auf die für die rechtliche Bewertung maßgeblichen Gesichtspunkte übereinstimmen[132], also eine wertungsmäßige Gleichheit existiert[133]. Es geht demnach bei der Analogie um das Prinzip der Gleichbehandlung des Gleichartigen („argumentum a simile").[134]

Die genannten spezialgesetzlichen Bestimmungen beziehen sich allesamt auf besondere Risiken in bestimmten Branchen, weshalb eine weitergehende Anwendung auf die Organisationspflichten branchenfremder Unternehmen ausscheidet.[135] Es geht namentlich bei den § 52a BImSchG und § 53 KrW-AbfG a. F. um den Schutz vor den Risiken, die von besonderen genehmigungsbedürftigen Anlagen ausgehen. Ferner sind die §§ 25a KWG, 33 WpHG und die Normen des GwG auf die sektorspezifischen Risiken der Kredit- und Finanzdienstleitungsunternehmen ausgerichtet. Die genannten Regelungen aus dem Bankenrecht ergeben sich vor dem Hintergrund der besonderen volkswirtschaftlichen Bedeutung des Finanzdienstleistungssektors und

130 Schwennicke/Auerbach-*Langen,* § 25a KWG, Rn. 32; in Ansätzen auch *Bürkle,* BB 2005, 565 (568).

131 Schwennicke/Auerbach-*Langen,* § 25a KWG, Rn. 32; *Koch,* WM 2009, 1013 (1020).

132 *Larenz,* Methodenlehre, S. 381; *Zippelius,* Juristische Methodenlehre, S. 55.

133 *Schwacke,* Juristische Methodik, S. 131.

134 *Larenz,* Methodenlehre, S. 374 f.; *Schwacke,* Juristische Methodik, S. 132; *Zippelius,* Juristische Methodenlehre, S. 53, 59.

135 *Kort,* in Großkomm., § 91 AktG, Rn. 61; *Mertens/Cahn,* in Kölner Komm., § 91 AktG, Rn. 30; MüKo-*Spindler,* § 91 AktG, Rn. 30; Schwark/Zimmer-*Fett,* § 33 WpHG, Rn. 2; Schwennicke/Auerbach-*Langen,* § 25a KWG, Rn. 32.

aufgrund der staatlichen Beaufsichtigung.[136] Vergleichbar mit der Finanzbranche sind aufgrund ähnlicher Risiken und entsprechender Bedeutung allein die Versicherungsunternehmen.[137]

Demnach ist die oben ausgeführte Entscheidung des Verwaltungsgerichts Frankfurt, mit der beschriebenen Ausweitung der Organisationsanforderungen des § 25a KWG auch auf die Versicherungsunternehmen, vor der Einführung des § 64a VAG a. F. nachvollziehbar und folgerichtig gewesen.[138] Das Verwaltungsgericht Frankfurt ist in der Entscheidung gerade von einer solchen Nähe und Vergleichbarkeit der beiden Branchen ausgegangen. Dies wird durch den Hinweis des Gerichts, dass nach internationalem Verständnis sowohl die Versicherungsunternehmen als auch die Kreditinstitute Finanzdienstleitungsunternehmen seien, verdeutlicht.[139]

Als Essenz bleibt somit festzuhalten, dass eine wertungsmäßige Gleichheit zwischen der Finanz- und Versicherungsbranche und den übrigen Wirtschaftsbranchen aufgrund der verschiedenen Risiken und Bedeutungen für die Gesamtwirtschaft nicht gegeben ist. Somit fehlt es erkennbar an einer rechtsähnlichen Lage, weshalb eine analoge Anwendung der branchenspezifischen und aufsichtsrechtlichen Regelungen auf sämtliche Einzelunternehmen auch deshalb ausscheidet.

(3) Verallgemeinerungsfähiger Rechtsgrundsatz

Eine Gesamtanalogie würde ferner voraussetzen, dass sich aus dem Telos der spezialgesetzlichen Normen ein allgemeiner Rechtsgrundsatz bzw. ein allgemeines Rechtsprinzip herauskristallisiert.[140] Auch diesen verallgemeinerungsfähigen Rechtsgedanken lassen die branchenspezifischen Normen vermissen.[141] Aufgrund der Verschiedenheit der Wirtschaftsbranchen und der Einzelfallbezogenheit der spezialgesetzlichen Normen, stellen die normierten Organisationsanforderungen gerade keinen durch den Gesetzgeber ausgedrückten allgemeinen Rechtsgedanken dar. Somit kann die Intension der spezialgesetzlichen Normen

---

136 Boos/Fischer/Schulte-Mattler-*Fischer,* Einf. KWG, Rn. 122; *Huber,* Die Reichweite konzernbezogener Compliance-Pflichten des Mutter-Vorstands des AG-Konzerns, S. 91; *Mertens/Cahn,* in Kölner Komm., § 91 AktG, Rn. 31; MüKo-*Spindler,* § 91 AktG, Rn. 30.

137 *Bachmann,* in GesellschaftsR in der Diskussion 2007, S. 65 (70).

138 *Bachmann,* in GesellschaftsR in der Diskussion 2007, S. 65 (70, Fn. 20).

139 VG Frankfurt, WM 2004, 2157 (2160).

140 *Larenz,* Methodenlehre, S. 374, 384; *Schwacke,* Juristische Methodik, S. 134.

141 So wohl auch *Koch,* WM 2009, 1013 (1020).

auch nicht auf alle Gesellschaften aus den unterschiedlichsten Wirtschaftsbereichen angewendet und verallgemeinert werden.[142]

(4) Ablehnung der Rechtsanalogie zu den branchenspeziellen Normen

Insgesamt können die genannten spezialgesetzlichen Normen damit nicht im Wege einer Rechtsanalogie bzw. Gesamtanalogie zur rechtlichen Grundlage einer Compliance-Pflicht herangezogen werden.[143] Die Voraussetzungen für die erforderliche Rechtsanalogie liegen nicht vor, sodass die Spezialvorschriften mit ihren besonderen Organisationsanforderungen auch nicht auf branchenfremde Gesellschaften ausgedehnt werden können. Aus den spezialgesetzlichen Compliance-Vorschriften ergeben sich keine Compliance-Verpflichtungen für die geschäftsführenden Organe einer branchenfremden unverbundenen Gesellschaft.

b) Die Aufsichtspflicht in Betrieben und Unternehmen innerhalb des OWiG

In der rechtswissenschaftlichen Diskussion über eine allgemeine Compliance-Verpflichtung sämtlicher Einzelunternehmen findet man immer wieder Hinweise auf die im OWiG normierte Aufsichtspflicht für Betriebe und Unternehmen. In den Fokus der gesellschaftsrechtlichen Diskussion sind dabei die §§ 130, 30, 9 OWiG gelangt. *Bachmann* spricht davon, dass § 130 OWiG aufgrund des Themas Compliance in ein ungewohntes Rampenlicht gerückt worden sei.[144] Die verstärkte Aufmerksamkeit gegenüber den §§ 130, 30, 9 OWiG im Rahmen der Compliance-Diskussion ist nicht zuletzt auch der Causa Siemens geschuldet.[145] Als Folge dieser Affäre und des damals mangelhaften Compliance-Management-Systems hat die Staatsanwaltschaft München I einen Bußgeldbescheid gegen die

142 *Koch,* in Hüffer, § 91 AktG, Rn. 9; § 76 AktG, Rn. 14; Schwennicke/Auerbach-*Langen,* § 25a KWG, Rn. 32; *Vetter,* in FS Graf von Westphalen, S. 719 (728); *Kremer/Klahold,* ZGR 2010, 113 (119).

143 Schwark/Zimmer-*Fett,* § 33 WpHG, Rn. 2; Schwennicke/Auerbach-*Langen,* § 25a KWG, Rn. 32; *Vetter,* in FS Graf von Westphalen, S. 719 (728); *Hauschka,* ZIP 2004, 877 (878); *Bürkle,* BB 2005, 565 (568); *Koch,* WM 2009, 1013 (1019 f.).

144 *Bachmann,* in GesellschaftsR in der Diskussion 2007, S. 65 (70).

145 *Huber,* Die Reichweite konzernbezogener Compliance-Pflichten des Mutter-Vorstands des AG-Konzerns, S. 83; siehe schon Seiten 45 ff.

Siemens Aktiengesellschaft gerade wegen einer zurechenbaren Aufsichtspflichtverletzung nach §§ 30 Abs. 4, 130 OWiG erlassen.[146]

Im Kontext dieses Abschnittes wird nun untersucht, ob die §§ 130, 30, 9 OWiG die geschäftsführenden Organe einer konzernfreien Gesellschaft zur Einrichtung einer allgemeinen und umfassenden Compliance-Organisation verpflichten. Eine solche Compliance-Pflicht aus den Vorschriften des OWiG würde unmittelbar das Außenverhältnis der Gesellschaft betreffen.[147] Denn das von § 130 OWiG geschützte Rechtsgut sind solche Interessen, welche durch die jeweiligen betriebsbezogenen Straf- und Bußgeldvorschriften zum Ausdruck kommen. Der Schutz dieser öffentlichen Interessen soll durch die Aufsichtspflicht des Betriebsinhabers verstärkt und vorgelagert werden.[148] Diese Anknüpfung an das Außenverhältnis der Vorschriften des OWiG ist ein charakteristischer Unterschied zu den an späterer Stelle darzustellenden gesellschaftsrechtlichen Compliance-Verpflichtungen der Geschäftsleitung, die im Innenverhältnis zur eigenen Gesellschaft wurzeln.[149]

aa) Mittelbare Compliance-Pflicht aus § 130 OWiG

Im juristischen Schrifttum wird bezüglich des Einzelunternehmens die Ansicht vertreten, dass § 130 OWiG mittelbar zur Einrichtung eines Compliance-Systems verpflichten würde.[150] Ferner sind nach einer anderen Auffassung die gesetzlichen Vorgaben aus dem Aktien- und Ordnungswidrigkeitenrecht mit den Elementen einer Compliance-Organisation größtenteils deckungsgleich.[151] Um herauszufinden, ob diesen Ansätzen beizupflichten ist und ob insbesondere § 130 OWiG als dogmatische Grundlage einer allgemeinen Compliance-Pflicht taugt, gilt es den Normzweck, die Systematik der Regelung und die entscheidenden Haftungsvoraussetzungen dieser Vorschrift näher zu beleuchten.

---

146 http://www.siemens.com/press/pool/de/events/2008-12-PK/MucStaats.pdf, abgerufen am 07. 10. 2015. Insgesamt ist eine Geldbuße in Höhe von 395.000.000 € festgesetzt worden, wobei dieser Betrag einen Abschöpfungsanteil nach §§ 30 Abs. 3, 17 Abs. 4 OWiG von 394.750.000 € beinhaltet hat (vgl. S. 12 f. des Bußgeldbescheides).

147 *Bunting,* ZIP 2012, 1542 (1545); *Koch,* WM 2009, 1013 (1015); *Grundmeier,* Rechtspflicht zur Compliance im Konzern, S. 117; *Huber,* Die Reichweite konzernbezogener Compliance-Pflichten des Mutter-Vorstands des AG-Konzerns, S. 83.

148 Göhler-*Gürtler,* § 130 OWiG, Rn. 3a; KK-*Rogall,* § 130 OWiG, Rn. 16; Rebmann/Roth/Herrmann, § 130 OWiG, Rn. 2.

149 Siehe weiter unten Seiten 65 ff.

150 *Spindler,* in Hdb. Vorstandsrecht, § 15, Rn. 94; *Vetter,* in Wecker/van Laak, Compliance in der Unternehmerpraxis, S. 33 (37); *Schneider,* ZIP 2003, 645 (649).

151 *Liese,* BB-Special Compliance 2008, 17 (22).

(1) Der Normzweck des § 130 OWiG

Der als echtes Unterlassungsdelikt[152] konzipierte § 130 OWiG hat u. a. die Aufgabe, eine unerwünschte Strafbarkeitslücke zu schließen. Eine solche Strafbarkeitslücke würde nämlich beim Fehlen dieser Norm – insbesondere innerhalb des modernen, arbeitsteiligen Wirtschaftslebens – immer dann entstehen, wenn der Geschäftsherr andere Personen (z. B. Arbeitnehmer) zur Erfüllung seiner betrieblichen Aufgaben einsetzt.[153] Hierbei ist zunächst zu berücksichtigen, dass Normadressat vieler Ge- und Verbote gerade der Inhaber des Betriebes oder des Unternehmens selbst ist. Verstoßen nun die tatsächlich handelnden Personen gegen diese betriebsbezogenen Pflichten, würde eine rechtspolitisch nicht akzeptable Situation entstehen. Der Betriebs- oder Unternehmensinhaber würde schon deshalb nicht haften, da er nicht positiv gehandelt hätte und die tatsächlich handelnden Personen würden nicht haften, weil sie in vielen Fällen nicht als Normadressat in Betracht kämen.[154] Ferner würde es zu unbefriedigenden Ergebnissen kommen, wenn bei Verstößen gegen betriebsbezogene Pflichten auf die tatsächlich handelnden Personen und deren wirtschaftliche Verhältnisse abgestellt würde und nicht auf die Verhältnisse des wirtschaftlich meist stärkeren Betriebs oder des Unternehmens.[155]

(2) Der Begriff des Inhabers i. S. v. § 130 OWiG und die Unternehmensgeldbuße nach § 30 OWiG

Vor diesem Hintergrund statuiert § 130 Abs. 1 Satz 1 OWiG eine Aufsichtspflicht in Betrieben und Unternehmen und stellt dabei auf den Inhaber des Betriebs bzw. des Unternehmens ab. Als Inhaber ist dabei derjenige zu betrachten, dem die Erfüllung der betriebsbezogenen Pflichten obliegt.[156] Wird der Betrieb oder das Unternehmen durch eine juristische Person geführt, so ist diese juristische Person als Inhaber i. S. v. § 130 Abs. 1 Satz 1 OWiG anzusehen.[157] Das OWiG sieht grundsätzlich aber nur eine Sanktion gegen natürliche Personen vor,

---

152 KK-*Rogall*, § 130 OWiG, Rn. 17; *Bohnert*, § 130 OWiG, Rn. 2; *Grundmeier*, Rechtspflicht zur Compliance im Konzern, S. 43 f.; *Klesczewski*, Ordnungswidrigkeitenrecht, Rn. 561.

153 KK-*Rogall*, § 130 OWiG, Rn. 4; *Wilsing*, in Hdb. Managerhaftung, § 27, Rn. 11.

154 Göhler-*Gürtler*, § 130 OWiG, Rn. 3; KK-*Rogall*, § 130 OWiG, Rn. 4; Rebmann/Roth/Herrmann, § 130 OWiG, Rn. 2; *Klesczewski*, Ordnungswidrigkeitenrecht, Rn. 559; BT-Drucks. 5/1269, S. 68 f.

155 Göhler-*Gürtler*, § 130 OWiG, Rn. 3; KK-*Rogall*, § 130 OWiG, Rn. 5.

156 KK-*Rogall*, § 130 OWiG, Rn. 25; Rebmann/Roth/Herrmann, § 130 OWiG, Rn. 5.

157 KK-*Rogall*, § 130 OWiG, Rn. 25.

weshalb die juristische Person kein tauglicher Täter im Rahmen des § 130 Abs. 1 Satz 1 OWiG sein kann.[158] Um nun nicht erneut zu einer möglichen Sanktionslücke zu gelangen, erweitert § 9 OWiG den Anwendungsbereich auf solche Personen, die für den Vertretenen handeln. Bei den juristischen Personen sind dies naturgemäß die vertretungsberechtigten Organe (vgl. § 9 Abs. 1 Nr. 1 OWiG), insbesondere die Vorstände oder Geschäftsführer.[159] Den Vertretern in Form der handelnden Organe wird das besondere Ahndungsmerkmal der Inhaberschaft seitens der Gesellschaft über § 9 OWiG zugeordnet. Daher erfolgt eine sanktionsrechtliche Gleichstellung der Geschäftsleiter mit der juristischen Person.[160]

Im direkten Zusammenhang zu den §§ 130, 9 OWiG steht die Regelung des § 30 OWiG, die wiederum beim Vorliegen bestimmter Tatbestandsvoraussetzungen den Durchgriff auf die juristische Person in Form einer Unternehmensgeldbuße gestattet. Das deliktische Verhalten seiner vertretungsberechtigten Organe wird im Wege des § 30 OWiG der juristischen Person zugerechnet und erlaubt die Ahndung auch gegen diese selbst. Insbesondere die Tatsache, dass die Verletzung der in § 130 OWiG statuierten Aufsichtspflicht eine Ordnungswidrigkeit i. S. v. § 30 OWiG darstellt, verdeutlicht die enge Verknüpfung der genannten Normen.[161] Die §§ 130, 30, 9 OWiG bilden damit den Kern des Unternehmensstrafrechts in Deutschland.[162]

Als Zwischenergebnis ist festzuhalten, dass bei der Verletzung von Aufsichtspflichten im Unternehmen sowohl der Gesellschaft als auch den vertretungsberechtigten Organen Geldbußen bis zu einem Höchstmaß von grundsätzlich zehn Millionen Euro drohen, vgl. § 30 Abs. 2 Nr. 1, § 130 Abs. 3 Satz 2 OWiG. Die nunmehr bestehenden Höhen der Geldbußen wegen Verletzungen der Aufsichtspflichten wurden durch Art. 4 des Achten Gesetzes zur Änderung des Gesetzes gegen Wettbewerbsbeschränkungen[163] vom 26. Juni 2013 im Vergleich zur alten Rechtslage verzehnfacht.

---

158 *Bohnert,* § 9 OWiG, Rn. 1; KK-*Rogall,* § 130 OWiG, Rn. 25.

159 *Bohnert,* § 9 OWiG, Rn. 2, 10; Göhler-*Gürtler,* § 9 OWiG, Rn. 2, 8; § 130 OWiG, Rn. 8; Rebmann/Roth/Herrmann, § 130 OWiG, Rn. 22 ff.

160 *Bohnert,* § 9 OWiG, Rn. 2, 28; Göhler-*Gürtler,* § 130 OWiG, Rn. 6; KK-*Rogall,* § 130 OWiG, Rn. 33.

161 *Bohnert,* § 9 OWiG, Rn. 28; § 30 OWiG, Rn. 18; 32; Göhler-*Gürtler,* § 130 OWiG, Rn. 3; § 30 OWiG, Rn. 17; KK-*Rogall,* § 130 OWiG, Rn. 6; *Wilsing,* in Hdb. Managerhaftung, § 27, Rn. 11.

162 KK-*Rogall,* § 30 OWiG, Rn. 21; *Spindler,* in Hdb. Vorstandsrecht, § 15, Rn. 122.

163 BGBl. 2013, Teil I, 1738 (1747 f.).

Weiter können die Vorteile, welche sich durch die Unterlassung der Aufsichtsmaßnahme ergeben haben, abgeschöpft werden, vgl. §§ 30 Abs. 3, 17 Abs. 4 OWiG.[164] Es gibt somit gute Gründe für die Gesellschaften und ihre Geschäftsleiter, die im Rahmen von § 130 OWiG objektiv erforderlichen und zumutbaren Aufsichtsmaßnahmen zu erfüllen und ein dahin gehendes Kontrollsystem einzurichten. Zweifelhaft bleibt jedoch, ob die §§ 130, 30, 9 OWiG zur Begründung einer allgemeinen und umfassenden Compliance-Pflicht ausreichend geeignet sind.

(3) Die Voraussetzungen des § 130 Abs. 1 Satz 1 OWiG

Um dieser Frage weiter nachzugehen, sind die Haftungsvoraussetzungen des § 130 OWiG näher zu betrachten. Die bußgeldrechtliche Haftung aus § 130 Abs. 1 Satz 1 OWiG setzt zunächst als Tatbestandsmerkmal das vorsätzliche oder fahrlässige Unterlassen von Aufsichtsmaßnahmen seitens des Betriebsinhabers voraus. Ferner wird als objektive Bedingung der Ahndbarkeit die Zuwiderhandlung gegen eine betriebsbezogene Pflicht verlangt. Dieser Verstoß muss sich auf solche Pflichten beziehen, welche gerade dem Betriebsinhaber obliegen und die Tatbestandsmerkmale einer Straftat oder Ordnungswidrigkeit erfüllen. Endlich muss zwischen der Zuwiderhandlung und der Aufsichtspflichtverletzung eine Kausalität bestehen, sodass bei gehöriger Aufsicht die Zuwiderhandlung verhindert oder wesentlich erschwert worden wäre.[165] Insbesondere die Beschränkung auf solche Zuwiderhandlungen, welche tatbestandlich einen Straftatbestand oder eine OWiG-Norm erfüllen, gilt es bei der Suche nach einer allgemeinen Compliance-Verpflichtung zu beachten.

(4) Die erforderlichen Aufsichtsmaßnahmen i. S. v. § 130 Abs. 1 Satz 1 OWiG

Fraglich ist welche Aufsichtsmaßnahmen i. S. v. § 130 Abs. 1 Satz 1 OWiG seitens des Betriebsinhabers erforderlich sind und welche Schnittmengen zwischen diesen Maßnahmen und den allgemeinen Compliance-Maßnahmen bestehen.

Zunächst ist festzustellen, dass sich aus dem Gesetz keine Definition oder Konkretisierung der nach § 130 Abs. 1 Satz 1 OWiG stets erforderlichen

---

164 *Bohnert,* § 130 OWiG, Rn. 38; § 30 OWiG, Rn. 40 ff.; *Grundmeier,* Rechtspflicht zur Compliance im Konzern, S. 56.

165 *Bohnert,* § 130 OWiG, Rn. 16, 24 ff.; Göhler-*Gürtler,* § 130 OWiG, Rn. 9, 17, 22; Rebmann/Roth/Herrmann, § 130 OWiG, Rn. 5a ff., 13; *Spindler,* in Hdb. Vorstandsrecht, § 15, Rn. 98 ff.; BT-Drucks. 5/1269, S. 67 ff.

Aufsichtsmaßnahmen ergibt.[166] § 130 Abs. 1 Satz 2 OWiG stellt lediglich fest, dass die Bestellung, sorgfältige Auswahl und Überwachung von Aufsichtspersonen zur erforderlichen Aufsicht gehört. Im Übrigen wird sowohl in der Literatur als auch in der Rechtsprechung darauf hingewiesen, dass immer die konkreten Umstände des Einzelfalls ausschlaggebend seien. Deshalb seien in jedem einzelnen Fall die Größe des Betriebes, dessen Organisation, die Anzahl und die Bedeutung der relevanten Vorschriften, das Maß der Gefährdung und bereits aufgetretene Missstände in der Vergangenheit zu berücksichtigen.[167] Sehr allgemein formuliert müsse die Aufsicht nach Maßgabe der Rechtsprechung so durchgeführt werden, dass die betriebsbezogenen Pflichten aller Voraussicht nach eingehalten werden würden.[168]

Zur weiteren Bestimmung und Konkretisierung der erforderlichen Aufsicht sind nachfolgende Kriterien entwickelt worden: Zunächst sind neben der bereits angesprochenen sorgfältigen Auswahl von ggf. erforderlichen Aufsichtspersonen nach § 130 Abs. 1 Satz 2 OWiG auch die weiteren Mitarbeiter sorgfältig auszuwählen.[169] Das Personal ist fortlaufend insbesondere bezüglich der relevanten Normen zu schulen und über die bestehenden betriebsbezogenen Pflichten aufzuklären.[170] Ferner treffen den Betriebsinhaber Organisationspflichten, welche insbesondere mit der Begründung von exakten Zuständigkeits- und Verantwortungsbereichen einhergehen.[171] Die Einhaltung der betriebsbezogenen Verpflichtungen sowie das ordnungsgemäße Verhalten der Mitarbeiter sind durch eine ausreichende, planmäßige Überwachung des Betriebsinhabers, die

---

166 *Bohnert,* § 130 OWiG, Rn. 17; Göhler-*Gürtler,* § 130 OWiG, Rn. 10; KK-*Rogall,* § 130 OWiG, Rn. 39; Rebmann/Roth/Herrmann, § 130 OWiG, Rn. 14; *Wirtz,* WuW 2001, 342 (343).

167 OLG Zweibrücken, NStZ-RR 1998, 311 (311 f.); BGH, WuW/E, 2202 (2203); *Bohnert,* § 130 OWiG, Rn. 18; Göhler-*Gürtler,* § 130 OWiG, Rn. 10; Rebmann/Roth/Herrmann, § 130 OWiG, Rn. 14; *Spindler,* in Hdb. Vorstandsrecht, § 15, Rn. 106.

168 BGH, NJW 1973, 1511 (1513 f.); Göhler-*Gürtler,* § 130 OWiG, Rn. 11; KK-*Rogall,* § 130 OWiG, Rn. 43; Rebmann/Roth/Herrmann, § 130 OWiG, Rn. 14, 18; *Spindler,* in Hdb. Vorstandsrecht, § 15, Rn. 105.

169 Rebmann/Roth/Herrmann, § 130 OWiG, Rn. 15; *Spindler,* in Hdb. Vorstandsrecht, § 15, Rn. 106; *Wirtz,* WuW 2001, 342 (343).

170 *Spindler,* in Hdb. Vorstandsrecht, § 15, Rn. 111; *Wirtz,* WuW 2001, 342 (343).

171 *Bohnert,* § 130 OWiG, Rn. 20; Rebmann/Roth/Herrmann, § 130 OWiG, Rn. 19; *Spindler,* in Hdb. Vorstandsrecht, § 15, Rn. 109; *Fleischer,* AG 2003, 291 (294).

auch überraschende Stichproben enthalten sollte, sicherzustellen.[172] Ergeben sich im Rahmen der durchgeführten Kontrollen Missstände oder werden Verstöße gegen betriebsbezogene Pflichten offensichtlich, so ist der Betriebsinhaber zum einschreitenden Handeln verpflichtet, um der Aufsichtspflicht i. S. v. § 130 Abs. 1 Satz 1 OWiG zu genügen.[173]

In jedem Falle müssen die geforderten Aufsichtsmaßnahmen objektiv erforderlich und zumutbar bleiben.[174] Problematisch bei der Beurteilung, ob eine Verletzung der Aufsichtspflicht des § 130 Abs. 1 Satz 1 OWiG vorliegt, bleibt immer der Aspekt, dass nicht aus einer ex post Sicht Organisationspflichten begründet werden dürfen, die der einzelne Betriebsinhaber hätte beachten müssen. Die generell erforderlichen Aufsichtsmaßnahmen können demnach auch nur relativ abstrakt beschrieben werden.[175]

Als Zwischenfazit ist festzuhalten, dass einer „gehörigen Aufsicht" i. S. d. § 130 Abs. 1 Satz 1 OWiG gewisse Pflichten zur Organisation und Kontrolle innewohnen.[176] Diese Verpflichtungen stehen thematisch in einem sehr engen Bezug zu den Pflichten im Rahmen eines Compliance-Management-Systems, insbesondere zu den beschriebenen präventiven Organisationsmaßnahmen.[177]

bb) § 130 Abs. 1 Satz 1 OWiG ist keine brauchbare Grundlage einer allgemeinen gesetzlichen Compliance-Pflicht

Die in § 130 Abs. 1 Satz 1 OWiG normierte Aufsichtspflicht ist allerdings weder allein noch im Zusammenhang mit den §§ 9, 30 OWiG geeignet, als dogmatische Grundlage einer allgemeinen Compliance-Pflicht zu fungieren. Zwar folgen

---

172 BGH, WuW/E, 2262 (2264); *Bohnert,* § 130 OWiG, Rn. 20; Rebmann/Roth/Herrmann, § 130 OWiG, Rn. 16; *Spindler,* in Hdb. Vorstandsrecht, § 15, Rn. 112; *Fleischer,* AG 2003, 291 (294); *Wirtz,* WuW 2001, 342 (343).

173 Zum Ganzen: *Grundmeier,* Rechtspflicht zur Compliance im Konzern, S. 48 f.; Göhler-*Gürtler,* § 130 OWiG, Rn. 11; KK-*Rogall,* § 130 OWiG, Rn. 42; *Spindler,* in Hdb. Vorstandsrecht, § 15, Rn. 105 ff.

174 BGH, WuW/E, 2202 (2203); *Bohnert,* § 130 OWiG, Rn. 20; Göhler-*Gürtler,* § 130 OWiG, Rn. 12; KK-*Rogall,* § 130 OWiG, Rn. 40; Rebmann/Roth/Herrmann, § 130 OWiG, Rn. 14; *Spindler,* in Hdb. Vorstandsrecht, § 15, Rn. 107; *Fleischer,* AG 2003, 291 (294); *Wirtz,* WuW 2001, 342 (344); *Grundmeier,* Rechtspflicht zur Compliance im Konzern, S. 49 f.

175 Göhler-*Gürtler,* § 130 OWiG, Rn. 10; *Spindler,* in Hdb. Vorstandsrecht, § 15, Rn. 120.

176 *Fleischer,* AG 2003, 291 (294 f.); *Huber,* Die Reichweite konzernbezogener Compliance-Pflichten des Mutter-Vorstands des AG-Konzerns, S. 82 f.; KK-*Rogall,* § 130 OWiG, Rn. 42 (spricht von Leitungs-, Koordinations-, Organisations- und Kontrollpflichten).

177 Siehe hierzu schon Seiten 40 ff.

aus § 130 Abs. 1 Satz 1 OWiG gewisse Verpflichtungen zu branchenunabhängigen und organisatorischen Vorkehrungen; eine rechtliche Pflicht zur Etablierung eines allgemeinen und umfassenden Compliance-Systems ergibt sich hieraus aber nicht.[178]

Besonders die tatbestandliche Beschränkung innerhalb des § 130 Abs. 1 Satz 1 OWiG auf solche betriebsbezogenen Zuwiderhandlungen, die mit Strafe oder Geldbuße bedroht sind, zeigt, dass die Norm gerade nicht zur dogmatischen Grundlage einer allgemeinen gesetzlichen Compliance-Pflicht geeignet ist. Denn ein umfassendes Compliance-System bezieht sich, nach der oben aufgeführten Compliance-Definition[179], eben nicht nur auf solche Tatbestände, die ein Strafgesetz oder eine Norm des OWiG verwirklichen.[180] Demnach spricht *Bachmann* zwar von einer Rechtspflicht zur Einrichtung einer Compliance-Struktur aus § 130 OWiG, jedoch sei der Wirkungskreis auf buß- oder strafbewehrte Taten beschränkt.[181] Diese Einschränkung wird aufgrund des dahin gehend eindeutigen Wortlauts von § 130 Abs. 1 Satz 1 OWiG in der Literatur auch nicht bestritten.[182] Natürlich ist der Hinweis einiger Autoren richtig, dass eine große Anzahl der sich an ein Unternehmen richtenden Pflichten mit Bußgeldern oder Strafen flankiert sind.[183] Jedoch sind dies bei Weitem nicht alle normativen Vorgaben, die es in einem umfassenden Compliance-Management-System zu überwachen gilt. So muss auch *Schneider*, der eine mittelbare Compliance-Pflicht aus § 130 OWiG befürwortet, zugeben, dass § 130 OWiG nur eine „*unvollkommene Organisationspflicht*" enthält.[184] Somit spricht bereits die tatbestandliche Einschränkung des § 130 Abs. 1 Satz 1 OWiG gegen die Eignung dieser Norm zur Begründung einer rechtlich umfassenden Compliance-Pflicht.

---

178 *Hauschka,* in Corporate Compliance, § 1, Rn. 23; *Kremer/Klahold,* ZGR 2010, 113 (119).

179 Siehe Seite 44.

180 So auch *Grundmeier,* Rechtspflicht zur Compliance im Konzern, S. 116; *Huber,* Die Reichweite konzernbezogener Compliance-Pflichten des Mutter-Vorstands des AG-Konzerns, S. 83, 205.

181 *Bachmann,* in GesellschaftsR in der Diskussion 2007, S. 65 (70 f.).

182 *Lelley,* Compl. im ArbeitsR, S. 26; *Bachmann,* in GesellschaftsR in der Diskussion 2007, S. 65 (70 f.); *Koch,* WM 2009, 1013 (1016); *Liese,* BB-Special Compliance 2008, 17 (22).

183 *Vetter,* in Wecker/van Laak, Compliance in der Unternehmerpraxis, S. 33 (37); *Liese,* BB-Special Compliance 2008, 17 (22).

184 *Schneider,* ZIP 2003, 645 (649).

Weiter ergibt sich aus der Gesetzesbegründung, dass die Statuierung der Aufsichtspflicht v. a. aus Gründen der Rechtsvereinheitlichung und Sachgerechtigkeit eingeführt worden ist.[185] Vor der Einführung dieser Aufsichtspflicht bestand eine solche Pflicht nämlich nur in einigen, aber nicht in allen Gesetzen, in welchen Zuwiderhandlungen mit Strafe oder Geldbuße bedroht waren. Damit konnten gleich gelagerte Fälle nicht stets gleich behandelt werden.[186] Vor dem Hintergrund dieser Entstehungsgeschichte und dem erwähnten Normzweck von § 130 OWiG, nämlich der Schließung von rechtspolitisch nicht erwünschten Strafbarkeitslücken, ergibt sich folgendes Bild: Die Aufsichtspflicht i. S. v. § 130 OWiG dient v. a. dazu, eine betriebsbezogene Ordnungswidrigkeit oder Straftat in jedem Falle ahnden zu können. Der Anwendungsbereich des § 130 OWiG kann aber nicht so weit ausgedehnt werden, dass auch solche Zuwiderhandlungen erfasst werden, die zwar keine Straftat oder Ordnungswidrigkeit darstellen, aber dennoch von solcher Bedeutung sind, dass sie von einem umfassenden Compliance-System erfasst und geahndet werden müssen. Somit schließen auch der Normzweck und die Entstehungsgeschichte § 130 OWiG als rechtliche Grundlage einer allgemeinen Compliance-Pflicht aus.

c) Gesellschaftsrechtliche Compliance-Verpflichtungen

Die bisherigen Untersuchungen haben gezeigt, dass sich weder aus den spezialgesetzlichen Compliance-Normen noch aus der im OWiG normierten Aufsichtspflicht eine Rechtspflicht zur Etablierung eines umfassenden Compliance-Management-Systems in der konzernfreien Gesellschaft ergibt. Nachfolgend werden nun die dem Gesellschaftsrecht zuzuordnenden Regelungen auf ihre Eignung geprüft, als dogmatisches Fundament von umfassenden Compliance-Pflichten der geschäftsführenden Organe in der konzernfreien Gesellschaft zu fungieren. Hierbei geht es um solche Pflichten, welche die geschäftsleitenden Organe im Innenverhältnis zu ihrer eigenen Gesellschaft treffen könnten.

aa) Ziffer 4.1.3 DCGK als Basis einer Compliance-Rechtspflicht

Ein erster Blick ist dazu auf den Deutschen Corporate Governance Kodex zu werfen. Bereits zu Beginn[187] dieser Darstellung ist auf Ziffer 4.1.3 DCGK und seine Bedeutung für das Thema Compliance hingewiesen worden. Auch bezüglich der gesetzlichen Pflicht der geschäftsführenden Organe, ein Compliance-System in

---

185 BT-Drucks. 5/1269, S. 68.
186 BT-Drucks. 5/1269, S. 67 f.
187 Siehe Seiten 35 f.

der Gesellschaft zu installieren, ist insbesondere die angesprochene Ziffer 4.1.3 DCGK in den Fokus geraten.

Bürkle hält die Diskussion über eine Rechtspflicht zur Einrichtung eines Compliance-Systems in der börsennotierten Aktiengesellschaft – mit der Aufnahme von Compliance in den Kodex und insbesondere wegen Ziffer 4.1.3 DCGK – für beendet. Bei der Frage zumindest nach dem „ob" eines Compliance-Systems gäbe es für den Vorstand nun keine Spielräume mehr.[188] Ferner strahle diese Form der Unternehmensorganisation auch auf die nicht börsennotierte Aktiengesellschaft aus.[189]

Bei der Begründung einer Compliance-Rechtspflicht der geschäftsführenden Organe aus Ziffer 4.1.3 DCGK ist jedoch Einhalt geboten. Grundsätzlich enthält der DCGK, wie seiner Präambel zu entnehmen ist, Empfehlungen, welche mit „soll" gekennzeichnet sind und nur auf diese Empfehlungen bezieht sich § 161 AktG mit seinem seit dem BilMoG geltenden Grundsatz „comply or explain".[190] Neben diesen Empfehlungen werden ferner Anregungen formuliert, die ein „sollte" oder „kann" beinhalten. Bei den übrigen Teilen des Kodexes, die keine der genannten sprachlichen Kennzeichnungen aufweisen, handelt es sich lediglich um reine Wiedergaben der geltenden Gesetze.[191]

Aus der Formulierung von Ziffer 4.1.3 DCGK ergibt sich, dass es sich hierbei nicht um eine Empfehlung oder Anregung des Kodexes handelt. Vielmehr gibt Ziffer 4.1.3 DCGK aus der Sicht der Kommission die bestehende gesetzliche Lage in Deutschland deklaratorisch wieder.[192] Ziffer 4.1.3 DCGK hat damit eine Informations-[193] und Kommunikationsfunktion[194] – insbesondere für ausländische Investoren.[195]

Insgesamt lässt sich hieraus zwar schließen, dass die Kodex-Kommission wohl von Compliance-Pflichten in Deutschland – jedenfalls bezüglich des Vorstandes

---

188 *Bürkle*, BB 2007, 1797 (1800).

189 *Bürkle*, BB 2007, 1797 (1801).

190 *Wernsmann/Gatzka*, NZG 2011, 1001 (1002); dieser Ausdruck findet sich seit der Fassung vom 15. 05. 2012 auch in der Präambel des DCGK wieder.

191 *Ringleb*, DCGK, Rn. 54; *Lelley*, Compl. im ArbeitsR, S. 36.

192 *Hauschka*, in Corporate Compliance, § 1, Rn. 23; *Ringleb*, DCGK, Rn. 575; *Bachmann*, in GesellschaftsR in der Diskussion 2007, S. 65 (72); *Vetter*, in FS Graf von Westphalen, S. 719 (722 f.); *Pietzke*, CCZ 2010, 45 (50); *Koch*, WM 2009, 1013 (1020); *Bürkle*, BB 2007, 1797 (1798).

193 *Schmidt*, Compliance in Kapitalgesellschaften, S. 45; *Koch*, WM 2009, 1013 (1020).

194 *Wernsmann/Gatzka*, NZG 2011, 1001 (1002).

195 *Geiser*, Leitungspflichten des Vorstandes in der AG, S. 43.

einer börsennotierten Aktiengesellschaft – ausgeht.[196] Eine solche Compliance-Verpflichtung für die geschäftsführenden Organe sämtlicher Gesellschaften konstitutiv zu begründen, vermag Ziffer 4.1.3 DCGK aber nicht. Zunächst wenden sich sowohl der DCGK als auch § 161 AktG unmittelbar nur an die börsennotierte Aktiengesellschaft. Im Übrigen ist mit der ganz überwiegenden Ansicht in der Literatur festzustellen, dass dem DCGK kein Gesetzesrang bzw. keine Normqualität zukommt, da es an einem staatlichen Rechtsetzungsakt fehlt.[197] Der Kodex ist nicht vom parlamentarischen Gesetzgeber erlassen worden, sondern entstand durch eine Kommission von Privatleuten, die vom Bundesjustizministerium ohne eindeutige gesetzliche Ermächtigung eingesetzt worden ist.[198] Wie der DCGK rechtlich genau zu qualifizieren ist, wird in der rechtswissenschaftlichen Literatur verschieden diskutiert und scheint nicht abschließend geklärt zu sein.[199] Für die Zwecke dieser Darstellung soll der Kodex, wie von einigen Autoren vorgeschlagen[200], als sog. „soft law" bezeichnet und qualifiziert werden. Eine weitergehende Auseinandersetzung mit der Rechtsqualität des DCGK soll hier unterbleiben. Im Ergebnis ist Ziffer 4.1.3 DCGK nicht als zwingende Rechtsnorm zu betrachten und kann deshalb auch kein Recht bzw. keine bindende Rechtspflicht statuieren.[201]

Abschließend steht fest, dass sich aus Ziffer 4.1.3 DCGK keine gesetzliche Pflicht seitens der geschäftsführenden Organe ergibt, ein umfassendes Compliance-Management-System zu installieren.[202]

bb) § 91 Abs. 2 AktG als Compliance-Grundlage

Aus dem Aktiengesetz ist u. a. § 91 Abs. 2 AktG in den Mittelpunkt der Compliance-Diskussion gerückt. Durch § 91 Abs. 2 AktG wird der Vorstand einer

---

196 *Bürkle,* BB 2007, 1797 (1798); *Liese,* BB-Special Compliance 2008, 17 (20).

197 *Hauschka,* in Corporate Compliance, § 1, Rn. 23; *Ringleb,* DCGK, Rn. 54; *Thüsing,* Arbeitnehmerdatenschutz und Compliance, S. 17, Rn. 22; *Vetter,* in FS Graf von Westphalen, S. 719 (722); *Koch,* WM 2009, 1013 (1020); *Liese,* BB-Special Compliance 2008, 17 (20); BT-Drucks. 14/8769, S. 21.

198 *Ringleb,* DCGK, Rn. 9, 63 ff.; *Geiser,* Leitungspflichten des Vorstandes in der AG, S. 44.

199 *Ringleb,* DCGK, Rn. 63 ff.; *Schmidt,* Compliance in Kapitalgesellschaften, S. 39 ff.

200 *Dreher,* in FS Hüffer, S. 161 (163); *Kort,* NZG 2008, 81 (82); *Liese,* BB-Special Compliance 2008, 17 (20); *Thümmel,* CCZ 2008, 141 (144).

201 *Bachmann,* in GesellschaftsR in der Diskussion 2007, S. 65 (72); *Liese,* BB-Special Compliance 2008, 17 (20).

202 *Hauschka,* in Corporate Compliance, § 1, Rn. 23; *Thüsing,* Arbeitnehmerdatenschutz und Compliance, S. 16, Rn. 22.

AG verpflichtet, „*geeignete Maßnahmen zu treffen, insbesondere ein Überwachungssystem einzurichten, damit den Fortbestand der Gesellschaft gefährdende Entwicklungen früh erkannt werden.*" § 91 Abs. 2 AktG ist durch das Gesetz zur Kontrolle und Transparenz im Unternehmensbereich (KonTraG) im Jahr 1998 eingeführt worden und konkretisiert die schon aus § 76 AktG stammende allgemeine Leitungsverantwortung des Vorstandes. Die Vorschrift begründet organschaftliche Pflichten, die nur das Innenverhältnis zwischen der Gesellschaft und ihren Geschäftsleitern betreffen. § 91 Abs. 2 AktG betont die Verantwortung der Geschäftsleiter für existenzgefährdende Entwicklungen. Die Norm ist dabei im Zusammenhang mit §§ 317 Abs. 4, 321 Abs. 4 HGB zu sehen, wonach bei einer börsennotierten Aktiengesellschaft i. S. v. § 3 Abs. 2 AktG der Abschlussprüfer die Maßnahmen i. S. d. § 91 Abs. 2 AktG zu beurteilen und in einem besonderen Teil des Prüfungsberichts an den Aufsichtsrat darzustellen hat.[203]

Eine korrespondierende Vorschrift zu dieser Norm gibt es im GmbHG nicht. Jedoch geht bereits die Regierungsbegründung zu § 91 Abs. 2 AktG von einer Ausstrahlungswirkung der Regelung auf die GmbH aus.[204] An anderer Stelle wird der Rechtsgedanke, welchen § 91 Abs. 2 AktG beinhaltet, über § 43 Abs. 1 GmbHG auf die GmbH übertragen.[205] Diesen Überlegungen wird auch hier gefolgt, sodass die nachfolgenden Erwägungen zu § 91 AktG grundsätzlich auch auf die GmbH zu übertragen sind.

(1) § 91 Abs. 2 AktG als Grundlage einer gesetzlichen Compliance-Pflicht

Aufgrund der in § 91 Abs. 2 AktG angeführten Verpflichtung zur Einrichtung eines Überwachungssystems kommt dieser Norm in der juristischen Diskussion bezüglich einer Rechtspflicht zu Compliance im Einzelunternehmen eine vielfach betrachtete Position zu. Einige Stimmen in der Literatur führen § 91 Abs. 2 AktG an, um eine gesetzliche Verpflichtung der Geschäftsleiter zur Einrichtung eines Compliance-Systems im Unternehmen zu begründen.[206] Nach dieser, auch durch wirtschaftswissenschaftliche Überlegungen[207] geprägten Ansicht, sei Compliance als Teil des in § 91 Abs. 2 AktG geforderten Risikofrüherkennungssystems zu verstehen. Dies ergebe sich bereits mit Blick auf

---

203 *Koch,* in Hüffer, § 91 AktG, Rn. 1, 4; Schmidt/Lutter-*Krieger/Sailer-Coceani,* § 91 AktG, Rn. 6; Spindler/Stilz-*Fleischer,* § 91 AktG, Rn. 29; BT-Drucks. 13/9712, S. 15.

204 BT-Drucks. 13/9712, S. 15; s. a. *Pietzke,* CCZ 2010, 45 (47).

205 *Campos Nave/Bonenberger,* BB 2008, 734 (735).

206 *Dreher,* in FS Hüffer, S. 161 (171); *Berg,* AG 2007, 271 (in Bezug auf Korruption); *Campos Nave/Bonenberger,* BB 2008, 734 (735); *Spindler,* WM 2008, 905 (906).

207 *Lück,* DB 1998, 1925 (1925 ff.); *Pollanz,* DB 2001, 1317 (1318).

die Regierungsbegründung, da dort Verstöße gegen gesetzliche Vorschriften beispielhaft als den Fortbestand der Gesellschaft gefährdende Entwicklungen genannt worden seien.[208] Weiter könnten sich die in § 91 Abs. 2 AktG geforderten existenzbedrohenden Schäden für eine Gesellschaft auch schon aus der Summe einzelner kleinerer und mittlerer Risiken ergeben, weshalb die Vorschrift eine umfassende Risikovorsorge verlange.[209] Insgesamt sei Compliance lediglich eine Weiterentwicklung des bestehenden Risikomanagements im Unternehmen, welches in § 91 Abs. 2 AktG vorgesehen sei.[210]

Ein weiterer Grund für die Ausweitung des ursprünglich erforderlichen Risikofrüherkennungssystems i. S. d. § 91 Abs. 2 AktG zu einem nun notwendigen umfassenderen Risikomanagementsystem, würde nach vertretener Ansicht der mit dem Gesetz zur Modernisierung des Bilanzrechts (BilMoG) geänderte § 289 Abs. 5 HGB liefern. Hierin würde für die kapitalmarktorientierte Kapitalgesellschaft i. S. d. § 264d HGB eine Berichtspflicht über ihr internes Risikomanagement statuiert. Diese Berichtspflicht würde aber zu Widersprüchen und Irritationen führen, wenn es aktienrechtlich nur eine Pflicht zur Einrichtung eines Risikofrüherkennungssystems geben und keine Verpflichtung zur Einrichtung eines umfassenden Risikomanagementsystems bestehen würde.[211]

(2) § 91 Abs. 2 AktG taugt nicht zur dogmatischen Herleitung einer gesetzlichen Compliance-Pflicht

Nach anderer Ansicht taugt § 91 Abs. 2 AktG und die dort konkretisierte Leitungs- und Organisationsverantwortung aber gerade nicht zur dogmatischen Herleitung einer allgemeinen Compliance-Pflicht für die geschäftsführenden Organe aller Kapitalgesellschaften.[212] Die Vorschrift verlange nämlich gerade kein umfassendes Risikomanagement, sondern nur ein Risikofrüherkennungssystem zur Erkennung bestandsgefährdender Entwicklungen.[213] Ein effektives

---

208 *Dreher,* in FS Hüffer, S. 161 (169 ff.); *Spindler,* WM 2008, 905 (906 f.).

209 *Preußner/Becker,* NZG 2002, 846 (848 f.); *Schwintowski,* NZG 2005, 200 (201).

210 *Campos Nave/Bonenberger,* BB 2008, 734 (735).

211 *Hommelhoff/Mattheus,* BB 2007, 2787 (2788).

212 Spindler/Stilz-*Fleischer,* § 91 AktG, Rn. 47; Schmidt/Lutter-*Krieger/Sailer-Coceani,* § 91 AktG, Rn. 14; *Thüsing,* Arbeitnehmerdatenschutz und Compliance, S. 16, Rn. 22; *Vetter,* in FS Graf von Westphalen, S. 719 (727); *Bachmann,* in GesellschaftsR in der Diskussion 2007, S. 65 (73); *Kremer/Klahold,* ZGR 2010, 113 (120).

213 OLG Celle, WM 2008, 1745 (1746); *Koch,* in Hüffer, § 91 AktG, Rn. 8; Spindler/Stilz-*Fleischer,* § 91 AktG, Rn. 34 f.; *Krieger,* in Hdb. Managerhaftung, § 3, Rn. 10; *Seibert,* in FS Bezzenberger, S. 427 (437, Nr. 6); *Immenga,* in FS Schwark, S. 199 (201); *Blasche,* CCZ 2009, 62 (64); *Fleischer,* AG 2003, 291 (298); *Koch,* WM 2009, 1013 (1014).

Compliance-System sei aber nicht als Teil des geforderten Risikofrüherkennungssystems zu verstehen. Die Intension der Vorschrift sei es nicht gewesen, neuartige Verpflichtungen für die jeweiligen Geschäftsleiter zu begründen, sondern sie wollte lediglich einzelne bereits existente Überwachungspflichten konkretisieren. Diese Sichtweise ergebe sich mit Blick auf die Regierungsbegründung zum KonTraG.[214] Ferner habe der Vorstand bzw. der Geschäftsführer sowohl bei der Einrichtung als auch bei der Ausgestaltung des gemäß § 91 Abs. 2 AktG erforderlichen Überwachungssystems ein weites Leistungsermessen, weshalb eine generelle Compliance-Pflicht nicht begründet werden könne.[215] Das Gesetz fordere kein umfassendes „risk management", da im Wortlaut die tatbestandliche Einschränkung des Überwachungssystems auf *„den Fortbestand der Gesellschaft gefährdende Entwicklungen"* enthalten sei. Es ginge demnach gerade nicht um solche Maßnahmen, die das Ziel hätten, sämtliche Rechtsverstöße in der Gesellschaft zu verhindern. Dies liege schon darin begründet, dass erkennbar nicht jeder Rechtsverstoß zu einer Existenzgefährdung führe, unabhängig davon, wie diese Gefährdung im Detail zu definieren sei.[216] Demnach erscheine § 91 Abs. 2 AktG als zu eng, um allgemeine Compliance-Pflichten zu postulieren.[217]

Eine veränderte Sichtweise auf § 91 Abs. 2 AktG ergebe sich auch nicht aus dem BilMoG und der damit einhergehenden Änderungen von § 289 Abs. 5 HGB und § 107 Abs. 3 Satz 2 AktG. Sowohl § 289 Abs. 5 HGB als auch § 107 Abs. 3 Satz 2 AktG würden zwar explizit von einem *„Risikomanagementsystem"* sprechen, eine Verpflichtung der geschäftsleitenden Organe zur Ausweitung des von § 91 Abs. 2 AktG geforderten Risikofrüherkennungssystems zu einem umfassenden Risikomanagementsystem folge hieraus aber nicht.[218] Der Begriff *„Risikomanagementsystem"* werde in den genannten Normen nur deshalb verwendet, weil diese Regelungen an das tatsächlich in der Gesellschaft implementierte System anknüpfen wollen würden. Hierdurch würde lediglich klargestellt, dass die Vorschriften sich auch auf solche Risikomanagementsysteme beziehen würden, die über das von § 91 Abs. 2 AktG geforderte Risikofrüherkennungssystem

---

214 Schmidt/Lutter-Krieger/*Sailer-Coceani*, § 91 AktG, Rn. 14; *Thüsing*, Arbeitnehmerdatenschutz und Compliance, S. 16, Rn. 22.

215 Schmidt/Lutter-*Krieger*/*Sailer-Coceani*, § 91 AktG, Rn. 14; *Vetter*, in FS Graf von Westphalen, S. 719 (727); *Liese*, BB-Special Compliance 2008, 17 (19).

216 Spindler/Stilz-*Fleischer*, § 91 AktG, Rn. 47; *Bachmann*, in GesellschaftsR in der Diskussion 2007, S. 65 (73); *Immenga*, in FS Schwark, S. 199 (201); *Hauschka*, ZIP 2004, 877 (878); *Koch*, WM 2009, 1013 (1014); *Kremer*/*Klahold*, ZGR 2010, 113 (120).

217 *Schneider*, NZG 2009, 1321 (1323).

218 Spindler/Stilz-*Fleischer*, § 91 AktG, Rn. 35; *Dreher*, in FS Hüffer, S. 161 (163 ff.).

hinausgingen.[219] Dieses Ergebnis entspricht auch dem erklärten Willen des Reformgesetzgebers. Innerhalb der Regierungsbegründung zum BilMoG wird sowohl zu § 289 Abs. 5 HGB als auch zu § 107 Abs. 3 Satz 2 AktG explizit aufgeführt, dass beide Vorschriften keine Verpflichtung zur Installation eines *„umfassenden internen Risikomanagementsystem"* vorsehen.[220] Zu diesem Ergebnis gelangt mit Blick auf das deutsche Aktiengesetz auch *Spindler*. Er gibt aber zu bedenken, dass nach dem europarechtlichen Konzept der Änderungsrichtlinie[221] und der Prüferrichtlinie[222], welches mit dem BilMoG umgesetzt werden sollte, wohl weitergehende Vorstandspflichten bezüglich des Risikomanagements naheliegen würden.[223]

(3) Stellungnahme und Auslegung des § 91 Abs. 2 AktG

Die besseren Argumente sprechen insgesamt für die zuletzt dargestellte Ansicht, weshalb § 91 Abs. 2 AktG nicht als aktienrechtliche Grundlage zur Herleitung einer umfassenden Compliance-Pflicht taugt. Ferner begründet die Vorschrift auch keine rechtliche Verpflichtung, ein umfassendes Risikomanagementsystem zu etablieren. Insbesondere die genaue Auslegung der Norm führt zu dem Ergebnis, dass diese seitens der geschäftsführenden Organe kein umfassendes Risikomanagement verlangt, sondern lediglich die Einrichtung eines funktionierenden Risikofrüherkennungssystems.

(a) Grammatikalische Auslegung

Auszugehen ist bei der Auslegung von § 91 Abs. 2 AktG und bei der Ermittlung des Sinngehaltes der Vorschrift vom Wortlaut der Norm. Hierbei ist zunächst – wie bereits angesprochen – zu beachten, dass sich die Norm auf solche Entwicklungen beschränken will, die den Fortbestand der Gesellschaft gefährden. Bezüglich der Definition dieser Bestands- oder Existenzgefährdung gibt es unterschiedlich weite Ansätze. Laut vertretener Ansicht genüge es, dass die Gesellschaft in ihrer dauerhaften Rentabilität beeinträchtigt würde.[224] Entsprechend der überwiegenden Meinung sei zur Begründung der Bestandsgefährdung

---

219 *Dreher*, in FS Hüffer, S. 161 (165).

220 BT-Drucks. 16/10067, S. 76, 102.

221 Richtlinie 2006/46/EG des Europäischen Parlaments und des Rates vom 14. 06. 2006, Art. 46a Abs. 1, lit. c umgesetzt durch § 289 Abs. 5 HGB.

222 Richtlinie 2006/43/EG des Europäischen Parlaments und des Rates vom 17. 05. 2006, Art. 41 Abs. 2, lit. b umgesetzt durch § 107 Abs. 3 Satz 2 AktG.

223 *Spindler*, in FS Hüffer, S. 985 (990 ff.).

224 *Hüffer*, in FS Imhoff, S. 91 (100), zitiert nach Schmidt/Lutter-*Krieger/Sailer-Coceani*, § 91 AktG, Rn. 9.

allerdings notwendig, dass ein Insolvenzrisiko hervorgerufen werde und die Wahrscheinlichkeit einer Insolvenz der Gesellschaft zunehme.[225] Für die Zwecke dieser Darstellung ist eine Entscheidung zwischen diesen divergierenden Ansichten aber nicht erforderlich. Die Bezugnahme von § 91 Abs. 2 AktG auf *„den Fortbestand der Gesellschaft gefährdende Entwicklungen"* schränkt den Tatbestand in jedem Falle ein, sodass die Norm schon deshalb nicht als gesetzliche Grundlage eines allgemeinen Compliance-Systems dienen kann. Denn Compliance soll die gesamten normativen Vorgaben, die an die Gesellschaft gestellt werden, überwachen, unabhängig von einer möglichen Bestandsgefährdung. Auch die Regierungsbegründung steht dem nicht entgegen. Diese nennt zwar Verstöße gegen gesetzliche Vorschriften als potentielle Entwicklungen, die den Fortbestand einer Gesellschaft gefährden können, jedoch sind nur solche Verstöße gemeint, die sich auf die Vermögens-, Finanz- und Ertragslage wesentlich auswirken.[226] Demnach wird auch an dieser Stelle eine Einschränkung vorgenommen, welche mit dem umfassenden Ansatz von Compliance nicht vereinbar ist. Ferner bezieht sich das Compliance-System – wie oben aufgezeigt[227] – nicht nur auf gesetzliche Vorschriften, sondern auch auf weitere normative Vorgaben.

Zusätzlich spricht der Wortlaut der Norm von Entwicklungen und gerade nicht von Risiken. Mit Entwicklungen sind dabei Veränderungen und Prozesse gemeint, welche sich nachteilig auf die Gesellschaft auswirken. Die Entwicklungen i. S. d. § 91 Abs. 2 AktG sind demnach nicht gleichzusetzen mit den statischen Risikozuständen.[228] Wie *Pahlke* zutreffend zum Ausdruck bringt, knüpft das Gesetz nicht an ein Risiko an, sondern an eine bereits laufende Veränderung.[229] Auch dieser Aspekt belegt, dass ein umfassendes Risikomanagementsystem von § 91 Abs. 2 AktG nicht gewollt sein kann.

Ein dritter Gesichtspunkt, der sich ebenfalls aus der grammatikalischen Auslegung ergibt, ist die Tatsache, dass § 91 Abs. 2 AktG nur von einem Erkennen der existenzgefährdenden Entwicklungen spricht. Aufgrund dieser Formulierung innerhalb der Norm wird auch nur diese Erkennung der riskanten Entwicklungen

---

225 *Kort,* in Großkomm., § 91 AktG, Rn. 36; *Mertens/Cahn,* in Kölner Komm., § 91 AktG, Rn. 23; Schmidt/Lutter-*Krieger/Sailer-Coceani,* § 91 AktG, Rn. 9; Spindler/Stilz-*Fleischer,* § 91 AktG, Rn. 32; MüKo-*Spindler,* § 91 AktG, Rn. 21.

226 BT-Drucks. 13/9712, S. 15.

227 Siehe schon Seite 44.

228 *Koch,* in Hüffer, § 91 AktG, Rn. 6; *Kort,* in Großkomm., § 91 AktG, Rn. 30; MüKo-*Spindler,* § 91 AktG, Rn. 20; Schmidt/Lutter-*Krieger/Sailer-Coceani,* § 91 AktG, Rn. 8; *Seibert,* in FS Bezzenberger, S. 427 (437, Nr. 4); *Schmidt,* Compliance in Kapitalgesellschaften, S. 65 f.

229 *Pahlke,* NJW 2002, 1680 (1681).

verlangt, nicht aber deren Bewältigung und Steuerung.[230] Auch aus diesem Grunde kann das Gesetz kein umfassendes Risikomanagementsystem meinen, da zu einem solchen System essentiell auch die Reaktionen auf die negativen Aspekte gehören würden. Mit diesem Ergebnis stimmt auch der IDW Prüfungsstandard für die Prüfung des Risikofrüherkennungssystems nach § 317 Abs. 4 HGB (IDW PS 340) überein. Bereits in seiner Vorbemerkung macht der Standard, dem keine Rechtsnormqualität zukommt, deutlich, dass die Risikobewältigung durch den Vorstand nicht Gegenstand der Maßnahmen i. S. d. § 91 Abs. 2 AktG ist.[231]

(b) Historische Auslegung

Aus der Entstehungsgeschichte ergibt sich, dass § 91 Abs. 2 AktG eine Reaktion des Gesetzgebers auf verschiedenste Unternehmenskrisen in den neunziger Jahren in Deutschland gewesen ist.[232] Aus diesem Umstand allein lässt sich jedoch nicht erkennen, ob § 91 Abs. 2 AktG als dogmatische Begründung einer gesetzlichen Compliance-Pflicht dienen könnte. Ein weiterer Aspekt aus der Entstehungsgeschichte zeigt jedoch, dass mit dem in § 91 Abs. 2 AktG angesprochenen Überwachungssystem gerade kein umfassendes Risikoüberwachungssystem und auch kein Compliance-System gemeint sein kann. Noch im Referentenentwurf zum KonTraG heißt es nämlich im ursprünglich anstelle von § 91 Abs. 2 AktG geplanten § 93 Abs. 1 Satz 3 RefE AktG: „*Dazu gehört auch die Einrichtung eines Überwachungssystems mit der Aufgabe, die Einrichtung der nach Satz 2 zu treffenden Maßnahmen zu überwachen.*“[233] Aus dieser Formulierung wird deutlich, dass eben nicht die bestandsgefährdenden Entwicklungen überwacht werden sollen, sondern die eingeleiteten Maßnahmen zur Früherkennung. Es geht also um die Kontrolle, ob die eingerichteten Früherkennungsinstrumente auch tatsächlich funktionieren.[234] Die Textfassung des ursprünglichen § 93 Abs. 1 Satz 3 RefE AktG kann weiterhin zur Auslegung von § 91 Abs. 2 AktG herangezogen werden, denn durch die geänderte Formulierung sollte lediglich eine sprachliche Verkürzung, aber keine inhaltliche Veränderung vorgenommen werden.[235]

---

230 MüKo-*Spindler,* § 91 AktG, Rn. 24; *Seibert,* in FS Bezzenberger, S. 427 (437, Nr. 1 u. Nr. 3); *Schmidt,* Compliance in Kapitalgesellschaften, S. 67; *Blasche,* CCZ 2009, 62 (63).

231 IDW PS 340, WPg 1999, 658, Rn. 6; *Blasche,* CCZ 2009, 62 (65).

232 MüKo-*Spindler,* § 91 AktG, Rn. 1; Spindler/Stilz-*Fleischer,* § 91 AktG, Rn. 29.

233 RefE, ZIP 1996, 2129 (2131).

234 *Koch,* in Hüffer, § 91 AktG, Rn. 10; *Kort,* in Großkomm., § 91 AktG, Rn. 51; MüKo-*Spindler,* § 91 AktG, Rn. 25; *Blasche,* CCZ 2009, 62 (64); *Pahlke,* NJW 2002, 1680 (1682); *Schmidt,* Compliance in Kapitalgesellschaften, S. 68.

235 *Koch,* in Hüffer, § 91 AktG, Rn. 9; *Kort,* in Großkomm., § 91 AktG, Rn. 53; MüKo-*Spindler,* § 91 AktG, Rn. 25; *Pahlke,* NJW 2002, 1680 (1682).

(c) Teleologische Auslegung

Auch bei der Suche nach dem vom Gesetzgeber angestrebten Sinn und Zweck der Vorschrift (ratio legis) wird deutlich, dass § 91 Abs. 2 AktG eben nur ein Risikofrüherkennungssystem verlangt. Die Regierungsbegründung bringt deutlich zum Ausdruck, dass die Norm vornehmlich klarstellenden Charakter habe. Es handele sich *„um eine gesetzliche Hervorhebung der allgemeinen Leitungsaufgabe des Vorstandes gemäß § 76 AktG"*.[236] Demnach sollten aber keine neuen Handlungspflichten begründet werden[237], wie es die Pflicht zum umfassenden Risikomanagement oder zu Compliance darstellen würde. Die teleologische Auslegung bringt zum Ausdruck, dass der Gesetzgeber nicht die rechtliche Verpflichtung zur Einrichtung eines bestimmten betriebswirtschaftlichen Systems oder Modells vor Augen hatte.[238] Ferner herrscht größtenteils Einigkeit darüber, dass nicht alles, was betriebswirtschaftlich erstrebenswert und sinnvoll ist auch rechtlich gefordert wird.[239]

(d) Ergebnisse der Auslegung

Insgesamt spricht die grammatische, die historische und die teleologische Auslegung eindeutig für eine restriktive Behandlung von § 91 Abs. 2 AktG, sodass die Norm „nur" die Etablierung eines Risikofrüherkennungssystems zum Gegenstand hat. Die Auslegungsergebnisse zeigen demnach deutlich, dass § 91 Abs. 2 AktG nicht als dogmatische Grundlage zur Begründung einer gesetzlichen Compliance-Pflicht der geschäftsleitenden Organe in der Einzelgesellschaft herangezogen werden kann.

(4) Die Begriffe Risikofrüherkennungssystem, Risikomanagementsystem und Compliance

Zum Abschluss und zur Klarstellung sollen die benutzen Begriffe Risikofrüherkennungssystem, Risikomanagementsystem und Compliance noch einmal deutlich voneinander abgegrenzt werden. Am weitesten ist dabei der Begriff des Risikomanagementsystems zu verstehen. Diesem System liegt ein umfassender Risikobegriff zugrunde, sodass alle Risiken, die mit der Unternehmenstätigkeit der Gesellschaft zusammenhängen, insbesondere auch die wirtschaftlichen Verlustmöglichkeiten, berücksichtigt werden. Demnach kontrolliert ein

---

236 BT-Drucks. 13/9712, S. 15.

237 Schmidt/Lutter-*Krieger/Sailer-Coceani,* § 91 AktG, Rn. 14.

238 Spindler/Stilz-*Fleischer,* § 91 AktG, Rn. 36; MüKo-*Spindler,* § 91 AktG, Rn. 27; *Blasche,* CCZ 2009, 62 (63).

239 *Kort,* in Großkomm., § 91 AktG, Rn. 63; Spindler/Stilz-*Fleischer,* § 91 AktG, Rn. 34; *Blasche,* CCZ 2009, 62 (63).

umfassendes Risikomanagementsystem alle geschäftlichen Aktivitäten der Gesellschaft.[240] Ein solch umfassendes Risikomanagementsystem ist als Oberbegriff zu verstehen und umfasst daher auch das Compliance-System. Unter Verkürzung der zuvor entwickelten Definition[241] legt Compliance den Fokus auf die normativen Vorgaben, die an das Unternehmen gestellt werden. Verlustrisiken und sonstige betriebswirtschaftliche Risiken haben dabei – wenn überhaupt – nur eine mittelbare Bedeutung. Mit einem Risikofrüherkennungssystem ist das von § 91 Abs. 2 AktG geforderte System gemeint, wobei es – wie zuvor durch Auslegung ermittelt – um die Früherkennung bestandsgefährdender Entwicklungen geht.

Compliance ist damit im Verhältnis zum Früherkennungssystem des § 91 Abs. 2 AktG etwas Eigenständiges[242] und muss bereits wesentlich früher ansetzen.[243] Demnach bezieht sich die Prüfungspflicht aus § 317 Abs. 4, 321 Abs. 4 HGB auch nicht auf das Compliance-System.[244] Möglich sind jedoch Überschneidungen eines umfassenden Compliance-Systems mit dem Früherkennungssystem aus § 91 Abs. 2 AktG, da auch ein Verstoß gegen normative Vorgaben bestandsgefährdenden Charakter haben kann.[245] Dennoch bleibt es bei dem gezeigten Ergebnis, dass umfassende Compliance seine dogmatische Grundlage nicht in § 91 Abs. 2 AktG finden kann.

cc) §§ 76 Abs. 1, 93 Abs. 1 AktG als Grundlage von Compliance

Nachdem sich nun die branchenspezifischen Compliance-Normen, die aufsichtsrechtlichen Vorschriften, die Vorgaben aus dem DCGK und § 91 Abs. 2 AktG als ungeeignet erwiesen haben, als dogmatische Grundlagen einer umfassenden Compliance-Rechtspflicht für die geschäftsführenden Organe einer Einzelgesellschaft zu fungieren, soll die Diskussion bezüglich einer solchen gesetzlichen Grundlage nun mit Fokus auf die generalklauselartigen §§ 76 Abs. 1, 93 Abs. 1 AktG fortgesetzt werden. Da sich diese Normen unmittelbar nur an Aktiengesellschaften wenden, ist zunächst der Blick auf die Compliance-Verpflichtungen in der konzernfreien Aktiengesellschaft zu richten. Wie aufzuzeigen sein wird, sind die Compliance-Folgen für die Aktiengesellschaft aus §§ 76 Abs. 1, 93

---

240 *Koch*, in Hüffer, § 91 AktG, Rn. 8; *Lück*, DB 1998, 1925; *Pahlke*, NJW 2002, 1680 (1681).

241 Siehe schon Seite 44.

242 *Pietzke*, CCZ 2010, 45 (53).

243 *Goette*, ZHR 2011, 388 (392).

244 *Immenga*, in FS Schwark, S. 199 (201); *Pietzke*, CCZ 2010, 45 (53).

245 *Mertens/Cahn*, in Kölner Komm., § 91 AktG, Rn. 34; *Liese*, BB-Special Compliance 2008, 17 (18), spricht vom selben Ziel.

Abs. 1 AktG aber sehr wohl auch für die Gesellschaft mit beschränkter Haftung im Rahmen des § 43 Abs. 1 GmbHG zu beachten. Zunächst ist aber allein auf die aktienrechtlichen Regelungen einzugehen.

(1) Die Pflicht zur sorgfältigen Unternehmensleitung und deren Inhalte

Die §§ 76 Abs. 1, 93 Abs. 1 AktG gilt es bei der Frage nach der grundsätzlichen Pflicht zur sorgfältigen Unternehmensleitung und deren Inhalte zu beachten. Der Vorstand hat ausgehend von § 76 Abs. 1 AktG die Gesellschaft unter eigener Verantwortung zu leiten. Diese Leitungsverantwortung nimmt der Vorstand in der Aktiengesellschaft vollumfänglich selbstständig wahr. Er ist daher auch unabhängig von Weisungen anderer Gesellschaftsorgane. Eine Bindung an direkte oder indirekte Weisungen durch die Kapitalgeber, wie dies bei der GmbH möglich ist[246], kommt bei der AG somit nicht in Betracht.[247] Anders ausgedrückt übt der Vorstand seine Leitungsverantwortung nach eigenem, freiem Ermessen aus.[248] Diese Leitungsverantwortung stellt einen bedeutenden Teil der Geschäftsführungsverantwortung (vgl. § 77 AktG) dar, wobei die Geschäftsführung jegliches tatsächliche oder rechtsgeschäftliche Tätigwerden des Vorstandes für die AG umfasst.[249]

Bei dieser Geschäftsführung und somit auch bei der Ausübung der Leitungsverantwortung hat der Vorstand Sorgfalts- und Treuepflichten zu beachten, um sich nicht der Gefahr eines Schadensersatzanspruches gegenüber der eigenen Gesellschaft insbesondere nach § 93 Abs. 2 Satz 1 AktG auszusetzen. Die Sorgfaltspflichten drücken dabei aus, in welcher Art und Weise das Management seine Tätigkeiten zu erledigen hat.[250] § 93 Abs. 1 Satz 1 AktG beschreibt hierzu generalklauselartig den Sorgfaltsmaßstab eines ordentlichen und gewissenhaften Geschäftsleiters. Dieser Maßstab ist ein objektiver Maßstab, woraus sich ergibt, dass nicht das Übliche ausschlaggebend ist, sondern das Erforderliche.[251] Entscheidend ist dabei, wie ein pflichtbewusster Unternehmensleiter, der wie ein Treuhänder fremder Vermögensinteressen wahrnimmt, in einem Unternehmen der konkreten Art zu handeln hätte. Die speziellen Sorgfaltspflichten der Leitungsorgane, welche im Vergleich zu

---

246 Baumbach/Hueck-*Zöllner*, § 46 GmbHG, Rn. 91.

247 *Koch*, in Hüffer, § 76 AktG, Rn. 25; *Kort*, in Großkomm., § 76 AktG, Rn. 42; *Schmidt*, Gesellschaftsrecht, S. 805; *Langenbucher*, Aktien- und Kapitalmarktrecht, § 4, Rn. 50 f.

248 *Koch*, in Hüffer, § 76 AktG, Rn. 28.

249 *Koch*, in Hüffer, § 76 AktG, Rn. 8; § 77 AktG, Rn. 3; MüKo-*Spindler*, § 77 AktG, Rn. 6.

250 *Langenbucher*, Aktien- und Kapitalmarktrecht, § 4, Rn. 73.

251 OLG Düsseldorf, AG 1997, 231 (235); *Hopt*, in Großkomm., § 93 AktG, Rn. 79; MüKo-*Spindler*, § 93 AktG, Rn. 24; *Arnold*, in Hdb. börsennotierte AG, § 22, Rn. 13, 43; *Bürkle*, BB 2005, 565 (567).

einem „normalen" Geschäftsmann erhöht sind, ergeben sich somit aus den speziellen Eigenheiten des konkreten Unternehmens, wie etwa der Art und Größe, der Konjunkturlage und den übrigen Verhältnissen.[252] Durch die Rechtsprechung[253] geprägt, wird die organschaftliche Sorgfaltspflicht vielfach in plakativer Art und Weise mit der Formel versucht zu konkretisieren, dass die geschäftsleitenden Organe sowohl zur Wahrung von Vorteilen der Gesellschaft als auch zur Abwehr von Schäden verpflichtet seien.[254] Konkrete und praktikable Anforderungen für die Verhaltenspflichten der Organmitglieder ergeben sich indes aus diesen Ausführungen nicht.[255] Es soll aber bereits hier darauf hingewiesen werden, dass allgemeingültige und für sämtliche Leitungsorgane geltende Pflichtenanforderungen auch nur in einem sehr begrenzten Maße zu erwarten sind, „*weil es den ordentlichen Geschäftsleiter für alle Zwecke nicht gibt.*"[256]

Unstreitig handelt es sich bei dem gerade umschriebenen Sorgfaltsmaßstab um einen Verhaltensmaßstab bezüglich einer organschaftlichen Haftung nach § 93 Abs. 2 Satz 1 AktG (vergleichbar z. B. mit § 276 BGB), den es bei der Erfüllung von bestehenden Pflichten der Leitungsorgane zu beachten gilt.[257] Nach überwiegender Meinung ergeben sich aus § 93 Abs. 1 Satz 1 AktG aber auch eigenständige, einzelne Handlungspflichten, wobei die Norm aufgrund ihrer Allgemeinheit dann als Auffangtatbestand für weitere Organisationspflichten innerhalb des Aktienrechts fungiert. § 93 Abs. 1 Satz 1 AktG kommt nach der vorherrschenden Ansicht also eine Doppelfunktion zu.[258] Nach anderer Auffassung wird diese Doppelfunktion von § 93 Abs. 1 Satz 1 AktG abgelehnt und die

252 BGH, NJW 1995, 1290 (1291), zu § 43 Abs. 1 GmbHG; OLG Düsseldorf, AG 1997, 231 (235); MüKo-*Spindler,* § 93 AktG, Rn. 24; *Krieger,* in Hdb. Managerhaftung, § 3, Rn. 4.

253 BGHZ 21, 354 (357); OLG Düsseldorf, AG 1997, 231 (235).

254 *Hopt*, in Großkomm., § 93 AktG, Rn. 80; *Mertens/Cahn,* in Kölner Komm., § 93 AktG, Rn. 66; MüKo-*Spindler,* § 93 AktG, Rn. 25; *Schneider/Schneider,* AG 2005 57 (58); Spindler/Stilz-*Fleischer,* § 93 AktG, Rn. 11; *Schmidt,* Compliance in Kapitalgesellschaften, S. 80.

255 Ähnlich: *Hopt,* in Großkomm., § 93 AktG, Rn. 80; Spindler/Stilz-*Fleischer,* § 93 AktG, Rn. 11, „*vagen Formel*".

256 Spindler/Stilz-*Fleischer,* § 93 AktG, Rn. 41.

257 *Koch,* in Hüffer, § 93 AktG, Rn. 5; Spindler/Stilz-*Fleischer,* § 93 AktG, Rn. 10; *Langenbucher,* Aktien- und Kapitalmarktrecht, § 4, Rn. 74.

258 *Mertens/Cahn,* in Kölner Komm., § 93 AktG, Rn. 11; Schmidt/Lutter-*Krieger/Sailer-Coceani,* § 93 AktG, Rn. 6; Spindler/Stilz-*Fleischer,* § 93 AktG, Rn. 10; *Arnold,* in Hdb. börsennotierte AG, § 22, Rn. 3; *Vetter,* in FS Graf von Westphalen, S. 719 (727); *Immenga,* in FS Schwark, S. 199 (202); *Schmidt,* Compliance in Kapitalgesellschaften, S. 27.

pflichtenbegründende Komponente der Vorschrift aus dogmatischen Gründen eher verneint.[259] Die unterschiedlichen Sichtweisen sind hauptsächlich rechtsmethodischer Art und für die Praxis von untergeordneter Bedeutung, da hieraus keine unterschiedlichen Ergebnisse resultieren. Denn die Ansicht, welche die Doppelfunktion von § 93 Abs. 1 Satz 1 AktG ablehnt, sieht die Grundlage zur Konkretisierung von nicht ausdrücklich normierten Organpflichten des Vorstandes in einer Art Gesamtschau der Leitungsaufgabe nach § 76 Abs. 1 AktG, den Treuepflichten und den gesetzlich normierten Einzelregelungen (vgl. §§ 80, 81, 83, 88, 90, 92 AktG).[260] Bejaht man allerdings die Doppelfunktion mit der herrschenden Ansicht – wie dies auch vom Verfasser gemacht wird – so entspringen auch konkrete objektive Handlungspflichten, welche die sorgfältige Unternehmensführung betreffen, aus den §§ 93 Abs. 1 Satz 1, 76 Abs. 1 AktG.

(a) Die Legalitäts- und Organisationspflicht als Bestandteile der Pflicht zur sorgfältigen Unternehmensführung

Die Pflicht zur sorgfältigen Unternehmensleitung beinhaltet und wird weiter konkretisiert durch die Legalitätspflicht und die Organisationspflicht des Vorstandes.[261] Eine klare Trennung zwischen diesen beiden Aspekten kann dabei nicht vorgenommen werden. Vielmehr ergeben sich aus der Legalitätspflicht wiederum Anforderungen an die Organisationspflicht. Im Detail:

(aa) Die organschaftliche Legalitätspflicht

Zur ordnungsgemäßen Wahrnehmung seiner Leitungsfunktion i. S. d. §§ 93 Abs. 1 Satz 1, 76 Abs. 1 AktG ist es essentiell, dass der Vorstand sich bei seiner Amtsführung stets gesetzestreu verhält.[262] Dies bedeutet, dass den Vorstand v. a. die Verantwortung trifft, das Unternehmen im Einklang mit sämtlichen Rechtsvorschriften zu leiten und zu organisieren.[263] Hierbei ist neben der Rechtmäßigkeit

---

259 *Hüffer*, in Hüffer, 10. Aufl. (Voraufl.), § 93 AktG, Rn. 3a; Baumbach/Hueck-*Zöllner/Noack*, § 43 GmbHG, Rn. 8, für die GmbH.

260 *Hüffer*, in Hüffer, 10. Aufl. (Voraufl.), § 93 AktG, Rn. 3a; Baumbach/Hueck-*Zöllner/Noack*, § 43 GmbHG, Rn. 8, zur GmbH; *Langenbucher*, Aktien- und Kapitalmarktrecht, § 4, Rn. 76, spricht von einer Rechtsanalogie.

261 *Bürkle*, BB 2007, 1797 (1798); *Kort*, NZG 2008, 81 (83); *Pietzke*, CCZ 2010, 45 (50).

262 *Koch*, in Hüffer, § 93 AktG, Rn. 6; *Mertens/Cahn*, in Kölner Komm., § 93 AktG, Rn. 67, 71; MüKo-*Spindler*, § 93 AktG, Rn. 63; Spindler/Stilz-*Fleischer*, § 93 AktG, Rn. 12, 14; *Fleischer*, ZIP 2005, 141 (142).

263 Schmidt/Lutter-*Krieger/Sailer-Coceani*, § 93 AktG, Rn. 7; *Peltzer*, in Semler/Peltzer, § 9, Rn. 4; *Hauschka*, ZIP 2004, 877 (882); *Bürkle*, BB 2005, 565 (567).

der eigenen Geschäftsführung das Verhalten aller Gesellschaftsorgane und sämtlicher Mitarbeiter des Unternehmens zu beachten. Diese Pflicht zur Gesetzestreue des Vorstandes wird von *Fleischer* auch als eine der „*Kardinalpflichten*" der Leitungsorgane bezeichnet.[264]

(aaa) Interne und externe Pflichtenbindung

Aufspalten lässt sich die Legalitätspflicht in eine interne Pflichtenbindung sowie in eine Pflicht zur Einhaltung der Rechtsordnung in den gesamten Außenbeziehungen. Im Innenverhältnis sind dabei besonders die Vorschriften des Aktiengesetzes einzuhalten, sowie die Satzungsmäßigkeit und die Einhaltung der Geschäftsordnung sicherzustellen.[265] Das Innenverhältnis wird insbesondere geprägt durch die im Aktiengesetz normierten organschaftlichen Anforderungen. Beispielhaft seien hier nur die Einrichtung eines Früherkennungssystems nach § 91 Abs. 2 AktG, die jährliche Erklärungspflicht zum DCGK aus § 161 AktG, die neun kapitalschützenden Sondertatbestände des § 93 Abs. 3 AktG und die Pflicht zur Einhaltung der aktienrechtlichen Kompetenzen gemäß § 82 Abs. 2 AktG erwähnt.[266] Ferner müssen die geschäftsleitenden Organe auch im Außenverhältnis dafür Sorge tragen, dass den gesamten Rechtsvorschriften, welche sich an die Gesellschaft richten, entsprochen wird.[267] Nach überwiegender Ansicht bedeutet ein Verstoß gegen Vorschriften im Außenverhältnis grundsätzlich auch eine Pflichtverletzung im Innenverhältnis.[268]

(bbb) Die Legalitätspflicht und „nützliche" Rechtsverletzungen

Diese organschaftliche Legalitätspflicht im Innen- und Außenverhältnis wird auch nicht durch sog. nützliche Rechtsverletzungen der Organmitglieder aufgehoben. Mit einer nützlichen Rechtsverletzung ist dabei gemeint, dass die geschäftsführenden Organe mit der Gesetzesverletzung subjektiv den Interessen der Gesellschaft

---

264 Spindler/Stilz-*Fleischer,* § 93 AktG, Rn. 14.

265 MüKo-*Spindler,* § 93 AktG, Rn. 63; Spindler/Stilz-*Fleischer,* § 93 AktG, Rn. 14; *Fleischer,* ZIP 2005, 141 (142).

266 MüKo-*Spindler,* § 93 AktG, Rn. 63; Spindler/Stilz-*Fleischer,* § 93 AktG, Rn. 15 ff.; *Fleischer,* ZIP 2005, 141 (142 f.).

267 LG München I, ZIP 2014, 570 (572); *Mertens/Cahn,* in Kölner Komm., § 93 AktG, Rn. 71; MüKo-*Spindler,* § 93 AktG, Rn. 64; Spindler/Stilz-*Fleischer,* § 93 AktG, Rn. 23; *Fleischer,* ZIP 2005, 141 (144); Baumbach/Hueck-*Zöllner/Noack,* § 43 GmbHG, Rn. 17, für die GmbH.

268 Spindler/Stilz-*Fleischer,* § 93 AktG, Rn. 24; *U. H. Schneider,* in FS Hüffer, S. 905 (909); *Fleischer,* ZIP 2005, 141 (144).

genügen wollen oder ihr tatsächlich einen objektiv messbaren Vorteil verschaffen. Dies kann z. B. der Fall sein, wenn das Entdeckungs- und Verfolgungsrisiko als nur gering eingeschätzt wird oder die drohenden Sanktionen als nicht sonderlich empfindlich erscheinen.[269] Im Außenverhältnis besteht bezüglich eines solchen ggf. lohnenden Gesetzesbruches aufgrund des Vorrangs der Legalitätspflicht kein unternehmerisches Ermessen. Auch die in § 93 Abs. 1 Satz 2 AktG normierte Business Judgment Rule findet keine Anwendung, da deren Anwendung stets eine rechtmäßige Entscheidung und kein illegales Verhalten voraussetzt.[270] Die Nützlichkeitserwägungen bzw. die Effizienz eines Bruchs des Gesetzes sind auch bezüglich der Frage nach der Pflichtverletzung im Innenverhältnis unbeachtlich. Demnach kann sich die Geschäftsführung damit keinesfalls gegenüber der Gesellschaft entlasten oder rechtfertigen. Es bleibt im Ergebnis beim unüberwindbaren Vorrang der Legalitätspflicht.[271] Demnach ist *Verse* beizupflichten, sodass sich eine Schadensersatzpflicht der geschäftsleitenden Organe gegenüber der eigenen Gesellschaft auch aus einer „nützlichen" Rechtsverletzung ergeben könnte.[272]

Dieser Vorrang der Legalitätspflicht wird mittelbar auch durch den praktisch unbedeutsamen[273] § 396 Abs. 1 Satz 1 AktG zum Ausdruck gebracht, wonach eine Auflösung der Aktiengesellschaft bei gesetzwidrigem Verhalten erfolgen kann.[274]

(ccc) Grenzüberschreitende Schmiergeldzahlungen

Grundsätzlich bezieht sich die externe Legalitätspflicht der Unternehmensführung nicht nur auf deutsches Recht, sondern bei einer Auslandsberührung auch auf die jeweils anwendbaren ausländischen Rechtsvorschriften.[275] Zumeist wird

---

269 *Hopt,* in Großkomm., § 93 AktG, Rn. 99; *Mertens/Cahn,* in Kölner Komm., § 93 AktG, Rn. 71; Spindler/Stilz-*Fleischer,* § 93 AktG, Rn. 24, 36; *Bock,* Criminal Compliance, S. 570; *Bicker,* AG 2012, 542 (543); *Fleischer,* ZIP 2005, 141 (145).

270 BR-Drucks. 3/05, S. 19; (= BT-Drucks. 15/5092, S. 11); *Koch,* in Hüffer, § 93 AktG, Rn. 16; *Hopt,* in Großkomm., § 93 AktG, Rn. 99; MüKo-*Spindler,* § 93 AktG, Rn. 65; Spindler/Stilz-*Fleischer,* § 93 AktG, Rn. 37; *Bayer,* in FS Schmidt, S. 85 (91 f.); *U. H. Schneider,* in FS Hüffer, S. 905 (909); *Fleischer,* ZIP 2005, 141 (145 f.).

271 *Hopt,* in Großkomm., § 93 AktG, Rn. 99; *Mertens/Cahn,* in Kölner Komm., § 93 AktG, Rn. 69, 71; Spindler/Stilz-*Fleischer,* § 93 AktG, Rn. 24, 36; *Bayer,* in FS Schmidt, S. 85 (90 f.); *Fleischer,* ZIP 2005, 141 (145, 148).

272 *Verse,* ZHR 2011, 401 (405).

273 MüKo-*Schürnbrand,* § 396 AktG, Rn. 2: kein Verfahren seit 1945 bekannt.

274 MüKo-*Spindler,* § 93 AktG, Rn. 78; Spindler/Stilz-*Fleischer,* § 93 AktG, Rn. 36; *Bicker,* AG 2012, 542 (543); *Fleischer,* ZIP 2005, 141 (148).

275 LG München I, ZIP 2014, 570 (573); *Hopt,* in Großkomm., § 93 AktG, Rn. 103; *Mertens/Cahn,* in Kölner Komm., § 93 AktG, Rn. 73.

dieser Aspekt aufgrund der praktischen Bedeutung im Kontext mit Schmiergeldzahlungen zur Auftragserlangung an ausländische Amtsträger oder Privatleute erörtert.[276] Nach überholter Rechtsaufassung des BGH aus dem Jahre 1985 seien zwar solche Vereinbarungen, welche Schmiergeldzahlungen an ausländische Entscheidungsträger beinhalten würden, nach § 138 BGB nichtig. Jedoch könne von deutschen Unternehmen nicht erwartet werden, dass diese vollständig auf dieses Mittel zur Auftragserlangung verzichten würden, um damit weniger gewissenhaften Unternehmen das Geschäft zu überlassen. Insbesondere würden die Personen, welche die Schmiergelder tatsächlich einsetzen würden, keine Dienst- oder Vertragspflichten verletzen.[277] Diese Rechtsaufassung ist jedoch seit dem OECD-Übereinkommen zur Bekämpfung der Bestechung ausländischer Amtsträger im internationalen Geschäftsverkehr[278] aus dem Jahre 1997 nicht mehr haltbar. Aufgrund der Umsetzung dieses Übereinkommens in deutsches Recht ergibt sich nun die Strafbarkeit bezüglich der Bestechung ausländischer Amtsträger aus § 334 StGB i. V. m. Art. 2 § 1 IntBestG. Ferner sind auch Schmiergeldzahlungen an ausländische Privatpersonen nach § 299 StGB strafbar. Grenzüberschreitende Schmiergeldzahlungen – durch die geschäftsleitenden Organe eines Unternehmens – sind somit als Gesetzesverletzungen zu qualifizieren und mit der organschaftlichen Legalitätspflicht unvereinbar.[279]

(ddd) Verletzung von vertraglichen Verpflichtungen der Gesellschaft gegenüber Dritten

Nach im Schrifttum vertretener Ansicht würde der unüberwindbare Vorrang der organschaftlichen Legalitätspflicht auch Auswirkungen auf die Verletzung von vertraglichen Verpflichtungen einer Gesellschaft haben. Demnach würde eine Verletzung von rechtsgeschäftlichen Pflichten grundsätzlich auch eine Pflichtverletzung im Verhältnis zwischen dem geschäftsleitenden Organ und der Gesellschaft nach sich ziehen.[280] Ein unternehmerisches Ermessen sei nämlich

---

276 *Hopt,* in Großkomm., § 93 AktG, Rn. 105; *Mertens/Cahn,* in Kölner Komm., § 93 AktG, Rn. 74; MüKo-*Spindler,* § 93 AktG, Rn. 78; Spindler/Stilz-*Fleischer,* § 93 AktG, Rn. 26; *Fleischer,* ZIP 2005, 141 (145).

277 BGHZ 94, 268 (272 f.); *Mertens/Cahn,* in Kölner Komm., § 93 AktG, Rn. 74; Spindler/Stilz-*Fleischer,* § 93 AktG, Rn. 26.

278 BT-Drucks. 13/10428, S. 9.

279 LG München I, ZIP 2014, 570 (573); *Mertens/Cahn,* in Kölner Komm., § 93 AktG, Rn. 74; MüKo-*Spindler,* § 93 AktG, Rn. 78; Spindler/Stilz-*Fleischer,* § 93 AktG, Rn. 27; *Schmidt,* Compliance in Kapitalgesellschaften, S. 79; *Fleischer,* ZIP 2005, 141 (145).

280 Baumbach/Hueck-*Zöllner/Noack,* § 43 GmbHG, Rn. 17, 23a, zur GmbH.

auch dann abzulehnen, wenn vertragliche Verpflichtungen gegenüber Dritten verletzt werden würden, da dieses Handeln ein rechtswidriges Verhalten dokumentiere.[281] Entscheidend sei, dass auch vertragliche Pflichten mittelbar auf der Rechtsordnung beruhen würden.[282] Ferner könne es keinen Unterschied machen, ob das Verhalten der geschäftsführenden Organe im Konflikt mit dem Öffentlichen Recht oder dem Zivilrecht stehe, zumal eine saubere Trennung vielfach nur schwerlich vorgenommen werden könnte.[283]

Die wohl überwiegende Meinung sieht seitens der geschäftsführenden Organe aufgrund des Legalitätsprinzips keine Verpflichtung im Innenverhältnis zur Gesellschaft, sämtlichen vertraglichen Verpflichtungen der Gesellschaft im Verhältnis zu Dritten nachzukommen. Es bestehe bei der Erfüllung vertraglicher Pflichten ein unternehmerischer Ermessenspielraum seitens der Organe, wobei es für die Gesellschaft durchaus – nach Abwägung der entscheidenden Umstände – vorteilhafter sein könnte, einer vertraglichen Verpflichtung nicht nachzukommen.[284] Die vertraglichen Pflichten bestünden nämlich nur zwischen der Gesellschaft und dem Vertragspartner, und es bestehe keine Organpflicht in Bezug auf den Schutz der Erfüllungsinteressen eines Dritten.[285] Insgesamt sei dies mit dem organschaftlichen Legalitätsprinzip problemlos in Einklang zu bringen, da der Vertrag keine Rechtsquelle im technischen Sinne darstelle.[286]

Im Ergebnis ist der letztgenannten Auffassung zu folgen. Aus diesem Grunde ergibt sich aus einer Vertragsverletzung der Gesellschaft gegenüber Dritten grundsätzlich nicht automatisch eine Organpflichtverletzung im Innenverhältnis. Entscheidend ist, dass gesetzliche Verbote und Gebote nicht zur Disposition der beteiligten Parteien stehen. Vielmehr beschreiben sie allgemeine Wertungen und dienen dem Schutz des öffentlichen Interesses. Im Gegensatz hierzu bestehen die vertraglichen Verpflichtungen nur zwischen den beteiligten Parteien. Weiter geht es vornehmlich um das Erfüllungsinteresse des Dritten und

---

281 *S. H. Schneider,* DB 2005, 707 (711); zur Verneinung des unternehmerischen Ermessens: *Koch,* ZGR 2006, 769 (785).

282 *Koch,* ZGR 2006, 769 (786).

283 Baumbach/Hueck-*Zöllner/Noack,* § 43 GmbHG, Rn. 17, 23a, zur GmbH; *S. H. Schneider,* DB 2005, 707 (711).

284 *Kort,* in Großkomm., § 93 AktG, Rn. 100; MüKo-*Spindler,* § 93 AktG, Rn. 73; Spindler/Stilz-*Fleischer,* § 93 AktG, Rn. 33; *Schmidt,* Compliance in Kapitalgesellschaften, S. 77 f.; *U. H. Schneider,* in FS Hüffer, S. 905 (911, 916); *Fleischer,* ZIP 2005, 141 (144, 150); im Ergebnis auch *Koch,* ZGR 2006, 769 (785).

285 *U. H. Schneider,* in FS Hüffer, S. 905 (911 f.).

286 Spindler/Stilz-*Fleischer,* § 93 AktG, Rn. 33; *Fleischer,* ZIP 2005, 141 (150).

nicht um schutzwürdige allgemeine Interessen.[287] Eine Grenze findet das unternehmerische Ermessen bezüglich einer vertraglichen Pflichtverletzung jedoch dann, wenn damit gleichzeitig eine Gesetzesverletzung begangen würde. Dies ist z. B. der Fall, wenn das vertragswidrige Verhalten zugleich den Tatbestand des Betruges nach § 263 StGB erfüllt oder gegen die guten Sitten i. S. d. § 826 BGB verstößt.[288]

Grundsätzlich gilt es jedoch festzuhalten, dass Verletzungen von vertraglichen Verpflichtungen der Gesellschaft gegenüber Dritten nicht automatisch auch einen Verstoß gegen das organschaftliche Legalitätsprinzip begründen. Hierdurch zeigt sich erneut deutlich, dass ein Compliance-Management-System über das organschaftliche Legalitätsprinzip hinausgeht. Im Rahmen von Compliance-Systemen gehören vertragliche Verpflichtungen – nach der oben gefundenen Definition[289] – nämlich zu den relevanten normativen Vorgaben, die es zu überwachen gilt. Demnach können Verstöße gegen vertragliche Pflichten der Gesellschaft zwar einen Verstoß gegen die Compliance-Vorgaben des Unternehmens begründen, aber dennoch nicht gegen das organschaftliche Legalitätsprinzip verstoßen.

(eee) Zusammenfassende Aspekte zum Legalitätsprinzip

Zusammenfassend ist festzuhalten, dass die geschäftsführenden Organe eine umfassende Verpflichtung zum gesetzmäßigen Handeln sowohl im Innen- als auch im Außenverhältnis trifft. Aufgrund des unüberwindbaren Vorrangs der organschaftlichen Legalitätspflicht der Geschäftsführung taugen Nützlichkeitserwägungen oder eventuelle Vorteile der Gesellschaft aus der jeweiligen Gesetzesverletzung nicht zur Rechtfertigung der geschäftsleitenden Organe im Innenverhältnis. Die Legalitätspflicht bezieht sich dabei sowohl auf inländische als auch auf ausländische Rechtsvorschriften. Grundsätzlich nicht vom organschaftlichen Legalitätsprinzip erfasst werden Verstöße gegen vertragliche Verpflichtungen gegenüber Dritten.

(bb) Die organschaftliche Organisationspflicht

Mit der soeben dargestellten organschaftlichen Legalitätspflicht gehen wiederum organschaftliche Organisationspflichten einher. Die Pflicht zur sorgfältigen Unternehmensleitung beinhaltet daher neben der Legalitätspflicht auch eine

287 MüKo-*Spindler,* § 93 AktG, Rn. 73; *U. H. Schneider,* in FS Hüffer, S. 905 (912).
288 MüKo-*Spindler,* § 93 AktG, Rn. 73.
289 Siehe schon Seite 44.

Verpflichtung der Unternehmensleitung zur Einrichtung einer gesetzmäßigen und satzungskonformen Organisationsstruktur.[290] Diese Unternehmensorganisation muss im Einklang mit dem organschaftlichen Legalitätsprinzip stehen bzw. zu dessen Verwirklichung führen. Aus diesem Grunde hat der Vorstand die Gesellschaft in einer Art und Weise zu organisieren und zu führen, dass dadurch den gesamten normativen Vorgaben, welche an die Gesellschaft herangetragen werden, genüge getan wird.[291] Hierdurch wird deutlich, dass die organschaftliche Legalitätspflicht die Anforderungen an die Organisationspflicht konkretisiert oder aus einem anderen Blickwinkel betrachtet, dass eine ordnungsgemäße Gesellschaftsorganisation zur Umsetzung der Legalitätspflicht essentiell erforderlich ist. Der Vorstand hat demnach die Pflicht, im Unternehmen eine Organisations- bzw. Überwachungsstruktur zu etablieren, die zur Vorbeugung und Entdeckung von Rechtsverstößen geeignet ist.[292] Um diesen Anforderungen zu entsprechen, ist die Einrichtung von angemessenen Kontroll- und Schutzvorkehrungen als Teil der organschaftlichen Organisationspflicht unumgänglich.[293] Aus der Legalitäts- und Organisationspflicht des Vorstandes entspringt somit auch die Pflicht gegenüber der eigenen Gesellschaft zu einer sorgfältigen Unternehmensüberwachung.[294]

(aaa) Die horizontale und vertikale Unternehmensüberwachung als Teil der organschaftlichen Organisationspflicht

Die Kontrollmechanismen im Rahmen der Unternehmensüberwachung betreffen grundsätzlich zwei Ebenen innerhalb der Gesellschaft. Einmal ergibt sich für jedes Vorstandsmitglied eine ressortübergreifende Pflicht zur Überwachung und Kontrolle (sog. horizontale Überwachung). Diese ressortübergreifende Überwachungspflicht besteht also gerade auch dann, wenn spezielle

290 *Mertens/Cahn,* in Kölner Komm., § 93 AktG, Rn. 67, 80; Spindler/Stilz-*Fleischer,* § 93 AktG, Rn. 56; *Hopt,* in Großkomm., § 93 AktG, Rn. 89, 107.

291 *Kort,* in Großkomm., § 91 AktG, Rn. 65; Spindler/Stilz-*Fleischer,* § 91 AktG, Rn. 47; *Peltzer,* in Semler/Peltzer, § 9, Rn. 17; *Bürkle,* BB 2005, 565 (567); *Pietzke,* CCZ 2010, 45 (50).

292 LG München I, ZIP 2014, 570 (573); *Langenbucher,* Aktien- und Kapitalmarktrecht, § 4, Rn. 86a.

293 *Mertens/Cahn,* in Kölner Komm., § 93 AktG, Rn. 80; *Vetter,* in Wecker/van Laak, Compliance in der Unternehmerpraxis, S. 37; *Fleischer,* AG 2003, 291 (299).

294 Spindler/Stilz-*Fleischer,* § 91 AktG, Rn. 47; *Krieger,* in Hdb. Managerhaftung, § 3, Rn. 6; *Thüsing,* Arbeitnehmerdatenschutz und Compliance, S. 12 f.; *Fleischer,* AG 2003, 291 (299).

Verantwortungsbereiche den einzelnen Vorstandsmitgliedern zugeordnet worden sind. Diese Pflicht hat dabei ihren Ursprung im Grundsatz der Gesamtverantwortung.[295] Die zweite Kontrollebene ist die sog. vertikale Überwachungsdimension. Diese beinhaltet, dass jedes Vorstandsmitglied in seinem Ressort und Verantwortungsbereich durch strukturierte, organisatorische Vorkehrungen auf ein regelkonformes Verhalten der nachgeordneten Ebenen hinwirken muss.[296]

Bei einem Verstoß gegen die zuletzt genannte vertikale Überwachungspflicht würde sich ein Schadensersatzanspruch der Gesellschaft aus § 93 Abs. 2 AktG aber nur bei einem Eigenverschulden des betreffenden Vorstandsmitgliedes begründen lassen. Die nachgeordneten Unternehmensangehörigen sind nämlich weder als Erfüllungsgehilfen der Vorstandmitglieder i. S. v. § 278 BGB noch als deren Verrichtungsgehilfen nach § 831 BGB anzusehen. In dieser Eigenschaft agieren die Unternehmensangehörigen nur im Verhältnis zur Gesellschaft selbst.[297] Bei der Übertragung von grundsätzlich delegationsfähigen Aufgaben an nachgeordnete Unternehmensangehörige ändert sich aber die inhaltliche Ausgestaltung der Verantwortlichkeit der geschäftsleitenden Organe.[298] Ein zurechenbares Eigenverschulden seitens der geschäftsführenden Organe kommt in diesen Fällen immer dann in Betracht, wenn eine unzureichende Anweisung oder insbesondere eine nicht ausreichende Beaufsichtigung des eingesetzten Personals vorgelegen hat.[299] Entscheidende Kriterien sind dabei nach einer Entscheidung des BGH die ordnungsgemäße Auswahl, Einweisung, Information und eben die Überwachung der Mitarbeiter.[300] Die laufende und sorgfältige Überwachung der nachgeordneten Ebenen ist daher ein elementarer Pflichtenbestandteil der Leitungsverantwortlichkeit bei der vertikalen Delegation.

(bbb) Die Ausgestaltung der Überwachungspflicht

Konkrete Überwachungsmethoden oder die Intensität der Überwachung sind gesetzlich nicht näher ausgestaltet.[301] Die konkrete Überwachung der

---

295 Spindler/Stilz-*Fleischer,* § 93 AktG, Rn. 12, 95.

296 Spindler/Stilz-*Fleischer,* § 91 AktG, Rn. 27; § 93 AktG, Rn. 96.

297 *Hopt,* in Großkomm., § 93 AktG, Rn. 55 f.; *Koch,* in Hüffer, § 93 AktG, Rn. 46; *Mertens/Cahn,* in Kölner Komm., § 93 AktG, Rn. 48; MüKo-*Spindler,* § 93 AktG, Rn. 161; Spindler/Stilz-*Fleischer,* § 93 AktG, Rn. 98.

298 Spindler/Stilz-*Fleischer,* § 93 AktG, Rn. 100.

299 *Koch,* in Hüffer, § 93 AktG, Rn. 46; MüKo-*Spindler,* § 93 AktG, Rn. 161.

300 BGHZ 127, 336 (347), zum Geschäftsführer einer GmbH.

301 Spindler/Stilz-*Fleischer,* § 93 AktG, Rn. 104.

nachgeordneten Unternehmensebenen muss sich, wie Rechtsprechung[302] und Literatur[303] ausführen, aus den Umständen des Einzelfalles ergeben. Als allgemeingültige Kriterien bezüglich der Maßstäbe einer ordnungsgemäßen organschaftlichen Überwachung der nachgeordneten Unternehmensebenen können lediglich die grundsätzlichen Kriterien der Geeignetheit, der Angemessenheit und der objektiven Zumutbarkeit von Kontrollmechanismen und ihrer Intensität angeführt werden.[304]

Weitere Anhaltspunkte können sich ferner aus den Erwägungen und der Rechtsprechung zu § 130 OWiG ergeben. Diese Vorschrift begründet zwar grundsätzlich keine Außenhaftung des Vorstandes selbst, jedoch ist zwischen den Pflichten im Außenverhältnis grundsätzlich ein Gleichlauf zu den korrespondieren Pflichten im Innenverhältnis herzustellen.[305] In der Literatur zu § 130 OWiG findet man dann zur Konkretisierung der dahin gehenden Aufsichtspflicht und zur Ausgestaltung eines solchen Kontrollsystems wiederum die erwähnten Parameter der Geeignetheit, der Erforderlichkeit und der Zumutbarkeit.[306] Insgesamt gilt es auch bei der Überwachung von nachgeordneten Unternehmensangehörigen durch die geschäftsleitenden Organe, den allgemeinen Sorgfaltsmaßstab eines ordentlichen und gewissenhaften Geschäftsleiters aus § 93 Abs. 1 Satz 1 AktG in maßgeblicher Weise zu beachten.[307]

(b) Compliance als Teil der sorgfältigen Unternehmensführung

In diesen Gesamtkontext ist nun auch die Frage nach einer gesetzlichen Verpflichtung aus den §§ 76 Abs. 1, 93 Abs. 1 AktG zur Einrichtung eines Compliance-Management-Systems einzuordnen. Die Thematik Compliance steht unzweifelhaft in einem sehr engen Zusammenhang zu der Verpflichtung der geschäftsführenden Organe, einer sorgfältigen Unternehmensführung zu entsprechen. Zu den zentralen Bestandteilen einer solchen sorgfältigen Unternehmensführung, zu welchen – wie ausgearbeitet – das organschaftliche

---

302 BGH, WuW/E, 2202 (2203).

303 *Mertens/Cahn,* in Kölner Komm., § 93 AktG, Rn. 80; Spindler/Stilz-*Fleischer,* § 93 AktG, Rn. 104.

304 Spindler/Stilz-*Fleischer,* § 93 AktG, Rn. 108 f.; *Fleischer,* in Hdb. Vorstandsrecht, § 8, Rn. 37.

305 *Mertens/Cahn,* in Kölner Komm., § 93 AktG, Rn. 77; Spindler/Stilz-*Fleischer,* § 93 AktG, Rn. 106.

306 Göhler-*Gürtler,* § 130 OWiG, Rn. 12; KK-*Rogall,* § 130 OWiG, Rn. 40; *Dreher,* ZWeR 2004, S. 75 (94).

307 Spindler/Stilz-*Fleischer,* § 93 AktG, Rn. 80.

Legalitätsprinzip sowie die organschaftlichen Organisationspflichten inklusive der Pflicht zur sorgfältigen Unternehmensüberwachung gehören, bestehen daher mannigfache Berührungspunkte.[308] Compliance kann demnach als ein Bestandteil der sorgfältigen Unternehmensführung aus den §§ 76 Abs. 1, 93 Abs. 1 AktG angesehen werden.

Zweifelhaft ist, ob aufgrund dieser genannten allgemeinen Sorgfaltspflichten des Vorstandes und den aufgezeigten engen Zusammenhängen mit dem Thema Compliance eine umfassende Compliance-Rechtspflicht statuiert werden kann. Nach Ansicht von *S. H. Schneider* gilt die Antwort zu dieser Frage als offen.[309] Im juristischen Schrifttum finden sich zu dieser Fragestellung unterschiedliche Beantwortungsansätze. Im Einzelnen:

Einer Ansicht folgend, ergäbe sich aus der Leitungs- und Organisationsverantwortung des Vorstands die zwingende Pflicht, ein Compliance-System in der Gesellschaft zu implementieren.[310] Nach gegenteiliger Meinung würde sich auch aus den §§ 76 Abs. 1, 93 Abs. 1 AktG keine generelle Verpflichtung zur Etablierung eines Compliance-Management-Systems ergeben.[311] In der rechtswissenschaftlichen Literatur wird dabei sowohl die Herleitung einer umfassenden Compliance-Pflicht aus den §§ 76 Abs. 1, 93 Abs. 1 AktG für sämtliche Gesellschaften[312] als auch die vollständige Ablehnung einer generellen Compliance-Pflicht[313] als herrschende Ansicht bezeichnet. Auf den ersten Blick erscheinen diese Ansichten vollständig konträr zu sein. Es wird jedoch zu zeigen sein, dass es trotz der augenscheinlichen Gegensätzlichkeiten eine große Schnittmenge von Gemeinsamkeiten innerhalb dieses Meinungsspektrums gibt.

---

308 Spindler/Stilz-*Fleischer*, § 91 AktG, Rn. 47; Baumbach/Hueck-*Zöllner/Noack*, § 35 GmbHG, Rn. 68a, zur GmbH; *Bachmann*, in GesellschaftsR in der Diskussion 2007, S. 65 (68); *Krieger*, in Hdb. Managerhaftung, § 3, Rn. 6; *Thüsing*, Arbeitnehmerdatenschutz und Compliance, S. 10 f.; *Bürkle*, BB 2005, 565 (570).

309 *S. H. Schneider*, Informationspflichten, S. 292.

310 Beispielhaft: *Krieger*, in Hdb. Managerhaftung, § 3, Rn. 6; *Goette*, ZHR 2011, 388 (392).

311 Beispielhaft: *Hauschka*, in Corporate Compliance, § 1, Rn. 22 f.; *Vetter*, in FS Graf von Westphalen, S. 719 (728); *Kort*, NZG 2008, 81 (84); *Kremer/Klahold*, ZGR 2010, 113 (120).

312 *Reichert/Ott*, ZIP 2009, 2173 (2174); *Bachmann*, in GesellschaftsR in der Diskussion 2007, S. 65 (73), *„überwiegende Ansicht"*.

313 *Thüsing*, Arbeitnehmerdatenschutz und Compliance, S. 16, *„ganz überwiegende Ansicht"*; *Kremer/Klahold*, ZGR 2010, 113 (119).

(aa) Keine generelle Verpflichtung zur Einrichtung eines Compliance-Systems

Ausgangspunkt der einen Seite des Meinungsspektrums ist, dass es eine Rechtspflicht zur Einrichtung eines Compliance-Systems für alle Unternehmen schlichtweg nicht gibt.[314] Dieser Ansicht folgend, diene das Compliance-System zwar dazu der Organisations- und Legalitätspflicht nachzukommen, dennoch sei eine allgemeine Rechtspflicht zur Einrichtung eines Compliance-Systems für sämtliche Gesellschaften zu verneinen.[315] Auch der Gedanke, dass die generelle Compliance-Verantwortung zur Organisationsverantwortung des Vorstandes gehöre, führe nicht zu einer generellen Compliance-Pflicht aus § 93 Abs. 1 AktG.[316] Die allgemeine Organisationspflicht im Rahmen der Leitungsverantwortung dürfe nicht mit einer Pflicht zur Einrichtung einer umfassenden Compliance-Organisation verwechselt werden.[317]

Vielmehr gelte bei der Unternehmensorganisation und damit auch bei der Einrichtung von Compliance-Systemen der Grundsatz, dass nur angemessene und verhältnismäßige Maßnahmen gefordert werden könnten. Entscheidend sowohl für die Frage des „ob" als auch für die Frage des „wie" einer Compliance-Organisation sei das individuelle Risiko innerhalb des einzelnen Unternehmens. Dieses Risiko bestimme sich insbesondere anhand der Größe, der betroffenen Branche, der Anzahl der Mitarbeiter, den früheren Missständen und der Internationalität.[318] Nur aus diesen Faktoren und Risiken könne sich eine individuelle Rechtspflicht für das bestimmte risikobehaftete Unternehmen ergeben, welche dann auf der Organisationsverantwortung des Vorstands fußen würde.[319] Eine davon abweichende allgemeine Compliance-Rechtspflicht sei mit diesen Gedanken nicht vereinbar. Denn eine solche allgemeine Rechtspflicht würde bei Unternehmen mit

---

314 *Kort,* in Großkomm., § 91 AktG, Rn. 65; *Thüsing,* Arbeitnehmerdatenschutz und Compliance, S. 15 ff.; *Vetter,* in FS Graf von Westphalen, S. 719 (728); *Hauschka,* ZIP 2004, 877 (878, 882); *Geiser,* Leitungspflichten des Vorstandes in der AG, S. 49 f., 53.

315 *Kort,* in Großkomm., § 91 AktG, Rn. 65; *Kort,* NZG 2008, 81 (83 f.).

316 *Vetter,* in FS Graf von Westphalen, S. 719 (726, 728).

317 *Geiser,* Leitungspflichten des Vorstandes in der AG, S. 48.

318 MüKo-*Spindler,* § 91 AktG, Rn. 36; *Mertens/Cahn,* in Kölner Komm., § 91 AktG, Rn. 35 f.; Baumbach/Hueck-*Zöllner/Noack,* § 43 GmbHG, Rn. 17, zur GmbH; *Hauschka,* in Corporate Compliance, § 1, Rn. 23; *Vetter,* in Wecker/van Laak, Compliance in der Unternehmerpraxis, S. 37; *Bicker,* AG 2012, 542 (544); *Kort,* NZG 2008, 81 (83).

319 *Mertens/Cahn,* in Kölner Komm., § 91 AktG, Rn. 35; *Hauschka,* ZIP 2004, 877 (878).

einem geringen Risikoprofil zu einer unzumutbaren Überreglementierung führen und einen unnötigen Verwaltungsaufwand nach sich ziehen.[320]

Ein Leitungsermessen des Vorstandes bestehe insbesondere bezüglich der Einrichtung einer Compliance-Organisation. Denn sowohl bei der Einführung („ob") als auch bei der Ausgestaltung („wie") von Compliance könne der Vorstand sich auf sein unternehmerisches Ermessen berufen und würde einen weiten Handlungsspielraum besitzen. Daher könnten die leitenden Organe der Gesellschaft anhand des individuellen Risikoprofils frei entscheiden, ob und in welcher Form ein Compliance-Management-System innerhalb der Gesellschaft implementiert wird.[321] Auf diese Entscheidungen sei die Business Judgment Rule aus § 93 Abs. 1 Satz 2 AktG anwendbar.[322]

Mit diesen Erkenntnissen stimmt im Ergebnis auch der IDW Prüfungsstandard mit dem Titel „Grundsätze ordnungsgemäßer Prüfung von Compliance-Management-Systemen" (IDW PS 980)[323] überein, der am 11. 03. 2011 durch den Hauptfachausschuss verabschiedet worden ist. Hier heißt es in den Vorbemerkungen: *„Die Einrichtung, Ausgestaltung und Überwachung des CMS ist eine im Organisationsermessen der gesetzlichen Vertreter stehende unternehmerische Entscheidung, durch die, die gesetzlichen Vertreter vor dem Hintergrund der unternehmensindividuellen Gegebenheiten ihrer Leitungspflicht zur präventiven Sicherstellung der Gesetzeskonformität des Unternehmens nachkommen."*[324]

Vetter ist allerdings trotz der Verneinung einer generellen gesetzlichen Compliance-Pflicht der Meinung, dass der Vorstand die Compliance-Verantwortung als Bestandteil seiner Leitungsverantwortung aus §§ 76 Abs. 1, 93 Abs. 1 AktG mit Blick auf die speziellen Risiken der Gesellschaft wahrzunehmen hätte. Er beschreibt die Compliance-Verantwortung dabei als eine zentrale Aufgabe der Unternehmensleitung.[325] Neben *Vetter* sehen auch weitere Autoren seitens des

---

320 *Hauschka*, in Corporate Compliance, § 1, Rn. 23; *Thüsing*, Arbeitnehmerdatenschutz und Compliance, S. 16; *Kort*, NZG 2008, 81 (83).

321 *Hauschka*, in Corporate Compliance, § 1, Rn. 23; *Thüsing*, Arbeitnehmerdatenschutz und Compliance, S. 16; *Hauschka*, ZIP 2004, 877 (878, 882); *Kremer/Klahold*, ZGR 2010, 113 (121).

322 *Mertens/Cahn*, in Kölner Komm., § 91 AktG, Rn. 37; MüKo-*Spindler*, § 91 AktG, Rn. 36; *Vetter*, in Wecker/van Laak, Compliance in der Unternehmerpraxis, S. 37 f.; *Kremer/Klahold*, ZGR 2010, 113 (121); *Geiser*, Leitungspflichten des Vorstandes in der AG, S. 50, 53.

323 Veröffentlicht in IDW Fachnachrichten Nr. 4/2011, S. 203 ff.

324 IDW PS 980, Tz. 1.

325 *Vetter*, in Wecker/van Laak, Compliance in der Unternehmerpraxis, S. 37; *Vetter*, in FS Graf von Westphalen, S. 719 (729).

Vorstandes die Verpflichtung anhand einer individuellen Risikoanalyse zu prüfen, ob ein Compliance-System notwendig ist oder nicht. Diese Risikoanalyse und Risikoauswertung sei erforderlich, um der Sorgfalt eines ordentlichen und gewissenhaften Geschäftsleiters nachzukommen.[326] Auf diese Ansätze wird im weiteren Verlauf dieser Darstellung zurückzukommen sein.

Ferner geben einige Autoren – die grundsätzlich eine Compliance-Rechtspflicht ablehnen – zu, dass schon aufgrund der Größe vieler (börsennotierter) Unternehmen ein Organisationsverschulden des Vorstandes nach §§ 76 Abs. 1, 93 Abs. 1 AktG nicht fernliegen würde, wenn auf ein Compliance-System gänzlich verzichtet werden würde.[327] Daneben gibt *Thüsing* zu bedenken, dass sich im Einzelfall aus der Überwachungspflicht eine Pflicht zur Einrichtung eines Compliance-Systems ergeben und das Leitungsermessen des Vorstandes in diesem Fall auf Null reduziert sein könnte.[328] Abschließend dürfe auch nicht aus dem Blickfeld geraten, dass sich die Integration von Compliance-Organisationen insbesondere bei börsennotierten und größeren Unternehmen durchgesetzt habe.[329]

(bb) Compliance-Rechtspflichten aus §§ 76 Abs. 1, 93 Abs. 1 AktG

Die andere Seite des Meinungsspektrums geht grundsätzlich von einer Rechtspflicht des Vorstands aus, ein geeignetes Compliance-System in der Gesellschaft installieren zu müssen. Als Rechtsgrundlage einer solchen allgemeinen Compliance-Organisationspflicht wird auf die Leitungs- und Organisationsverantwortung des Vorstandes gemäß §§ 76 Abs. 1, 93 Abs. 1 AktG zurückgegriffen.[330] Diese diene als „*tragfähige dogmatische Ableitungsbasis*“,[331] wobei die „*weit verstandene Legalitätspflicht und die Organisationsverantwortung miteinander verkoppelt*“[332]

---

326 MüKo-*Spindler,* § 91 AktG, Rn. 38; *Vetter,* in Wecker/van Laak, Compliance in der Unternehmerpraxis, S. 38; *Vetter,* in FS Graf von Westphalen, S. 719 (729); *Kremer/Klahold,* ZGR 2010, 113 (120).

327 *Kort,* in Großkomm., § 91 AktG, Rn. 66; *Kort,* NZG 2008, 81 (84); *Kremer/Klahold,* ZGR 2010, 113 (121).

328 *Thüsing,* Arbeitnehmerdatenschutz und Compliance, S. 16.

329 *Kremer/Klahold,* ZGR 2010, 113 (121).

330 Spindler/Stilz-*Fleischer,* § 91 AktG, Rn. 47; Schmidt/Lutter-*Krieger/Sailer-Coceani,* § 93 AktG, Rn. 8; *Krieger,* in Hdb. Managerhaftung, § 3, Rn. 6; *Immenga,* in FS Schwark, S. 199 (202); *Schmidt,* Compliance in Kapitalgesellschaften, S. 24 f.; *Bachmann,* in GesellschaftsR in der Diskussion 2007, S. 65 (73); *Bürkle,* BB 2005, 565 (570); *Reichert/Ott,* ZIP 2009, 2173 (2174); *Goette,* ZHR 2011, 388 (400); *Grundmeier,* Rechtspflicht zur Compliance im Konzern, S. 23, 30 f.

331 Spindler/Stilz-*Fleischer,* § 91 AktG, Rn. 47.

332 *Bachmann,* in GesellschaftsR in der Diskussion 2007, S. 65 (74).

werden würden. Einer Ansicht nach sei die gesellschaftsrechtliche Compliance-Pflicht im Leitungsauftrag, in der Legalitätskontrollpflicht sowie in der Schadensabwendungspflicht verankert.[333] Die Compliance-Verantwortung gehöre ferner zum originären und zentralen Kernbereich der Leitungsverantwortung i. S. d. §§ 76 Abs. 1, 93 Abs. 1 AktG, weshalb eine vollständige Delegation durch den Vorstand auf nachgeordnete Abteilungen ausscheiden würde.[334] Aus diesem Grunde wird Compliance auch als „Chefsache" bezeichnet.[335] Andernorts wird von einer „faktischen" Compliance-Rechtspflicht gesprochen, welche sich aus einer durch die Rechtsprechung konkretisierten Organisations- und Legalitätspflicht ergeben würde.[336]

(aaa) Absolute Compliance-Rechtspflicht

Einige Autoren sehen dabei die Compliance-Organisation als zwingendes Mittel zur Einhaltung und Durchsetzung des Legalitätsprinzips und beschreiben somit eine absolute Compliance-Rechtspflicht. Aus diesem Grunde bestehe seitens der Leitungsorgane auch keine Dispositionsbefugnis bezüglich des „ob" von Compliance, also des Entschließungsermessens. Es bestehe vielmehr eine Handlungspflicht des Vorstandes. Bei der Entscheidung über die Implementierung eines Compliance-Management-Systems handele es sich nicht um eine unternehmerische Entscheidung, sondern es gehe um die Erfüllung der Legalitätspflicht, weshalb einer gesetzlichen Pflichtenbindung entsprochen würde und unternehmerisches Ermessen ausscheiden würde.[337] Den Vorstand treffe daher *„dem Grunde nach eine Pflicht zur Installation eines Compliance-Systems"*.[338] Die Compliance-Pflicht sei – wie *Grundmeier* es ausdrückt – eine Symbiose aus Leitungsauftrag, Legalitätskontrollpflicht und Schadensabwehrpflicht.[339]

---

333 *Grundmeier,* Rechtspflicht zur Compliance im Konzern, S. 30 f.

334 Spindler/Stilz-*Fleischer,* § 91 AktG, Rn. 58; *Kiethe,* GmbHR 2007, 393 (394); *Fleischer,* CCZ 2008, 1 (3); *Reichert/Ott,* ZIP 2009, 2173 (2174); *Goette,* ZHR 2011, 388 (392).

335 *Kiethe,* GmbHR 2007, 393 (397); *Fleischer,* CCZ 2008, 1 (3).

336 *Liese,* BB-Special Compliance 2008, 17 (20 f.).

337 *Immenga,* in FS Schwark, S. 199 (202); *Schmidt,* Compliance in Kapitalgesellschaften, S. 95; *Bürkle,* BB 2005, 565 (569); *Bürkle,* BB 2007, 1797 (1800); *Meier-Greve,* BB 2009, 2555 (2555, 2557); *Goette,* ZHR 2011, 388 (392 f., 400); so wohl auch *Grundmeier,* Rechtspflicht zur Compliance im Konzern, S. 23, 30 ff.

338 *Bürkle,* BB 2007, 1797 (1798).

339 *Grundmeier,* Rechtspflicht zur Compliance im Konzern, S. 23, 30.

(bbb) Relative Compliance-Rechtspflicht

Andererseits berücksichtigen einige Autoren – insbesondere *Fleischer* und *Bachmann* – besonders die individuellen Verhältnisse des jeweiligen Unternehmens und relativieren damit die zuvor aufgestellte Compliance-Rechtspflicht aus den §§ 76 Abs. 1, 93 Abs. 1 AktG. Die Pflicht seitens des Vorstandes, Compliance-Maßnahmen zu ergreifen, sei nämlich nicht grenzenlos. Sie stehe vielmehr unter dem Vorbehalt der Erforderlichkeit und Zumutbarkeit.[340] Entscheidend für eine Rechtspflicht sei das bereits oben angesprochene entsprechende Risiko- bzw. Gefahrenpotential innerhalb der Gesellschaft, sodass in kleineren Unternehmen mit geringen Risiken durchaus auf eine umfassende Compliance-Organisation verzichtet werden könnte, obwohl auch diese Unternehmen selbstverständlich zur Sicherstellung gesetzestreuen Verhaltens verpflichtet bleiben würden.[341] *Bachmann* bezeichnet die Compliance-Organisationspflichten daher mit Bezug auf das individuelle Risikopotenzial als Pflichten relativer Art.[342] Andererseits wird allerdings auch innerhalb dieses Meinungsspektrums nicht versäumt darauf hinzuweisen, dass in Gesellschaften mit einem entsprechenden Gefahrenpotential der erforderlichen Sorgfalt nur durch Installation eines Compliance-Management-Systems entsprochen werden könne. Andernfalls würden schon aufgrund der Vielzahl von relevanten Normen enorme Haftungsrisiken aus einem Organisationsverschulden drohen.[343] Compliance-relevante Risikobereiche seien, neben dem Kapitalmarkt-, Kartell-, und Korruptionsstrafrecht, auch innerhalb des Umweltrechts, des Produkthaftungsrechts und der Diskriminierung am Arbeitsplatz zu suchen.[344]

Die Befürworter einer relativen Compliance-Rechtspflicht sind es, welche dem Vorstand beim Thema Compliance-Organisation ein Entschließungsermessen einräumen, also einen Beurteilungsspielraum bezüglich des „ob" von

---

340 Spindler/Stilz-*Fleischer,* § 91 AktG, Rn. 53; *Bachmann,* in GesellschaftsR in der Diskussion 2007, S. 65 (78); *Fleischer,* AG 2003, 291 (300); *Fleischer,* CCZ 2008, 1 (3); *Reichert/Ott,* ZIP 2009, 2173 (2174); So ist wohl auch das LG München I in ZIP 2014, 570 (573), zu verstehen, wenn es bei einer entsprechenden Gefährdungslage von einer Pflicht zur Einrichtung einer Compliance-Organisation spricht.

341 Spindler/Stilz-*Fleischer,* § 91 AktG, Rn. 50; *Bachmann,* in GesellschaftsR in der Diskussion 2007, S. 65 (70, 100); *Kiethe,* GmbHR 2007, 393 (397); *Reichert/Ott,* ZIP 2009, 2173 (2174).

342 *Bachmann,* in GesellschaftsR in der Diskussion 2007, S. 65 (68).

343 *Bachmann,* in GesellschaftsR in der Diskussion 2007, S. 65 (73 f.); *Fleischer,* AG 2003, 291 (300); *Kiethe,* GmbHR 2007, 393 (397).

344 *Fleischer,* AG 2003, 291 (300); *Fleischer,* CCZ 2008, 1 (2); *Koch,* WM 2009, 1013.

Compliance zugestehen. Aus dieser Relativität der Compliance-Pflicht ergebe sich, dass auch die Entscheidung über das „ob" von Compliance als unternehmerische Entscheidung zu qualifizieren sei. Daher sei bei der Einrichtungsentscheidung ebenfalls der Anwendungsbereich der Business Jugdment Rule eröffnet.[345] Dennoch spricht *Bachmann* von einer *„aktienrechtliche[n] Pflicht zur Einrichtung einer Compliance-Organisation"*[346] und auch *Fleischer* benutzt den Ausdruck *„Compliance-Pflicht"*[347].

(ccc) Auswahlermessen trotz Compliance-Pflicht

Allgemeine Einigkeit herrscht unter den Autoren, die von einer absoluten oder relativen Compliance-Rechtspflicht ausgehen, hinsichtlich eines bestehenden Auswahlermessens des Vorstandes, wie die Compliance-Strukturen im Einzelnen auszugestalten sind. Hier bestehe seitens des Vorstandes ein unternehmerischer Ermessensspielraum, auf welchen die Business Judgment Rule aus § 93 Abs. 1 Satz 2 AktG anwendbar sei.[348] So sind neben vielen anderen auch *Fleischer* und *Bachmann* der Meinung, dass den Vorstandsmitgliedern bei der inhaltlichen Entscheidung über die konkreten Compliance-Maßnahmen ein breiter unternehmerischer Gestaltungsspielraum zukommen würde. Diese unternehmerische Entscheidung über das „wie" von Compliance falle dann in den Anwendungsbereich der Business Judgment Rule nach § 93 Abs. 1 Satz 2 AktG.[349]

(cc) Zusammenfassendes Zwischenergebnis

Betrachtet man das zuvor dargestellte Meinungsspektrum nur oberflächlich, so ergeben sich im Kern zwei gegensätzliche Blöcke. Einerseits wird eine generelle Compliance-Rechtspflicht abgelehnt und andererseits wird eine solche Rechtspflicht angenommen. Es fällt jedoch auf, dass auf beiden Seiten der Diskussion die gleichen Kriterien und Parameter herangezogen werden, wie z. B. die individuellen Risikofaktoren der Gesellschaft und der Ruf nach angemessenen bzw. zumutbaren Compliance-Maßnahmen. Die auf den ersten Blick sehr konträr

---

345 Spindler/Stilz-*Fleischer,* § 91 AktG, Rn. 53; *Bachmann,* in GesellschaftsR in der Diskussion 2007, S. 65 (86).

346 *Bachmann,* in GesellschaftsR in der Diskussion 2007, S. 65 (99).

347 Spindler/Stilz-*Fleischer,* § 91 AktG, Rn. 47.

348 *Immenga,* in FS Schwark, S. 199 (202); *Bürkle,* BB 2005, 565 (569); *Meier-Greve,* BB 2009, 2555 (2557); *Goette,* ZHR 2011, 388 (392 f., 400).

349 Spindler/Stilz-*Fleischer,* § 91 AktG, Rn. 53; *Bachmann,* in GesellschaftsR in der Diskussion 2007, S. 65 (80, 86, 100); *Reichert/Ott,* ZIP 2009, 2173 (2174); *Fleischer,* AG 2003, 291 (300).

erscheinenden Ansichten weisen somit – wie bereits angedeutet – nicht unwesentliche Gemeinsamkeiten auf. *Bachmann* beschreibt dieses Phänomen als ein *„Zusammenrücken der Positionen“*[350] und *Koch* sieht eine fließende Trennlinie zwischen Befürwortern und Kritikern.[351]

(aaa) Gemeinsamkeiten und Unterschiede der verschiedenen Ansichten im Vergleich

Stellt man die wesentlichen Aspekte der Ansichten einmal gegenüber, so ergibt sich folgendes Bild. Trotz Ablehnung einer generellen Compliance-Rechtspflicht, wird auch auf der einen Seite des Spektrums eine grundsätzliche Compliance-Verantwortung der Leitungsorgane der Gesellschaft angenommen. Entscheidend ist hier jedoch, dass bezüglich des „ob“ von Compliance ein unternehmerisches Ermessen besteht.[352] Doch auch unter den Befürwortern einer Compliance-Rechtspflicht gibt es Autoren, die dem Vorstand ein solches Einrichtungsermessen zugestehen. Dies sind insbesondere *Bachmann* und *Fleischer*, welche damit eine relative Compliance-Pflicht statuieren.[353]

Die Ausübung dieses eingeräumten unternehmerischen Ermessens wird nach beiden Auffassungen dabei durch das individuelle Risikoprofil des Unternehmens geprägt. Dieses individuelle Risiko wird maßgeblich beeinflusst durch die Größe des Unternehmens, die Zahl der Mitarbeiter, durch die Branche, durch die Internationalität und durch die bereits aufgetretenen Missstände in der Vergangenheit. Nach beiden Ansichten ist also die Ermittlung und Analyse des individuellen Gefahrenprofils entscheidend, ob ein Compliance-Management-System im konkreten Fall einzurichten ist.[354] Bei dieser unternehmerischen Entscheidung, auf welche nach beiden Ansichten die Business Judgment Rule anzuwenden ist, haben die Leitungsorgane den Maßstab der Erforderlichkeit sowie der Verhältnismäßigkeit und Zumutbarkeit zu beachten.[355]

Zusammenfassend gilt es als Zwischenergebnis festzuhalten, dass sowohl die Kritiker einer Compliance-Rechtspflicht als auch die Befürworter einer relativen Compliance-Rechtspflicht im Grundsatz zu den gleichen Ergebnissen gelangen. Nur der Ausgangspunkt der Betrachtung ist dabei ein differenzierter. Die

350 *Bachmann*, in GesellschaftsR in der Diskussion 2007, S. 65 (68).
351 *Koch*, WM 2009, 1013.
352 Siehe Seiten 88 ff.
353 Spindler/Stilz-*Fleischer*, § 91 AktG, Rn. 53; *Bachmann*, in GesellschaftsR in der Diskussion 2007, S. 65 (86).
354 Siehe Seiten 88 ff. und 92 f.
355 Siehe Seiten 89 und 93.

eine Seite geht davon aus, dass es eine Compliance-Rechtspflicht zwar grundsätzlich nicht gibt, aber sich eine solche Pflicht aus dem individuellen Risiko entwickeln kann. Die andere Seite befürwortet eine grundsätzliche Compliance-Pflicht, relativiert diese aber wieder anhand des konkreten Risikoprofils, wobei die Compliance-Verpflichtung dann auch auf Null reduziert werden kann. Somit mag der Ausgangspunkt verschieden sein, die Ergebnisse für die Anwendung in der Praxis sind es hingegen nicht.

Den Kontrast zu den Kritikern einer Compliance-Rechtspflicht und den Anhängern einer relativen Compliance-Pflicht stellen naturgemäß die Befürworter einer absoluten Compliance-Pflicht dar. Nur innerhalb dieser Ansicht wird eine echte Compliance-Rechtspflicht konstruiert, da es kein Entschließungsermessen bezüglich des „ob" von Compliance seitens der Leitungsorgane gibt.[356]

(bbb) Stellungnahme

Fraglich ist, ob den Befürwortern einer absoluten Compliance-Rechtspflicht gefolgt werden kann, oder ob eine solche Pflicht zu relativieren bzw. grundsätzlich abzulehnen ist. Die Anhänger einer absoluten Compliance-Pflicht führen als dogmatische Grundlage dieser Verpflichtung – wie beschrieben – die Pflicht zur sorgfältigen Unternehmensführung aus den §§ 76 Abs. 1, 93 Abs. 1 AktG an. Insbesondere die organschaftliche Legalitätspflicht und die organschaftliche Organisationspflicht würden zu einer absoluten Verpflichtung zur Einrichtung eines Compliance-Management-Systems führen. Mit der Einrichtung eines solchen Systems würden die geschäftsführenden Organe somit lediglich ihre gesetzlichen Pflichten erfüllen.[357]

Im Ergebnis kann eine so verstandene absolute Compliance-Rechtspflicht ihre dogmatische Grundlage für sämtliche Gesellschaften nicht in den §§ 76 Abs. 1, 93 Abs. 1 AktG finden. Dies ergibt sich allgemein aus dem Gesichtspunkt, dass an ein vollständiges Compliance-Management-System weitergehende Anforderungen gestellt werden als an die organschaftlichen Sorgfaltspflichten, die aus den §§ 76 Abs. 1, 93 Abs. 1 AktG folgen.

In der Literatur wird – diesen Aspekt aufgreifend – plakativ ausgeführt, dass Compliance mehr sei als das organschaftliche Legalitätsprinzip des Vorstandes oder des Geschäftsführers.[358] Aus dem oben herausgestellten unüberwindbaren

356 Siehe Seite 91.

357 Siehe Seite 91.

358 *Hauschka,* in GesellschaftsR in der Diskussion 2007, S. 51 (54).

Vorrang des Legalitätsprinzips ergibt sich seitens der geschäftsführenden Organe einerseits die Pflicht, sämtlichen an die Gesellschaft gerichteten gesetzlichen Vorgaben zu entsprechen. Andererseits beinhaltet dies aber nicht, dass die geschäftsleitenden Organe gleichzeitig auch eine Verpflichtung zur Verhinderung sämtlicher durch Unternehmensangehörige begangene Gesetzesverletzungen treffen würde.[359] *Bachmann* drückt dies mit den Worten aus, dass es eins sei, den Verstoß gegen eine Norm zu unterlassen, und ein anderes, Vorkehrungen gegen jede Art der Begehung von möglichen Rechtsverstößen zu treffen.[360] *Fleischer* gibt zu bedenken, dass nicht durch jeden Gesetzesverstoß eines Unternehmensangehörigen gleichzeitig eine unzureichende Compliance-Organisation zum Ausdruck käme.[361]

Ferner lässt sich eine absolute Compliance-Rechtspflicht auch nicht auf das organschaftliche Organisationsprinzip mit der Pflicht zur sorgfältigen Unternehmensüberwachung stützen, welches die §§ 76 Abs. 1, 93 Abs. 1 AktG beinhalten. Sämtliche Sorgfaltspflichten, die auf diesem organschaftlichen Organisationsprinzip fußen, haben sich an den erwähnten Maßstäben der objektiven Zumutbarkeit und der Angemessenheit zu orientieren.[362] Bei der Unternehmensorganisation i. R. d. §§ 76 Abs. 1, 93 Abs. 1 AktG sind immer nur angemessene und verhältnismäßige Maßnahmen geschuldet.[363] Somit ergibt sich für jede organschaftliche Verpflichtung, die auf der Grundlage der Pflicht zur sorgfältigen Unternehmensleitung aufbaut, die genannte objektive Zumutbarkeitsgrenze. Eine solche Zumutbarkeitsschranke ist mit einer absoluten Compliance-Rechtspflicht aber nicht in Einklang zu bringen. Denn die Abwägung anhand der Kriterien von Zumutbarkeit und Angemessenheit bedeuten nichts anderes, als den geschäftsleitenden Organen bei der Entscheidung über das „ob" von Compliance einen unternehmerischen Ermessensspielraum einzuräumen.

Für die Beachtung einer objektiven Zumutbarkeitsgrenze bei der Unternehmensüberwachung und auch bei der Einrichtung eines Compliance-Management-Systems sprechen mehrere Argumente. Bei der Entscheidung über die Einrichtung eines Compliance-Management-Systems haben die geschäftsführenden Organe die Vorteile und Nachteile eines solchen Systems gegeneinander

---

359 *Bachmann,* in GesellschaftsR in der Diskussion 2007, S. 65 (76 f.); *S. H. Schneider,* Informationspflichten, S. 274.

360 *Bachmann,* in GesellschaftsR in der Diskussion 2007, S. 65 (77); sinngemäß auch *S. H. Schneider,* Informationspflichten, S. 274.

361 *Fleischer,* CCZ 2008, 1 (3); abgeleitet aus: BGH, WuW/E 2262 (2265), zu § 130 OWiG.

362 Siehe Seite 86.

363 *Kort,* NZG 2008, 81 (83).

abzuwägen.[364] Mit einem *„flächendeckenden Kontrollnetz“*[365] und einer damit einhergehenden *„unverhältnismäßigen Schnüffelei“*[366] ist keinem Unternehmen geholfen, wobei solche Maßnahmen de lege lata auch nicht von den geschäftsführenden Organen verlangt werden.[367] Diese haben nämlich sowohl die Pflicht zur Wirtschaftlichkeit ihrer Geschäftsleitung, als auch die Pflicht zur Zweckmäßigkeit ihrer Entscheidungen im Blick zu halten.[368] Auch *Bürkle*, der als ein Anhänger einer absoluten Compliance-Verpflichtung zu betrachten ist, ist der Ansicht, dass *„nicht das gesamte Unternehmen wahllos mit einem dichten Compliance-Netz überzogen werden [muss]“.*[369]

Die objektive Zumutbarkeitsgrenze ist bei der Einrichtung von Compliance-Management-Systemen zu beachten, sodass sich eine absolute Compliance-Pflicht nicht aus den §§ 76 Abs. 1, 93 Abs. 1 AktG ergeben kann. Dies zeigt sich auch mit Blick auf solche Gründe, weshalb jede Unternehmensüberwachung ihre Grenzen haben muss. Der BGH hat bereits 1986 bezüglich der Aufsichtsmaßnahmen i. R. v. § 130 OWiG festgestellt, dass diese Maßnahmen die Eigenverantwortlichkeit der Betriebsangehörigen zu beachten hätten. Übertriebene Aufsichtsmaßnahmen würden den Betriebsfrieden beeinträchtigen und könnten ggf. die Würde der Unternehmensangehörigen verletzen.[370] Trotz der unbestrittenen Notwendigkeit von vernünftigen Aufsichtsmaßnahmen dürfe das Vertrauensverhältnis zwischen den Angestellten und der Unternehmensführung durch diese Maßnahmen nicht zerstört bzw. zu stark beeinträchtigt werden.[371] Diese Aspekte sind auch bei der Frage bezüglich der Einrichtung von Compliance-Systemen im Unternehmen zu beachten. Denn wie bei übertriebenen Aufsichtsmaßnahmen i. R. v. § 130 OWiG hätte auch eine übersteigerte Compliance-Organisation negative Folgen für die Gesellschaft. Neben den aufgeführten Aspekten kann ein allzu hohes Maß an Compliance zu einer Innovationshemmung oder einer Abhakmentalität im Unternehmen führen. Weitere negative

---

364 *Bachmann*, in GesellschaftsR in der Diskussion 2007, S. 65 (79).

365 Spindler/Stilz-*Fleischer*, § 91 AktG, Rn. 53; Spindler/Stilz-*Fleischer*, § 93 AktG, Rn. 109.

366 Spindler/Stilz-*Fleischer*, § 91 AktG, Rn. 53.

367 Spindler/Stilz-*Fleischer*, § 91 AktG, Rn. 53; Spindler/Stilz-*Fleischer*, § 93 AktG, Rn. 109.

368 *Krieger*, in Hdb. Managerhaftung, § 3, Rn. 6.

369 *Bürkle*, BB 2007, 1797 (1798).

370 BGH, WuW/E 2262 (2264); KK-*Rogall*, § 130 OWiG, Rn. 51; Spindler/Stilz-*Fleischer*, § 93 AktG, Rn. 109.

371 KK-*Rogall*, § 130 OWiG, Rn. 51; Spindler/Stilz-*Fleischer*, § 93 AktG, Rn. 109.

Folgen können eine zu starke Bürokratisierung und ein falsches Sicherheitsverständnis sein.[372] Übersteigerte Anforderungen durch Compliance wirken sich des Weiteren hemmend auf ein mögliches operatives Geschäft der Gesellschaft aus, sie können demotivierende Wirkung entfalten und eine Identifikation mit dem Unternehmen erschweren. Abschließend sind von den geschäftsführenden Organen auch die finanziellen Aufwendungen bereits bei der Frage nach dem „ob" von Compliance zu berücksichtigen. Hier sind die entstehenden Kosten gegen die Vorteile eines funktionierenden Compliance-Systems abzuwägen.[373]

Eine absolute Compliance-Rechtspflicht für jede Gesellschaft – unabhängig von den Umständen des Einzelfalles – aufzustellen, würde de lege lata auch die Frage nach sich ziehen, zu was die Gesellschaften dann eigentlich konkret verpflichtet wären. Da der Begriff Compliance nicht gesetzlich definiert ist und es auch keine gesetzlichen Mindeststandards bezüglich einer Compliance-Organisation gibt, wäre es schwierig, den Inhalt einer solchen absoluten Pflicht zur Einrichtung eines Compliance-Systems auszufüllen. Dies ist auch vor dem Hintergrund zu sehen, dass selbst die Anhänger einer absoluten Compliance-Pflicht bezüglich des „wie" von Compliance ein Auswahlermessen der geschäftsleitenden Organe nicht bestreiten.[374]

Abschließend spricht gegen eine absolute Rechtspflicht zur Einrichtung eines Compliance-Management-Systems für alle Kapitalgesellschaften die Vielschichtigkeit und Unterschiedlichkeit der Kapitalgesellschaften in Deutschland. Es erscheint schlichtweg nicht zielführend, jede Kapitalgesellschaft unabhängig vom jeweiligen individuellen Risikoportfolio mit einer starren, absoluten Compliance-Pflicht zu konfrontieren. Die Unterschiede zwischen einer großen börsennotierten Aktiengesellschaft und einer sehr kleinen Kapitalgesellschaft mit wenigen Angestellten sind zu divergierend, um eine allumfassende Rechtspflicht zur Einrichtung eines Compliance-Managements zu statuieren. *Hauschka* gibt zu bedenken, dass es illusorisch sei, *„dass der 50-Mann-Betrieb in der Wurstherstellung auf der Schwäbischen Alb oder der Gerüstbauer im Bayrischen Wald dieselbe grundsätzliche Verpflichtung „zur Einrichtung einer Compliance-Organisation" haben soll wie die Deutsche Bank oder ein Pharmaziekonzern."*[375]

---

372 *Bachmann,* in GesellschaftsR in der Diskussion 2007, S. 65 (79).

373 *Bachmann,* in GesellschaftsR in der Diskussion 2007, S. 65 (79); KK-*Rogall,* § 130 OWiG, Rn. 51, zu § 130 OWiG.

374 Siehe Seite 93.

375 *Hauschka,* ZIP 2004, 877 (878); diesen ebenfalls aufgreifend: *Geiser,* Leitungspflichten des Vorstandes in der AG, S. 51 f.

(dd) Endergebnis zu Compliance als Teil der sorgfältigen Unternehmensführung

Nun darf zu Recht die Frage gestellt werden, was sich am Ende aus der Pflicht der geschäftsführenden Organe zur sorgfältigen Unternehmensführung gemäß den §§ 76 Abs. 1, 93 Abs. 1 AktG für die Compliance-Diskussion ergibt.

Zunächst ist einer absoluten Compliance-Rechtspflicht für alle Kapitalgesellschaften – gestützt auf der Grundlage der organschaftlichen Sorgfaltspflichten – eine Absage zu erteilen. Möchte man nämlich aus diesen allgemeinen Sorgfaltspflichten insbesondere aus der organschaftlichen Organisationspflicht, die eine sorgfältige Unternehmensüberwachung beinhaltet, weitere Verpflichtungen herleiten, so haben sich diese Pflichten jedenfalls an den grundsätzlichen Parametern und Schranken der Pflichten zur sorgfältigen Unternehmensüberwachung zu orientieren. Ein wesentlicher Parameter ist dabei die Beachtung der Zumutbarkeitsschranke, sodass aus der organschaftlichen Sorgfaltspflicht überhaupt nur angemessene und zumutbare Verpflichtungen folgen können. Diese beinhaltet aber auch ein unternehmerisches Ermessen der geschäftsführenden Organe. Aus diesen Gründen ist dem Meinungsspektrum zu folgen, welches diese Kriterien und Umstände berücksichtigt. Dies sind auf der einen Seite die Anhänger, welche zwar eine generelle Compliance-Pflicht ablehnen, aber eine grundsätzliche Compliance-Verantwortung der geschäftsführenden Organe annehmen. Auf der anderen Seite sind dies die Befürworter einer relativen Compliance-Rechtspflicht. Da diese Meinungsfelder – wie erwähnt – in der Praxis zu gleichen Ergebnissen führen,[376] ist hier eine weitere Unterscheidung nicht erforderlich.

Im Ergebnis ergibt sich aus der Pflicht zur sorgfältigen Unternehmensführung keine absolute und starre Pflicht zur Einrichtung eines Compliance-Management-Systems für sämtliche Kapitalgesellschaften. Mit Blick auf die §§ 76 Abs. 1, 93 Abs. 1 AktG ist die Entscheidung über das „ob“ von Compliance innerhalb der Gesellschaft stets eine solche, die im unternehmerischen Ermessen der geschäftsführenden Organe steht. Diese Ermessensentscheidung, auf welche die Business Judgment Rule aus § 93 Abs. 1 Satz 2 AktG anzuwenden ist, hat sich an den zugegeben sehr allgemeinen Kriterien von Erforderlichkeit, Geeignetheit und Angemessenheit zu orientieren. Wie bei jeglicher Ausübung der Leitungsverantwortung unterliegen die geschäftsführenden Organe dabei dem Maßstab und der Sorgfalt eines ordentlichen und gewissenhaften Geschäftsleiters.[377]

---

376 Siehe Seiten 94 f.

377 *Mertens/Cahn*, in Kölner Komm., § 93 AktG, Rn. 80.

(2) Folgen aus den §§ 76 Abs. 1, 93 Abs. 1 AktG für die Compliance-Thematik

Nun verfolgen diese Ausführungen auch die Zielsetzung, über die zuvor dargestellte Dogmatik hinaus, konkrete Handlungsmöglichkeiten aufzuzeigen. Diese sollen dabei helfen, den gesellschaftsrechtlichen Compliance-Anforderungen und dem Maßstab eines ordentlichen und gewissenhaften Geschäftsleiters i. S. v. § 93 Abs. 1 Satz 1 AktG im jeweiligen konkreten Unternehmen gerecht zu werden. Solche konkreten Handlungsanweisungen müssen jedoch einer an anderer Stelle in der Literatur aufgezeigten[378] bestimmten Diskrepanz genügen. Eine solche besteht zwischen der Notwendigkeit von allgemeingültigen Compliance-Standards und dem Bedürfnis nach einer individuellen Gestaltbarkeit des jeweiligen konkreten Compliance-Systems. Es geht somit um die Lösung des offensichtlichen Widerspruchs zwischen einer größtmöglichen Flexibilität von Compliance-Systemen aufgrund der Diversität der Unternehmen und dem Wunsch nach Rechtssicherheit für die geschäftsleitenden Organe durch starre allgemeingültige Compliance-Vorschriften. Auf den Punkt gebracht handelt es sich um den Zwiespalt zwischen unternehmerischer Freiheit und staatlicher Reglementierung. Nachfolgend soll nun geklärt werden, inwieweit es möglich ist, diese Kontroverse aufzulösen.

In dieser Darstellung ist bereits dargelegt worden, dass das Thema Compliance-Management heute als ein Bestandteil der sorgfältigen Unternehmensleitung gilt. Ferner ist aufgezeigt worden, dass selbst die Kritiker einer Compliance-Rechtspflicht jedenfalls von einer Compliance-Verantwortung seitens der geschäftsführenden Organe ausgehen und von anderen Stimmen eine relative Compliance-Pflicht aus den §§ 76 Abs. 1, 93 Abs. 1 AktG statuiert wird. Vor dem Hintergrund dieser gesellschaftsrechtlichen Situation gilt es nun den für sämtliche Geschäftsführungsmaßnahmen zu beachtenden allgemeinen Maßstab des ordentlichen und gewissenhaften Geschäftsleiters im Hinblick auf die Compliance-Thematik zu konkretisieren und auszufüllen.

Der Maßstab aus § 93 Abs. 1 Satz 1 AktG ist bereits[379] dargelegt und definiert worden. Als entscheidende Kriterien sind dort die Objektivität des Maßstabes aber gleichzeitig auch die Beachtung der speziellen subjektiven Umstände des konkreten Unternehmens genannt worden. Ganz entscheidend geprägt wird der Maßstab des ordentlichen und gewissenhaften Geschäftsleiters demnach durch die individuelle Situation der Gesellschaft.

---

378 *Geiser*, Leitungspflichten des Vorstandes in der AG, S. 251.

379 Siehe Seiten 76 f.

Sowohl für die Kritiker einer allgemeinen Compliance-Pflicht als auch für die Befürworter einer relativen Compliance-Pflicht ist das individuelle Risikopotential entscheidend für die Frage nach dem „ob" von Compliance. Zur individuellen Situation des Unternehmens, welche den Maßstab des ordentlichen und gewissenhaften Geschäftsführers maßgeblich mitbestimmt, gehört stets auch das individuelle Compliance-Risikopotential. Demnach müssen die geschäftsleitenden Organe sich mit dem Risikopotential der Gesellschaft auseinandersetzen, um der Pflicht zur sorgfältigen Unternehmensführung inklusive des Maßstabes des ordentlichen und gewissenhaften Geschäftsleiters in vollem Umfang nachzukommen. Aus diesen Gründen ergeben sich für sämtliche geschäftsführende Organe aus §§ 76 Abs. 1, 93 Abs. 1 AktG nach Ansicht des Verfassers die nachfolgenden Pflichten zum Thema Compliance.

(a) Die Compliance-Risikoermittlungspflicht

Das Gesamtpaket der sich aus den §§ 76 Abs. 1, 93 Abs. 1 AktG und dem Maßstab des ordentlichen und gewissenhaften Geschäftsführers ergebenen Pflichten zum Thema Compliance beginnt mit der Pflicht zur Compliance-Risikoermittlung.[380] Denn mit Blick auf die Notwendigkeit, dass sich die geschäftsführenden Organe im Rahmen ihrer organschaftlichen Sorgfaltspflichten immer um das individuelle Compliance-Risikopotential ihrer Gesellschaft zu kümmern haben, ist eine solche Verpflichtung essentiell und alternativlos.

Eine solche Risikoermittlungspflicht wird auch von Teilen des juristischen Schrifttums statuiert,[381] worauf bereits zuvor im Rahmen dieser Darstellung hingewiesen worden ist. Die Pflicht ist an sämtliche Kapitalgesellschaften adressiert. Sie ist ebenso von kleineren und mittelständischen Unternehmen zu beachten. *Moosmayer* führt dazu aus, dass eine Compliance-Risikoanalyse in kleineren Einheiten vielfach einfacher zu bewerkstelligen sei, da die relevanten Unternehmenskenntnisse innerhalb einer überschaubaren Mitarbeitergruppe gebündelt seien.[382]

---

380 Auch „*Risikoanalyse*": *Kremer/Klahold,* ZGR 2010, 113 (120); bzw. „*Gefährdungsanalyse*": *Vetter,* in FS Graf von Westphalen, S. 719 (729); oder „*Analysephase*": *Fett/Theusinger,* BB-Special Compliance 2010, 6 (13); bzw. „*Standortbestimmung*": *Lampert,* in Corporate Compliance, § 9, Rn. 8 genannt.

381 Ausdrücklich: *Kremer/Klahold,* ZGR 2010, 113 (120); *Liese,* BB-Special Compliance 2008, 17 (21); wohl auch: *Vetter,* in FS Graf von Westphalen, S. 719 (729); *Bachmann,* in GesellschaftsR in der Diskussion 2007, S. 65 (81): „*Weitergehend ist den Unternehmen abzufordern, sich über das Thema Compliance überhaupt erst Gedanken zu machen. Dazu gehört auch die Einschätzung der eigenen „Risikoklasse" […]*".

382 *Moosmayer,* Compliance, Kap. C, Rn. 104.

Oftmals wird die Risikoidentifizierung in der juristischen Literatur aber beim „wie" von Compliance – also bei dessen konkreter Ausgestaltung – angeführt, und nicht als eigenständiges, verpflichtendes Element beschrieben.[383] *Pietzke* nennt dementsprechend als ersten Schritt von Compliance die Identifizierung der bestehenden rechtlichen Risiken.[384] *Hauschka* fokussiert unter der Überschrift *„Entwicklung eines Compliance-Modells"* die Compliance-Thematik auf insgesamt fünf Begriffe, wobei der erste Begriff die Risikoanalyse ist.[385] Auf die dort gemachten Erörterungen und Kriterien zu den inhaltlichen Anforderungen einer Risikoanalyse kann aber auch hier zurückgegriffen werden.

Auch der IDW PS 980 beschreibt die Feststellung der Compliance-Risiken als eine der Grundelemente eines Compliance-Management-Systems.[386] Mit Bezug auf die Risikoermittlung hält er diesbezüglich die Einrichtung eines Verfahrens *„zur systematischen Risikoerkennung und -berichterstattung"* für notwendig, um von einem angemessenen Compliance-System ausgehen zu können.[387]

Die geschäftsleitenden Organe müssen sich bei der Compliance-Risikoanalyse über sämtliche rechtliche Risiken, Vorgaben sowie über sonstige Compliance-Inhalte, die sich aus der Unternehmenstätigkeit ergeben, sorgfältig in Kenntnis setzen.[388] Die Risikoanalyse ist allerdings auf vorhersehbare Risiken zu beschränken, wobei das Kriterium der Vorhersehbarkeit extensiv auszulegen ist.[389] Entscheidend seien bei diesem Vorgang nach Ansicht *Hauschkas* Informationen und Informationsdefizite im Unternehmen.[390] Nach anderer Ansicht ist *„das Informationsmanagement […] dabei der Schlüssel zu guter*

383 *Hauschka,* in GesellschaftsR in der Diskussion 2007, S. 51 (57); MüKo-*Spindler,* § 91 AktG, Rn. 38; *Bicker,* AG 2012, 542 (545 f.); *Pietzke,* CCZ 2010, 45 (50); *Geiser,* Leitungspflichten des Vorstandes in der AG, S. 213.

384 *Pietzke,* CCZ 2010, 45 (50).

385 *Hauschka,* in GesellschaftsR in der Diskussion 2007, S. 51 (57); teilweise anlehnend: *Vetter,* in Wecker/van Laak, Compliance in der Unternehmerpraxis, S. 41 f.

386 IDW PS 980, Tz. 10, 23.

387 IDW PS 980, Tz. 23.

388 MüKo-*Spindler,* § 91 AktG, Rn. 38; *Bergmoser,* BB-Special Compliance 2010, 2 (4); *Bürkle,* BB 2005, 565 (566); *Fett/Theusinger,* BB-Special Compliance 2010, 6 (13); *Hauschka,* in Corporate Compliance, § 1, Rn. 34; *Hauschka,* in GesellschaftsR in der Diskussion 2007, S. 51 (57); *Kremer/Klahold,* ZGR 2010, 113 (120); *Lampert,* in Corporate Compliance, § 9, Rn. 8; *Liese,* BB-Special Compliance 2008, 17 (21); *Moosmayer,* Compliance, Kap. C, Rn. 71; *Pietzke,* CCZ 2010, 45 (50); *Rodewald/Unger,* BB 2006, 113 (116); *Salvenmoser/Hauschka,* NJW 2010, 331 (334); *Vetter,* in FS Graf von Westphalen, S. 719 (729).

389 *Hauschka*, in Corporate Compliance, § 1, Rn. 28, Fn. 93.

390 *Hauschka,* in GesellschaftsR in der Diskussion 2007, S. 51 (57 f.).

Compliance-Prävention."[391] *S. H. Schneider* geht sogar noch einen Schritt weiter, wenn er ausführt: „*Jede ordnungsgemäße Compliance-Organisation umfasst auch ein entsprechendes Informationssystem.*"[392] In der juristischen Literatur wird ferner auch allgemein von einer „*Pflicht zur ordnungsgemäßen Organisation des Wissens*" gesprochen. Diese zeichne sich durch eine Informationsweiterleitungspflicht, eine Informationsabfragepflicht und eine Informationsspeicherungspflicht aus.[393] Auch die Rechtsprechung des BGH hat sich diesen Argumenten nicht verschlossen und hält eine haftungsbegünstigende Wissenszersplitterung aufgrund der Organisationsform juristische Person für nicht hinnehmbar. Inhaltlich rechnet der BGH einer juristischen Person insbesondere dann ein Wissen zu, wenn es sich dabei um „*typischerweise aktenmäßig festgehaltenes*" Wissen handelt. Dies geschieht gerade auch in dem Fall, wenn seitens der relevanten Organe, aufgrund mangelnder Organisation, tatsächlich gar keine Kenntnis über die betreffenden Informationen vorlag.[394] Beachtet werden muss hier allerdings, dass sich die BGH-Rechtsprechung auf eine Zurechnung von haftungsbegründendem Wissen im Außenverhältnis bezieht und daher für das Innenverhältnis zwischen Gesellschaft und Geschäftsführung nur mittelbare Bedeutung beigemessen werden kann.

Eine ausreichende Information und damit eine vollständige Erfassung der rechtlichen Risiken sei nach Literaturmeinung insgesamt nicht so einfach zu bewerkstelligen, wie dies auf den ersten Blick erscheinen möge.[395] Eine rein normative Betrachtungsweise wird bei der Ermittlung dieser relevanten Risiken als nicht unbedingt zielführend beschrieben. Besser geeignet zur Risikoanalyse sei hingegen eine funktionale Betrachtungsweise, wobei die verschiedenen Prozesse in den einzelnen Organisationsbereichen (z. B. Einkauf, Produktion oder Vertrieb) bezüglich ihrer Risikopotenziale analysiert würden.[396] Ferner seien auch bereits bestehende Organisationsvorkehrungen innerhalb der Gesellschaft in die Risikoanalyse zu integrieren.[397] Hierzu gehören beispielsweise solche Aspekte, ob

391 *Rodewald/Unger,* BB 2007, 1629 (1635).

392 *S. H. Schneider,* Informationspflichten, S. 270.

393 *Buck-Heeb,* in Corporate Compliance, § 2, Rn. 17 ff.

394 BGH, NJW 1990, 975 (976); BGH, NJW 1992, 1099 (1100); BGH, NJW 1996, 1339 (1340 f.); begriffsprägend: *Bohrer,* DNotZ 1991, 124 (129), „*typischerweise aktenmäßig festgehalten*".

395 *Hauschka,* in GesellschaftsR in der Diskussion 2007, S. 51 (57 f.).

396 *Campos Nave/Bonenberger,* BB 2008, 734 (735 f.); *Moosmayer,* Compliance, Kap. C, Rn. 71 f.

397 *Bürkle,* BB 2005, 565 (566); *Rodewald/Unger,* BB 2006, 113 (116 f.).

innerhalb der Unternehmensstruktur die Verantwortungs- und Zuständigkeitsbereiche klar definiert sind und ein zuverlässiges Berichtswesen integriert ist.[398] Zu einer erfolgreichen Compliance-Risikoanalyse gehört es weiter, die jeweils verantwortlichen Mitarbeiter des Unternehmens zu befragen und unternehmensspezifische Dokumente wie z. B. Geschäftsordnungen, Betriebsanweisungen, Stellenbeschreibungen und Arbeitsverträge zu sichten und auszuwerten.[399]

Das Ziel dieser Compliance-Risikoermittlung ist es, im Rahmen einer „*Risikoinventur*“[400] bzw. einer „*Compliance Due Diligence*“[401] einen umfassenden und verlässlichen Überblick über den tatsächlichen „*Ist-Zustand*“[402] im jeweiligen Unternehmen zu erhalten, um so das individuelle Compliance-Risikopotential erkennbar und auswertbar zu machen. Denn nur im Falle einer vollumfänglichen Offenlegung der Compliance-Risiken kann auf diese Risiken sinnvoll und angemessen reagiert werden.[403] Nur eine vernünftige Compliance-Risikoanalyse, deren Umfang im Zusammenhang insbesondere mit der Rechtsform, der Organisation und der Größe des Unternehmens, mit der Art der jeweiligen Geschäftstätigkeit, mit der Internationalität sowie mit eventuellen Unregelmäßigkeiten, Verstößen und Sanktionen in der Vergangenheit zu sehen ist, kann den Status Quo bezüglich aller relevanten Compliance-Risikopotentiale der Gesellschaft aufzeigen.[404]

Diese Pflicht zur Risikoermittlung ist keine einmalige abschließende Angelegenheit.[405] Dies ergibt sich aus der Variabilität der compliance-relevanten Risikopotentiale. Beispielsweise können Risiken und Gefahren durch veränderte Geschäftsstrategien, Erschließung neuer Märkte, Veränderungen in der Gesellschafterstruktur oder Entwicklungen in der Gesetzgebung und Rechtsprechung neu entstehen, sich verändern oder wegfallen. Demnach ist eine periodische

---

398 *Moosmayer,* Compliance, Kap. C, Rn. 96.

399 *Rodewald/Unger,* BB 2006, 113 (116); IDW PS 980, Tz. A16.

400 *Bergmoser,* BB-Special Compliance 2010, 2 (4); *Bergmoser/Theusinger/Gushurst,* BB-Special Compliance 2008, 1 (9).

401 *Salvenmoser/Hauschka,* NJW 2010, 331 (334).

402 *Rodewald/Unger,* BB 2006, 113 (116); Zur allgemeinen Bedeutung der Feststellung der Ist-Situation: *Adams/Johannsen,* BB 1996, 1017 (1019); *Geiser,* Leitungspflichten des Vorstandes in der AG, S. 214.

403 *Hauschka,* in Corporate Compliance, § 1, Rn. 34; *Hauschka,* in GesellschaftsR in der Diskussion 2007, S. 51 (63); *Liese,* BB-Special Compliance 2008, 17 (21).

404 *Bachmann,* in GesellschaftsR in der Diskussion 2007, S. 65 (81); *Goette,* ZHR 2011, 388 (397); *Pietzke,* CCZ 2010, 45 (50); *Vetter,* in Wecker/van Laak, Compliance in der Unternehmerpraxis, S. 40; vgl. hierzu auch schon Seite 88.

405 *Rodewald/Unger,* BB 2006, 113 (117); IDW PS 980, Tz. A16.

Wiederholung der Risikoermittlung erforderlich[406] und letztlich auch Bestandteil der hier aufgestellten Pflichten im Zusammenhang mit Compliance. Der Verfasser hält grundsätzlich eine jährliche Wiederholung der Compliance-Risikoermittlung zum Ende des jeweiligen Geschäftsjahres für erforderlich. Bei besonderen Veränderungen und Vorkommnissen, welche sich auf die Geschäftstätigkeit und die Struktur der Gesellschaft auswirken, sind auch im laufenden Geschäftsjahr anlassbezogene Risikoanalysen durchzuführen. Der IDW PS 980 nennt hierzu insgesamt acht Faktoren, welche für die Risikoanalyse relevant seien. Ausdrücklich genannt werden Änderungen im wirtschaftlichen und rechtlichen Umfeld, Personalveränderungen, überdurchschnittliches Unternehmenswachstum, neue Technologien, neue oder atypische Geschäftsfelder oder Produkte, Umstrukturierungen, Orte der Geschäftstätigkeit und Expansion in neue Märkte.[407]

(b) Die Compliance-Risikobewertungspflicht

An die Pflicht zur Risikoermittlung schließt sich unmittelbar und konsequenterweise die Pflicht zur Bewertung der jeweils aufgedeckten compliance-relevanten Risiken und Gefahren an. Es wäre schlichtweg sinnlos und würde dem Maßstab des ordentlichen und gewissenhaften Geschäftsführers nicht entsprechen, wenn der Pflicht zur Risikoermittlung nicht eine Risikobewertungspflicht nachfolgen würde. Die geschäftsführenden Organe sind demzufolge verpflichtet, die analysierten Compliance-Risiken gewissenhaft auszuwerten und einzuschätzen.

Entscheidender Maßstab für diese Risikobewertung ist insbesondere das mit dem jeweiligen Risiko verbundene etwaige Schadenspotenzial sowie der Grad der Wahrscheinlichkeit, dass sich das jeweilige Risiko tatsächlich realisieren könnte.[408] Des Weiteren dürfen die erkannten compliance-relevanten Risiken nicht nur einzeln bzw. getrennt voneinander ausgewertet werden. Mit der Bewertungspflicht geht nämlich einher, dass der Blick auch auf mögliche Wechselwirkungen, hervorgerufen durch eine Ansammlung von verschiedensten Compliance-Risiken, zu richten ist.[409]

---

406 *Bergmoser/Theusinger/Gushurst*, BB-Special Compliance 2008, 1 (8 f.); *Rodewald/Unger*, BB 2006, 113 (117).

407 IDW PS 980, Tz. A16.

408 *Vetter*, in Wecker/van Laak, Compliance in der Unternehmerpraxis, S. 42.

409 *Hauschka*, in Corporate Compliance, § 1, Rn. 28, Fn. 94.

(c) Die Compliance-Entscheidungspflicht

Die Trias der Pflichten zum Thema Compliance, wurzelnd in der Pflicht zur sorgfältigen Unternehmensleitung aus den §§ 76 Abs. 1, 93 Abs. 1 AktG, wird vervollständigt durch die Pflicht der geschäftsführenden Organe überhaupt eine Compliance-Entscheidung zu treffen. Diese Entscheidungspflicht bedeutet jedoch nicht, dass eine generelle Verpflichtung zur Installation eines Compliance-Management-Systems in der Gesellschaft bestehen würde. Vielmehr ist hier gemeint, sich überhaupt grundsätzlich zur Thematik Compliance zu positionieren, ohne dass sich aus dieser Pflicht inhaltliche Vorgaben bezüglich der Entscheidung ergeben würden.[410]

Diese hier geforderte Entscheidung haben die geschäftsleitenden Organe auf Grundlage der durch die Compliance-Risikoermittlung und Risikobewertung geschaffenen Erkenntnisse zu treffen. Mit Blick auf diese Bewertungsgrundlage müssen die geschäftsleitenden Organe dann entscheiden, ob überhaupt organisatorische Compliance-Maßnahmen zu ergreifen sind oder ob auf solche Systeme gänzlich verzichtet werden kann. Zur Klarstellung sei nochmals betont, dass die hier statuierte Pflicht strikt von der zuvor abgelehnten absoluten Compliance-Pflicht zu trennen und von dieser zu unterscheiden ist.

Die Pflicht zur Compliance-Entscheidung ist ebenfalls kein einmaliger Vorgang.[411] Ergibt sich eine Pflicht zur erneuten Durchführung der Compliance-Risikoermittlung, sei es turnusmäßig oder aufgrund eines bestimmten Anlasses, so sind auch die generellen Compliance-Entscheidungen erneut zu treffen. Diese Entscheidungen können die früheren Compliance-Entscheidungen entweder bestätigen oder von diesen abweichen.

(d) Die Entscheidungen zum „ob“ und „wie“ von Compliance

Die vorstehend statuierte Pflicht, jedenfalls eine Compliance-Entscheidung treffen zu müssen, impliziert zwangsläufig, sich auch mit den inhaltlichen Anforderungen dieser Entscheidung auseinanderzusetzen.

An dieser Stelle sei nochmals auf das oben festgestellte Ergebnis hingewiesen, dass sowohl die Entscheidung über das „ob“ von Compliance als auch über das „wie“ von Compliance als unternehmerische Entscheidung zu qualifizieren ist. Weiter ist bereits ausgeführt worden, dass auf diese Ermessensentscheidungen der geschäftsführenden Organe die Business Judgment Rule gemäß § 93 Abs. 1

---

410 Ähnlich: *Kremer/Klahold*, ZGR 2010, 113 (120).

411 *Pietzke*, CCZ 2010, 45 (51).

Satz 2 AktG Anwendung findet. Ferner ist erneut herauszustellen, dass die hier bereits aufgestellten Pflichten und auch die Anforderungen an den Inhalt der Compliance-Entscheidungen ihre Wurzeln in der Pflicht zur sorgfältigen Unternehmensführung finden. Demnach bilden die Kriterien der objektiven Zumutbarkeit, der Angemessenheit und der Verhältnismäßigkeit selbstverständlich auch hier den äußeren Entscheidungsrahmen für die Unternehmensleitung.[412] Der IDW PS 980 bejaht die Angemessenheit eines Compliance-Systems immer dann, *„wenn es geeignet ist, mit hinreichender Sicherheit sowohl Risiken für wesentliche Regelverstöße rechtzeitig zu erkennen als auch solche Regelverstöße zu verhindern"*.[413]

Im Ergebnis muss sich die inhaltliche Ausprägung der Compliance-Entscheidung bezüglich des „ob" und des „wie" von Compliance an einem individuellen *„Kosten-Nutzen-Vergleich"*[414] orientieren, der die vorhandenen Risikopotentiale und den erforderlichen Aufwand für präventive Compliance-Maßnahmen zueinander ins Verhältnis setzt.[415] Diese Abwägungsentscheidungen sind gemeint, wenn *Pietzke* den Umgang mit Risiken als Kernbestandteil der unternehmerischen Tätigkeit beschreibt[416] bzw. wenn *Hauschka* ausführt, dass ein Unternehmen grundsätzlich jedes Risiko eingehen könne, wenn es dieses nur verantwortlich einschätzen und beherrschen könne.[417]

Neben der hier aufgestellten allgemeinen Pflichten-Trias zum Thema Compliance sind die weiteren Compliance-Entscheidungen aber keinen allgemeingültigen Regelungen zugänglich.[418] Vielmehr müssen die geschäftsführenden Organe auf die individuellen Eigenschaften und Compliance-Risiken der jeweiligen Gesellschaft reagieren. Trotz dieser Aspekte werden die geschäftsleitenden Organe zu hinterfragen haben, welchen Anforderungen sie nachkommen müssen, um jedenfalls dem Erfordernis der sorgfältigen Unternehmensführung inklusive des Maßstabes eines ordentlichen und gewissenhaften Geschäftsleiters gerecht zu werden. Da – wie gezeigt – auf diese weiteren Compliance-Entscheidungen

---

412 Siehe Seiten 96 ff.

413 IDW PS 980, Tz. 20.

414 Begriffsprägend: *Bachmann,* in GesellschaftsR in der Diskussion 2007, S. 65 (82).

415 MüKo-*Spindler,* § 91 AktG, Rn. 38; *Kremer/Klahold,* ZGR 2010, 113 (120 f.).

416 *Pietzke,* CCZ 2010, 45.

417 *Hauschka,* in Corporate Compliance, § 1, Rn. 28.

418 *Vetter,* in FS Graf von Westphalen, S. 719 (725); European Commission, Compliance matters, 2011, S. 20, http://ec.europa.eu/competition/antitrust/compliance/compliance_matters_en.pdf, abgerufen am 20. 11. 2014.

die Business Judgment Rule nach § 93 Abs. 1 Satz 2 AktG Anwendung findet, erscheint es an dieser Stelle aufschlussreich, diese Rechtsfigur im vorliegenden Kontext einmal näher zu betrachten.

(aa) Die Business Judgment Rule aus § 93 Abs. 1 Satz 2 AktG

Vorwegnehmend sei bereits an dieser Stelle gesagt, dass sich aus der Business Judgment Rule naturgemäß keine konkreten Anforderungen bezüglich der Einrichtung und Ausgestaltung eines individuellen Compliance-Management-Systems ergeben können. Trotz dieser Erkenntnis sind die Zusammenhänge zwischen der Rechtsfigur der Business Judgment Rule und dem Themenfeld Compliance-Management charakterisierend und wichtig für dieses Feld der Unternehmensleitung.

(aaa) Entstehungsgeschichte und Zweck der Business Judgment Rule

Zur erleichternden Einordnung und aufgrund der enormen Relevanz der Business Judgment Rule für das Compliance-Management erscheint ein kurzer Blick auf die Entstehungsgeschichte und den Sinn und Zweck dieser Figur hilfreich.

Das Aktiengesetz normiert die Business Judgment Rule, indem es in § 93 Abs. 1 Satz 2 AktG formuliert: „*Eine Pflichtverletzung liegt nicht vor, wenn das Vorstandsmitglied bei einer unternehmerischen Entscheidung vernünftigerweise annehmen durfte, auf der Grundlage angemessener Information zum Wohle der Gesellschaft zu handeln.*“ Dieser § 93 Abs. 1 Satz 2 AktG wurde durch Art. 1 Nr. 1a des Gesetzes zur Unternehmensintegrität und Modernisierung des Anfechtungsrechts (UMAG) vom 22. 09. 2005 eingeführt.[419] Der Integration der Business Judgment Rule in das Aktiengesetz ist allerdings lediglich deklaratorische Wirkung beizumessen, da sich das umgesetzte Konzept sowohl in der Rechtsprechung des BGH (ARAG/Garmenbeck-Entscheidung)[420] als auch in der Lehre[421] bereits zuvor durchgesetzt hatte.[422] Wie sich aus der Gesetzesbegründung ergibt, nimmt die gesetzliche Regelung gerade auf diese Rechtsprechung des BGH Bezug und orientiert sich an den angelsächsischen Versionen der Business Judgment Rule.[423]

Im Ergebnis bringt nunmehr auch der Gesetzgeber mit § 93 Abs. 1 Satz 2 AktG deutlich zum Ausdruck, dass eine Erfolgshaftung der Organmitglieder nicht zu

---

419 BGBl. 2005, Teil I, S. 2802.

420 BGHZ 135, 244.

421 Siehe nur *Hopt,* in Großkomm., § 93 AktG, Rn. 81 ff.

422 *Sieg/Zeidler,* in Corporate Compliance, § 3, Rn. 7.

423 BR-Drucks. 3/05, S. 19; *Mertens/Cahn,* in Kölner Komm., § 93 AktG, Rn. 12 ff.; MüKo-*Spindler,* § 93 AktG, Rn. 8.

konstruieren ist.[424] Werden bei einer unternehmerischen Entscheidung durch die jeweiligen Organe die Anforderungen der Rechtsfigur der Business Judgment Rule erfüllt, so scheidet eine spätere Organhaftung gegenüber der Gesellschaft auch bei negativen Auswirkungen der unternehmerischen Entscheidung aus. Dies trägt dem Umstand Rechnung, dass unternehmerische Entscheidungen geprägt sind von tatsächlichen Unsicherheiten, Antizipation, Risikobereitschaft und oftmals hinzukommenden zeitlichem Druck.[425] Die Absicherung eines möglichen unternehmerischen Misserfolges durch den Haftungsfreiraum („*safe harbor*") der Business Judgment Rule zugunsten der geschäftsführenden Organe verhindert eine negative Beeinträchtigung von unternehmerischem Aktivismus aufgrund von Haftungsängsten, was nicht zuletzt auch volkswirtschaftlich wünschenswert ist.[426]

Die sorgfältige Beachtung der Voraussetzungen der Business Judgment Rule führt somit auch bezüglich der Implementierung und Gestaltung eines Compliance-Management-Systems zu einem Ausschluss einer möglichen Pflichtverletzung seitens der Vorstandsmitglieder. Erfüllen die Entscheidungen zum Thema Compliance die Kriterien des § 93 Abs. 1 Satz 2 AktG, so ist eine Haftung der geschäftsführenden Organe grundsätzlich ausgeschlossen. Dies gilt insbesondere auch für den Fall, dass sich die Compliance-Entscheidungen nachträglich (ex post) als fehlerhaft oder unzureichend erweisen. Die geschäftsführenden Organe sind daher aus Haftungsgründen gegenüber der eigenen Gesellschaft stets gut beraten, bei den Entscheidungen über die Einrichtung und Ausgestaltung des jeweiligen Compliance-Management-Systems, den Anforderungen der Business Judgment Rule aus § 93 Abs. 1 Satz 2 AktG zu genügen.

Zum Rückgriff auf die Business Judgment Rule und zur Vermeidung einer internen Haftung müssen insgesamt fünf Tatbestandsvoraussetzungen erfüllt sein. Die Gesetzesbegründung führt folgende Merkmale an: (1.) Unternehmerische Entscheidung, (2.) Gutgläubigkeit, (3.) Handeln ohne Sonderinteressen und sachfremde Einflüsse, (4.) Handeln zum Wohle der Gesellschaft und (5.) Handeln auf der Grundlage angemessener Information.[427] Diese fünf Merkmale gilt es nun aufzuarbeiten und in einen Zusammenhang mit den Compliance-Entscheidungen zusetzen. Im Einzelnen:

---

424 BR-Drucks. 3/05, S. 18; MüKo-*Spindler*, § 93 AktG, Rn. 8; Spindler/Stilz-*Fleischer*, § 93 AktG, Rn. 60; *Sieg/Zeidler*, in Corporate Compliance, § 3, Rn. 1.

425 MüKo-*Spindler*, § 93 AktG, Rn. 35; Spindler/Stilz-*Fleischer*, § 93 AktG, Rn. 60.

426 Spindler/Stilz-*Fleischer*, § 93 AktG, Rn. 63; *Mertens/Cahn*, in Kölner Komm., § 93 AktG, Rn. 13.

427 BR-Drucks. 3/05, S. 18.

(bbb) Die unternehmerische Entscheidung im Rahmen der Business Judgment Rule

Zunächst erfordert § 93 Abs. 1 Satz 2 AktG eine unternehmerische Entscheidung, bei welcher den geschäftsleitenden Organen ein Ermessensspielraum zur Verfügung stehen muss. Das Gegenteil zu einer solchen unternehmerischen Entscheidung stellt die rechtlich gebundene Entscheidung dar.[428] Denn bei der Beachtung von Pflichten aus Gesetz, Satzung und auch Anstellungsvertrag fehlt es gerade an einem vorhandenen Ermessensspielraum.[429] Illegales Verhalten und die Erfüllung gesetzlicher Pflichten können somit niemals in den Anwendungsbereich der Business Judgment Rule fallen.[430]

Darüber hinaus fällt es jedoch schwer, das Merkmal der unternehmerischen Entscheidung positiv zu definieren.[431] Als Anhaltspunkt dienen zunächst die Ausführungen des Gesetzgebers, der die unternehmerische Entscheidung in der Form beschreibt, dass diese *„infolge ihrer Zukunftsbezogenheit durch Prognosen und nicht justiziable Einschätzungen“* bestimmt sei.[432] Charakteristisch für eine unternehmerische Entscheidung ist jedenfalls ein gewisser unternehmerischer Auswahl- und Ermessensspielraum sowie ein existierendes Risikopotential, welches sich aus der mit Unsicherheiten verbundenen, prognoseabhängigen Entscheidungssituation ergibt.[433] Eine abschließende Definition der unternehmerischen Entscheidung ist damit zwar nicht gefunden, jedoch ergeben sich aus den vorstehenden Erwägungen bereits maßgebliche Bewertungskriterien für eine Einordnung der Compliance-Entscheidungen.

Denn wie bereits mehrfach im Rahmen dieser Darstellung aufgezeigt, stellt die Entscheidung der Organe über die Einrichtung und Ausgestaltung eines Compliance-Management-Systems eine solche unternehmerische Entscheidung dar. Bei den Fragen „ob“ und „wie“ ein Compliance-System in der jeweiligen Gesellschaft installiert wird, geht es gerade nicht um die Erfüllung gesetzlicher Pflichtenbindungen. Dahin gehende gesetzlich normierte Pflichten gibt es

---

428 BR-Drucks. 3/05, S. 18; Spindler/Stilz-*Fleischer,* § 93 AktG, Rn. 67.

429 BR-Drucks. 3/05, S. 19.

430 *Koch,* in Hüffer, § 93 AktG, Rn. 16; *Mertens/Cahn,* in Kölner Komm., § 93 AktG, Rn. 21; MüKo-*Spindler,* § 93 AktG, Rn. 44; Schmidt/Lutter-*Krieger/Sailer-Coceani,* § 93 AktG, Rn. 15; Spindler/Stilz-*Fleischer,* § 93 AktG, Rn. 37.

431 MüKo-*Spindler,* § 93 AktG, Rn. 40; Spindler/Stilz-*Fleischer,* § 93 AktG, Rn. 68.

432 BR-Drucks. 3/05, S. 19.

433 *Koch,* in Hüffer, § 93 AktG, Rn. 18; *Mertens/Cahn,* in Kölner Komm., § 93 AktG, Rn. 21; MüKo-*Spindler,* § 93 AktG, Rn. 40.

nicht.[434] Hierin liegt der bedeutende Unterschied zu den aufgezeigten Pflichten zur Risikoermittlung und Risikobewertung, sowie zu der Pflicht überhaupt eine Entscheidung zum Thema Compliance – entweder in positiver oder negativer Hinsicht – zu treffen. Die inhaltlichen Entscheidungen sowohl bezüglich der Einrichtung eines Compliance-Management-Systems oder des Verzichts auf ein solches System als auch in Bezug auf die konkrete Ausgestaltung eines Compliance-Management-Systems zeichnen sich durch einen Auswahlspielraum seitens der geschäftsführenden Organe aus. Die Entscheidungen sind ferner auch durch Unsicherheiten gekennzeichnet, da nur aufgrund von Prognosen antizipiert werden kann, ob ein Compliance-System – in welcher Gestalt auch immer – in der konkreten Gesellschaft tatsächlich nützlich sein wird, oder ob die Kosten und Aufwendungen eines solchen Systems die Vorteile überwiegen werden.

(ccc) Das Handeln zum Wohle der Gesellschaft

Weiterhin setzt die Anwendung der Business Judgment Rule voraus, dass das Vorstandsmitglied „*vernünftigerweise annehmen durfte,* […] *zum Wohle der Gesellschaft zu handeln.*“ Nach der Gesetzesbegründung zu § 93 Abs. 1 Satz 2 AktG liegt ein solches Handeln zum Wohle der Gesellschaft immer dann vor, wenn damit der Ertrag und die Wettbewerbsfähigkeit des Unternehmens und seiner Produkte langfristig gesteigert werden sollen.[435] Entscheidend ist die Orientierung am Unternehmensinteresse mit der Zielsetzung einer Unternehmenswertsteigerung und Sicherung des dauerhaften Bestandes der Gesellschaft.[436]

Genau diese Kriterien, welche ein Handeln zum Wohle der Gesellschaft ausmachen, finden sich ohne Zweifel auch in den Bestandteilen und Zielen von verantwortungsvollen Compliance-Programmen wieder. Zu dieser Erkenntnis gelangt man, wenn man die zu Beginn der Darstellung beschriebenen Ziele und Bestandteile von Compliance bzw. den gefundenen Definitionsvorschlag betrachtet. Auf die Einhaltung des Legalitätsprinzips und auf die präventiven Organisationsmaßnahmen als grundlegende Compliance-Bestandteile ist dort eingehend hingewiesen worden. Streben die geschäftsführenden Organe gerade die Verwirklichung dieser Bestandteile mittels Compliance an, so ist es offensichtlich, dass ein solches Handeln mit dem Interesse des Unternehmens im

---

434 Siehe Seite 99.

435 BR-Drucks. 3/05, S. 19.

436 *Koch,* in Hüffer, § 93 AktG, Rn. 23; *Krieger,* in Hdb. Managerhaftung, § 3, Rn. 16; *Mertens/Cahn,* in Kölner Komm., § 93 AktG, Rn. 24.

Einklang stehen muss. Wie erwähnt, sollen Compliance-Management-Systeme insbesondere ein ausreichendes Maß an Schadensprävention gewährleisten, um die Haftungsrisiken gerade für die Gesellschaft zu minimieren. Als weiteres Ziel ist zu Beginn der Darstellung ausführlich auf den Reputationsschutz eingegangen worden, der gerade die Steigerung und Erhaltung des Unternehmenswertes bezweckt.[437] Ein sinnvolles und funktionierendes Compliance-Programm, mit dem die genannten Ziele angestrebt werden, wird demnach immer mit dem Unternehmensinteresse in Einklang stehen. Beabsichtigen die geschäftsführenden Organe die Durchsetzung der generellen Zwecke und Inhalte von Compliance im konkreten Unternehmen, so handelt es sich bei den hierzu notwendigen Entscheidungen und Maßnahmen zur Einrichtung und Ausgestaltung der Compliance naturgemäß um solche Handlungen zum Wohle der Gesellschaft i. S. d. § 93 Abs. 1 Satz 2 AktG.

(ddd) Das Handeln ohne Sonderinteressen und sachfremde Einflüsse

Unternehmerische Entscheidungen der geschäftsführenden Organe, die das Privileg der Business Judgment Rule für sich beanspruchen, dürfen ausweislich der Gesetzesbegründung weder durch Interessenkonflikte oder Fremdeinflüsse noch durch unmittelbaren Eigennutz beeinflusst werden. Es soll sichergestellt werden, dass ein unbefangenes und unabhängiges Handeln gewährleistet ist. Dieses Kriterium ergibt sich implizit aus dem Erfordernis ausschließlich zum Wohle der Gesellschaft handeln zu müssen, weshalb auch eine ausdrückliche gesetzliche Normierung dieses Kriteriums nicht für notwendig erachtet worden ist.[438] Ohne das Privileg der Business Judgment Rule zu verlieren, darf ein eigenes Interesse allerdings immer dann verfolgt werden, wenn sich dieses Interesse mit dem Unternehmensinteresse im Einklang befindet.[439]

Die Entscheidungen über das Compliance-Management-System haben sich somit ausschließlich an den Interessen der Gesellschaft zu orientieren. Um das für die Gesellschaft optimale System zu implementieren, gilt es sämtliche Drittinteressen außer Acht zu lassen. Das eigene Interesse der geschäftsführenden Organe, möglichen Haftungsrisiken mit einer Compliance-Organisation zu begegnen, stellt allerdings kein problematisches Sonderinteresse dar. Vielmehr besteht hier eine Interessenparallelität. Die Vermeidung von Haftungsrisiken seitens der

---

437 Siehe Seiten 40 ff. und 43.

438 BR-Drucks. 3/05, S. 20; *Mertens/Cahn,* in Kölner Komm., § 93 AktG, Rn. 25; kritisch: Schmidt/Lutter-*Krieger/Sailer-Coceani,* § 93 AktG, Rn. 19.

439 *Mertens/Cahn,* in Kölner Komm., § 93 AktG, Rn. 26; MüKo-*Spindler,* § 93 AktG, Rn. 54; Spindler/Stilz-*Fleischer,* § 93 AktG, Rn. 72.

geschäftsführenden Organe geht einher mit einer Schadensprävention zugunsten des Unternehmens. Im Regelfall wird also auch dieses Kriterium der Business Judgment Rule bezogen auf die Compliance-Entscheidungen erfüllt sein.

(eee) Angemessene Informationsgrundlage

Unabdingbare Voraussetzung einer jeden sachgerechten unternehmerischen Entscheidung ist die ausreichende Kenntnis der entscheidungsrelevanten Umstände und Tatsachen.[440] Gemäß § 93 Abs. 1 Satz 2 AktG muss das Vorstandsmitglied daher „*vernünftigerweise annehmen [dürfen], auf der Grundlage angemessener Information* [...] *zu handeln*". Bei der Informationsbeschaffung und bei der Aufstellung der Entscheidungsgrundlage verlangt die Business Judgment Rule somit die Beachtung des Kriteriums der Angemessenheit. Die erforderliche Intensität der Informationsbeschaffung und die notwendige Tiefe der Entscheidungsgrundlage ergeben sich stets in Bezug auf die jeweilige konkrete Entscheidungssituation.[441] Maßgeblich sind dabei die Bedeutung der konkreten Entscheidung für die Gesellschaft, der zeitliche und finanzielle Rahmen, die Möglichkeiten des Informationszuganges sowie das Verhältnis des Informationsbeschaffungsaufwands zum wahrscheinlichen Nutzen der zu erwartenden Informationen.[442] Es ist einleuchtend, dass bei weitreichenden strategischen Entscheidungen die Anforderungen bezüglich der erforderlichen Informationsgrundlage umfassender und strenger sein müssen, als bei solchen des täglichen routinemäßigen Geschäftes.[443] Der BGH hat hierzu das Gebot aufgestellt, „*Risiken nur in sinnvoller kaufmännischer Interessenabwägung einzugehen*"[444], was die Erstellung einer angemessenen Informationsgrundlage voraussetzt. *Goette* ist beizupflichten, wenn er ausführt, dass die Business Judgment Rule gerade nicht ein wie auch immer geartetes „Bauchgefühl" schützen wolle, weshalb immer eine situationsbezogene Informationseinholung notwendig sei.[445] Keinesfalls muss die Entscheidungsgrundlage aber auf der Ermittlung aller nur denkbaren

---

440 *Mertens/Cahn,* in Kölner Komm., § 93 AktG, Rn. 32.

441 Spindler/Stilz-*Fleischer,* § 93 AktG, Rn. 73.

442 BR-Drucks. 3/05, S. 21; *Mertens/Cahn,* in Kölner Komm., § 93 AktG, Rn. 33; Schmidt/Lutter-*Krieger/Sailer-Coceani,* § 93 AktG, Rn. 17; *Sieg/Zeidler,* in Corporate Compliance, § 3, Rn. 16; Spindler/Stilz-*Fleischer,* § 93 AktG, Rn. 73.

443 *Koch,* in Hüffer, § 93 AktG, Rn. 22; *Mertens/Cahn,* in Kölner Komm., § 93 AktG, Rn. 34; *Sieg/Zeidler,* in Corporate Compliance, § 3, Rn. 16.

444 BGH, ZIP 2002, 212 (214); dieses Urteil zitierend: *Hauschka,* in Corporate Compliance, § 1, Rn. 28.

445 *Goette,* ZHR 2011, 388 (396).

Informationen basieren. Mit der angemessenen Information der geschäftsführenden Organe, die das Gesetz fordert, kann nämlich nicht eine allumfassende oder erschöpfende Informationsgrundlage gemeint sein.[446]

Auch die Compliance-Implementierungs- und Ausgestaltungsentscheidungen müssen, um unter den Schutzschirm der Business Judgment Rule zu fallen, auf der Basis angemessener Information getroffen werden. Dieses von § 93 Abs. 1 Satz 2 AktG geforderte Informationsniveau wird immer dann erreicht werden, wenn der hier aufgestellten Compliance-Risikoermittlungspflicht und der Compliance-Risikobewertungspflicht vollständig entsprochen wird. Denn mit der Erfüllung dieser Pflichten erhalten die geschäftsführenden Organe einen umfassenden Überblick über die Compliance-Risikosituation innerhalb der eigenen Gesellschaft. Dieser gewonnene umfassende Einblick ist es dann, der als wesentlichster Bestandteil einer angemessenen Informationsgrundlage im Rahmen von Compliance zu werten ist. *Bergmoser* hält dementsprechend die ausreichende Kenntnis über die jeweiligen Risiken des konkreten Unternehmens für eine unverzichtbare Voraussetzung bei der Konzeption eines individuellen Compliance-Systems.[447]

Neben diesen Kenntnissen zum individuellen Compliance-Risikoprofil umfasst eine angemessene Compliance-Informationsgrundlage zusätzlich ein fundiertes Wissen über die möglichen Compliance-Maßnahmen, mit welchen den individuellen Compliance-Risiken begegnet werden kann. Hierzu sollten auch die in vergleichbaren Gesellschaften erfolgreich eingesetzten Compliance-Management-Systeme beachtet werden.[448] Weiter kann es notwendig werden, auf das Wissen externer Berater zurückzugreifen.

Eine angemessene Informationsgrundlage zum Thema Compliance i. S. v. § 93 Abs. 1 Satz 2 AktG erfordert demnach sowohl die umfassende Kenntnis über das aktuelle individuelle Risikoprofil des Unternehmens als auch einen breiten Überblick über die praxistauglichen Instrumente, mit welchen den individuellen Compliance-Risiken begegnet werden kann.

(fff) Die relevante Beurteilungsperspektive

Entscheidend für die Anwendung der Business Judgment Rule ist allerdings nicht, dass die unternehmerische Entscheidung tatsächlich dem Wohle der Gesellschaft

---

446 *Koch*, in Hüffer, § 93 AktG, Rn. 20; *Mertens/Cahn*, in Kölner Komm., § 93 AktG, Rn. 33; Spindler/Stilz-*Fleischer*, § 93 AktG, Rn. 73.

447 *Bergmoser*, BB-Special Compliance 2010, 2 (4).

448 *Bachmann*, in GesellschaftsR in der Diskussion 2007, S. 65 (81).

dient bzw. dass die Informationsgrundlage tatsächlich angemessen gewesen ist. Vielmehr kommt es entscheidend darauf an, ob die handelnden Geschäftsleiter dies vernünftigerweise annehmen durften.[449] Das Kriterium des „vernünftigerweise annehmen Dürfens" beinhaltet neben einer subjektiven Komponente auch ein objektiviertes Element. Neben der subjektiven Ansicht der geschäftsleitenden Organe zum Wohle der Gesellschaft und auf Basis einer angemessenen Informationsgrundlage zu entscheiden, muss diese Beurteilung der Situation aber auch objektiv nachvollziehbar sein.[450] Diese objektive Komponente hat allerdings den umfassenden Ermessensspielraum der entscheidenden Organe sowie die konkrete Lage des individuellen Unternehmens zu berücksichtigen und zu respektieren. Daher bemisst sich die objektive Nachvollziehbarkeit der unternehmerischen Entscheidung sowohl bezüglich des Gesellschaftswohls als auch bezüglich der Angemessenheit der Informationsgrundlage stets anhand einer ex ante Perspektive. Demnach müssen die Erwägungen zu diesen beiden Aspekten aus der Sicht eines ordentlichen Geschäftsleiters, rückblickend auf den Zeitpunkt der Entscheidungsvornahme, noch als nachvollziehbar bzw. vertretbar erscheinen.[451]

Dieser objektivierte Gradmesser des „vernünftigerweise annehmen Dürfens" ist bei der Frage, ob die Compliance-Entscheidungen den Schutz der Business Judgment Rule erfahren, als Knackpunkt zu bezeichnen und mit den meisten Unwägbarkeiten besetzt. Die nachträgliche objektive Nachvollziehbarkeit der Compliance-Entscheidungen aus der ex ante Perspektive der entscheidenden Organe bringt nämlich mehrere Schwierigkeiten mit sich. Diese liegen darin, dass die Fragen zur Business Judgment Rule im Zweifel nur bei tatsächlich unzureichenden Compliance-Maßnahmen und einem daraus resultierenden schädigenden Ereignis relevant werden. Nur in einem solchen Fall erscheint eine Haftung der geschäftsführenden Organe denkbar, sodass der § 93 Abs. 1 Satz 2 AktG Bedeutung erlangt. In diesem Kontext scheint es jedoch selbst der höchstrichterlichen Rechtsprechung[452] nicht immer zu gelingen, nachträgliche Entwicklungen bei der ex ante Diagnose vollständig unberücksichtigt zu lassen.[453]

---

449 Schmidt/Lutter-*Krieger/Sailer-Coceani,* § 93 AktG, Rn. 17.

450 BR-Drucks. 3/05, S. 19; *Koch,* in Hüffer, § 93 AktG, Rn. 21; *Mertens/Cahn,* in Kölner Komm., § 93 AktG, Rn. 23; MüKo-*Spindler,* § 93 AktG, Rn. 53.

451 BR-Drucks. 3/05, S. 19 f.; BGH, NJW 1997, 1926 (1927 f.); *Koch,* in Hüffer, § 93 AktG, Rn. 21; *Mertens/Cahn,* in Kölner Komm., § 93 AktG, Rn. 23, 34; MüKo-*Spindler,* § 93 AktG, Rn. 53; Schmidt/Lutter-*Krieger/Sailer-Coceani,* § 93 AktG, Rn. 17; Spindler/Stilz-*Fleischer,* § 93 AktG, Rn. 71, 74.

452 BGH, NZG 2005, 562 (563).

453 *Sieg/Zeidler,* in Corporate Compliance, § 3, Rn. 1; *Schäfer,* ZIP 2005, 1253 (1253 ff.).

Eine weitere Problematik liegt in der Compliance-Thematik selbst begründet. Da es einen allgemeingültigen Compliance-Standard nicht gibt und auch keine genauen Parameter existieren, die anzeigen würden, ab wann überhaupt ein Compliance-Management-System einzurichten ist, ist es für die geschäftsleitenden Organe nicht einfach festzustellen, ob ihre Entscheidungen schlussendlich dem Maßstab der objektiven Nachvollziehbarkeit genügen. Hier kann den geschäftsführenden Organen nur geraten werden, sich an den mehrfach angesprochenen Kriterien der Angemessenheit, der Verhältnismäßigkeit und der Zumutbarkeit zu orientieren. Seitenblicke auf die aktuelle Compliance-Diskussion und die Umsetzung in vergleichbaren Unternehmen dürften dabei sinnvoll, wenn nicht gar notwendig sein.[454]

(ggg) Die Gutgläubigkeit des jeweils handelnden Organs

Die Gesetzesbegründung beschreibt die Gutgläubigkeit der handelnden Geschäftsleiter als weitere Anwendungsvoraussetzung der Business Judgment Rule.[455] Nicht ausdrücklich im Gesetz genannt wird das Erfordernis, die Gutgläubigkeit der handelnden Organe positiv feststellen zu müssen. Die Gesetzesbegründung sieht das Kriterium der Gutgläubigkeit aber schon im „annehmen Dürfen" beinhaltet und integriert.[456] Nach diesbezüglicher Ansicht im juristischen Schrifttum würde der Handelnde immer dann keinen Schutz verdienen, wenn er von der Richtigkeit seiner Entscheidung selbst nicht überzeugt wäre. Es wird jedoch gleichzeitig zugegeben, dass dem Merkmal der Gutgläubigkeit nur geringe praktische Bedeutung zukommen würde. Im Falle einer Ablehnung dieser Gutgläubigkeit würde es nämlich zumeist schon an den zuvor ausgeführten Anwendungsvoraussetzungen der Business Judgment Rule fehlen.[457]

Nach anderweitiger Literaturmeinung ist die positive Feststellung der Gutgläubigkeit der handelnden Organe hingegen keine eigenständige Tatbestandsvoraussetzung der Business Judgment Rule.[458] Bei einer fehlenden Gutgläubigkeit der Vorstandsmitglieder könnten diese nämlich bereits nicht vernünftigerweise annehmen, zum Wohle der Gesellschaft zu handeln.[459] Eine Haftung nur für fehlende Gutgläubigkeit sei nicht vorgesehen.[460]

---

454 Siehe schon Seite 114.
455 BR-Drucks. 3/05, S. 19.
456 BR-Drucks. 3/05, S. 20.
457 *Koch,* in Hüffer, § 93 AktG, Rn. 24; Spindler/Stilz-*Fleischer,* § 93 AktG, Rn. 76.
458 *Mertens/Cahn,* in Kölner Komm., § 93 AktG, Rn. 31; MüKo-*Spindler,* § 93 AktG, Rn. 56.
459 *Mertens/Cahn,* in Kölner Komm., § 93 AktG, Rn. 31.
460 MüKo-*Spindler,* § 93 AktG, Rn. 56.

Dieser letztgenannten Ansicht ist zuzustimmen. Im Ergebnis ist die Gutgläubigkeit der handelnden Organe nicht etwa positiv als eigene Anwendungsvoraussetzung der Business Judgment Rule festzustellen. Vielmehr impliziert das „vernünftigerweise annehmen Dürfen" zum Wohle der Gesellschaft zu handeln[461] und ein Handeln ohne Sonderinteressen und sachfremde Einflüsse[462] bereits die vorhandene Gutgläubigkeit der entscheidenden Organe. Die Aufstellung eines weiteren Tatbestandsmerkmals der Business Judgment Rule in Form der Gutgläubigkeit seitens der entscheidenden Organe ist daher überflüssig.

(bb) Abschließende Bewertung des Zusammenhangs zwischen den Compliance-Entscheidungen und der Business Judgment Rule

Die vorstehenden Ausführungen zur Business Judgment Rule im vorliegenden Compliance-Kontext haben nicht das Ziel verfolgt, zu einer weiteren dogmatischen Untermauerung der gesellschaftsrechtlichen Compliance-Verpflichtungen zu gelangen. Vielmehr ist der Business Judgment Rule und ihren Tatbestandsvoraussetzungen bei den Entscheidungen zum „ob" und „wie" von Compliance eine besondere Tragweite beizumessen. Dieser Zusammenhang von Compliance und der Business Judgment Rule ist darzustellen gewesen. Denn trotz mangelnder konkreter Compliance-Einrichtungs- und Ausgestaltungsverpflichtungen gibt die Business Judgment Rule den geschäftsleitenden Organen einen gewissen Orientierungs- und Entscheidungsrahmen innerhalb der Compliance-Thematik. Den Vorständen bzw. den Geschäftsführern kann nur geraten werden, diesen Entscheidungsrahmen bei ihren konkreten Compliance-Entscheidungen zu berücksichtigen. Denn in diesem Fall können sie einem möglichen Schadensersatzanspruch der Gesellschaft aus § 93 Abs. 2 Satz 1 AktG wegen tatsächlich falscher Compliance-Entscheidungen erfolgreich entgegentreten.

Abschließend ist der Kurzfassung *Lutters* beizupflichten, welche die Rechtsfolgen der Business Judgment Rule treffend zusammenfasst. Dieser bringt nämlich ihre Bedeutung auf den Punkt, wenn er ausführt, dass bei einem Eingreifen der Business Judgment Rule das Gericht im Rahmen eines Schadensersatzanspruchs den tatsächlichen Inhalt und die eingetretenen Folgen der jeweiligen Entscheidung nicht zu berücksichtigen habe. Fehle es hingegen an den Voraussetzungen, die ein Eingreifen der Business Judgment Rule ermöglichen, so müsse die gerichtliche Entscheidung den gesamten Sachverhalt auf eine pflichtwidrige

---

461 Insoweit nachvollziehbar: BR-Drucks. 3/05, S. 20.

462 Vgl. auch: *Mertens/Cahn,* in Kölner Komm., § 93 AktG, Rn. 27.

Handlung oder Unterlassung vollständig inspizieren, die für den jeweiligen Schaden kausal gewesen sein könnte.[463]

(e) Grundsätze zur maßgeblichen Darlegungs- und Beweislast

Rückt man eine mögliche Schadensersatzhaftung der geschäftsleitenden Organe im Innenverhältnis zur Gesellschaft weiter in den Fokus, so ist es unbedingt erforderlich, sich mit den Grundsätzen zur Darlegungs- und Beweislast auseinanderzusetzen. Die Darlegungs- und Beweislast spielt, neben der zuvor angesprochenen Compliance-Pflichten-Trias und den Grundsätzen der Business Judgment Rule, im Rahmen eines Haftungsprozesses gegen die geschäftsführenden Organe wegen mangelnder Compliance eine nicht zu unterschätzende Rolle. Um Klarheit über die Beweislast im Zusammenhang mit der Compliance-Thematik zu erhalten, ist es hilfreich, zunächst das grundlegende Konzept der Beweislastverteilung im Rahmen von § 93 AktG genauer zu betrachten.

(aa) Die Beweislastverteilung i. R. v. § 93 Abs. 2 Satz 1 AktG

Grundsätzlich muss zunächst die Gesellschaft den Schaden sowie die schädigende Handlung oder Unterlassung des geschäftsführenden Organs, welche den Schaden kausal verursacht hat, darlegen und beweisen, um einen Schadensersatzanspruch nach § 93 Abs. 2 Satz 1 AktG erfolgreich begründen zu können. Gelingt der anspruchsstellenden Gesellschaft allerdings dieser Nachweis, so wird die Pflichtwidrigkeit der schadensbegründenden Geschäftsleitungsmaßnahme vermutet. Diese Verteilung der Beweislast ergibt sich aus der in § 93 Abs. 2 Satz 2 AktG normierten Beweislastumkehr und bezieht sich neben der Pflichtwidrigkeit auch auf das Verschulden der Geschäftsleitung. Den geschäftsleitenden Organen obliegt es im Streitfall nachzuweisen, dass sie der Sorgfalt eines ordentlichen und gewissenhaften Geschäftsleiters entsprochen haben. Nur in einem solchen Fall kann die Vermutung des pflichtwidrigen bzw. schuldhaften Handelns erschüttert und eine Schadensersatzhaftung im Innenverhältnis gegenüber der Gesellschaft vermieden werden.[464]

---

463 *Lutter,* ZIP 2007, 841 (846).

464 BGHZ 152, 280 (283 f.); BGH, NJW 1992, 1166 (1167), jeweils zur GmbH; BGH, NZG 2011, 549 (550); OLG Hamm, AG 1995, 512 (513); *Koch,* in Hüffer, § 93 AktG, Rn. 53; *Mertens/Cahn,* in Kölner Komm., § 93 AktG, Rn. 138 ff.; MüKo-*Spindler,* § 93 AktG, Rn. 162 f.; Schmidt/Lutter-*Krieger/Sailer-Coceani,* § 93 AktG, Rn. 41; *Lutter,* ZIP 2007, 841 (846); *Meier-Greve,* BB 2009, 2555 (2559).

In dieses Konzept der Beweislastverteilung ist die Business Judgment Rule einzuordnen. Für den Fall, dass sich die geschäftsführenden Organe zu ihrer Exkulpation auf eine pflichtgemäße Entscheidung nach den Grundsätzen der Business Judgment Rule gemäß § 93 Abs. 1 Satz 2 AktG berufen, ist Nachfolgendes zu beachten. Die ganz herrschende Meinung, welcher sich auch der Gesetzgeber angeschlossen hat,[465] bürdet den Vorstandsmitgliedern die Darlegungs- und Beweislast für das Vorliegen sämtlicher Tatbestandsmerkmale der Business Judgment Rule auf.[466] Dies entspricht der zuvor dargestellten Beweislastverteilung, denn die Business Judgment Rule betrifft gerade die Frage der Pflichtwidrigkeit der Geschäftsführung, welche von den geschäftsführenden Organen im Rahmen eines Schadensersatzanspruches aus § 93 Abs. 2, Satz 1 AktG zu widerlegen ist.

Von dieser grundsätzlichen Beweislastverteilung kommen zugunsten der Gesellschaft jedoch abweichende Beweiserleichterungen in Betracht. Hierbei spielt die Art des Schadens eine bedeutende Rolle. Der BGH hat hierzu in einem Urteil aus dem Jahre 1980 ausgeführt, wenn *„[…] die Art des behaupteten Schadens so stark für einen Zusammenhang mit einem pflichtwidrigen Verhalten oder Unterlassen […]“*[467] der Geschäftsführung spricht, trifft die klagende Gesellschaft keine weitere Darlegungs- und Beweislast bezüglich der für den Schaden ursächliche Handlung oder Unterlassung. Vielmehr liegt in diesen Fällen schon aufgrund des Schadensbildes diese Darlegungs- und Beweislast aufseiten der geschäftsführenden Organe. Diese müssen insbesondere nachweisen, dass der Sorgfalt eines ordentlichen und gewissenhaften Geschäftsleiters entsprochen worden ist, um gerade eine Schädigung der Gesellschaft zu vermeiden.[468] Diese Modifikation sowie die gesamte Beweislastverteilung im Rahmen des § 93 AktG beruhen auf dem Gedanken der besonderen Beweisnähe der geschäftsführenden Organe bezüglich der geschäftsleitenden Maßnahmen.[469]

---

465 BR-Drucks. 3/05, S. 21.

466 *Koch,* in Hüffer, § 93 AktG, Rn. 53 f.; *Mertens/Cahn,* in Kölner Komm., § 93 AktG, Rn. 36, 141; MüKo-*Spindler,* § 93 AktG, Rn. 164, 167; Schmidt/Lutter-*Krieger/Sailer-Coceani,* § 93 AktG, Rn. 41; Spindler/Stilz-*Fleischer,* § 93 AktG, Rn. 77; *Lutter,* ZIP 2007, 841 (846).

467 BGH, WM 1980, 1190, für die GmbH.

468 BGH, WM 1980, 1190 (1190 f.), für die GmbH; *Koch,* in Hüffer, § 93 AktG, Rn. 55; *Mertens/Cahn,* in Kölner Komm., § 93 AktG, Rn. 142; MüKo-*Spindler,* § 93 AktG, Rn. 168; Schmidt/Lutter-*Krieger/Sailer-Coceani,* § 93 AktG, Rn. 42.

469 BGHZ 152, 280 (283); BGH, WM 1980, 1190 (1190 f.), für die GmbH; *Mertens/Cahn,* in Kölner Komm., § 93 AktG, Rn. 138.

(bb) Die Beweislast im Rahmen eines Haftungsprozesses wegen unzureichender Compliance

Konkretisiert man die vorstehenden Ausführungen zur Beweislast auf das Thema Compliance, würde sich in einem Haftungsprozess der Gesellschaft gegen ein geschäftsführendes Organ folgendes Bild ergeben: Grundsätzlich trägt auch bei einem Schadensersatzanspruch wegen fehlender oder unzureichender Compliance die Gesellschaft die Darlegungs- und Beweislast bezüglich eines tatsächlich erlittenen Schadens, der sich aufgrund eines nicht installierten oder nicht ausreichenden Compliance-Systems realisiert hat.[470] Gelingen ihr diese Nachweise, hat das beklagte Organ darzulegen und zu beweisen, dass die Entscheidungen bezüglich des Compliance-Systems jedenfalls nicht pflichtwidrig gewesen sind. Dies wird der Geschäftsführung bei elementaren Verstößen gegen die Compliance-Pflichten-Trias kaum gelingen. Begründet das betreffende Organ sein pflichtgemäßes Compliance-Handeln mit einem Hinweis auf die Business Judgment Rule, was insbesondere bei den Compliance-Einrichtungs- und Ausgestaltungsentscheidungen in Betracht kommt, so hat das Organ die diesbezüglichen Voraussetzungen darzulegen und nachzuweisen.

Eine Beweiserleichterung zugunsten der Gesellschaft – wie zuvor dargestellt – kommt auch bei Auseinandersetzungen bezüglich der Compliance-Thematik immer dann in Betracht, wenn sich schon aus dem konkreten Schadensbild entnehmen lässt, dass dieses gerade auf falschen Compliance-Entscheidungen beruht. *Bachmann* hält eine solche Modifikation der Beweislast immer dann für notwendig, *„wenn anerkannte Überwachungsmaßstäbe ignoriert oder überhaupt keine Compliance-Anstrengungen unternommen wurden, weil dann die tatsächliche Vermutung greift, dass der Pflichtverstoß für den eingetretenen Erfolg kausal war“*.[471] Ein anderer Autor meint, eine Beweiserleichterung sei grundsätzlich erwägenswert, wenn die aufgetretenen Verstöße spezifisch auf eine unzureichende Mitarbeiterüberwachung hindeuten würden.[472] Andererseits wird vorgetragen, dass immer dann, wenn gewisse organisatorische Compliance-Anstrengungen unternommen und nachgewiesen worden seien, es bei der grundsätzlichen Beweislastverteilung jedenfalls bezüglich der Kausalität des Schadens verbleiben würde.[473] Eine andere Literaturstimme führt aus, dass es in keinem Falle zu einer Beweislastverschiebung zum Nachteil der geschäftsleitenden

---

470 *Bachmann,* in GesellschaftsR in der Diskussion 2007, S. 65 (83).
471 *Bachmann,* in GesellschaftsR in der Diskussion 2007, S. 65 (83 f.).
472 *Meier-Greve,* BB 2009, 2555 (2560).
473 *Bachmann,* in GesellschaftsR in der Diskussion 2007, S. 65 (85).

Organe genügen könne, wenn seitens der Gesellschaft allgemein argumentiert würde, die Organisation der Gesellschaft, die Kontrollvorkehrungen innerhalb des Unternehmens oder die finanziellen Aufwendungen im Unternehmensvergleich seien nicht ausreichend gewesen. Vielmehr sei dieser allgemein gehaltene Vortrag, stets als unsubstantiiert zu bewerten.[474]

Eine für die Gesellschaft erleichternde Abweichung von den allgemeinen Beweisgrundsätzen mit der Folge, dass aufgrund der Ausgestaltung des Schadens eine kausale Pflichtverletzung seitens der geschäftsleitenden Organe vermutet wird, tritt nach Ansicht des Verfassers jedenfalls bei einer völligen Außerachtlassung der oben aufgestellte Compliance-Pflichten-Trias ein. Fehlt es insgesamt entweder an der Compliance-Risikoermittlung bzw. der Risikobewertung oder an der Compliance-Entscheidung, so ist im Schadensfall zu vermuten, dass gerade die gänzliche Außerachtlassung dieser Compliance-Pflichten-Trias ursächlich für den eingetretenen Schaden gewesen ist. Betrifft der Schadensersatzanspruch allerdings die Frage, ob die Einrichtungsentscheidung oder die konkrete Ausgestaltung des Compliance-Systems unzureichend gewesen ist, so ergibt sich alleine aus dem Schadensbild, verbunden mit dem Hinweis auf die allgemeinen Unzulänglichkeiten innerhalb der Unternehmensorganisation, noch keine Beweislastverschiebung.

(f) Die Compliance-Dokumentationspflicht

Neben der Compliance-Pflichten-Trias ergibt sich aus der Pflicht zur sorgfältigen Unternehmensführung aus den §§ 76 Abs. 1, 93 Abs. 1 AktG nach Verfasseransicht eine Verpflichtung zur ordnungsgemäßen Dokumentation von bedeutenden Compliance-Vorgängen und Abläufen. Insbesondere die spezielle Compliance-Literatur äußert sich diesbezüglich allerdings zurückhaltender.

(aa) Die Obliegenheit zur Compliance-Dokumentation

In der einschlägigen Literatur zur Compliance-Thematik wird oftmals gerade nicht von einer Pflicht zur Dokumentation gesprochen. Vielmehr wird den geschäftsleitenden Organen lediglich empfohlen, eine weitreichende und ordentliche Dokumentation zu pflegen, z. B. im Rahmen eines Compliance-Manuals.[475] Diese Empfehlung erklärt sich mit Blick auf die oben dargestellte Darlegungs- und Beweislastverteilung, welche im Rahmen eines möglichen Schadensersatzanspruches der Gesellschaft aus § 93 Abs. 2 Satz 1 AktG die geschäftsführenden

474 *Mertens/Cahn*, in Kölner Komm., § 93 AktG, Rn. 142.
475 *Bergmoser/Theusinger/Gushurst*, BB-Special Compliance 2008, 1 (9).

Organe trifft.[476] Lediglich durch eine ausreichende Dokumentation könne auf diese Beweislastverteilung reagiert und bewiesen werden, dass die Geschäftsführung bei ihren Compliance-Entscheidungen ihren Sorgfaltspflichten nachgekommen sei. Dies ergebe sich nicht zuletzt aus dem Umstand, dass zwischen der compliance-relevanten Entscheidung und einem möglichen Haftungsprozess oftmals mehrere Jahre vergehen könnten.[477]

Bezüglich des Zeitmoments sei noch auf § 93 Abs. 6 AktG hingewiesen, der die Verjährung der Ansprüche aus § 93 AktG regelt. Bei Gesellschaften, die im Zeitpunkt einer Pflichtverletzung an der Börse notiert sind, ergibt sich eine 10-jährige Verjährungsfrist. Bei sämtlichen anderen Aktiengesellschaften besteht eine Verjährungsfrist von 5 Jahren. Die Verlängerung der Verjährungsfrist bei börsennotierten (vgl. § 3 Abs. 2 AktG) Gesellschaften ist im Rahmen des Restrukturierungsgesetzes im Jahre 2010 erfolgt. Die Gesetzesbegründung hat dabei ausdrücklich auf die zugrunde liegende Annahme hingewiesen, dass eine Dokumentation des Organhandelns bei börsennotierten Gesellschaften sorgfältiger erledigt würde, als dies bei kleinen, nicht an der Börse notierten Aktiengesellschaften und Gesellschaften mit beschränkter Haftung der Fall sei.[478] Hierdurch wird auch durch den Gesetzgeber die besondere Bedeutung der Dokumentation im Rahmen eines Schadensersatzanspruches deutlich zum Ausdruck gebracht.

Neben den Dokumentationsempfehlungen aus der speziellen Compliance-Literatur, empfiehlt auch die Kommentarliteratur zur Business Judgment Rule dringend zur Einrichtung von angemessenen Dokumentationsvorgängen. Den geschäftsleitenden Organen wird insbesondere im Hinblick auf die dargestellte Beweislastverteilung eine umfassende Dokumentation ihrer Entscheidungen bzw. ihrer Entscheidungsvorbereitungen angetragen.[479]

Insgesamt lässt sich den aufgeführten Literaturstimmen zwar die dringende Empfehlung an die geschäftsführenden Organe entnehmen, eine ausreichende Dokumentationsgrundlage bezüglich ihrer Compliance-Entscheidungen zu schaffen. Eine allgemeine Compliance-Dokumentationspflicht gegenüber der

---

476 *Bergmoser/Theusinger/Gushurst,* BB-Special Compliance 2008, 1 (9); *Goette,* ZHR 2011, 388 (397); *Hauschka,* in Corporate Compliance, § 1, Rn. 38; *Hauschka,* in GesellschaftsR in der Diskussion 2007, S. 51 (61).

477 *Hauschka,* in Corporate Compliance, § 1, Rn. 29 u. Fn. 106; *Kiethe,* GmbHR 2007, 393 (399 f.).

478 BT-Drucks. 17/3024, S. 81.

479 *Mertens/Cahn,* in Kölner Komm., § 93 AktG, Rn. 36; Schmidt/Lutter-*Krieger/Sailer-Coceani,* § 93 AktG, Rn. 41; Spindler/Stilz-*Fleischer,* § 93 AktG, Rn. 77.

Gesellschaft wird allerdings nicht statuiert. Dieses Zwischenergebnis stimmt auch mit *Spindlers* folgender allgemeiner Aussage überein: „*Eine unterlassene Dokumentation stellt nicht per se eine Pflichtwidrigkeit nach § 93 Abs. 1 [AktG] dar.*“[480]

Die Compliance-Dokumentationsanforderungen der Literatur sind mit einer Obliegenheit zu vergleichen. Eine solche zeichnet sich insbesondere dadurch aus, dass es zwar seitens des Berechtigten keinen Erfüllungsanspruch gibt. Andererseits hat aber gerade derjenige, an welchen die Obliegenheit adressiert ist, ein gesteigertes Interesse daran, dass er dieser Obliegenheit auch genügt, um rechtliche Nachteile für seine Person zu vermeiden.[481] Genau diese Definitionsbestandteile der Obliegenheit sind es, die auch die Dokumentationsempfehlungen der Literatur zum Thema Compliance prägen.

(bb) Informationsspeicherungspflicht und BGH-Rechtsprechung

Im Gegensatz zur Obliegenheit einer entsprechenden Dokumentation ist bereits bei der Erörterung der Compliance-Risikoermittlungspflicht auf eine Literaturansicht zur Informationsspeicherungspflicht hingewiesen worden.[482] Eine solche Informationsspeicherungspflicht beschreibt im Ergebnis nichts anderes als eine Dokumentationspflicht.[483] Entscheidend bei der Frage, ob eine bestimmte Information zu dokumentieren ist, ist nach dieser Ansicht stets ihre potenzielle Relevanz. Diese Relevanz würde sich dabei anhand der Größe des Wahrscheinlichkeitsgrades bemessen, ob der festgestellte Umstand zukünftig Rechtserheblichkeit erlangen könnte oder nicht.[484] Bezüglich solcher Informationen, die einer Dokumentation bedürfen, sei zusätzlich noch einmal auf die BGH-Rechtsprechung hingewiesen. Demnach wird einer juristischen Person grundsätzlich ein solches Wissen zugerechnet, welches als „*typischerweise aktenmäßig festgehalten[es]*“ Wissen zu bezeichnen ist. Im Anschluss an eine Literaturmeinung[485] führt der BGH weiter aus, „*[...] die Verantwortung für das einmal erlangte Wissen schließe die Verpflichtung ein, seine Verfügbarkeit zu organisieren*“.[486]

480 MüKo-*Spindler*, § 93 AktG, Rn. 166.
481 Palandt-*Grüneberg*, Einl. v. § 241 BGB, Rn. 13.
482 Siehe Seite 103.
483 *Buck-Heeb*, in Corporate Compliance, § 2, Rn. 29 ff.
484 *Buck-Heeb*, in Corporate Compliance, § 2, Rn. 30 f.
485 *Bohrer*, DNotZ 1991, 124 (129 ff.).
486 BGH, NJW 1992, 1099 (1100); BGH, NJW 1996, 1339 (1340 f.).

Zuzugeben ist allerdings, dass es im Rahmen der BGH-Rechtsprechung stets um die Zurechnung eines haftungsbegründenden Wissens im Außenverhältnis gegenüber Dritten ging. Eine Pflicht zur Compliance-Dokumentation würde allerdings eine Verpflichtung im Innenverhältnis zwischen der Gesellschaft und ihren geschäftsleitenden Organen voraussetzen. Insbesondere wird bezüglich der BGH-Rechtsprechung diskutiert, ob eine ordnungsgemäße Organisation des Wissens auch zu einer Entlastung der Gesellschaft im Außenverhältnis führen kann.[487] Die BGH-Rechtsprechung hat v. a. den Schutz des privaten Rechtsverkehrs vor Augen. Demnach ist sicherzustellen, dass der Vertragspartner einer juristischen Person mit Blick auf die Wissenszurechnung nicht schlechter gestellt wird, als er stehen würde, wenn das betreffende Vertragsverhältnis nur mit einer einzelnen natürlichen Person begründet worden wäre.[488] Bei der vorliegenden Diskussion um eine Compliance-Dokumentationspflicht im Innenverhältnis greifen diese Argumente allerdings nicht. Die Dokumentationspflicht käme nämlich vorwiegend der Gesellschaft zugute, da sie im Rahmen eines Haftungsfalles gegenüber Dritten entlastende Wirkung entfalten könnte. Zum Schutze des Rechtsverkehrs würde eine Compliance-Dokumentationspflicht der geschäftsführenden Organe im Innenverhältnis – wenn überhaupt – nur mittelbar beitragen.

Neben den dringenden Empfehlungen der Literatur ergibt sich auch aus der dargestellten höchstrichterlichen Rechtsprechung zwar die praktische Notwendigkeit von umfassenden Dokumentationsvorgängen innerhalb eines Unternehmens. Eine verbindliche Compliance-Dokumentationspflicht der geschäftsleitenden Organe im Innenverhältnis gegenüber der Gesellschaft statuiert aber der BGH damit nicht.

(cc) Dokumentationsverantwortung – insbesondere im IDW PS 980

Anders muss allerdings der IDW PS 980 verstanden werden, wenn es in Tz. 13 heißt:

„Die Verantwortung für das CMS und die Inhalte der CMS-Beschreibung liegt bei den gesetzlichen Vertretern des Unternehmens. Diese Verantwortung umfasst auch die Dokumentation des CMS, um eine konsistente Anwendung und personenunabhängige Funktion des Systems im Zeitablauf zu ermöglichen […]“.[489]

---

487 *Buck-Heeb,* in Corporate Compliance, § 2, Rn. 7 ff.

488 BGH, NJW 1990, 975 (976); BGH, NJW 1992, 1099 (1100); BGH, NJW 1996, 1339 (1340); *Buck-Heeb,* in Corporate Compliance, § 2, Rn. 4.

489 IDW PS 980, Tz. 13; siehe auch Tz. 23.

Der IDW Prüfungsstandard spricht zwar nicht ausdrücklich von einer Pflicht zur Dokumentation, sondern benutzt den Begriff der Verantwortung. Dennoch erweitert er die Bedeutung der Compliance-Dokumentation, wenn er diese als Basis für eine dauerhafte und personenunabhängige Funktionsfähigkeit des Compliance-Management-Systems beschreibt. Der IDW Prüfungsstandard ist allerdings rechtlich unverbindlich und als Meinungsäußerung eines Gremiums zu bewerten. Er ist von seiner Wertigkeit mit einer Ansicht im juristischen Schrifttum vergleichbar.[490] Die Gewährleistung der personellen Unabhängigkeit des Compliance-Systems, welche durch eine angemessene Dokumentation erreicht werden soll, wird auch an anderer Stelle in der betriebswirtschaftlichen Literatur herausgestellt.[491]

(dd) Die Compliance-Dokumentationspflicht aus §§ 76 Abs. 1, 93 Abs. 1 AktG

Nach Ansicht des Verfassers ergibt sich die Verpflichtung zur Dokumentation der maßgeblichen Compliance-Entscheidungen und Abläufe wiederum aus der Pflicht zur sorgfältigen Unternehmensführung gemäß den §§ 76 Abs. 1, 93 Abs. 1 AktG inklusive der organschaftlichen Pflicht zur sorgfältigen Unternehmensüberwachung. Nur durch eine ausreichende Compliance-Dokumentation genügen die geschäftsführenden Organe dem Maßstab eines ordentlichen und gewissenhaften Geschäftsleiters aus § 93 Abs. 1 Satz 1 AktG. Die Pflicht zur Dokumentation ist den geschäftsführenden Organen gerade auch objektiv zumutbar insbesondere vor dem Hintergrund, dass die Möglichkeit besteht, diese Verpflichtung auf nachgeordnete Abteilungen bzw. Personen zu delegieren. Daneben ist sie auch angemessen und nicht unverhältnismäßig. Eine Compliance-Dokumentation steht auch im Interesse der Gesellschaft und eben nicht nur in einem solchen der geschäftsführenden Organe. Denn insbesondere zur Vermeidung von Haftungsfällen[492] und zum Reputationsschutz ist die ausreichende Dokumentation der Compliance-Vorgänge für die Gesellschaft selbst von essentieller Bedeutung und ohne adäquate Alternative. Dies gilt unabhängig davon, ob diese gegen ihre Organe im Innenverhältnis einen Regressanspruch erfolgreich geltend machen könnte oder nicht. Auch die Sicherstellung und Gewährleistung, dass die Compliance-Organisation nicht von wenigen Personen abhängig ist, setzt eine vernünftige Dokumentation voraus. Der Pflicht zur

---

490 AG Duisburg, DB 1994, 466 (467); *Böttcher,* NZG 2011, 1054 (1055).

491 *Eibelshäuser,* Der Konzern 2007, 735 (741).

492 *Buck-Heeb,* in Corporate Compliance, § 2, Rn. 2; *Hauschka,* AG 2004, 461 (463 ff.).

sorgfältigen Unternehmensführung kann nur durch eine solche Sicherstellung der personenunabhängigen Nachvollziehbarkeit der Compliance-Entscheidungen im Zeitablauf mittels einer sinnvollen Dokumentation nachgekommen werden.

In welcher konkreten Form die Dokumentation der Compliance-Entscheidungen erfolgt, liegt allerdings im Ermessen der verpflichteten Organe. Aus Gründen der Praktikabilität wird schon in nicht ganz kleinen Gesellschaften auf eine Dokumentation zurückzugreifen sein, die auf digitalen Datenbanken basiert und somit eine ausreichende Übersicht und Zugriffsbreite ermöglicht.[493]

(ee) Der inhaltliche Umfang der Compliance-Dokumentation

Inhaltlich hat die Compliance-Dokumentation zwingend sämtliche auf die Compliance-Pflichten-Trias bezogene Entscheidungen zu enthalten. Aus der Dokumentation müssen die periodisch wiederkehrenden und die anlassbezogenen Compliance-Risikoanalysen ersichtlich sein. Weiterhin sind sämtliche compliance-relevante Risiken in der Dokumentation aufzuführen. Außerdem muss die Dokumentation in jedem Fall die Bewertungen und Auswertungen der entdeckten Compliance-Risiken enthalten und die abschließend getroffene Compliance-Entscheidung begründen. Enthält die Compliance-Dokumentation diese notwendigen Bestandteile nicht oder nur unvollkommen, liegt ein Verstoß gegen die Compliance-Dokumentationspflicht vor.

Der inhaltliche Dokumentationsumfang bezüglich der unternehmerischen Entscheidungen zur Compliance-Ausgestaltung liegt, anders als bei den Dokumentationsausführungen zur Compliance-Pflichten-Trias, wie die Entscheidungen selbst im unternehmerischen Ermessen der geschäftsführenden Organe. Um dem Maßstab des ordentlichen und gewissenhaften Geschäftsleiters zu genügen, ist jedenfalls ein angemessener bzw. verhältnismäßiger Dokumentationsumfang zu wählen. Aufgrund der Allgemeinheit dieser Kriterien kann der IDW Prüfungsstandard als Orientierungshilfe für die Geschäftsführung fungieren. Der Prüfungsstandard beschreibt sieben Grundelemente eines Compliance-Management-Systems.[494] Die einzelnen Elemente Compliance-Kultur, Compliance-Ziele, Compliance-Risiken, Compliance-Programm, Compliance-Organisation, Compliance-Kommunikation sowie Compliance-Überwachung und Verbesserung werden im Rahmen des IDW Prüfungsstandard detailliert beschrieben.[495]

---

493 *Geiser*, Leitungspflichten des Vorstandes in der AG, S. 167.
494 IDW PS 980, Tz. 23.
495 IDW PS 980, A14 ff.

Setzt sich eine Compliance-Dokumentation mit sämtlichen Unterpunkten der Grundelemente des IDW Prüfungsstandard auseinander, so ist dies aus Sicht des Verfassers ein Indiz für die Angemessenheit des Dokumentationsumfangs. Die juristische Literatur gibt vergleichbare Empfehlungen zum inhaltlichen Umfang einer Compliance-Dokumentation. Demnach sind zunächst die generellen Regelungen zur eingerichteten Compliance-Organisation, der konkrete Ablauf, die eingeleiteten Konsequenzen sowie etwaige Abänderungen der etablierten Compliance-Organisation im Compliance-Manual festzuhalten. Weiter bedürfen auch konkrete Überwachungsmaßnahmen und besondere Anlassprüfungen der Dokumentation.[496] Daneben sind sämtliche Delegationsvorgänge sowie kontroverse Abstimmungsergebnisse in den Entscheidungsgremien schriftlich festzuhalten. Als Zielsetzung sollte eine Dokumentation immer anstreben, die haftungsrelevanten Compliance-Umstände zu beinhalten.[497] Eine rechtliche Sicherheit für die geschäftsführenden Organe bezüglich eines ausreichenden Dokumentationsumfangs kann sich allerdings weder aus dem unverbindlichen Prüfungsstandard noch aus der Einhaltung der genannten Literaturvorgaben ergeben. Es bleibt im Ergebnis stets bei einer Ermessensentscheidung der geschäftsführenden Organe unter Berücksichtigung der besonderen Umstände des Einzelfalls, wie umfangreich die Compliance-Dokumentation insbesondere bezüglich der konkreten Compliance-Ausgestaltung tatsächlich aufzubauen ist.

(3) Resümee der Compliance-Verpflichtungen der geschäftsführenden Organe aus §§ 76 Abs. 1, 93 Abs. 1 AktG

Resümierend ist festzustellen, dass eine absolute Verpflichtung der geschäftsleitenden Organe zur Installation eines Compliance-Management-Systems in der Gesellschaft nicht aus §§ 76 Abs. 1, 93 Abs. 1 AktG folgt. Dennoch ist das Compliance-Management zwingender Bestandteil der sorgfältigen Unternehmensführung in jeder Aktiengesellschaft. Zur Erfüllung des Sorgfaltsmaßstabes eines ordentlichen und gewissenhaften Geschäftsleiters ist eine Auseinandersetzung mit dem Compliance-Risikopotential der eigenen Gesellschaft unausweichlich. Die geschäftsleitenden Organe haben daher die aufgezeigte Compliance-Pflichten-Trias zu erfüllen, welche durch die Compliance-Dokumentationspflicht flankiert wird. Die Entscheidungen zum „ob" und zum „wie" des eigentlichen Compliance-Management-Systems sind als unternehmerische Entscheidungen zu qualifizieren, die in den Anwendungsbereich der Business Judgment Rule aus

496 *Goette*, ZHR 2011, 388 (397).

497 *Hauschka*, in Corporate Compliance, § 1, Rn. 29; *Kiethe*, GmbHR 2007, 393 (399).

§ 93 Abs. 1 Satz 2 AktG fallen. Zumindest haben sich die Geschäftsleiter zum Thema Compliance zu positionieren, nämlich in der Form, ob ein Compliance-Management-System in der Gesellschaft etabliert wird oder gerade nicht. Die diesbezüglichen unternehmerischen Entscheidungen sind wiederkehrend zu treffen und in ausreichendem Maße zu begründen sowie zu dokumentieren.

dd) § 43 Abs. 1 GmbHG als Grundlage von Compliance

Die Compliance-Pflichten-Trias sowie die Compliance-Dokumentationspflicht sind aus den §§ 76 Abs. 1, 93 Abs. 1 AktG hergeleitet worden. Diese Regelungen sind unmittelbar nur auf die Aktiengesellschaft anzuwenden. Auf die GmbH sind die vorstehenden Ergebnisse jedoch entsprechend zu übertragen. Eine gesetzliche Grundlage finden die Compliance-Verpflichtungen der Geschäftsführer einer GmbH zwar nicht unmittelbar in den §§ 76 Abs. 1, 93 Abs. 1 AktG, diese ergibt sich aber aus § 43 Abs. 1 GmbHG und führt insgesamt zu einer identischen Compliance-Pflichtenlage in der Gesellschaft mit beschränkter Haftung.[498]

Die Grundlage für die aufgezeigten Compliance-Verpflichtungen in der Aktiengesellschaft ist die Pflicht zur sorgfältigen Unternehmensleitung nach dem Maßstab eines ordentlichen und gewissenhaften Geschäftsleiters. Als Quelle der Compliance-Pflichten sind dabei insbesondere die organschaftliche Legalitätspflicht und Organisationspflicht der geschäftsleitenden Organe der Aktiengesellschaft hervorgetreten. Die Geschäftsführer einer GmbH sind nach § 43 Abs. 1 GmbHG ebenfalls zu einer solchen sorgfältigen Unternehmensleitung nach dem Maßstab eines ordentlichen Geschäftsmannes verpflichtet. Der Sorgfaltsmaßstab des Geschäftsführers entspricht daher grundsätzlich dem des Vorstandes aus § 93 Abs. 1 Satz 1 AktG.[499] Aus diesem Grunde sind die Compliance-Verpflichtungen des aktienrechtlichen Vorstandes, welche in den §§ 76 Abs. 1, 93 Abs. 1 AktG wurzeln, auf die Gesellschaft mit beschränkter Haftung entsprechend zu übertragen.

---

498 MüKo-*Fleischer,* § 43 GmbHG, Rn. 145; *Grundmeier,* Rechtspflicht zur Compliance im Konzern, S. 31; *Schmidt,* Compliance in Kapitalgesellschaften, S. 102 f.

499 BGH, NZG 2003, 81 (82) spricht von gleichlautenden Sorgfaltspflichten; OLG Celle, NZG 2000, 1178 (1179); *Altmeppen,* in Roth/Altmeppen, § 43 GmbHG, Rn. 3; Baumbach/Hueck-*Zöllner/Noack,* § 43 GmbHG, Rn. 7; *Kleindiek,* in Lutter/Hommelhoff, § 43 GmbHG, Rn. 23; *Lücke/Simon,* in Saenger/Inhester, § 43 GmbHG, Rn. 15; MüKo-*Fleischer,* § 43 GmbHG, Rn. 10; *Lelley,* Compl. im ArbeitsR, S. 28; *Schmidt,* Compliance in Kapitalgesellschaften, S. 103; *U. H Schneider,* in Scholz, § 43 GmbHG, Rn. 32 f.; *Verse,* ZHR 2011, 401 (404).

Ferner ist auch die Anwendung der Business Judgment Rule auf die GmbH im juristischen Schrifttum anerkannt. Im Gegensatz zum Aktiengesetz hat eine solche bislang zwar keinen Eingang in das GmbHG gefunden. Dennoch findet § 93 Abs. 1 Satz 2 AktG nach überwiegender Ansicht entsprechende Anwendung auf die Gesellschaft mit beschränkter Haftung, wobei die GmbH-spezifischen Besonderheiten im Rahmen dieser Anwendung zu berücksichtigen sind.[500] Dies entspricht auch der Intention des Gesetzgebers, wenn es in der Begründung zum UMAG heißt: „*Der Grundgedanke eines Geschäftsleiterermessens im Bereich unternehmerischer Entscheidungen ist nicht auf den Haftungstatbestand des § 93 AktG und nicht auf die Aktiengesellschaft beschränkt, sondern findet sich auch ohne positivrechtliche Regelung in allen Formen unternehmerischer Betätigung.*“[501]

Aus diesen Gründen können sich die Geschäftsleiter einer GmbH bei der Erfüllung ihrer Compliance-Verpflichtungen am allgemeinen Orientierungs- und Entscheidungsrahmen, den die Business Judgment Rule zur Erfüllung der Compliance-Aufgaben in der unverbundenen Gesellschaft gibt, orientieren. Schon zur Vermeidung eines Schadensersatzanspruches der Gesellschaft aus § 43 Abs. 2 GmbHG sollten die Geschäftsführer einer GmbH – wie die aktienrechtlichen Vorstände – die tatbestandlichen Voraussetzungen der Business Judgment Rule bei ihren unternehmerischen Entscheidungen beachten.

2 Ergebnisse zu den Compliance-Pflichten in der konzernfreien Kapitalgesellschaft

Ausgangspunkt der vorstehenden Untersuchungen war die Frage nach den gesetzlichen Compliance-Pflichten der Kapitalgesellschaft im Außenverhältnis und nach den Compliance-Pflichten der geschäftsführenden Organe bei der AG und der GmbH im Innenverhältnis. Ferner ist untersucht worden, in welcher Form und Intensität ein Compliance-Management-System in der unverbundenen Kapitalgesellschaft gesetzlich zwingend zu implementieren ist.

Die Untersuchung hat gezeigt, dass sich aus den spezialgesetzlichen Vorschriften, die ausdrückliche Compliance-Inhalte normieren, keine allgemeinen Compliance-Pflichten für branchenfremde Gesellschaften ergeben können, da die Voraussetzungen für etwaige Analogieschlüsse nicht vorliegen. Gewisse

---

500 Baumbach/Hueck-*Zöllner/Noack,* § 43 GmbHG, Rn. 22; *Kleindiek,* in Lutter/Hommelhoff, § 43 GmbHG, Rn. 23; Michalski-*Haas/Ziemons,* § 43 GmbHG, Rn. 68; *Lelley,* Compl. im ArbeitsR, S. 28; *Fleischer,* NZG 2011, 521 (527); *Kiethe,* GmbHR 2007, 393 (395); *U. H. Schneider,* in Scholz, § 43 GmbHG, Rn. 54.

501 BR-Drucks. 3/05, S. 21 (= BT-Drucks. 15/5092, S. 12).

Verpflichtungen zur Organisation und Kontrolle, die eine Schnittmenge zu Compliance aufweisen, ergeben sich im Außenverhältnis hingegen aus den §§ 130, 30, 9 OWiG. Die ordnungswidrigkeitsrechtliche Aufsichtspflicht aus § 130 Abs. 1 OWiG ist jedoch tatbestandlich auf solche Pflichtverletzungen beschränkt, die mit Strafe oder Geldbuße bedroht sind. Insbesondere wegen dieser tatbestandlichen Einschränkung eignen sich auch die Normen des OWiG nicht als dogmatische Grundlage einer allgemeinen Compliance-Pflicht der Kapitalgesellschaft.

Sodann ist das gesellschaftsrechtliche Innenverhältnis zwischen den geschäftsleitenden Organen und der eigenen Gesellschaft als dogmatische Basis einer grundsätzlichen Compliance-Verpflichtung untersucht worden. Ziffer 4.1.3 DCGK und § 91 Abs. 2 AktG haben sich diesbezüglich weitestgehend unergiebig gezeigt. Als dogmatische Quelle der Compliance-Pflichten, in der Form einer Compliance-Pflichten-Trias und einer Compliance-Dokumentationspflicht, haben sich die §§ 76 Abs. 1, 93 Abs. 1 AktG und § 43 Abs. 1 GmbHG erwiesen.

Insgesamt ergibt sich de lege lata keine absolute Verpflichtung der geschäftsleitenden Organe, in der unverbundenen Kapitalgesellschaft ein Compliance-Management-System zu etablieren. Insbesondere die Compliance-Pflichten-Trias betrifft zwingende Compliance-Aufgaben auf einer vorgelagerten Stufe. Die Entscheidungen zum Compliance-Management-System im engeren Sinne sind dann stets solche, die im unternehmerischen Ermessen der Geschäftsleiter stehen und in den Anwendungsbereich der Business Judgment Rule fallen.

Dennoch ist als Ergebnis festzuhalten, dass sich aus dem deutschen Gesellschaftsrecht de lege lata zwingende Compliance-Pflichten ergeben, die von sämtlichen Geschäftsleitern in der unverbundenen Kapitalgesellschaft zu beachten sind. Dies sind (1.) die Compliance-Risikoermittlungspflicht, (2.) die Compliance-Risikobewertungspflicht, (3.) die Compliance-Entscheidungspflicht sowie (4.) die Compliance-Dokumentationspflicht.

II Gesetzliche Compliance-Pflichten im Konzern

Anhand der gewonnenen Erkenntnisse in Bezug auf die Compliance-Pflichten in der unverbundenen Gesellschaft gilt es nun diese Ergebnisse im Hinblick auf die Situation innerhalb des Konzerns zu übertragen. Insbesondere sind die gesetzlichen Compliance-Verpflichtungen in Konzerngebilden herauszuarbeiten. Die bisher angesprochene Diskussion im juristischen Schrifttum konzentriert sich nämlich vorwiegend auf die rechtliche Lage in den Einzelunternehmen. Dies entspricht nicht der enormen wirtschaftlichen Bedeutung von Konzernierungssachverhalten in Deutschland. Die überwiegende Anzahl der Gesellschaften ist hierzulande nämlich in Unternehmensgruppen organisiert.[502] Auch das vielbeachtete Siemens/Neubürger-Urteil des Landgerichts München I vom 10. 12. 2013 hat sich überraschenderweise nicht zur Konzerndimensionalität von Compliance geäußert.[503]

In einem weiteren Abschnitt beschäftigt sich diese Untersuchung daher mit der Prüfung von konzernweiten Compliance-Verpflichtungen, welche insbesondere die geschäftsführenden Organe der herrschenden Gesellschaft innerhalb des Konzerns mit Blick auf abhängige Gesellschaften treffen.

1 Compliance-Pflichten der Konzernmuttergesellschaft

Die Darstellung beginnt allerdings mit der Untersuchung der Compliance-Rechtspflichten der Konzernmuttergesellschaft, welche durch die geschäftsführenden Organe zu erfüllen sind. Ein besonderer Untersuchungsgegenstand ist dabei, ob und inwieweit de lege lata eine Pflicht seitens der Konzernmuttergesellschaft besteht, ein konzernweites Compliance-Management-System zu etablieren. Insbesondere ist der Frage nachzugehen, ob die Aktivitäten der abhängigen Gesellschaften in das Compliance-System der Muttergesellschaft einzubeziehen sind.

a) Spezialgesetzliche Compliance-Regelungen mit Konzernbezug

In Anlehnung an die Darstellung zur konzernfreien Gesellschaft beginnt auch die Untersuchung möglicher Compliance-Verpflichtung im Konzern mit einem Blick auf die spezialgesetzlich normierten Compliance-Regelungen mit Konzernbezug. Diese spezialgesetzlichen Regelungen sind, wie dargestellt,[504] vorwiegend im Bank- und Kreditwesen sowie im Versicherungsrecht zu finden.

Einen besonders deutlichen Konzernbezug bringt § 25a Abs. 3 Satz 1 KWG zum Ausdruck,[505] indem dieser festlegt, dass die Geschäftsleiter *„des übergeordneten Unternehmens für die ordnungsgemäße Geschäftsorganisation der Institutsgruppe, Finanzholding-Gruppe oder gemischten Finanzholding-Gruppe verantwortlich sind."*

---

502 *Koch,* WM 2009, 1013; *Spindler,* in Hdb. Vorstandsrecht, § 19, Rn. 61.

503 LG München I, ZIP 2014, 570.

504 Siehe Seiten 33 ff.

505 *Fleischer,* CCZ 2008, 1 (4); *Grundmeier,* Rechtspflicht zur Compliance im Konzern, S. 34; *Schneider/Schneider,* ZIP 2007, 2061 (2063); *Verse,* ZHR 2011, 401 (409).

Diese Verpflichtungen werden in der Literatur auch als „konzernweite Legalitätskontrollpflichten“ bezeichnet, da die herrschende Gesellschaft für die Einhaltung der gesetzlichen Vorschriften auch bei den Tochtergesellschaften verantwortlich sei.[506] Weitere Normen, die im Falle einer Konzernbildung dem übergeordneten Unternehmen bzw. der Muttergesellschaft besondere konzernweite Organisationsverpflichtung auferlegen, sind § 64a Abs. 2 Satz 1 VAG a. F. und § 33 Abs. 1 Satz 2 Nr. 3 WpHG.[507] Ferner begründen § 25h Abs. 1 KWG und § 80d Abs. 3, Abs. 5 VAG a. F.[508] die Verpflichtung des übergeordneten Unternehmens sicherzustellen, dass nicht gegen die Regelungen des Geldwäschegesetzes verstoßen wird. Dies gilt selbst dann, wenn das nachgeordnete Unternehmen in einem Drittstaat ansässig ist.[509]

Mehr als die zur konzernfreien Gesellschaft beschriebene Ausstrahlungswirkung[510] bzw. Schrittmacherrolle[511] kann den spezialgesetzlichen Vorschriften mit Compliance-Bezügen allerdings auch im Hinblick auf die Situation im Konzern nicht beigemessen werden. Die Erstreckung der spezialgesetzlichen Normen im Wege einer Rechtsanalogie, sodass sich für sämtliche Konzernobergesellschaften die dort normierten Compliance-Verpflichtungen ergeben würden, ist nicht möglich. Denn auch mit Blick auf den Konzern fehlt es – aus den oben dargelegten Gründen[512] – an den Voraussetzungen einer analogen Anwendung der branchenspezifischen Vorschriften.

b) Die ordnungswidrigkeitsrechtliche Aufsichtspflicht nach § 130 OWiG mit Blick auf den Konzern

Ausgehend von den zur konzernfreien Gesellschaft gefundenen Ergebnissen, scheint auch hinsichtlich der Compliance-Situation im Konzern eine Untersuchung der ordnungswidrigkeitsrechtlichen Aufsichtspflichten i. S. d. §§ 130, 30, 9 OWiG lohnenswert zu sein. Zusammenfassend hat diese Untersuchung zur konzernfreien Gesellschaft ergeben, dass die §§ 130, 30, 9 OWiG zwar keine

506 *Schneider/Schneider,* ZIP 2007, 2061 (2063); *Verse,* ZHR 2011, 401 (409).

507 *Fleischer,* CCZ 2008, 1 (4); *Huber,* Die Reichweite konzernbezogener Compliance-Pflichten des Mutter-Vorstands des AG-Konzerns, S. 89 f.; *Verse,* ZHR 2011, 401 (409), Fn. 33.

508 Vormals § 15 GwG a. F.

509 *Verse,* ZHR 2011, 401 (409), Fn. 33; *Fleischer,* CCZ 2008, 1 (4); *Schneider/Schneider,* ZIP 2007, 2061 (2063), Die beiden Letztgenannten noch zu § 15 GwG a. F.

510 *Kort,* NZG 2008, 81 (82 f.).

511 *Fleischer,* ZIP 2003, 1 (10).

512 Siehe Seite 57.

dogmatische Grundlage für eine Pflicht zur Einrichtung eines umfassenden Compliance-Management-Systems darstellen, aber die ordnungswidrigkeitsrechtlichen Aufsichtspflichten spezielle Organisations- und Kontrollpflichten beinhalten, welche eine gewisse Schnittmenge zur Compliance-Thematik aufweisen. Ferner betreffen diese Pflichten das Außenverhältnis und eben nicht „nur" das Innenverhältnis, wie dies bei den gesellschaftsrechtlichen Compliance-Pflichten der Fall ist.[513] Fraglich ist somit an dieser Stelle, ob sich aus den §§ 130, 30, 9 OWiG überhaupt konzernweite Aufsichtspflichten der herrschenden Gesellschaft in Bezug auf die beherrschten Gesellschaften ergeben können.

aa) Zwei Praxisbeispiele zu konzernweiten Aufsichtspflichten

In diesem Zusammenhang ist insbesondere auf zwei Fälle aus der Praxis hinzuweisen, in welchen die Aufsichtspflicht aus § 130 OWiG konzernweit angewendet worden ist.

(1) Bußgeldbescheid gegen die Siemens AG der Staatsanwaltschaft München I

Zunächst ist erneut auf die Causa Siemens einzugehen. Als Folge dieser Affäre hat die Staatsanwaltschaft München I gegen die Siemens AG als Konzernobergesellschaft einen Bußgeldbescheid wegen einer Aufsichtspflichtverletzung erlassen.[514] Ohne die gesellschaftsrechtliche Struktur des Siemens-Konzerns genauer darzulegen, stellt die Staatsanwaltschaft München I fest, dass der Gesamtvorstand der Siemens AG (als Obergesellschaft) gemäß § 130 OWiG diejenigen Aufsichtsmaßnahmen zu ergreifen gehabt hätte, die erforderlich gewesen wären, um die Begehung von Straftaten aus dem Unternehmen heraus zu verhindern.[515] Dem Gesamtkontext des Bescheides ist zu entnehmen, dass mit dem Begriff des Unternehmens der Gesamtkonzern gemeint sein muss. Die Staatsanwaltschaft München I thematisiert nicht, ob die Compliance-Verstöße bei den Tochtergesellschaften oder bei der Obergesellschaft aufgetreten sind. Sie führt vielmehr aus, dass eine allgemeine Compliance-Verantwortung des Gesamtvorstandes der Siemens AG bestanden hätte.[516] Nach

---

513 Siehe Seiten 57 ff.

514 http://www.siemens.com/press/pool/de/events/2008-12-PK/MucStaats.pdf, abgerufen am 08. 10. 2015; *Grundmeier,* Rechtspflicht zur Compliance im Konzern, S. 37 f.; *Lutter,* in FS Goette, S. 287 (290).

515 http://www.siemens.com/press/pool/de/events/2008-12-PK/MucStaats.pdf, abgerufen am 08. 10. 2015, S. 3.

516 http://www.siemens.com/press/pool/de/events/2008-12-PK/MucStaats.pdf, abgerufen am 08. 10. 2015, S. 4.

Ansicht der Staatsanwaltschaft *„sorgte der Gesamtvorstand für keine durchgreifenden Verbesserungen des erkennbar unzureichenden Compliancesystems“*,[517] worin ein Verstoß gegen die ordnungswidrigkeitsrechtliche Aufsichtspflicht nach § 130 OWiG des Zentralvorstandes der Siemens AG gesehen worden ist.[518]

(2) Bußgeldverfahren gegen die Etex Holding GmbH des Bundeskartellamtes

In diesem Kontext ist auch die Etex-Entscheidung des Bundeskartellamtes vom 09. 02. 2009 zu berücksichtigen.[519] [520] Auch in dieser Entscheidung ist die ordnungswidrigkeitsrechtliche Aufsichtspflicht aus § 130 Abs. 1 Satz 1 OWiG konzernweit verstanden worden. Inhaltlich ging es darum, dass sich zwei Tochtergesellschaften der Etex Holding GmbH *„an wettbewerbsbeschränkenden Absprachen bei Tondachziegeln“* beteiligt hatten. Diese Absprachen der Tochtergesellschaften haben zu einem Bußgeld in zweistelliger Millionenhöhe gegen die Etex Holding GmbH als Muttergesellschaft geführt, da trotz konkreter Anhaltspunkte nichts seitens der Geschäftsführung der Obergesellschaft veranlasst worden sei, um das kartellrechtswidrige Verhalten zu unterbinden. Durch dieses Unterlassen hat das Bundeskartellamt den Tatbestand der Aufsichtspflichtverletzung i. S. v. § 130 OWiG als erfüllt angesehen.[521]

Gegen den Bußgeldbescheid hat die Etex Holding GmbH erfolgreich Einspruch erhoben, weshalb dieser im April 2012 aufgehoben worden ist. Das Bundeskartellamt stellt allerdings im Rahmen der Aufhebung nochmals abschließend fest: *„Grundsätzlich besteht für Obergesellschaften jedoch eine bußgeldbewerte*

---

517 http://www.siemens.com/press/pool/de/events/2008-12-PK/MucStaats.pdf, abgerufen am 08. 10. 2015, S. 13.

518 *Grundmeier,* Rechtspflicht zur Compliance im Konzern, S. 37 f.

519 Fallbericht des Bundeskartellamts vom 09. 02. 2009, Az. B1-200/06, abrufbar unter http://www.bundeskartellamt.de/wDeutsch/download/pdf/Kartell/Kartell09/Fallberichte/B1-200-06-Fallbeschreibung.pdf, abgerufen am 13. 08. 2014.

520 *Grundmeier,* Rechtspflicht zur Compliance im Konzern, S. 38; *Lutter,* in FS Goette, S. 287 (290 f.); *Schneider,* NZG 2009, 1321 (1324); auf diese Entscheidung hinweisend auch *Verse,* ZHR 2011, 401 (409).

521 Fallbericht des Bundeskartellamts vom 09. 02. 2009, Az. B1-200/06, abrufbar unter http://www.bundeskartellamt.de/wDeutsch/download/pdf/Kartell/Kartell09/Fallberichte/B1-200-06-Fallbeschreibung.pdf, abgerufen am 13. 08. 2014, Rn. 1, 2, 5.

Aufsichtspflicht im Konzern, kartellrechtswidrige Handlungen von Gesellschaften, die ihrer Leitung unterstehen, zu verhindern.“[522]

(3) Zwischenfazit zur konzernrechtlichen Aufsichtspflicht

Als erstes Zwischenfazit im Hinblick auf die beiden praktischen Fallbeispiele kann festgehalten werden, dass zumindest seitens einiger Behörden aus den §§ 130, 30, 9 OWiG konzernweite Aufsichtspflichten der herrschenden Gesellschaft in Bezug auf die beherrschten Gesellschaften konstruiert werden. *Grundmeier* führt hierzu aus, dass die Konzernobergesellschaft in den aufgezeigten Fällen „*wie der Inhaber eines Einzelunternehmens*“ behandelt und dass § 130 OWiG daher konzerndimensional angewendet worden sei.[523] Aus diesen Beweggründen folgert *Lutter*, dass sich die Obergesellschaften von Konzernen nicht sicher sein könnten, „*aus § 130 Abs. 1 OWiG schon von Rechts wegen nicht in Anspruch genommen zu werden*“.[524]

Auffallend ist jedoch, dass in beiden Praxisfällen nicht auf die konkreten Tatbestandmerkmale des § 130 Abs. 1 Satz 1 OWiG im Einzelnen eingegangen worden ist. Vielmehr ist in beiden Fällen schlicht die Verletzung einer konzernweiten Aufsichtspflicht i. S. v. § 130 Abs. 1 Satz 1 OWiG festgestellt worden, ohne die einzelnen Merkmale der ordnungswidrigkeitsrechtlichen Aufsichtspflicht anzusprechen und insbesondere ihre Anwendbarkeit auf den Konzern im Einzelnen darzustellen.

bb) Anwendbarkeit des § 130 Abs. 1 OWiG auf die Konzernsituation

Zu überprüfen gilt es somit, ob die §§ 130, 30, 9 OWiG überhaupt dogmatisch auf Konzernierungssachverhalte anzuwenden sind. Denn nur in diesem Fall könnten sich für die geschäftsführenden Organe der Konzernobergesellschaft konzernweite, compliance-ähnliche Organisationspflichten im Rahmen der Aufsichtspflichten i. S. v. § 130 OWiG ergeben. Dies würde aber zwingend bedingen, dass die Voraussetzungen des § 130 Abs. 1 Satz 1 OWiG auch in der Konzernsituation erfüllt sind.

---

522 Fallbericht des Bundeskartellamts vom 12. 04. 2012, Az. B1-200/06-P2, abrufbar unter http://www.bundeskartellamt.de/wDeutsch/download/pdf/Kartell/Kartell12/Kartell_Fallberichte_12/B01-200-06-P2-U13-2012.pdf?navid=58; abgerufen am 13. 08. 2014.

523 *Grundmeier*, Rechtspflicht zur Compliance im Konzern, S. 38.

524 *Lutter*, in FS Goette, S. 287 (291).

(1) Die Konzernobergesellschaft und der Inhaberbegriff des § 130 Abs. 1 Satz 1 OWiG

Im Hinblick auf eine konzernweite Aufsichtspflicht aus § 130 Abs. 1 Satz 1 OWiG ergeben sich bereits im Zusammenhang mit dem dortigen Inhaberbegriff Zweifel. Wie bereits zur konzernfreien Gesellschaft ausgeführt, kommt als Sanktionsadressat einer Aufsichtspflichtverletzung nämlich nur der „*Inhaber eines Betriebes oder eines Unternehmens*" in Betracht.[525] Damit § 130 Abs. 1 Satz 1 OWiG auf die Konzernobergesellschaft auch im Falle eines sanktionsrechtlich relevanten Verhaltens innerhalb eines von der Tochtergesellschaft geführten Unternehmens oder Betriebes angewendet werden könnte, müsste die Konzernmutter u. a. als Betriebs- oder Unternehmensinhaberin in einer solchen Konstellation anzusehen sein.[526]

(a) Die herrschende Gesellschaft als Unternehmensinhaberin

Nach einer im juristischen Schrifttum vertretenen Ansicht sei die herrschende Gesellschaft gerade Unternehmensinhaberin in Bezug auf den Konzernverbund, sodass sich aus § 130 Abs. 1 Satz 1 OWiG konzernweite Aufsichtspflichten ergeben könnten.[527] Als Unternehmen sei in Abweichung von der aktienrechtlichen Terminologie dabei der gesamte Konzernverbund anzusehen.[528]

Insbesondere *Rogall* bringt im Rahmen seiner Kommentierung des § 130 OWiG zum Ausdruck, dass ein Konzern eine planvoll wirkende Wirtschaftseinheit sei, welcher einen eigenen übergeordneten Zweck verfolge.[529] Entscheidend ist für ihn die Tatsache, dass der Konzern wie ein Unternehmen durch eine einheitliche Leitung organisiert sei. Die herrschende Gesellschaft habe aufgrund dieser Leitung zwar kein formalrechtliches, jedoch ein faktisches Durchgriffsrecht und könne so die Aktivitäten in der abhängigen Gesellschaft steuern. Ein Konzern sei deshalb faktisch wie ein Unternehmen aufgebaut, wobei außer Acht

---

525 Siehe Seite 59.

526 *Fleischer,* CCZ 2008, 1 (5); *Koch,* ZHR 2007, 554 (570); *Schneider,* NZG 2009, 1321 (1324); *Verse,* ZHR 2011, 401 (409).

527 KK-*Rogall,* § 130 OWiG, Rn. 27; Lemke/Mosbacher, § 130 OWiG, Rn. 7; *Bunting,* ZIP 2012, 1542 (1546); *Grundmeier,* Rechtspflicht zur Compliance im Konzern, S. 79, 114 f.

528 KK-*Rogall,* § 130 OWiG, Rn. 27; Lemke/Mosbacher, § 130 OWiG, Rn. 7; *Bunting,* ZIP 2012, 1542 (1545 f.); *Grundmeier,* Rechtspflicht zur Compliance im Konzern, S. 79, 114.

529 KK-*Rogall,* § 130 OWiG, Rn. 27; ähnlich: *Bunting,* ZIP 2012, 1542 (1545).

gelassen werden könne, dass die beherrschten Gesellschaften rechtlich selbstständig seien.[530] Im Ergebnis führe dies dazu, dass die Konzernmutter zur Aufsicht über die Tochtergesellschaften verpflichtet sei.[531]

Zu einer möglichen konzernweiten Aufsichtspflicht und somit zu der Möglichkeit einer grundsätzlichen Anwendung des § 130 Abs. 1 Satz 1 OWiG auf den Konzern, gelangen auch einige weitere Literaturstimmen.[532] Eine explizite Auseinandersetzung mit den angesprochenen Begrifflichkeiten „Inhaber eines Betriebes oder Unternehmens" erfolgt zwar nicht, jedoch impliziert die Anwendung der ordnungswidrigkeitsrechtlichen Vorschriften zwangsläufig das Vorliegen dieser Tatbestandmerkmale des § 130 Abs. 1 Satz 1 OWiG in der Konzernsituation. Auslösendes Element einer konzernweiten Aufsichtspflicht der Obergesellschaft sei demnach die tatsächliche Einflussnahme auf die untergeordneten Gesellschaften.[533]

Als erstes Zwischenergebnis ist festzuhalten, dass es nach einigen Stimmen im juristischen Schrifttum im Einklang mit den beiden dargestellten Fällen aus der Praxis durchaus für zulässig gehalten wird, bei einem sanktionsrechtlich-relevanten Fehlverhalten im Unternehmen der Tochtergesellschaft, eine Unternehmensgeldbuße nach § 30 OWiG gegen die herrschende Muttergesellschaft festzulegen.[534] Dies gilt allerdings nur dann, wenn der herrschenden Gesellschaft eine mangelnde Aufsicht i. S. d. § 130 Abs. 1 Satz 1 OWiG und somit in der Regel auch mangelnde Compliance-Vorkehrungen vorgeworfen werden kann.

Dieses Konzept der wirtschaftlichen Einheit steht dem kartellrechtlichen Unternehmensbegriff des EuGH nahe.[535] Der EuGH hat im Rahmen des Wettbewerbsrechts ausgeführt, dass *„unter dem Begriff des Unternehmens eine wirtschaftliche Einheit zu verstehen ist, selbst wenn diese wirtschaftliche Einheit*

---

530 KK-*Rogall,* § 130 OWiG, Rn. 27.

531 KK-*Rogall,* § 130 OWiG, Rn. 27; Lemke/Mosbacher, § 130 OWiG, Rn. 7; *Grundmeier,* Rechtspflicht zur Compliance im Konzern, S. 79, 115.

532 *Bohnert,* § 130 OWiG, Rn. 7; *Mansdörfer/Timmerbeil,* WM 2004, 362 (368 f.).

533 *Bunting,* ZIP 2012, 1542 (1546); *Mansdörfer/Timmerbeil,* WM 2004, 362 (368 f.); nach *Rogall* hängt von der Intensität des Einflusses und des tatsächlichen Durchgriffs der Konzernspitze der Umfang der stets bestehenden Aufsichtspflicht ab; KK-*Rogall,* § 130 OWiG, Rn. 28.

534 KK-*Rogall,* § 130 OWiG, Rn. 27; Lemke/Mosbacher, § 130 OWiG, Rn. 7; *Mansdörfer/Timmerbeil,* WM 2004, 362 (368).

535 *Grundmeier,* Rechtspflicht zur Compliance im Konzern, S. 60 ff.; Hinweise auf diese Rechtsprechung auch bei *Kremer/Klahold,* ZGR 2010, 113 (122); *Lutter,* in FS Goette, S. 287 (290); *Pietzke,* CCZ 2010, 45 (52); *Schneider,* NZG 2009, 1321 (1324).

rechtlich aus mehreren natürlichen oder juristischen Personen gebildet wird".[536] Ferner heißt es in der EuGH-Rechtsprechung, dass „*einer Muttergesellschaft das Verhalten ihrer Tochtergesellschaft insbesondere dann zugerechnet werden [kann], wenn die Tochtergesellschaft trotz eigener Rechtspersönlichkeit ihr Marktverhalten nicht autonom bestimmt, sondern im Wesentlichen Weisungen der Muttergesellschaft befolgt"*.[537] Es ist jedoch zu beachten, dass sich diese EuGH-Rechtsprechung ausschließlich auf das europäische Wettbewerbs- und Kartellrecht bezieht und für die Bestimmung der Definitionsmerkmale des § 130 Abs. 1 Satz 1 OWiG keine direkten Auswirkungen hat.

(b) Obergesellschaft nicht Unternehmensinhaberin i. S. v. § 130 Abs. 1 Satz 1 OWiG und Ablehnung einer konzernweiten Aufsichtspflicht

Nach anderer Literaturansicht ist die herrschende Gesellschaft aber gerade nicht als Unternehmensinhaberin im Hinblick auf den Konzernverbund zu betrachten.[538] Den Konzern selbst als Unternehmenseinheit anzusehen, sei bereits dogmatisch wenig überzeugend[539] bzw. würde „unüberschaubare Zurechungskaskaden" erfordern.[540] Im gesellschaftsrechtlichen Kontext würde ferner der eher ungebräuchliche Begriff des Unternehmensinhabers mit dem Träger des Unternehmens gleichgesetzt. Als Unternehmensträger würde aber stets die Gesellschaft angesehen, welche das Unternehmen tatsächlich betreibt[541], sodass diese dann auch als Inhaberin des Unternehmens anzusehen sei.[542] Nach dieser verbreiteten Literaturmeinung scheidet eine Anwendung der §§ 130, 30, 9 OWiG auf den Konzern grundsätzlich aus.

Ein Teil des Schrifttums, welches grundsätzlich die Erstreckung von ordnungswidrigkeitsrechtlichen Aufsichtspflichten der Obergesellschaft bezüglich der beherrschten Konzernunternehmen ablehnt, begründet allerdings für gewisse

536 EuGH, Urteil vom 12. 07. 1984, 170/83, Rn. 11 (Hydrotherm); EuGH, Urteil vom 14. 12. 2006, C-217/05, Rn. 40; EuGH, Urteil vom 10. 09. 2009, C-97/08 P, Rn. 55 (Akzo Nobel).

537 EuGH, Urteil vom 14. 07. 1972, 48/69, Rn. 132/135 (ICI); EuGH, Urteil vom 21. 02. 1973, 6/72, Rn. 15; EuGH, Urteil vom 16. 11. 2000, C-286/98 P, Rn. 26 (Stora); EuGH, Urteil vom 10. 09. 2009, C-97/08 P, Rn. 58 (Akzo Nobel).

538 Göhler-*Gürtler,* § 130 OWiG, Rn. 5a; *Koch,* ZHR 2007, 554 (571); *Koch,* WM 2009, 1013 (1018); *Tiedemann,* NJW 1979, 1849 (1852).

539 *Pietzke,* CCZ 2010, 45 (52).

540 Göhler-*Gürtler,* § 130 OWiG, Rn. 5a.

541 BGHZ 125, 366 (374).

542 *Koch,* ZHR 2007, 554 (571); *Koch,* WM 2009, 1013 (1018).

Ausnahmefälle dennoch eine konzernweite Aufsichtspflicht i. S. v. § 130 Abs. 1 Satz 1 OWiG.[543] Die Begründungen der Ausnahmetatbestände, die zu einer solchen konzernweiten Aufsichtspflicht führen würden, variieren dabei. Diese Ausnahmen könnten sich aus einer 100 %-igen Beteiligung[544], aus einer Garantenstellung kraft Beherrschungsvertrages[545] bzw. kraft faktischer Geschäftsführung[546] oder durch tatsächliche Eingriffe der Obergesellschaft in die Aufsichtszuständigkeit der Tochtergesellschaft[547] ergeben. Ausführungen oder Begründungen zu den einzelnen Tatbestandmerkmalen des § 130 Abs. 1 Satz 1 OWiG und insbesondere zum Begriff des Unternehmensinhabers fehlen allerdings in allen Fällen.

Insgesamt besteht im Rahmen dieses Meinungsspektrums Einigkeit darüber, dass insbesondere im Hinblick auf die rechtliche Selbstständigkeit der beherrschten Gesellschaften konzernweite Aufsichtspflichten i. S. d. § 130 Abs. 1 OWiG der Konzernobergesellschaft vom Grundsatz her abzulehnen seien.[548] Die ordnungswidrigkeitsrechtliche Aufsichtspflicht der Organe der herrschenden Gesellschaft beschränke sich vielmehr lediglich auf die eigene Gesellschaft inklusive der Gesellschafterstellungen in Bezug auf die abhängigen Gesellschaften.[549]

Höchstrichterlich beurteilt wurden diese Fragen zu einer konzernweiten Anwendung des § 130 Abs. 1 Satz 1 OWiG – soweit ersichtlich – noch nicht abschließend. In der bereits aus dem Jahre 1981 stammenden Entscheidung „Transportbeton-Vertrieb“ hat der BGH im Rahmen eines obiter dictums allerdings angedeutet, dass bezüglich einer Täterschaft der herrschenden Gesellschaft nach § 130 OWiG wegen einer Aufsichtspflichtverletzung in der Sphäre der Tochtergesellschaft starke Bedenken bestehen würden. Solche würden sich nach Meinung des BGH daraus ergeben, dass die Tochtergesellschaft *„mit eigener Rechtspersönlichkeit ausgestattet und als solche auch Inhaberin des Gesellschaftsunternehmens ist.“*[550]

---

543 Göhler-*Gürtler,* § 130 OWiG, Rn. 5a; *Deselaers,* WuW 2006, 118 (122 f.); *Tiedemann,* NJW 1979, 1849 (1852); *Wirtz,* WuW 2001, 342 (348).

544 *Tiedemann,* NJW 1979, 1849 (1852).

545 Göhler-*Gürtler,* § 130 OWiG, Rn. 5a.

546 *Deselaers,* WuW 2006, 118 (122 f.).

547 *Wirtz,* WuW 2001, 342 (348).

548 Göhler-*Gürtler,* § 130 OWiG, Rn. 5a; *Deselaers,* WuW 2006, 118 (123); *Koch,* ZHR 2007, 554 (571 ff.); *Koch,* WM 2009, 1013 (1018); *Pelz,* in Corporate Compliance, § 6, Rn. 17; *Pietzke,* CCZ 2010, 45 (52); *Spindler,* in Hdb. Vorstandsrecht, § 15, Rn. 127 f.; *Verse,* ZHR 2011, 401 (411); *Wirtz,* WuW 2001, 342 (348).

549 Rebmann/Roth/Herrmann, § 130 OWiG, Rn. 5; *Pelz,* in Corporate Compliance, § 6, Rn. 17; *Spindler,* in Hdb. Vorstandsrecht, § 15, Rn. 127.

550 BGH, WuW/E 1871 (1876).

(2) Stellungnahme und Entscheidung

Im Ergebnis ist dem zuletzt dargestellten Meinungsspektrum dahin gehend zu folgen, wonach die Anwendung der §§ 130, 30, 9 OWiG auf den Konzernsachverhalt grundsätzlich abzulehnen ist. § 130 Abs. 1 Satz 1 OWiG ist in Konzernlagen im Hinblick auf konzernweite Aufsichtspflichten der herrschenden Gesellschaft bereits tatbestandlich nicht erfüllt. Die herrschende Gesellschaft ist weder als Inhaberin der bei den Tochtergesellschaften betriebenen Unternehmen zu betrachten, noch besteht eine Unternehmensinhaberschaft bezüglich des gesamten Konzernverbundes.

Letztere scheitert bereits daran, dass der Gesamtkonzern nach konzernrechtlichen Maßstäben (vgl. §§ 15 ff. AktG) eben kein übergeordnetes eigenes Unternehmen ist. Selbst eine befürwortende Stimme der gegenteiligen Ansicht, welche eine reine wirtschaftliche Betrachtungsweise einnimmt, muss zugeben, dass es sich bei dem sog. „Konzept der wirtschaftlichen Einheit" um einen „Kunstgriff" handeln würde.[551] Ferner wird zum Ausdruck gebracht, dass dieses Konzept vorwiegend ergebnisorientiert sei, um einen „effektive[n] Rechtsgüterschutz" gewährleisten zu können.[552]

Eine Inhaberstellung der herrschenden Gesellschaft bezüglich der bei den untergeordneten Gesellschaften betriebenen Unternehmen scheitert an der rechtlichen Selbstständigkeit der beherrschten Gesellschaften i. S. d. Konzernrechts und damit an der „sanktionsrechtlichen Selbstständigkeit"[553] der Tochtergesellschaften.[554] Dies entspricht den Tendenzen innerhalb des zuvor angesprochenen obiter dictums des BGH.[555]

Hiergegen wird nun teilweise ausgeführt, dass das gesellschaftsrechtliche Verständnis der Begriffe „Unternehmen" und „Inhaber" nicht zwingend auch bei der Definition der Tatbestandsmerkmale des § 130 Abs. 1 Satz 1 OWiG zu berücksichtigen sei. Vielmehr sei auch eine eigenständige Terminologie der Begrifflichkeiten für das Recht der Ordnungswidrigkeiten zulässig.[556] Doch selbst wenn man diesem Einwand Raum geben würde, ergibt sich kein anderweitiges

---

551 *Grundmeier,* Rechtspflicht zur Compliance im Konzern, S. 61.

552 *Grundmeier,* Rechtspflicht zur Compliance im Konzern, S. 78.

553 *Koch,* ZHR 2007, 554 (569).

554 Göhler-*Gürtler,* § 130 OWiG, Rn. 5a; *Koch,* ZHR 2007, 554 (571 ff.); *Koch,* WM 2009, 1013 (1018); *Tiedemann,* NJW 1979, 1849 (1852); im Ergebnis auch: *Grundmeier,* Rechtspflicht zur Compliance im Konzern, S. 77.

555 BGH, WuW/E 1871 (1876).

556 *Bunting,* ZIP 2012, 1542 (1545); *Grundmeier,* Rechtspflicht zur Compliance im Konzern, S. 60; *Koch,* ZHR 2007, 554 (571).

Ergebnis. Denn trotz eines Abrückens vom dargelegten gesellschaftsrechtlichen Begriffsverständnis und der Konstruktion einer Inhaberstellung der Obergesellschaft, entweder aufgrund faktischer Einflussmöglichkeiten oder durch die Qualifikation des Gesamtkonzernverbundes als Unternehmen, führt dies mit Blick auf den Normzweck nicht zu konzernweiten Aufsichtspflichten der Obergesellschaft i. S. v. § 130 Abs. 1 Satz 1 OWiG.[557] Denn wie bereits oben festgestellt, hat § 130 OWiG den Zweck, eine unerwünschte Strafbarkeitslücke zu schließen, die durch eine Delegation betriebsbezogener Pflichten entstehen würde, wenn es diese Norm gerade nicht gegeben würde.[558] Die herrschende Gesellschaft hat allerdings – mit Blick auf die bei den Tochtergesellschaften betriebenen Unternehmen und Betrieben – gar keine betriebsbezogenen Pflichten, da diese die beherrschte Gesellschaft selbst treffen. Ferner besteht auch nicht die Gefahr einer Sanktionslücke, weil die abhängige Gesellschaft sanktionsrechtlich verantwortlich ist.[559]

Weiter ist den dargestellten vier Ausnahmefällen[560] zu einer grundsätzlichen Ablehnung einer konzernweiten Aufsichtspflicht nach § 130 Abs. 1 Satz 1 OWiG nicht zu folgen. Denn diese sind vornehmlich ergebnisorientiert und nicht etwa an den Tatbestandmerkmalen des § 130 Abs. 1 Satz 1 OWiG ausgerichtet. Somit ergibt sich in diesen dargestellten Fällen keine konzernweite Aufsichtsverpflichtung der Konzernobergesellschaft.

Gegen eine konzernweite Aufsichtspflicht mit der Folge, dass eine Unternehmensgeldbuße nach § 30 Abs. 1 OWiG i. V. m. § 130 Abs. 1 Satz 1 OWiG gegen die herrschende Gesellschaft aufgrund eines deliktischen Verhaltens in der Sphäre der abhängigen Gesellschaft festgesetzt werden könnte, spricht weiterhin der Wortlaut von § 30 Abs. 1 OWiG. Aus diesem ergibt sich, dass eine Geldbuße nur dann gegen eine juristische Person festgelegt werden kann, wenn ihr eigenes Leitungsorgan eine Straftat oder Ordnungswidrigkeit begangen hat.[561] Eine Unternehmensgeldbuße nach § 30 OWiG i. V. m. § 130 Abs. 1 Satz 1 OWiG gegen die herrschende Gesellschaft kommt demnach immer nur dann in Betracht, wenn deren eigene vertretungsberechtigte Organe an der Aufsichtspflichtverletzung innerhalb der abhängigen Gesellschaft beteiligt gewesen

557 *Koch*, ZHR 2007, 554 (571 f.); *Koch*, WM 2009, 1013 (1018).

558 Siehe Seite 59.

559 *Koch*, ZHR 2007, 554 (571 f.); *Koch*, WM 2009, 1013 (1018); *Verse*, ZHR 2011, 401 (410); a. A. *Bunting*, ZIP 2012, 1542 (1546).

560 Siehe Seiten 138 f.

561 *Bohnert*, § 30 OWiG, Rn. 1, 18; Göhler-*Gürtler*, § 30 OWiG, Rn. 8; *Bürger*, WuW 2011, 130 (132); *Deselaers*, WuW 2006, 118 (122).

sind.[562] Wird der herrschenden Gesellschaft hiervon abweichend das Fehlverhalten der Leitungsorgane der abhängigen Gesellschaft zugerechnet, wäre dies mit dem Wortlaut des § 30 Abs. 1 OWiG nicht mehr vereinbar. *Deselaers* sieht im Falle einer solchen Zurechnung der fremden Schuld einen Verstoß gegen das Analogieverbot sowie gegen den Grundsatz „nulla poena sine culpa".[563]

Zur Vervollständigung soll zusätzlich darauf hingewiesen werden, dass das Konzept der wirtschaftlichen Einheit, welches die Obergesellschaft als Unternehmensinhaberin i. S. v. § 130 Abs. 1 Satz 1 OWiG in der Konzernsituation betrachtet, auch nicht in jedem Falle zu einer angemesseneren Höhe der Unternehmensgeldbuße führt. Im Gegensatz dazu hält *Grundmeier* die Begründung konzernweiter Aufsichtspflichten aber gerade deshalb für notwendig, um bei der Höhe der Unternehmensgeldbuße auf den Gesamtkonzern als „wirtschaftlich-funktionale Einheit" und nicht nur auf die abhängige Gesellschaft abstellen zu können. Nur auf diesem Wege komme die Sanktionsdrohung des § 130 OWiG uneingeschränkt zur Geltung, womit auch einer Umgehungspraxis vorgebeugt würde.[564]

Dem kann entgegnet werden, dass die Unternehmensgeldbuße nach § 30 OWiG nicht ausschließlich anhand der wirtschaftlichen Verhältnisse der jeweiligen Gesellschaft bemessen wird. Das Höchstmaß der Geldbuße wird bereits durch § 30 Abs. 2 OWiG festgelegt und orientiert sich vielmehr an der Art und Qualität der Anknüpfungstat.[565] Hier besteht ein deutlicher Unterschied zur umsatzbezogenen Geldbuße im Kartellrecht, wo der Sonderbußgeldrahmen des § 81 Abs. 4 Satz 2 GWB die Obergrenze der Unternehmensgeldbuße festlegt. Das Höchstmaß der Geldbuße darf demnach 10 % *„des im der Behördenentscheidung vorausgegangenen Geschäftsjahr erzielten Gesamtumsatzes des Unternehmens oder der Unternehmensvereinigung nicht übersteigen."* Ferner ist dabei nach § 81 Abs. 4 Satz 3 GWB auf den weltweiten Umsatz gerade der *„wirtschaftlichen Einheit"* abzustellen.[566] Dieser umsatzbezogene Bußgeldrahmen ist bei der Verletzung der Aufsichtspflicht nach § 130 OWiG lediglich dann zu berücksichtigen, wenn es sich bei der Anknüpfungstat um eine solche nach § 81 Abs. 4 Satz 1 GWB handelt.[567] In allen anderen Fällen bleibt es bei dem Bußgeldrahmen des § 30 Abs. 2 OWiG.

---

562 Göhler-*Gürtler,* § 130 OWiG, Rn. 5a.

563 *Deselaers,* WuW 2006, 118 (122).

564 *Grundmeier,* Rechtspflicht zur Compliance im Konzern, S. 78.

565 Rebmann/Roth/Herrmann, § 30 OWiG, Rn. 43a.

566 *Cramer/Panais,* in Loewenheim/Meessen/Riesenkampff, § 81 GWB, Rn. 41, 62; *Raum,* in Langen/Bunte, § 81 GWB, Rn. 163, 167.

567 *Raum,* in Langen/Bunte, § 81 GWB, Rn. 163.

Die konkrete Bemessung der jeweiligen Unternehmensgeldbuße hat dann – trotz des fehlenden Verweises in § 30 OWiG – nach den Grundsätzen des § 17 Abs. 3 OWiG zu erfolgen.[568] Zunächst ist demnach die Bedeutung des Rechtsverstoßes zu berücksichtigen, vgl. § 17 Abs. 3 Satz 1 OWiG. Als Kriterien hierzu sind der Unrechtsgehalt und das Ausmaß der Anknüpfungstat, die Häufigkeit der Pflichtverletzung, der Umfang des Schadens und die sonstigen Auswirkungen des Pflichtverstoßes zu berücksichtigen.[569] Ferner gilt es auch den eigentlichen Tatvorwurf zu beachten. Im Rahmen der Bemessung einer Unternehmensgeldbuße hat dies allerdings nur im Hinblick darauf zu erfolgen, ob der Verstoß dem sonstigen Auftreten der juristischen Person eher fremd ist oder nicht.[570] Teilweise wird diesbezüglich auch berücksichtigt, ob Organisationsmängel die Anknüpfungstat beeinflusst haben.[571] Neben diesen Aspekten sind dann auch die wirtschaftlichen Verhältnisse zu betrachten, vgl. § 17 Abs. 3 Satz 2 OWiG. Diese sind somit lediglich als ein Kriterium unter mehreren bei der Bemessung der Unternehmensgeldbuße zu berücksichtigen.

Selbst für den Fall, dass die Unternehmensgeldbuße aufgrund der wirtschaftlichen Verhältnisse der beherrschten Gesellschaft etwas geringer ausfallen würde, sollen nach §§ 30 Abs. 3, 17 Abs. 4 OWiG stets die wirtschaftlichen Vorteile aus dem deliktischen Handeln vollständig bei der beherrschten Gesellschaft abgeschöpft werden. Durch diesen Abschöpfungsteil der Unternehmensgeldbuße kann ggf. auch das gesetzliche Höchstmaß überschritten werden, vgl. § 17 Abs. 4 Satz 2 OWiG.[572]

Trotz der Erhöhung der Grenzen der Unternehmensgeldbuße auf maximal 10 Mio. € im Jahre 2013 (vgl. § 30 Abs. 2 OWiG) trifft dieser Abschöpfungsteil der erlangten wirtschaftlichen Vorteile die Gesellschaft oftmals wesentlich empfindlicher als die eigentliche Geldbuße.[573] Demnach wird der Sanktionsdrohung

---

568 *Bohnert,* § 30 OWiG, Rn. 41; KK-*Rogall,* § 30 OWiG, Rn. 134; a. A. Göhler-*Gürtler,* § 30 OWiG, Rn. 36a; dieser stellt auf allgemeine Zumessungsgrundsätze ab.

569 *Bohnert,* § 30 OWiG, Rn. 41; KK-*Rogall,* § 30 OWiG, Rn. 136; Rebmann/Roth/Herrmann, § 30 OWiG, Rn. 43a.

570 KK-*Rogall,* § 30 OWiG, Rn. 137.

571 Göhler-*Gürtler,* § 30 OWiG, Rn. 36a; Rebmann/Roth/Herrmann, § 30 OWiG, Rn. 43a.

572 *Bohnert,* § 17 OWiG, Rn. 25; KK-*Mitsch,* § 17 OWiG, Rn. 112; KK-*Rogall,* § 30 OWiG, Rn. 140.

573 Hierzu sei nochmals auf den Bußgeldbescheid gegen die Siemens Aktiengesellschaft hingewiesen. Die Geldbuße von insgesamt 395 Mio. € hat einen Abschöpfungsanteil von 394.750.000 € enthalten, der somit ca. 99,95 % ausgemacht hat.

der §§ 30, 130 OWiG auch bei einer Verneinung der konzernweiten Aufsichtspflicht genüge getan.

cc) Fazit zur ordnungswidrigkeitsrechtlichen Aufsichtspflicht mit Blick auf den Konzern

Abschließend ist zusammenfassend festzuhalten, dass konzernweite Aufsichtspflichten der herrschenden Gesellschaft nach § 130 Abs. 1 Satz 1 OWiG nicht existieren. Dogmatisch ist § 130 Abs. 1 OWiG nämlich nicht auf die Konzernsituation anzuwenden, da die herrschende Gesellschaft nicht als Unternehmens- oder Betriebsinhaberin i. S. v. § 130 Abs. 1 Satz 1 OWiG zu qualifizieren ist. Anderweitige Tendenzen und das Konzept der „wirtschaftlichen Einheit" sind mit dem deutschen Gesellschaftsrecht nicht in Einklang zu bringen. Ferner ist ein von der gesellschaftsrechtlichen Terminologie abweichendes Verständnis im Rahmen der ordnungswidrigkeitsrechtlichen Aufsichtspflicht auch nicht mit Blick auf das Ergebnis, nämlich eine angemessene Unternehmensgeldbuße verhängen zu können, zwingend erforderlich. Die ordnungswidrigkeitsrechtliche Aufsichtspflicht des herrschenden Unternehmens bezieht sich somit grundsätzlich nicht auf die abhängigen Gesellschaften.

Für die Obergesellschaft des Konzerns ergeben sich aus den §§ 130, 30, 9 OWiG im Hinblick auf die Konzernsituation keine weitergehenden konzernweiten Aufsichtspflichten und keine Verpflichtungen hinsichtlich der Einrichtung eines konzernweiten Compliance-Management-Systems. Ohne Zweifel haben die geschäftsleitenden Organe der Obergesellschaft allerdings in Bezug auf die eigene Gesellschaft, die schon zur konzernfreien Gesellschaft herausgestellten Pflichten zur Organisation und Kontrolle im Rahmen von § 130 Abs. 1 Satz 1 OWiG zu beachten.[574]

c) Ergebnis zu den Compliance-Pflichten der Konzernmutter

Abschließend ist festzuhalten, dass sich weder aus den spezialgesetzlichen Compliance-Regelungen mit Bezug zum Konzern noch aus der ordnungswidrigkeitsrechtlichen Aufsichtspflicht Compliance-Verpflichtungen für sämtliche Konzernobergesellschaften ergeben. Aus den untersuchten Normkomplexen entspringen keine Pflichten seitens der herrschenden Gesellschaft, ein konzernweites Compliance-Management-System einzurichten.

574 Siehe Seiten 61 ff.

2 Die gesellschaftsrechtlichen Compliance-Pflichten der geschäftsführenden Organe der Muttergesellschaft im Konzern

In einem weiteren Abschnitt dieser Untersuchung gilt es nunmehr zu prüfen, ob sich Compliance-Verpflichtungen der geschäftsführenden Organe im Innenverhältnis zur eigenen Muttergesellschaft ergeben, die sich auf den gesamten Konzern beziehen. Hierbei sind die zur konzernfreien Gesellschaft untersuchten gesellschaftsrechtlichen Regelungen erneut zu betrachten. Es gilt dabei den Fokus darauf auszurichten, ob sich im Innenverhältnis zwischen den geschäftsleitenden Organen und ihrer eigenen herrschenden Gesellschaft konzernweite Compliance-Verpflichtungen ergeben. Für den Fall, dass die zur konzernfreien Gesellschaft entwickelten Compliance-Pflichten auch in Konzernierungssachverhalten einzuhalten wären, müssten in einem weiteren Schritt die konzernrechtlichen Einflussmöglichkeiten der geschäftsführenden Organe der herrschenden Gesellschaft berücksichtigt werden. Diese sind, abhängig von der Art des jeweiligen Konzerns, unterschiedlich weit ausgeprägt.

a) Konzernbezug im Rahmen von Ziffer 4.1.3 DCGK

Zu Beginn ist erneut auf Ziffer 4.1.3 DCGK einzugehen. Wie bereits festgestellt, kommt dem DCGK aber gerade kein Gesetzesrang zu, weshalb Ziffer 4.1.3 DCGK auch in Konzernlagen keine Compliance-Verpflichtungen der Obergesellschaft konstitutiv begründen kann.[575] Dennoch soll an dieser Stelle nicht versäumt werden, auf den Konzernbezug im zweiten Halbsatz von Ziffer 4.1.3 DCGK hinzuweisen.[576] Dem Kodex sind konzernweite Pflichten der herrschenden Gesellschaft jedenfalls nicht fremd. Ferner wird durch die Formulierung „*wirkt … hin*" deutlich, dass mögliche konzernweite Pflichten durch die jeweiligen Konzernleitungsbefugnisse der herrschenden Gesellschaft begrenzt werden.[577]

b) § 91 Abs. 2 AktG

Die Untersuchungen zur konzernfreien Gesellschaft zu § 91 Abs. 2 AktG haben deutlich gemacht, dass auch diese Norm nicht als gesetzliche Basis einer weit

---

575 Siehe Seite 67.

576 Ziffer 4.1.3 DCGK: „*Der Vorstand hat für die Einhaltung der gesetzlichen Bestimmungen und der unternehmensinternen Richtlinien zu sorgen und wirkt auf deren Beachtung durch die Konzernunternehmen hin (Compliance).*".

577 *Ringleb*, DCGK, Rn. 580; Spindler/Stilz-*Fleischer*, § 76 AktG, Rn. 62.

verstandenen Compliance-Pflicht der geschäftsführenden Organe anzusehen ist. Das in § 91 Abs. 2 AktG geforderte Risikofrüherkennungssystem ist enger als ein umfassendes Compliance-Management-System.[578] In der Praxis wird es jedoch häufig eine Schnittmenge zwischen diesen beiden Systemen geben, sodass auch § 91 Abs. 2 AktG auf konzerndimensionale Aspekte zu untersuchen ist.

Erste Belege für eine Konzerndimensionalität des § 91 Abs. 2 AktG ergeben sich aus der Gesetzesbegründung der Bundesregierung zum KontraG.[579] In dieser wird nämlich an zwei Stellen auf den Konzern verwiesen. Zunächst werden die Auswirkungen der im Rahmen von § 91 Abs. 2 AktG relevanten, den Fortbestand der Gesellschaft gefährdenden Entwicklungen sowohl auf die Vermögens-, Finanz- und Ertragslage der Gesellschaft als auch auf die des Konzerns bezogen.[580] Weiter heißt es in der Regierungsbegründung: *„Bei Mutterunternehmen im Sinne des § 290 HGB ist die Überwachungs- und Organisationspflicht im Rahmen der bestehenden gesellschaftsrechtlichen Möglichkeiten konzernweit zu verstehen, sofern von Tochtergesellschaften den Fortbestand der Gesellschaft gefährdende Entwicklungen ausgehen können.“*[581]

Ein dementsprechendes konzernweites Verständnis von § 91 Abs. 2 AktG bringt auch Ziffer 4.1.4 DCGK zum Ausdruck, indem darin von einem angemessenen Risikomanagement und Risikocontrolling im Unternehmen die Rede ist. Wie in der Präambel des Kodexes ausgeführt, wird der Begriff des Unternehmens immer dann verwendet, wenn nicht nur die Gesellschaft, sondern auch die Konzernunternehmen gemeint sind.[582] Trotz des abweichenden Wortlautes greift Ziffer 4.1.4 DCGK die Regelung des § 91 Abs. 2 AktG auf und beschreibt die daraus folgende Gesetzeslage.[583]

Die ausgeführten Hinweise in der Gesetzesbegründung und die Ausführungen im DCGK können aber nicht verhindern, dass im juristischen Schrifttum Uneinigkeit bezüglich der Frage nach einer Konzerndimensionalität von § 91 Abs. 2 AktG herrscht. Nach *Krieger* und *Sailer-Coceani* sei die Reichweite des Früherkennungssystems im Konzern nicht abschließend geklärt.[584] Weiterhin

578 Siehe Seiten 74 f.

579 BT-Drucks. 13/9712, S. 1 ff.; *Kort,* in Großkomm., § 91 AktG, Rn. 41: *„partiell konzernbezogen“*; Spindler/Stilz-*Fleischer,* § 76 AktG, Rn. 97; *Fleischer,* CCZ 2008, 1 (4 f.); *Lutter,* in FS Goette, S. 287 (295).

580 BT-Drucks. 13/9712, S. 15 (linke Spalte).

581 BT-Drucks. 13/9712, S. 15 (rechte Spalte).

582 *Lutter*, in FS Goette, S. 289 (295); Spindler/Stilz-*Fleischer,* § 76 AktG, Rn. 97.

583 *Ringleb,* DCGK, Rn. 609.

584 Schmidt/Lutter-*Krieger/Sailer-Coceani,* § 91 AktG, Rn. 10.

wird in den einschlägigen Quellen nicht immer hinreichend deutlich gemacht, was nun tatsächlich mit dem Begriff eines konzernweiten Früherkennungssystems gemeint sein soll.

aa) Die unterschiedlich verstandene Konzerndimensionalität des § 91 Abs. 2 AktG

Nach einer im Schrifttum vertretenen Auffassung müssten die Geschäftsleiter der herrschenden Gesellschaft ein solches konzernweites Risikofrüherkennungssystem implementieren, welches auch in der beherrschten Gesellschaft seine Wirkungen entfaltet.[585] Die Pflicht zur Einrichtung eines so verstandenen konzernweiten Systems i. S. d. § 91 Abs. 2 AktG bestehe immer dann, wenn seitens des herrschenden Unternehmens in zulässiger Art und Weise Einfluss ausgeübt würde, unabhängig ob dies auf Grundlage eines Beherrschungsvertrages oder im Rahmen einer faktischen Konzernierung erfolge.[586] Diese weitgehende Verpflichtung der geschäftsleitenden Organe der Muttergesellschaft folge aus ihrer umfassenden Konzernleitungspflicht.[587]

Bezüglich der Konzerndimension des Früherkennungssystems tendiert auch *Fleischer* in die aufgezeigte Richtung, wenn er mit Blick auf die Gesetzesbegründung und die Wertungen von Ziffer 4.1.4 DCGK den Konzernvorstand in der Pflicht sieht, *„eine konzerndimensionale Risikoerfassung und -auswertung einzurichten […]"*.[588]

Weitere Stimmen bejahen ebenfalls eine Pflicht zur Etablierung eines konzernweiten Risikofrüherkennungssystems, wobei die Reichweite eines solchen Systems eingeschränkt wird. Auch nach dieser Ansicht sind solche Entwicklungen, die den Bestand der herrschenden Gesellschaft gefährden können, in einem Früherkennungssystem nach § 91 Abs. 2 AktG zu überwachen, selbst wenn diese aus der Sphäre der beherrschten Gesellschaft stammen würden.[589] Das

---

585 *Hommelhoff/Mattheus,* BFuP 2000, 217 (225, 227); *Preußner/Becker,* NZG 2002, 846 (847); *Wirtz,* WuW 2001, 342 (355); im Ergebnis so wohl auch: *Brebeck/Herrmann,* WPg 1997, 381 (386); *Müller,* in Semler/Peltzer, § 8, Rn. 103.

586 *Hommelhoff/Mattheus,* BFuP 2000, 217 (221, 227).

587 *Hommelhoff/Mattheus,* BFuP 2000, 217 (222, 227).

588 Spindler/Stilz-*Fleischer,* § 76 AktG, Rn. 97; § 91 AktG, Rn. 41; *Fleischer,* CCZ 2008, 1 (5).

589 *Mertens/Cahn,* in Kölner Komm., § 91 AktG, Rn. 18; Schmidt/Lutter-*Krieger/Sailer-Coceani,* § 91 AktG, Rn. 10; *Huber,* Die Reichweite konzernbezogener Compliance-Pflichten des Mutter-Vorstands des AG-Konzerns, S. 151 ff.; *Endres,* ZHR 1999, 441 (451).

von diesen Autoren beschriebene konzernweite Früherkennungssystem ist aber restriktiver zu verstehen als das zuvor beschriebene Verständnis des Systems. Die geschäftsleitenden Organe der herrschenden Gesellschaft hätten zwar im Rahmen ihrer rechtlichen Befugnisse Informationen über die Risiken aus den beherrschten Gesellschaften einzuholen, es bestehe aber keine Verpflichtung in das jeweilige Risikofrüherkennungssystem der beherrschten Gesellschaft steuernd einzugreifen.[590]

Nach einer dritten Auffassung im Schrifttum würde sich weder aus der Norm des § 91 Abs. 2 AktG alleine noch im Zusammenhang mit der Regierungsbegründung zum KontraG eine Pflicht zur Einrichtung eines konzernweiten Früherkennungssystems i. S. d. ersten Ansicht ergeben. Im Hinblick auf eine solche Pflicht fehle es schlichtweg an einer gesetzlichen Grundlage.[591] Vielmehr wird ein partieller bzw. beschränkter Konzernbezug des § 91 Abs. 2 AktG betont.[592] Die Hinweise im Rahmen der Regierungsbegründung bezüglich einer Gleichstellung von Gesellschaft und Konzern seien dann auch in der Form zu interpretieren, dass nur bei der herrschenden Gesellschaft solche Entwicklungen überwacht werden müssten, die im Rahmen der Konzernbilanz relevant seien, vgl. § 297 Abs. 3 HGB.[593] Dies bedeutet wohl, dass nur solche Entwicklungen zu überwachen wären, die sich auf Basis der buchhalterischen Fiktion des Einheitsgrundsatzes i. S. v. § 297 Abs. 3 Satz 1 HGB[594] auf die gesamte Vermögens-, Finanz- und Ertragslage auf der Ebene der Muttergesellschaft bestandsgefährdend auswirken könnten.[595] Die Gemeinsamkeiten zwischen den letzten Ansichten, die ein restriktiveres konzernweites Früherkennungssystem beschreiben, sind allerdings nicht zu verkennen.

---

590 *Mertens/Cahn*, in Kölner Komm., § 91 AktG, Rn. 18; Schmidt/Lutter-*Krieger/Sailer-Coceani*, § 91 AktG, Rn. 10; *Huber*, Die Reichweite konzernbezogener Compliance-Pflichten des Mutter-Vorstands des AG-Konzerns, S. 151 ff.; so wohl auch *Endres*, ZHR 1999, 441 (451).

591 *Koch*, in Hüffer, § 91 AktG, Rn. 6; *Kort*, in Großkomm., § 91 AktG, Rn. 41, 43.

592 *Kort*, in Großkomm., § 91 AktG, Rn. 40 f.

593 *Koch*, in Hüffer, § 91 AktG, Rn. 6; *Kort*, in Großkomm., § 91 AktG, Rn. 40, 43; MüKo-*Spindler*, § 91 AktG, Rn. 41; *Spindler*, in Hdb. Vorstandsrecht, § 19, Rn. 62; a. A. *Lutter*, in FS Goette, S. 287 (296).

594 MüKo-*Busse von Colbe*, § 297 HGB, Rn. 50.

595 Schmidt/Lutter-*Krieger/Sailer-Coceani*, § 91 AktG, Rn. 10.

bb) Stellungnahme zur Konzerndimensionalität von § 91 Abs. 2 AktG

Fraglich ist nun, welche Schlüsse aus den dargestellten unterschiedlichen Gewichtungen und Beurteilungen im juristischen Meinungsspektrum zur Konzerndimensionalität des § 91 Abs. 2 AktG zu ziehen sind. Der Auswertung des juristischen Schrifttums kann dabei als Kernthese entnommen werden, dass die geschäftsführenden Organe der herrschenden Gesellschaft ein Risikofrüherkennungssystem i. S. v. § 91 Abs. 2 AktG einzurichten haben, welches eine gewisse Konzerndimension aufweist. Dies entspricht auch der zuletzt aufgezeigten und stark zurückhaltenden Meinung, welche jedenfalls von einem partiellen Konzernbezug spricht. Demnach ist *Lutter* beizupflichten, wenn er ausführt: „*[…] das von § 91 Abs. 2 AktG geforderte Risikofrüherkennungssystem [ist] heute vernünftigerweise als konzernweites Risikomanagement-System zu verstehen […]*“.[596]

Die Uneinigkeiten bestehen somit vornehmlich in Bezug auf die Intensität des konzernweiten Risikofrüherkennungssystems. Eine Stellungnahme bzw. eine Entscheidung im Hinblick auf die Reichweite des Früherkennungssystems nach § 91 Abs. 2 AktG soll aber an dieser Stelle nicht erfolgen. Bei der Begründung einer umfassenden Compliance-Verpflichtung im Konzern würde eine solche weitergehende Auseinandersetzung nämlich schon nicht weiterhelfen, da – wie zur konzernfreien Gesellschaft ausgeführt – § 91 Abs. 2 AktG nicht als Grundlage einer weitreichenden Compliance-Pflicht dienen kann.[597]

Diese Ausführungen zur Konzerndimensionalität von § 91 Abs. 2 AktG haben jedoch verdeutlicht, dass sich aus dem deutschen Gesellschaftsrecht durchaus konzernweite Verpflichtungen der geschäftsführenden Organe der herrschenden Gesellschaft ergeben.

c) Konzernweite Compliance-Pflichten aus §§ 76 Abs. 1, 93 Abs. 1 AktG, § 43 Abs. 1 GmbHG

Im folgenden Abschnitt wird untersucht, welche Compliance-Pflichten sich seitens der geschäftsführenden Organe der herrschenden Gesellschaft aus den §§ 76 Abs. 1, 93 Abs. 1 AktG bzw. § 43 Abs. 1 GmbHG mit Blick auf den Konzern ergeben. Aus diesem Grunde ist zu prüfen, ob die zur konzernfreien Gesellschaft gefundenen Compliance-Verpflichtungen auf die Konzernsituation zu übertragen sind.

Zusammenfassend haben die Ausführungen zur konzernfreien Gesellschaft ergeben, dass für die geschäftsführenden Organe eine Compliance-Pflichten-Trias

596 *Lutter*, in FS Goette, S. 287 (297).
597 Siehe Seite 75.

und Compliance-Dokumentationspflichten bestehen. Diese Compliance-Pflichten haben ihre Wurzel in der Pflicht zur sorgfältigen Unternehmensführung, die sich aus den §§ 76 Abs. 1, 93 Abs. 1 AktG bzw. aus § 43 Abs. 1 GmbHG ergibt. Bei dieser Pflicht zur sorgfältigen Unternehmensführung in der konzernfreien Gesellschaft ist stets der Maßstab des ordentlichen und gewissenhaften Geschäftsleiters nach § 93 Abs. 1 Satz 1 AktG zu beachten.[598] Auch wenn die weitergehenden Untersuchungen vorwiegend Bezug auf die aktienrechtlichen Normen nehmen, sind die Ausführungen zum Compliance-Management, wie bereits zur konzernfreien Gesellschaft herausgestellt[599], auch auf die Geschäftsführer einer GmbH entsprechend zu übertragen.

Damit aber überhaupt eine Aussage über mögliche konzernweite Compliance-Verpflichtungen getroffen werden kann, ist der Fokus zunächst auf eine vorgelagerte Ebene zu richten. Es ist demnach zu fragen, ob überhaupt und ggf. welche konzernweiten Verpflichtungen seitens der geschäftsleitenden Organe der herrschenden Gesellschaft bestehen, auf welcher gesetzlichen Grundlage diese ggf. beruhen und in welcher Form die geschäftsleitenden Organe der herrschenden Gesellschaft von diesen möglichen Pflichten betroffen sind.

Insbesondere *Fleischer* hat hierzu herausgestellt, dass in § 76 Abs. 1 AktG überhaupt nicht unterschieden wird, ob es sich um die Leitungsorgane einer unverbundenen Gesellschaft oder um solche eines Konzerns handelt. Er merkt weitergehend an, dass der Leitungsauftrag der Organe der herrschenden Gesellschaft im Konzern an keiner Stelle im Gesetz ausdrücklich normiert würde.[600]

Nicht zuletzt aufgrund dieses Schweigens des Gesetzes haben sich eine breite Diskussion und ein umfassendes Schrifttum zu dem Thema „Konzernleitung" entwickelt.[601] Trotz dieser seit Jahrzehnten geführten Debatte ist diese auch heute noch nicht abgeschlossen. Mit dem Ziel eine Bewertung zu konzernweiten Compliance-Verpflichtungen geben zu können, ist eine Auseinandersetzung mit dem Meinungsspektrum zur Thematik der „Konzernleitung" unerlässlich.

aa) Die konzernweiten Pflichten der geschäftsführenden Organe der herrschenden Gesellschaft

In diesem Abschnitt geht es um die Frage, ob generell konzernweite Pflichten seitens der geschäftsführenden Organe der herrschenden Gesellschaft bestehen.

---

598 Siehe Seite 127.

599 Siehe Seiten 128 f.

600 Spindler/Stilz-*Fleischer*, § 76 AktG, Rn. 83; *Fleischer*, DB 2005, 759 (759 f.).

601 *Fleischer*, DB 2005, 759 (759).

(1) Die umfassende Konzernleitungspflicht nach *Hommelhoff*

Bei der Diskussion um mögliche gesellschaftsrechtliche Organisationsverpflichtungen der geschäftsleitenden Organe, insbesondere der herrschenden Gesellschaft im Konzern, ist auch auf *Hommelhoffs* Habilitationsschrift „Die Konzernleitungspflicht“ aus dem Jahre 1981/1982 einzugehen.[602] Dieses prominente Werk ist im Rahmen der Compliance-Diskussion bereits von mehreren Autoren aufgegriffen worden.[603] Jedoch erscheint auch an dieser Stelle eine Auseinandersetzung mit *Hommelhoffs* Kernthesen lohnenswert. Dies gilt gerade deshalb, weil die Diskussion zu dieser Thematik auch nach über 30 Jahren nicht abgeschlossen ist[604] und durch die Compliance-Thematik wieder an Fahrt aufgenommen hat.

Hommelhoff stellt die Grundthese auf, dass der Vorstand einer herrschenden Aktiengesellschaft zur Konzernleitung verpflichtet sei.[605] Diese Pflicht zur Konzernleitung, welche aus § 76 Abs. 1 AktG folge, würde den Vorstand der herrschenden Gesellschaft dazu zwingen, einen möglichen beherrschenden Einfluss über die abhängige Gesellschaft auszuüben und das gegebene Herrschaftspotential in rechtlich zulässiger Art und Weise tatsächlich auszunutzen.[606]

Der „*Urgrund*“ der Verpflichtung zur Ausübung der vorhandenen Herrschaftsmacht sei in der Pflicht der Obergesellschaft begründet, den jeweiligen Gesellschaftszweck unbedingt verfolgen und verwirklichen zu müssen.[607] Zu diesem Zweck der Gesellschaft gehöre als „*integraler Bestandteil*“ der in der Satzung festgelegte Unternehmensgegenstand.[608] Dieser Unternehmensgegenstand müsse durch den aktiven, ziel- und planvollen Einsatz aller Ressourcen, wozu zweifelsfrei auch die Beteiligungen an anderen Gesellschaften zu zählen seien,

---

602 *Hommelhoff,* Die Konzernleitungspflicht, passim.

603 Siehe nur *Grundmeier,* Rechtspflicht zur Compliance im Konzern, S. 104; *Huber,* Die Reichweite konzernbezogener Compliance-Pflichten des Mutter-Vorstands des AG-Konzerns, S. 93 ff.

604 *Huber,* Die Reichweite konzernbezogener Compliance-Pflichten des Mutter-Vorstands des AG-Konzerns, S. 94.

605 *Hommelhoff,* Die Konzernleitungspflicht, S. 41 ff. (Erster Teil), 77, 104, 417, 424; *Hommelhoff/Mattheus,* BFuP 2000, 217 (225); so auch: *Schmidt,* Gesellschaftsrecht, S. 947; *Schneider,* BB 1981, 249 (253); *Lutter,* in FS Goette, S. 287 (297), „*Es zeigt sich aber auch, dass sich der Widerstand gegen die von Hommelhoff schon vor langer Zeit entwickelte Konzernleitungspflicht heute nicht mehr halten lässt.*“.

606 *Hommelhoff,* Die Konzernleitungspflicht, S. 72, 76, 104, 417.

607 *Hommelhoff,* Die Konzernleitungspflicht, S. 59, 69, 71, 73; 104, 417.

608 *Hommelhoff,* Die Konzernleitungspflicht, S. 65, 69 f.

verwirklicht werden.[609] Das gesamte Gesellschaftsvermögen sei dazu bestimmt, dem Gesellschaftszweck und dem Unternehmensgegenstand zu dienen.[610]

Im Vertragskonzern müsse der Vorstand der herrschenden Gesellschaft schon wegen eines möglichen Anspruchs auf Verlustübernahme aus § 302 Abs. 1 AktG in die beherrschte Gesellschaft steuernd eingreifen, um mögliche Risiken kontrollieren zu können.[611] Dieses Argument habe aber nur „argumentationsverstärkenden Charakter", sodass es auch im faktischen Konzern bei der Pflicht zur Ausübung der tatsächlichen Herrschaftsmacht bleiben würde. Denn nur dann würden alle vorhandenen Ressourcen zugunsten des Gesellschaftszwecks eingesetzt werden.[612]

Aus der Pflicht zur sorgfältigen und ordentlichen Unternehmensleitung i. S. d. §§ 76 Abs. 1, 93 Abs. 1 AktG folge gerade die Pflicht, die jeweils herrschende Gesellschaft und die beherrschten Gesellschaften unter einer einheitlichen Leitung zusammenzufassen.[613] *Hommelhoff* verdeutlicht dies, indem er ausführt: „*Bloße Herrschaftsmacht (§ 17 Abs. I AktG) muß also zur Konzernleitung verdichtet werden.*"[614]

Nach *Hommelhoff* ist demnach die bloße Verwaltung einer Beteiligung, die eine unternehmerische Herrschaftsmacht beinhalten würde, in der Form einer reinen Vermögensanlage grundsätzlich nicht möglich. Hierzu führt er aus: „*Die Geschäftsleitung, die bloß verwaltet, handelt rechts- und pflichtwidrig.*"[615] Dies sei der Fall, da eine schlichte Vermögensverwaltung gegen den Gesellschaftszweck verstoßen würde.[616] Der Vorstand dürfe eine rein kapitalistische Beteiligungsverwaltung nur dann durchführen, wenn er durch die jeweilige Satzung der Gesellschaft und den darin festgelegten Unternehmensgegenstand dazu ermächtigt würde.[617]

---

609 *Hommelhoff*, Die Konzernleitungspflicht, S. 66, 70, 71, 77, 104.
610 *Hommelhoff*, Die Konzernleitungspflicht, S. 59.
611 *Hommelhoff*, Die Konzernleitungspflicht, S. 73.
612 *Hommelhoff*, Die Konzernleitungspflicht, S. 74.
613 *Hommelhoff*, Die Konzernleitungspflicht, S. 77, 104, 417, 424.
614 *Hommelhoff*, Die Konzernleitungspflicht, S. 77.
615 *Hommelhoff*, Die Konzernleitungspflicht, S. 54.
616 *Hommelhoff*, Die Konzernleitungspflicht, S. 54.
617 *Hommelhoff*, Die Konzernleitungspflicht, S. 47, 54; Ferner könne auch ein Entherrschungsvertrag, dem die Hauptversammlung mit einer qualifizierten Mehrheit zugestimmt hat, eine reine Beteiligungsverwaltung ermöglichen, *Hommelhoff*, Die Konzernleitungspflicht, S. 103.

Hommelhoff setzt sich in seinem Werk allerdings auch mit den Grenzen der Konzernleitungspflicht auseinander, welche sich aus dem Recht der Tochtergesellschaften ergeben würden.[618] Am stärksten ausgeprägt seien diese Gegenkräfte im faktischen Konzern, der schon von Gesetzes wegen zwingend dezentral organisiert werden müsse.[619] Aber auch im Vertrags- bzw. Eingliederungskonzern könne eine dezentrale Struktur im jeweiligen Beherrschungsvertrag verpflichtend festgelegt werden.[620] Diese Gegebenheiten beschreibt er als „*konzernspezifische[s] Spannungsverhältnis zwischen der Einheit des Konzerns und der Vielheit seiner Glieder.*“[621]

Trotz dieser Gegenkräfte hält *Hommelhoff* den Grundsatz der Pflicht zur umfassenden Konzernleitung aufrecht. Er begegnet diesen allerdings mit einer möglichen Einschränkung der Konzernleitungspflicht im Hinblick auf Inhalt und Umfang. Eine Beschränkung der Konzernleitungspflicht setze allerdings stets ein konzernverfassungsrechtliches Fundament voraus. Hierzu seien Bestimmungen im Beherrschungsvertrag bzw. im Eingliederungsbeschluss unentbehrlich. Im faktischen Konzern sei eine Konzernierungserklärung notwendig, welche eine qualifizierte Mehrheit der Hauptversammlung verlangen würde.[622]

(2) Kritik an *Hommelhoffs* Konzernleitungspflicht

Das zuvor dargestellte von *Hommelhoff* entwickelte Konzept der umfassenden Konzernleitungspflicht wird von der vorherrschenden Ansicht im juristischen Schrifttum kritisch betrachtet und insgesamt weitestgehend abgelehnt.[623] Der Vorstand der herrschenden Gesellschaft habe grundsätzlich keine Pflicht, das abhängige Unternehmen seiner einheitlichen Leitung zu unterstellen.[624] Bei der nachfolgenden Untersuchung

---

618 *Hommelhoff*, Die Konzernleitungspflicht, S. 107 ff.

619 *Hommelhoff*, Die Konzernleitungspflicht, S. 146, 418.

620 *Hommelhoff*, Die Konzernleitungspflicht, S. 153.

621 *Hommelhoff*, Die Konzernleitungspflicht, S. 161, 420.

622 *Hommelhoff*, Die Konzernleitungspflicht, S. 323, 344, 363, 408, 414, 424.

623 *Bürgers/Israel*, in Heidelberger Komm., § 76 AktG, Rn. 24; *Koch*, in Hüffer, § 76 AktG, Rn. 47; *Kort*, in Großkomm., § 76 AktG, Rn. 139 ff.; *Mertens/Cahn*, in Kölner Komm., § 76 AktG, Rn. 65; MüKo-*Spindler*, § 76 AktG, Rn. 49, 52; Schmidt/Lutter-*Seibt*, § 76 AktG, Rn. 26; Spindler/Stilz-*Fleischer*, § 76 AktG, Rn. 86; *Fleischer*, in Hdb. Vorstandsrecht, § 18, Rn. 11 f.; *Huber*, Die Reichweite konzernbezogener Compliance-Pflichten des Mutter-Vorstands des AG-Konzerns, S. 96 ff.; *Löbbe*, Unternehmenskontrolle im Konzern, S. 78; *Fett/Theusinger*, BB-Special Compliance 2010, 6 (8); *Reuter*, DB 1999, 2250 (2251).

624 *Mertens/Cahn*, in Kölner Komm., § 76 AktG, Rn. 65.

der Kritik zur umfassenden Konzernleitungspflicht soll zwischen der Situation im faktischen Konzern und im Vertrags- bzw. Eingliederungskonzern unterschieden werden.

(a) Kritische Stimmen zur umfassenden Konzernleitung im faktischen Konzern

Im Hinblick auf den faktischen Konzern lehnt die vorherrschende Meinung eine umfassende Konzernleitungspflicht nach dem Konzept *Hommelhoffs* einhellig ab.[625] Diese sei mit dem geltenden Konzernrecht nicht zu vereinbaren. Dies komme zunächst durch die §§ 15 ff. AktG zum Ausdruck, wonach auch eine faktische Konzernierung rechtlich zulässig sei.[626] Eine bestehende Abhängigkeit bzw. eine vorhandene Herrschaftsmöglichkeit müsse deshalb nicht zur Einbindung in einen Konzern ausgebaut werden.[627] Ferner würde das System zum Ausgleich von nachteiligen Weisungen der §§ 311 ff. AktG die Leitungsmacht der herrschenden Gesellschaft im faktischen Konzern stark einschränken, sodass es schon an der Möglichkeit zur Leitung fehlen würde. In jedem Falle würde die Eigenverantwortlichkeit der Organe der abhängigen Gesellschaft im faktischen Konzern bestehen bleiben.[628]

(b) Die umfassende Konzernleitung im Vertrags- und Eingliederungskonzern

Vereinzelte Stimmen, die eine umfassende Konzernleitungspflicht für den faktischen Konzern verneinen, begründen eine solche allerdings für den Vertrags- bzw. den Eingliederungskonzern. Dies ergebe sich aus den umfassenden

---

625 *Habersack,* in Emmerich/Habersack, § 311 AktG, Rn. 10 f.; *Kort,* in Großkomm., § 76 AktG, Rn. 145 ff.; MüKo-*Bayer,* § 18 AktG, Rn. 20 f.; MüKo-*Spindler,* § 76 AktG, Rn. 49; Spindler/Stilz-*Fleischer,* § 76 AktG, Rn. 86.

626 OLG Hamm, NJW 1987, 1030 (1031); *Koppensteiner,* in Kölner Komm., Vorb. § 291 AktG, Rn. 71 f.; *Kort,* in Großkomm., § 76 AktG, Rn. 145; Spindler/Stilz-*Fleischer,* § 76 AktG, Rn. 86; *Schmidt,* Gesellschaftsrecht, S. 960; *Huber,* Die Reichweite konzernbezogener Compliance-Pflichten des Mutter-Vorstands des AG-Konzerns, S. 96 ff.

627 MüKo-*Bayer,* § 18 AktG, Rn. 21; *Koppensteiner,* in Kölner Komm., Vorb. § 291 AktG, Rn. 71; Spindler/Stilz-*Fleischer,* § 76 AktG, Rn. 86; *Götz,* ZGR 1998, 524 (526 ff.).

628 *Habersack,* in Emmerich/Habersack, § 311 AktG, Rn. 10 f.; *Koch,* in Hüffer, § 76 AktG, Rn. 47; *Kort,* in Großkomm., § 76 AktG, Rn. 145; MüKo-*Bayer,* § 18 AktG, Rn. 20; MüKo-*Spindler,* § 76 AktG, Rn. 52; Spindler/Stilz-*Fleischer,* § 76 AktG, Rn. 86; *Huber,* Die Reichweite konzernbezogener Compliance-Pflichten des Mutter-Vorstands des AG-Konzerns, S. 98 f.

Weisungsrechten der herrschenden Gesellschaft aus den §§ 308, 323 AktG.[629] Ferner ergäbe sich eine solche Pflicht aus den vergrößerten Haftungsrisiken der Obergesellschaft sowie aus den Abfindungsrechten, welche zugunsten von außenstehenden Aktionären entstehen könnten.[630]

Die herrschende Ansicht lehnt aber genauso wie für den faktischen Konzern auch für den Vertrags- und Eingliederungskonzern das Konzept der umfassenden Konzernleitungspflicht ab.[631] Zugunsten des herrschenden Unternehmens bestehe zwar ein Weisungsrecht (§§ 308 Abs. 1 u. 2, 323 Abs. 1 AktG) allerdings bedeute dies keine Pflicht zur Erteilung von Weisungen.[632] Der Vorstand sei nicht verpflichtet, von seinem bestehenden Weisungsrecht in extensiver Art und Weise Gebrauch zu machen.[633] Es sei vielmehr zwischen einer Konzernleitungsbefugnis, die sich durch einen Beherrschungsvertrag oder eine Eingliederung eröffnen würde, und einer Konzernleitungspflicht zu unterscheiden.[634]

(c) Zusammenfassung der Kritik an einer umfassenden Konzernleitungspflicht

Im Ergebnis ist der überwiegenden Ansicht zu folgen und eine umfassende Konzernleitungspflicht im Sinne *Hommelhoffs* abzulehnen. Diese Ablehnung betrifft sowohl den faktischen Konzern als auch den Vertrags- oder Eingliederungskonzern.[635] Gegen die Annahme einer umfassenden Konzernleitungspflicht sprechen insbesondere die zuvor dargestellten Wertungen des Gesetzes. Für den faktischen

---

629 MüKo-*Bayer,* § 20 AktG, Rn. 19; *Götz,* ZGR 1998, 524 (526, 545).

630 *Löbbe,* Unternehmenskontrolle im Konzern, S. 83, *„Daher besteht im Vertragskonzern und bei der Eingliederung eine echte Konzernleitungspflicht des Muttervorstands."*.

631 *Bürgers/Israel,* in Heidelberger Komm., § 76 AktG, Rn. 24; *Fleischer,* in Hdb. Vorstandsrecht, § 18, Rn. 13; *Kleindiek,* in Hdb. Corporate Governance, S. 787 (795); *Kort,* in Großkomm., § 76 AktG, Rn. 144; MüKo-*Spindler,* § 76 AktG, Rn. 49; Spindler/Stilz-*Fleischer,* § 76 AktG, Rn. 87.

632 *Bürgers/Israel,* in Heidelberger Komm., § 76 AktG, Rn. 24; *Kort,* in Großkomm., § 76 AktG, Rn. 141 ff.; MüKo-*Spindler,* § 76 AktG, Rn. 49; Spindler/Stilz-*Fleischer,* § 76 AktG, Rn. 87; zur GmbH: Baumbach/Hueck-*Zöllner/Beurskens,* SchlAnhKonzernR, Rn. 102; *Huber,* Die Reichweite konzernbezogener Compliance-Pflichten des Mutter-Vorstands des AG-Konzerns, S. 100; *Kleindiek,* in Hdb. Corporate Governance, S. 787 (795).

633 *Hüffer,* in Hüffer, 10. Aufl. (Voraufl.), § 76 AktG, Rn. 17a; *Mertens/Cahn,* in Kölner Komm., § 76 AktG, Rn. 66.

634 *Kort,* in Großkomm., § 76 AktG, Rn. 141.

635 *Bürgers/Israel,* in Heidelberger Komm., § 76 AktG, Rn. 24; *Koch,* in Hüffer, § 76 AktG, Rn. 47; *Kort,* in Großkomm., § 76 AktG, Rn. 144 f.; MüKo-*Spindler,* § 76 AktG, Rn. 49.

Konzern bringen die §§ 17 Abs. 1, 18 Abs. 1 AktG zum Ausdruck, dass neben einer einheitlichen Leitung auch eine bloße Abhängigkeit als dauerhafte Konzernform möglich ist.[636] Gerade die isolierte Widerlegbarkeit der Konzernvermutung des § 18 Abs. 1 Satz 3 AktG[637] macht deutlich, dass trotz bestehender Abhängigkeit eine Konzernierung fehlen kann. Mit Blick auf den Vertrags- bzw. Eingliederungskonzern ist die aufgeführte Unterscheidung zwischen der bestehenden Weisungsbefugnis und der abgelehnten Weisungspflicht überzeugend.[638] Dies stimmt auch mit den Überschriften zu den §§ 308, 323 AktG überein, wo nämlich nicht von einer Leitungspflicht, sondern jeweils von „Leitungsmacht" die Rede ist.

Zustimmung verdient ferner, dass mit einer umfassenden Pflicht zur Konzernleitung eine starke Konzentrationsförderung einhergehen würde, was wirtschaftspolitisch zumindest problematisch wäre. Ferner könnte nicht in jedem Einzelfall die effektivste Konzernstruktur gewählt werden.[639]

(3) Festlegung umfassender Konzernleitungspflichten per Satzung

Zweifelhaft und im juristischen Schrifttum umstritten ist die Frage, ob die geschäftsleitenden Organe per Satzung zu einer umfassenden Konzernleitung verpflichtet werden können. Nach einer Ansicht sei dies durchaus möglich.[640] Die Grundprinzipien der Unternehmensführung könnten innerhalb der Satzung geregelt werden, sodass diese auch für die verbindliche Festlegung einer Konzernleitungspflicht offen sei.[641] Eine andere Auffassung lehnt eine solche Verpflichtung hingegen ab, da im Rahmen der Satzungen keine Anweisungen zulässig seien, welche die Ausübung des Leitungsermessens der geschäftsführenden Organe betreffen würde.[642] Ein „satzungsfestes Leitungsermessen" stehe

---

636 Siehe Seite 154.

637 *Koch,* in Hüffer, § 18 AktG, Rn. 19; *Koppensteiner,* in Kölner Komm.,§ 18 AktG, Rn. 45.

638 Siehe Seite 155.

639 Baumbach/Hueck-*Zöllner/Beurskens,* SchlAnhKonzernR, Rn. 102; *Mertens/Cahn,* in Kölner Komm., § 76 AktG, Rn. 65; Spindler/Stilz-*Fleischer,* § 76 AktG, Rn. 86; *Huber,* Die Reichweite konzernbezogener Compliance-Pflichten des Mutter-Vorstands des AG-Konzerns, S. 99; a. A. wohl *Koch,* WM 2009, 1013 (1019).

640 *Bürgers/Israel,* in Heidelberger Komm., § 76 AktG, Rn. 25; Spindler/Stilz-*Fleischer,* § 76 AktG, Rn. 89; *Fleischer,* in Hdb. Vorstandsrecht, § 18, Rn. 15; *Götz,* ZGR 1998, 524 (526).

641 Spindler/Stilz-*Fleischer,* § 76 AktG, Rn. 89; *Fleischer,* in Hdb. Vorstandsrecht, § 18, Rn. 15.

642 *Kort,* in Großkomm., § 76 AktG, Rn. 144; *Mertens/Cahn,* in Kölner Komm., § 76 AktG, Rn. 66; MüKo-*Spindler,* § 76 AktG, Rn. 50.

einer Konzernleitungspflicht innerhalb der Satzung aus diesem Grunde entgegen.[643] Da die vorstehenden Aspekte nicht unmittelbar zur Lösung der Frage beitragen, welche konzernweiten Compliance-Verpflichtungen aus dem Gesetz entspringen, ist eine Entscheidung zwischen den verschiedenen Standpunkten im Rahmen dieser Untersuchung entbehrlich.

(4) Die konzernweiten Sorgfaltspflichten der geschäftsführenden Organe der herrschenden Gesellschaft

Trotz der Ablehnung einer umfassenden Konzernleitungspflicht im Sinne *Hommelhoffs,* ist die Thematik der „Konzernleitung" damit aber nicht erschöpft. Insbesondere ist an dieser Stelle die Frage noch nicht beantwortet, ob aus den §§ 76 Abs. 1, 93 Abs. 1 AktG für die geschäftsführenden Organe der herrschenden Gesellschaft konzernweite Sorgfaltspflichten erwachsen.[644]

Im juristischen Schrifttum sind unterschiedliche Herleitungen, Ansätze und Bezeichnungen zu möglichen Aufgaben und Pflichten geprägt worden, die in den Themenkomplex der „Konzernleitung" der Muttergesellschaft fallen. Es wird allgemein und unabhängig von der Frage, ob es sich um einen Vertragskonzern oder einen faktischen Konzern handelt, von einer Pflicht zur Oberleitung der Konzernunternehmen gesprochen.[645] Im Innenverhältnis zu ihrer eigenen herrschenden Gesellschaft hätten die geschäftsleitenden Organe daher eine konzernweite Sorgfaltspflicht,[646] bzw. eine konzernbezogene Führungsverantwortung und Leitungspflicht[647] oder eine Pflicht zur Konzernkoordinierung.[648]

(a) Die dogmatische Grundlage konzernweiter Verpflichtungen

Zunächst ist ein Blick auf die dogmatische Grundlage der möglichen konzernbezogenen Pflichten zu werfen. Im Rahmen der Ausführungen zur konzernfreien Gesellschaft ist die Pflicht zur sorgfältigen Unternehmensleitung der geschäftsführenden Organe gegenüber der eigenen Gesellschaft herausgearbeitet worden. Diese

643 *Koch,* in Hüffer, § 76 AktG, Rn. 50.

644 Diesbezüglich ebenfalls fragend: *Huber,* Die Reichweite konzernbezogener Compliance-Pflichten des Mutter-Vorstands des AG-Konzerns, S. 103.

645 *Mertens/Cahn,* in Kölner Komm., § 76 AktG, Rn. 65; Spindler/Stilz-*Fleischer,* § 76 AktG, Rn. 91; *Fleischer,* CCZ 2008, 1 (3); *Fleischer,* DB 2005, 759 (762).

646 MüKo-*Spindler,* § 76 AktG, Rn. 49.

647 Spindler/Stilz-*Fleischer,* § 76 AktG, Rn. 88, 91; *Fleischer,* CCZ 2008, 1 (3); *Fleischer,* DB 2005, 759 (762).

648 *Bürgers/Israel,* in Heidelberger Komm., § 76 AktG, Rn. 25; *Kort,* in Großkomm., § 76 AktG, Rn. 140.

beinhaltet die Pflicht zur Vorteilswahrung und die Pflicht zur Schadensabwehr.[649] Die geschäftsführenden Organe haben die Rentabilität, die Wirtschaftlichkeit und den Erfolg der eigenen Gesellschaft sicherzustellen.[650]

Diese organschaftlichen Sorgfaltspflichten und ihre Inhalte sind an dieser Stelle auf die Konzernsituation zu übertragen. Die Geschäftsleiter der herrschenden Gesellschaft haben auch bei der Verwaltung der Beteiligungen im Hinblick auf die abhängigen Gesellschaften, die allgemeinen Grundsätze der sorgfältigen Unternehmensleitung zu beachten. Die jeweiligen Beteiligungen an den Tochtergesellschaften sind unzweifelhaft zum Vermögen der herrschenden Gesellschaft zu zählen.[651] Die geschäftsleitenden Organe haben somit auch bei der Betreuung dieser Beteiligungen den Maßstab eines ordentlichen und gewissenhaften Geschäftsleiters aus § 93 Abs. 1 Satz 1 AktG zu beachten.[652] Nimmt man dies als Ausgangspunkt, so erstreckt sich grundsätzlich das weite Geschäftsführungsermessen der Organe der herrschenden Gesellschaft auch auf den Umgang mit den Beteiligungen an den einzelnen Tochtergesellschaften.[653] In den Grenzen dieses unternehmerischen Ermessens, die mit Blick auf eine Haftung der geschäftsführenden Organe gegenüber der Gesellschaft durch die Business Judgment Rule nach § 93 Abs. 1 Satz 2 AktG festgelegt werden, können die geschäftsführenden Organe der herrschenden Gesellschaft frei entscheiden, in welcher Art und Weise die Beteiligungen verwaltet werden sollen. Es besteht ein weiter Ermessenspielraum bei der Frage, ob die Tochtergesellschaften und somit der gesamte Konzern eher zentral oder dezentral organisiert und geleitet werden sollen.[654] Aufgrund dieses Geschäftsführungsermessens bei der Ausrichtung der Konzernstrukturen spricht *Fleischer* von einer *„konzernorganisationsrechtlichen*

---

649 Siehe Seite 77.

650 *Kort,* in Großkomm., § 76 AktG, Rn. 140; MüKo-*Spindler,* § 76 AktG, Rn. 49; *Spindler,* WM 2008, 905 (915).

651 *Bürgers/Israel,* in Heidelberger Komm., § 76 AktG, Rn. 24; *Fleischer,* CCZ 2008, 1 (3); *Koch,* in Hüffer, § 76 AktG, Rn. 49; *Kort,* in Großkomm., § 76 AktG, Rn. 140; *Löbbe,* Unternehmenskontrolle im Konzern, S. 75; *Verse,* ZHR 2011, 401 (407).

652 *Habersack,* in Emmerich/Habersack, § 311 AktG, Rn. 11; MüKo-*Spindler,* § 76 AktG, Rn. 49; *Spindler,* WM 2008, 905 (906).

653 *Mertens/Cahn,* in Kölner Komm., § 76 AktG, Rn. 65.

654 *Bürgers/Israel,* in Heidelberger Komm., § 76 AktG, Rn. 25; *Koch,* in Hüffer, § 76 AktG, Rn. 47; *Löbbe,* Unternehmenskontrolle im Konzern, S. 81 f.; *Mertens/Cahn,* in Kölner Komm., § 76 AktG, Rn. 65; MüKo-*Spindler,* § 76 AktG, Rn. 49; Spindler/Stilz-*Fleischer,* § 76 AktG, Rn. 88; *Fett/Theusinger,* BB-Special Compliance 2010, 6 (8); *Spindler,* WM 2008, 905 (915); *Verse,* ZHR 2011, 401 (408).

Business Judgment Rule".[655] Dieses weite Geschäftsleiterermessen ermöglicht nach vorherrschender Ansicht, dass die geschäftsleitenden Organe der herrschenden Gesellschaft die abhängigen Konzernunternehmen in zulässiger Weise eigenständig operieren lassen dürfen.[656] Insgesamt haben die geschäftsleitenden Organe der herrschenden Gesellschaft eine Entscheidung über die Konzernorganisation zu treffen, welche die pflichtgemäße Ausübung des unternehmerischen Ermessens beachtet.[657]

Unabhängig von den jeweiligen Entscheidungen zur Konzernorganisation müssen die geschäftsleitenden Organe der herrschenden Muttergesellschaft aber stets gewährleisten, dass die eigene Gesellschaft nicht durch Ereignisse aus den Sphären der abhängigen Gesellschaften Schaden nimmt.[658] *Verse* unterscheidet die möglichen Schäden für die Obergesellschaft in mittelbare und unmittelbare Schäden.[659] Mittelbare Schäden ergäben sich deshalb, weil Geldbußen und anderweitige Sanktionen indirekt immer auch Auswirkungen auf die herrschende Gesellschaft hätten. Insbesondere im Rahmen des europäischen Kartellrechtes – aber auch durch Reputationsverluste – könnten sich zudem unmittelbare Schäden für die herrschende Gesellschaft ergeben.[660] Speziell im Vertrags- und im Eingliederungskonzern könne sich ein finanzieller Nachteil der herrschenden Gesellschaft aus Unregelmäßigkeiten in der Sphäre der beherrschten Gesellschaften ergeben, da hier ein Anspruch auf die Übernahme des Verlustes gegen die Obergesellschaft nach §§ 302, 324 Abs. 3 AktG bestehen würde.[661] *Schneider* versteht die Schadensabwehrpflicht daher konzernweit.[662]

Aufgrund dieser Schadensabwehrpflicht, die sich aus der Pflicht zur sorgfältigen Unternehmensleitung gemäß §§ 76 Abs. 1, 93 Abs. 1 AktG ergibt, haben

---

655 Spindler/Stilz-*Fleischer*, § 76 AktG, Rn. 88; *Fleischer*, DB 2005, 759 (761); *Fleischer*, CCZ 2008, 1 (3).

656 *Koch*, in Hüffer, § 76 AktG, Rn. 47; *Kort*, in Großkomm., § 76 AktG, Rn. 140, „*im Einzelfall*"; *Mertens/Cahn*, in Kölner Komm., § 76 AktG, Rn. 65; *Verse*, ZHR 2011, 401 (408).

657 *Löbbe*, Unternehmenskontrolle im Konzern, S. 82 f.

658 *Bicker*, AG 2012, 542 (548); *Bunting*, ZIP 2012, 1542 (1544); *Löbbe*, Unternehmenskontrolle im Konzern, S. 84; *Lutter*, in FS Goette, S. 287 (291); *Schneider*, NZG 2009,1321 (1324); *Verse*, ZHR 2011, 401 (408, 413).

659 *Verse*, ZHR 2011, 401 (408).

660 *Verse*, ZHR 2011, 401 (408); ähnlich: *Bunting*, ZIP 2012, 1542 (1544); *Kremer/Klahold*, ZGR 2010, 113 (122); *Schneider*, NZG 2009, 1321 (1324).

661 *Bunting*, ZIP 2012, 1542 (1544); *Grundmeier*, Rechtspflicht zur Compliance im Konzern, S. 119; *Kremer/Klahold*, ZGR 2010, 113 (122).

662 *Schneider/Schneider*, ZIP 2007, 2061 (2064); *Schneider/Schneider*, AG 2005, 57 (58).

die geschäftsführenden Organe der herrschenden Gesellschaft die abhängigen Gesellschaften dahin gehend zu überwachen, dass die Interessen der herrschenden Gesellschaft gewahrt bleiben.[663] Aus diesem Grunde ergeben sich trotz der grundsätzlichen Selbstständigkeit der Tochtergesellschaften durch die allgemeinen Grenzen des unternehmerischen Ermessens, welche durch die Pflicht zur sorgfältigen Unternehmensführung skizziert werden, Kontrollverpflichtungen seitens der Muttergesellschaft.[664]

(b) Zusammenfassendes Ergebnis zu den konzernweiten Sorgfaltspflichten

Sämtliche konzernweite Verpflichtungen, welche von unterschiedlichen Autoren – wie aufgezeigt – mit verschiedenen Begrifflichkeiten umschrieben werden, entspringen aus der Pflicht der geschäftsleitenden Organe zur sorgfältigen Unternehmensführung gegenüber der eigenen herrschenden Gesellschaft nach §§ 76 Abs. 1, 93 Abs. 1 AktG.[665] Diese konzernweiten Pflichten haben ihre Wurzel somit in diesem Innenverhältnis und nicht in der Konzernierung selbst. Besonders passend erscheint aus diesen Gründen *Spindlers* Begriff von der „konzernweiten Sorgfaltspflicht".[666]

(c) Ausgestaltung und Inhalt der konzernweiten Sorgfaltspflichten der Organe der herrschenden Gesellschaft

Die zuvor dogmatisch hergeleiteten konzernweiten Sorgfaltspflichten der Organe der herrschenden Gesellschaft gilt es nun näher zu konkretisieren. Es geht dabei darum, die konzernweiten Verpflichtungen und insbesondere die angesprochenen Sorgfaltspflichten im Hinblick auf Konzernorganisation und Konzernüberwachung näher zu bestimmen.

Bereits zur konzernfreien Gesellschaft wurden die Leitungsaufgaben des Vorstandes aus § 76 Abs. 1 AktG bei der Erläuterung der Pflicht zur sorgfältigen

663 *Löbbe,* Unternehmenskontrolle im Konzern, S. 90; *Lutter,* in FS Goette, S. 287 (291); *Verse,* ZHR 2011, 401 (408).

664 OLG Jena, NZG 2010, 226 (227), zur GmbH als Muttergesellschaft eines faktischen Konzerns; *Bicker,* AG 2012, 542 (548); *Fleischer,* CCZ 2008, 1 (3), „*konzernweite Überwachungsverantwortung*"; *Habersack,* in Emmerich/Habersack, § 311 AktG, Rn. 11; *Kort,* in Großkomm., § 76 AktG, Rn. 140; *Löbbe,* Unternehmenskontrolle im Konzern, S. 90; *Lutter,* in FS Goette, S. 287 (291); MüKo-*Spindler,* § 76 AktG, Rn. 49; *Spindler,* WM 2008, 905 (915); *Verse,* ZHR 2011, 401 (408).

665 *Kort,* in Großkomm., § 76 AktG, Rn. 140; *Mertens/Cahn,* in Kölner Komm., § 76 AktG, Rn. 65; MüKo-*Spindler,* § 76 AktG, Rn. 49.

666 MüKo-*Spindler,* § 76 AktG, Rn. 49.

Unternehmensführung konkretisiert. Insbesondere ist dabei die organschaftliche Organisationspflicht der geschäftsleitenden Organe und die daraus folgende Pflicht zur sorgfältigen Unternehmensüberwachung herausgestellt worden.[667] Im Schrifttum werden zur Konkretisierung der Leitungsaufgaben der geschäftsführenden Organe der konzernfreien Gesellschaft ferner vier Bereiche genannt. Diese sind die Unternehmensplanung, die Unternehmenskoordinierung, die Unternehmenskontrolle und die Besetzung von Führungsposten.[668] Diese vier Aufgabenbereiche werden als *„die originären unternehmerischen Führungsfunktionen“* beschrieben, weshalb ohne deren Erfüllung die Geschäftsführung nicht pflichtgemäß erfüllt werden könne.[669]

Da die konzernweiten Sorgfaltspflichten der geschäftsleitenden Organe der herrschenden Gesellschaft – wie aufgezeigt – aus dem Innenverhältnis zu ihrer eigenen Gesellschaft erwachsen, kann bei der inhaltlichen Präzisierung der konzernweiten Pflichten auf die Ausführungen zur konzernfreien Gesellschaft zurückgegriffen werden. Diese sind jedoch auf die spezifische Situation im Konzern anzupassen. Im Detail:

(aa) Die Konzernplanung

Als Teil der konzernweiten Sorgfaltspflichten haben die geschäftsführenden Organe der Obergesellschaft die Konzernplanung vorzunehmen. Diese konzernweite Planungsverpflichtung beinhaltet die Festlegung eines übergeordneten strategischen Rahmens für den Gesamtkonzern. Es sind dabei die Richtlinien für die Ausrichtung des Konzerns sowie eine Gesamtkonzeption vorzugeben.[670] Diese Pflicht zur Konzernplanung wird auch in Ziffer 4.1.2 DCGK zum Ausdruck gebracht, wenn es dort heißt: *„Der Vorstand entwickelt die strategische Ausrichtung des Unternehmens, […]“*. Bei den Fragen bezüglich der Art und Weise der konkreten Konzernplanung im Einzelfall besteht ein weites Geschäftsführungsermessen, welches in den Grenzen der Business Judgment Rule auszuüben ist.[671]

---

667 Siehe Seiten 83 ff.

668 *Koch,* in Hüffer, § 76 AktG, Rn. 9; *Semler,* Leitung und Überwachung der AG, Rn. 11.

669 *Semler,* Leitung und Überwachung der AG, Rn. 12.

670 MüKo-*Spindler,* § 76 AktG, Rn. 53; Spindler/Stilz-*Fleischer,* § 76 AktG, Rn. 92; *Götz,* ZGR 1998, 524 (532 f.), unterscheidet zwischen „strategischer“ und „operativer“ Planung; *Huber,* Die Reichweite konzernbezogener Compliance-Pflichten des Mutter-Vorstands des AG-Konzerns, S. 133 ff.; *Löbbe,* Unternehmenskontrolle im Konzern, S. 79, 88.

671 MüKo-*Spindler,* § 76 AktG, Rn. 53; Spindler/Stilz-*Fleischer,* § 76 AktG, Rn. 92.

(bb) Die Konzernorganisation bzw. -koordinierung

Ein weiterer Bestandteil der konzernweiten Sorgfaltspflichten ist die Verantwortung der geschäftsleitenden Organe der herrschenden Gesellschaft für die Konzernorganisation bzw. für die Konzernkoordinierung. Inhaltlich geht es dabei um die Pflicht zur Schaffung effizienter Konzernstrukturen.[672] Zur konzernfreien Gesellschaft wurde bereits die organschaftliche Organisationspflicht aus der Verpflichtung zur sorgfältigen Unternehmensführung gemäß §§ 76 Abs. 1, 93 Abs. 1 AktG herausgearbeitet,[673] die hier auf die Besonderheiten des Konzerns angepasst werden muss.

Bei der Frage nach dem „Wie" der Organisation des Konzerns ist auf den Begriff der *„konzernorganisationsrechtlichen Business Judgment Rule"*[674] zurückzukommen. Dieser Begriff drückt den weiten Ermessensspielraum der geschäftsleitenden Organe insbesondere bei der Entscheidung, ob der Konzern zentralistisch oder dezentralistisch zu führen ist, aus.[675]

Zu einer ordnungsgemäßen Organisation des Konzerns durch die geschäftsführenden Organe der herrschenden Gesellschaft gehört eine verantwortungsvolle Finanzorganisation des Konzerns. Das Cash-Management des Konzerns hat dabei die Liquidität des Gesamtkonzerns sicherzustellen. In der Praxis wird dazu häufig eine zentrale Finanzorganisation eingerichtet, was allerdings nicht verpflichtend ist, da an dieser Stelle wiederum ein unternehmerisches Ermessen besteht.[676]

Weiterhin ist ein funktionierendes konzernweites Informationssystem als ein Element im Rahmen der Organisation des Konzerns zu berücksichtigen. Nur wenn die Organe der herrschenden Gesellschaft vollumfänglich und zeitnah über die Abläufe und Geschehnisse im Konzern informiert werden, können diese ihren Leitungsverpflichtungen überhaupt ordnungsgemäß nachkommen.[677]

---

672 *Mertens/Cahn,* in Kölner Komm., § 76 AktG, Rn. 65; MüKo-*Spindler,* § 76 AktG, Rn. 53; Spindler/Stilz-*Fleischer,* § 76 AktG, Rn. 99; *Götz,* ZGR 1998, 524 (533); *Huber,* Die Reichweite konzernbezogener Compliance-Pflichten des Mutter-Vorstands des AG-Konzerns, S. 137; *Löbbe,* Unternehmenskontrolle im Konzern, S. 82; *Semler,* Leitung und Überwachung der AG, Rn. 316 ff.

673 Siehe Seiten 76 ff.

674 Siehe Seiten 158 f.

675 *Löbbe,* Unternehmenskontrolle im Konzern, S. 82.

676 Spindler/Stilz-*Fleischer,* § 76 AktG, Rn. 100; *Götz,* ZGR 1998, 524 (533); *Löbbe,* Unternehmenskontrolle im Konzern, S. 82.

677 Spindler/Stilz-*Fleischer,* § 76 AktG, Rn. 101.

(cc) Die Konzernüberwachung bzw. -kontrolle

Die Ausführungen zur konzernfreien Gesellschaft haben gezeigt, dass zur Vorbeugung und Entdeckung von Rechtsverstößen Kontroll- und Schutzvorkehrungen zu treffen sind. Die geschäftsführenden Organe haben aus diesem Grunde gegenüber der eigenen Gesellschaft eine Pflicht zur sorgfältigen Unternehmensüberwachung, welche aus der Schadensabwehrpflicht erwächst.[678]

Im Falle einer Konzernierung erstreckt sich die Unternehmensüberwachung auch auf die abhängigen Gesellschaften.[679] Demnach ist als drittes Aufgabenspektrum, welches die konzernweiten Sorgfaltspflichten konkretisiert, die Konzernüberwachung zu nennen. Die Thematik der Konzernüberwachung bzw. Konzernkontrolle weist naturgemäß einen besonders engen Zusammenhang zum Thema Compliance-Management im Konzern auf.[680]

Verbreitet wird explizit von einer Rechtspflicht zur Konzernkontrolle ausgegangen.[681] *Habersack* spricht in diesem Kontext von einer „*Pflicht zur Kontrolle der abhängigen Gesellschaft*"[682] und *Bachmann* von einer „*Konzernkontrollpflicht*".[683]

Die Konzernkontrolle ist damit ein elementarer Bestandteil der Leitungsaufgabe der geschäftsführenden Organe der herrschenden Gesellschaft.[684] Die Überwachungstätigkeiten sind auf das Eigeninteresse der Muttergesellschaft bzw. auf das Konzerninteresse auszurichten.[685] Um eine Beeinträchtigung dieses übergeordneten Konzerninteresses feststellen zu können, sind die Entwicklungen in den Tochtergesellschaften kritisch zu überblicken.[686] Die Kontrollmaßnahmen müssen es der herrschenden Gesellschaft schlussendlich ermöglichen, sinnvolle unternehmerische Entscheidungen treffen zu können. Insbesondere geht es dabei um die Frage, ob vorhandene Konzernleitungsbefugnisse ausgeübt

---

678 Siehe Seiten 84 ff.

679 Siehe Seite 158.

680 *Huber,* Die Reichweite konzernbezogener Compliance-Pflichten des Mutter-Vorstands des AG-Konzerns, S. 142.

681 OLG Jena, NZG 2010, 226 (227), zur GmbH als Muttergesellschaft eines faktischen Konzerns; *Bicker,* AG 2012, 542 (548); *Götz,* ZGR 1998, 524 (535); *Huber,* Die Reichweite konzernbezogener Compliance-Pflichten des Mutter-Vorstands des AG-Konzerns, S. 143 ff.; *Löbbe,* Unternehmenskontrolle im Konzern, S. 90; *Lutter,* in FS Goette, S. 287 (291); *Spindler,* WM 2008, 905 (915); *Verse,* ZHR 2011, 401 (408).

682 *Habersack,* in Emmerich/Habersack, § 311 AktG, Rn. 11.

683 *Bachmann,* in GesellschaftsR in der Diskussion 2007, S. 65 (94).

684 *Götz,* ZGR 1998, 524 (534).

685 *Löbbe,* Unternehmenskontrolle im Konzern, S. 75 f.; *Verse,* ZHR 2011, 401 (415).

686 *Mertens/Cahn,* in Kölner Komm., § 76 AktG, Rn. 65; MüKo-*Spindler,* § 76 AktG, Rn. 52; *Spindler,* WM 2008, 905 (915); Spindler/Stilz-*Fleischer,* § 76 AktG, Rn. 93.

werden sollen oder nicht.[687] Die Konzernkontrolle stellt also *„die Grundlage für vom Vorstand zu treffende Leitungsmaßnahmen"* dar.[688]

Bezüglich der Intensität und der individuellen Ausgestaltung der Konzernkontrolle besteht erneut unternehmerisches Ermessen der geschäftsführenden Organe der herrschenden Gesellschaft. Da jedoch bereits zuvor von einer Rechtspflicht zur Konzernkontrolle gesprochen worden ist, kann sich dieses Ermessen nur auf das „wie" nicht aber auf das „ob" der Konzernüberwachung beziehen.[689]

(dd) Besetzung der Führungspositionen in Konzerngesellschaften

Zu den konzernweiten Sorgfaltspflichten der geschäftsführenden Organe der herrschenden Gesellschaft wird auch das Thema der Besetzung von Führungspositionen in der abhängigen Gesellschaft gezählt.[690]

Bei einer abhängigen Aktiengesellschaft ist allerdings sowohl im Vertragskonzern als auch im faktischen Konzern nach § 84 Abs. 1 Satz 1 AktG der Aufsichtsrat der abhängigen Aktiengesellschaft für die Bestellung der Vorstandsmitglieder zuständig. Die Vorstandsmitglieder der herrschenden Aktiengesellschaft haben demnach nur die Möglichkeit, faktisch auf die Personalentscheidungen der abhängigen Gesellschaft Einfluss zu nehmen, da der Aufsichtsrat grundsätzlich selbstbestimmt entscheidet.[691] Insgesamt ergibt sich für die geschäftsleitenden Organe der Muttergesellschaft somit lediglich eine konzernweite Bemühenspflicht. Diese Pflicht ist auf eine dahin gehende Einwirkung auf die abhängigen Aktiengesellschaften ausgerichtet, sodass bei diesen loyales und qualifiziertes Führungspersonal eingesetzt wird.[692]

Im Gegensatz hierzu hat die herrschende Gesellschaft im Falle einer abhängigen GmbH die Möglichkeit, unmittelbaren Einfluss auf die jeweilige Bestellung der Geschäftsführer auszuüben. Gemäß § 46 Nr. 5 GmbHG gehört dies nämlich explizit zum Aufgabenkreis der Gesellschafter.[693] In diesem Fall besteht seitens

---

687 *Löbbe,* Unternehmenskontrolle im Konzern, S. 90, 103.

688 *Löbbe,* Unternehmenskontrolle im Konzern, S. 91.

689 *Huber,* Die Reichweite konzernbezogener Compliance-Pflichten des Mutter-Vorstands des AG-Konzerns, S. 144; *Löbbe,* Unternehmenskontrolle im Konzern, S. 94; *Verse,* ZHR 2011, 401 (415).

690 *Huber,* Die Reichweite konzernbezogener Compliance-Pflichten des Mutter-Vorstands des AG-Konzerns, S. 173; *Götz,* ZGR 1998, 524 (531); *Löbbe,* Unternehmenskontrolle im Konzern, S. 85 ff.; *Semler,* Leitung und Überwachung der AG, Rn. 273, 315.

691 *Huber,* Die Reichweite konzernbezogener Compliance-Pflichten des Mutter-Vorstands des AG-Konzerns, S. 173 f.; *Löbbe,* Unternehmenskontrolle im Konzern, S. 85 f.

692 *Huber,* Die Reichweite konzernbezogener Compliance-Pflichten des Mutter-Vorstands des AG-Konzerns, S. 175.

693 *Löbbe,* Unternehmenskontrolle im Konzern, S. 85.

der geschäftsleitenden Organe der herrschenden Gesellschaft die konzernweite Sorgfaltspflicht, für eine qualifizierte Besetzung der Führungsebene der abhängigen GmbH zu sorgen.

(ee) Ergebnis zum Inhalt der konzernweiten Sorgfaltspflichten

Trotz Ablehnung einer umfassenden Konzernleitungspflicht bestehen sog. konzernweite Sorgfaltspflichten für die Organe der herrschenden Gesellschaft, welche vorstehend konkretisiert worden sind. Die angeführten Pflichten beschreiben einen Organisationsrahmen, der seitens der herrschenden Gesellschaft im Hinblick auf die abhängigen Gesellschaften einzuhalten ist. Dieser Rahmen beinhaltet die Konzernplanung, die Konzernorganisation, die Konzernüberwachung und die Beeinflussung der Führungspostenbesetzung in der abhängigen Gesellschaft. Eine detailreichere bzw. konkretere Beschreibung des konzernweiten Sorgfaltspflichtenrahmens ist naturgemäß nicht möglich, da die Pflichten stets von den individuellen Verhältnissen der beteiligten Gesellschaften abhängig sind. Ferner besteht zwar eine Verpflichtung bezüglich des „ob" der konzernweiten Sorgfaltspflichten. Im Hinblick auf das „wie" der Ausfüllung des konzernweiten Pflichtengebildes besteht allerdings stets ein unternehmerischer Ermessensspielraum.

(d) Die konzernweiten Sorgfaltspflichten im Verhältnis zu den abhängigen Gesellschaften

Im juristischen Schrifttum wird in diesem Zusammenhang immer wieder die Frage aufgeworfen, ob solche konzernweiten Sorgfaltspflichten seitens der herrschenden Gesellschaft und ihrer Organe auch im Verhältnis zu den abhängigen Gesellschaften bestehen würden. Die vorherrschende Meinung lehnt dies ab.[694]

Insbesondere *U. H. Schneider* überzeugt diese Ablehnung von organisationsrechtlichen Pflichten der Obergesellschaft gegenüber den abhängigen Gesellschaften nicht.[695] Er fasst seine Zweifel plakativ zusammen, indem er feststellt: „*wer leitet, den treffen auch entsprechende Pflichten*".[696] An anderer Stelle fragt er, „*ob sich aus § 43 GmbHG und entsprechend § 93 AktG „Organpflichten*

694 *Bürgers/Israel,* in Heidelberger Komm., § 76 AktG, Rn. 26; *Habersack,* in Emmerich/Habersack, § 311 AktG, Rn. 10; *Mertens/Cahn,* in Kölner Komm., § 76 AktG, Rn. 65; MüKo-*Spindler,* § 76 AktG, Rn. 51; Spindler/Stilz-*Fleischer,* § 76 AktG, Rn. 90; *Bachmann,* in GesellschaftsR in der Diskussion 2007, S. 65 (94); *Fleischer,* CCZ 2008, 1 (3); *Löbbe,* Unternehmenskontrolle im Konzern, S. 96 f.

695 *Schneider,* BB 1981, 249 (256).

696 *Schneider/Schneider,* ZIP 2007, 2061 (2065); *Schneider,* BB 1981, 249 (257).

mit Schutzwirkung" für die Konzernunternehmen ableiten lassen.", ohne die aufgeworfene Fragestellung näher zu beantworten.[697]

In Übereinstimmung mit der herrschenden Ansicht sind konzernweite Leitungspflichten bzw. konzernweite Sorgfaltspflichten der herrschenden Gesellschaft gegenüber der abhängigen Gesellschaft abzulehnen. Es können demnach – außerhalb der Anwendungsbereiche von § 309 Abs. 2 AktG und § 317 Abs. 1 und 3 AktG – keine Schadenersatzansprüche wegen unterlassener Leitungsmaßnahmen zugunsten der abhängigen Gesellschaft entstehen.[698] Zur Begründung von konzernweiten Sorgfaltspflichten gegenüber den abhängigen Gesellschaften fehlt es an einer tragfähigen gesetzlichen Grundlage.[699] Hinzu kommt ferner, dass es im faktischen Aktienkonzern schon an den erforderlichen Leitungsbefugnissen der geschäftsführenden Organe der herrschenden Gesellschaft im Hinblick auf die beherrschte Gesellschaft fehlt, um solche Pflichten zu begründen.[700] Verdeutlicht man sich hierzu erneut, dass die zuvor beschriebenen konzernweiten Sorgfaltspflichten der geschäftsführenden Organe aus dem Innenverhältnis zur eigenen Gesellschaft erwachsen, ist es nur folgerichtig, eine wie auch immer ausgestaltete Konzernleitungspflicht der herrschenden Gesellschaft gegenüber den abhängigen Gesellschaften abzulehnen.

bb) Die konzernweiten Compliance-Verpflichtungen seitens der Organe der herrschenden Gesellschaft

Im nun anschließenden Teil ist auf die Ausgangsfragestellung[701] dieses Abschnittes zurückzukommen. Es gilt zu untersuchen, ob die zur konzernfreien Gesellschaft gefundenen konkreten Compliance-Verpflichtungen der geschäftsführenden Organe auch auf die Konzernsituation zu übertragen sind. Bei der Beantwortung dieser Fragestellung bleiben die von der besonderen Konzernierungsform abhängigen konzernrechtlichen Grenzen der Compliance-Pflichten zunächst außer Betracht, um in einem folgenden Abschnitt dann aufgegriffen zu werden.

Das einschlägige Schrifttum zur Compliance-Situation im Konzern bejaht verbreitet die allgemeine Frage, ob die Organe der herrschenden Gesellschaft

---

697 *Schneider/Schneider,* AG 2005, 57 (61).

698 *Mertens/Cahn,* in Kölner Komm., § 76 AktG, Rn. 65.

699 *Bürgers/Israel,* in Heidelberger Komm., § 76 AktG, Rn. 26; Spindler/Stilz-*Fleischer,* § 76 AktG, Rn. 90; *Löbbe,* Unternehmenskontrolle im Konzern, S. 96.

700 Spindler/Stilz-*Fleischer,* § 76 AktG, Rn. 90; *Löbbe,* Unternehmenskontrolle im Konzern, S. 96.

701 Siehe Seite 149.

konzernweite Compliance-Aufgaben zu erfüllen hätten.[702] Jedoch variieren dabei die Bezeichnungen der konzernweiten Compliance-Aufgaben und deren dogmatische Herleitungen. Einige Literaturstimmen sprechen explizit von einer Pflicht der geschäftsleitenden Organe gegenüber der eigenen Gesellschaft ein konzernweites Compliance-System zu installieren.[703] *Spindler* hält diese konzernweite Pflicht dabei für einen Reflex der Schadensabwehrpflicht der geschäftsleitenden Organe im Innenverhältnis zur Obergesellschaft.[704] Ferner wird auch von einer *„konzernweiten Compliance-Verantwortung"* gesprochen, welche zu den Leitungsaufgaben der Geschäftsleiter im Konzern zu zählen sei.[705]

Bereits an dieser Stelle kann im Hinblick auf die Ergebnisse dieser Untersuchung zur konzernfreien Gesellschaft[706] festgehalten werden, dass es eine absolute Compliance-Pflicht aus §§ 76 Abs. 1, 93 Abs. 1 AktG auch im Konzern nicht geben kann.[707] Demnach ist dem Schrifttum zu widersprechen, welches eine absolute Verpflichtung zur Einrichtung eines konzernweiten Compliance-Systems statuiert.[708] Die Geschäftsleiter der herrschenden Gesellschaft haben vielmehr einen weiten unternehmerischen Ermessensspielraum wie sie die verschiedenen Beteiligungen verwalten wollen. Dieser unternehmerische Ermessensspielraum ist grundsätzlich auch hinsichtlich der Einrichtung und Ausgestaltung eines Compliance-Systems im Konzern eröffnet.[709]

Mit Blick auf die gefundenen Ergebnisse können die konzernweiten Compliance-Aufgaben der geschäftsführenden Organe der herrschenden Gesellschaft, unabhängig von ihrer konkreten Ausgestaltung, in den Organisationsrahmen

---

702 *Bachmann,* in GesellschaftsR in der Diskussion 2007, S. 65 (95); *Bicker,* AG 2012, 542 (543); *Bürkle,* BB 2007, 1797 (1799); *Fett/Theusinger,* BB-Special Compliance 2010, 6 (9); *Fleischer,* CCZ 2008, 1 (5); *Grundmeier,* Rechtspflicht zur Compliance im Konzern, S. 117 ff.; *Kremer/Klahold,* ZGR 2010, 113 (122); *Lutter,* in FS Goette, S. 287 (292); *Schneider/Schneider,* AG 2005, 57 (59); *Schneider/Schneider,* ZIP 2007, 2061 (2065); Spindler/Stilz-*Fleischer,* § 91 AktG, Rn. 58; *Spindler,* WM 2008, 905 (915 f.).

703 Schmidt/Lutter-*Krieger/Sailer-Coceani,* § 93 AktG, Rn. 8; *Lutter,* in FS Goette, S. 287 (292); *Schneider/Schneider,* AG 2005, 57 (59); *Schneider/Schneider,* ZIP 2007, 2061 (2065).

704 *Spindler,* WM 2008, 905 (916).

705 *Bürkle,* BB 2007, 1797 (1799); *Fleischer,* CCZ 2008, 1 (5); im Ergebnis auch *Bicker,* AG 2012, 542 (543).

706 Siehe Seite 95.

707 So auch *Koch,* WM 2009, 1013 (1020); *Kremer/Klahold,* ZGR 2010, 113 (152).

708 *Lutter,* in FS Goette, S. 287 (292); *Schneider/Schneider,* AG 2005, 57 (59); *Schneider/Schneider,* ZIP 2007, 2061 (2065).

709 *Kremer/Klahold,* ZGR 2010, 113 (142).

der beschriebenen konzernweiten Sorgfaltspflichten nach §§ 76 Abs. 1, 93 Abs. 1 AktG eingeordnet werden. Insbesondere die Schadensabwehrpflicht gegenüber der eigenen Gesellschaft verpflichtet die Geschäftsleiter zur konzernweiten Kontrolle und Organisation, wobei die konkrete Ausgestaltung im jeweiligen Ermessen der geschäftsführenden Organe liegt.[710] Bereits bei den oben gemachten Ausführungen zum Inhalt der konzernweiten Sorgfaltspflichten ist auf die Pflichten zur Konzernorganisation und Konzernüberwachung eingegangen worden. Auf den sehr engen Bezug zwischen der Konzernüberwachung und der konzernweiten Compliance ist hingewiesen worden.[711] Mit der Begründung einer Rechtspflicht zur Konzernkontrolle gehen dann auch konzernweite Compliance-Aufgaben einher. Solche konzernweiten Compliance-Aufgaben sind als besondere konzernweite Sorgfaltspflichten zu bezeichnen und als nähere Konkretisierung der Konzernkontrolle und Konzernorganisation aufzufassen.

(1) Die Übertragung der Compliance-Pflichten-Trias und der Dokumentationsverpflichtung auf die Konzernsituation

Betrachtet man demnach Compliance als eine besondere konzernweite Sorgfaltspflicht, stellt sich auch in der Konzernsituation die Frage nach dem konkreten Pflichteninhalt. Es ist darauf hinzuweisen, dass es einen allgemeingültigen Compliance-Standard für sämtliche Konzerne nicht geben kann. Vielmehr ist es aufgrund der Vielschichtigkeit der Konzerne unmöglich, verbindliche Leitlinien zum Inhalt eines allgemeinen Compliance-Management-Systems für sämtliche Konzernformen aufzustellen.[712]

Anknüpfend an die Ausführungen zur konzernfreien Gesellschaft soll allerdings untersucht werden, ob die dort entwickelte Compliance-Pflichten-Trias – bestehend aus der Risikoermittlungspflicht, der Risikobewertungspflicht und der Entscheidungspflicht – sowie die Compliance-Dokumentationspflicht auf den Konzern zu übertragen ist.[713]

Die Compliance-Pflichten-Trias ergibt sich aus der Konkretisierung des allgemeinen Maßstabes eines ordentlichen und gewissenhaften Geschäftsleiters i. S. v. § 93 Abs. 1 Satz 1 AktG, der bei der Ausübung des unternehmerischen Ermessens zu erfüllen ist. Um diesem Maßstab zu genügen, haben sich

---

710 Siehe Seite 163.

711 Siehe Seite 163.

712 Spindler/Stilz-*Fleischer*, § 91 AktG, Rn. 60; *Fleischer*, CCZ 2008, 1 (6); *Verse*, ZHR 2011, 401 (416).

713 Siehe Seiten 100 ff.

die Geschäftsleiter stets mit dem individuellen Compliance-Risikopotential der jeweiligen Gesellschaft auseinanderzusetzen.

Da es sich bei den konzernweiten Sorgfaltspflichten um solche handelt, welche die geschäftsführenden Organe der herrschenden Gesellschaft im Innenverhältnis zu ihrer eigenen Gesellschaft treffen, kann der grundsätzliche Pflichtenrahmen im Konzern nur identisch mit demjenigen in der konzernfreien Gesellschaft sein.[714] Naturgemäß erweitern sich diese Pflichten ihrem inhaltlichen Umfang nach, weil auch die beherrschten Konzerngesellschaften einzubeziehen sind.[715] Demnach ist festzuhalten, dass die Compliance-Pflichten-Trias der geschäftsführenden Organe grundsätzlich auch in der Konzernsituation Anwendung findet. An dieser Stelle ist zu untersuchen, welche konkreten Anforderungen an diese Compliance-Pflichten-Trias im Konzern zu stellen sind. Im Detail:

(a) Die Compliance-Risikoermittlungspflicht im Konzern

Zunächst stellt sich die Frage nach der Ausprägung der Compliance-Risikoermittlungspflicht in der Konzernsituation. Zur konzernfreien Gesellschaft ist diese Verpflichtung genauer spezifiziert worden. Bei der Compliance-Risikoermittlungspflicht geht es darum, das individuelle Compliance-Risikopotential sichtbar und auswertbar zu machen. Diese Compliance-Risikoermittlung ist mindestens jährlich durchzuführen. Sie muss den geschäftsführenden Organen dabei einen umfassenden Überblick über den „Ist-Zustand" der Compliance-Risikopotentiale in der Gesellschaft vermitteln, sodass diese eine sachgerechte Entscheidung zum „ob" und „wie" des Compliance-Management-Systems treffen können.[716]

Genau diese Compliance-Risikoermittlungspflicht haben die geschäftsleitenden Organe der herrschenden Gesellschaft im Konzern gegenüber ihrer eigenen Gesellschaft zu erfüllen, um bei der Ausübung ihres unternehmerischen Ermessens dem allgemeinen Maßstab des ordentlichen und gewissenhaften Geschäftsleiters zu entsprechen. Neben den compliance-relevanten Risiken der Muttergesellschaft sind dabei auch die Risiken der abhängigen

---

714 *Huber*, Die Reichweite konzernbezogener Compliance-Pflichten des Mutter-Vorstands des AG-Konzerns, S. 178; Im Ergebnis auch: *Fett/Theusinger*, BB-Special Compliance 2010, 6 (9), diese sprechen von *„gleichen Prozessen"* bei der konzernweiten Organisation der Compliance und der im Einzelunternehmen; *Spindler*, WM 2008, 905 (915), der den Terminus von den *„gleichen Leitungsaufgaben"* in Konzern und unabhängiger AG verwendet.

715 *Fleischer*, CCZ 2008, 1 (5).

716 Siehe Seite 104.

Konzerngesellschaften zu ermitteln. Zum jeweils individuellen Compliance-Risiko der herrschenden Gesellschaft gehören nämlich auch solche Risiken, die ihren Ursprung in den abhängigen Gesellschaften haben, sich aber auf die Muttergesellschaft auswirken könnten.

Auch im Schrifttum wird mit Blick auf den Konzern eine Risikoanalyse gefordert, wobei „*wesentliche Risiken für den Gesamt-Konzern zu analysieren*“ seien.[717] Diese Analyse sei erforderlich, um das Compliance-Risiko im jeweiligen Konzern richtig erfassen zu können.[718] Eine sorgfältige Risikoanalyse, welche auch die abhängigen Gesellschaften mit einbeziehe, bilde die Entscheidungsgrundlage für die jeweilige Ausgestaltung der Compliance-Systeme im Konzern.[719] In die allgemeine Compliance-Berichterstattung des Gesamtkonzerns sei eine allgemeine Einschätzung des konzerninternen Risikopotentials zu integrieren.[720]

Wie schon zur konzernfreien Gesellschaft ausgeführt,[721] ist für eine erfolgreiche Compliance-Risikoermittlung auch im Konzern ein funktionierender Informationsfluss entscheidend. Ziel der Compliance-Risikoermittlung im Konzern ist es, die Geschäftsleiter der herrschenden Gesellschaft umfassend über das bestehende Compliance-Risikopotential zu informieren. Zu diesem Zwecke ist ein Berichts- und Informationssystem zu integrieren, welches die Durchleitung der compliance-relevanten Informationen an die Konzernspitze sicherstellt.[722]

In der Literatur wird das Informationsmanagement häufig als eine zwingende Mindestmaßnahme im Rahmen des Compliance-Systems im Konzern angesehen und eingeordnet. Demnach sei ein konzernweites Informationssystem einzurichten bzw. gehöre ein solches als Grundvoraussetzung bzw. als zentrales Element zu einem guten Compliance-System.[723] Nach *Fleischer* habe der Konzernvorstand insbesondere für die Einrichtung eines konzernweiten

---

717 *Fett/Theusinger*, BB-Special Compliance 2010, 6 (9).

718 *Fett/Theusinger*, BB-Special Compliance 2010, 6 (13).

719 *Verse*, ZHR 2011, 401 (416); auch *Grundmeier*, Rechtspflicht zur Compliance im Konzern, S. 122.

720 *Fleischer*, CCZ 2008, 1 (6); *Verse*, ZHR 2011, 401 (417).

721 Siehe Seiten 102 ff.

722 *Bicker*, AG 2012, 542 (550); *Fett/Theusinger*, BB-Special Compliance 2010, 6 (13); *Huber*, Die Reichweite konzernbezogener Compliance-Pflichten des Mutter-Vorstands des AG-Konzerns, S. 188 ff.; *Kremer/Klahold*, ZGR 2010, 113 (128); *Lutter*, in FS Goette, S. 287 (292 f.); *Verse*, ZHR 2011, 401 (416 f.).

723 *Bicker*, AG 2012, 542 (550); *Fett/Theusinger*, BB-Special Compliance 2010, 6 (9); *Kremer/Klahold*, ZGR 2010, 113 (128); *Schneider/Schneider*, ZIP 2007, 2061 (2065); *Schneider*, NZG 2009, 1321 (1326); *Verse*, ZHR 2011, 401 (416 f.).

Berichtssystems zu Informationszwecken zu sorgen.[724] Hierbei sei auf eine durchgängige Berichtslinie, die bis zum Konzernvorstand reiche, zu achten.[725]

Entscheidend ist, dass bereits im Rahmen der Compliance-Risikoermittlung sämtliche Informationen über die compliance-relevanten Risiken an die geschäftsleitenden Organe der herrschenden Gesellschaft weitergegeben werden. Eine tatsächliche Ermittlung des „Ist-Zustandes“ des Gesamtkonzerns kann nur erfolgreich gelingen, wenn die geschäftsführenden Organe der Muttergesellschaft vollständig über die bestehenden Compliance-Risiken des Konzerns im Wege eines funktionierenden und strukturierten Berichtssystems in Kenntnis gesetzt werden. Die konzernrechtlichen Grenzen eines solchen konzernweiten Informationssystems spielen dabei eine entscheidende Rolle und werden noch ausführlich zu beleuchten sein.

Bereits vorhandene Compliance-Einrichtungen im Konzern sind im Rahmen der Risikoanalyse mit zu berücksichtigen.[726] Insbesondere ob es klare Zuständigkeiten im Konzern im Bereich Compliance gibt, ist auf der Ebene der Risikoanalyse zu betrachten. Im Schrifttum wird dieser Punkt wiederum mit Fokus auf den inhaltlichen Mindeststandard einer Konzern-Compliance aufgeführt. Die Geschäftsleiter der herrschenden Gesellschaften hätten demnach auf klare Zuständigkeiten bezüglich der Konzern-Compliance sowohl bei der eigenen Gesellschaft als auch bei den beherrschten Gesellschaften zu achten.[727] Die Risikoanalyse kann gerade in tiefschichtigen Konzernen überhaupt nur erfolgreich gelingen, wenn klare Verantwortungsbereiche in den einzelnen Gesellschaften im Bereich Compliance bestehen. Nur so können die geschäftsführenden Organe der herrschenden Gesellschaft den erforderlichen Informationsfluss zu den einzelnen Compliance-Risikopotentialen sicherstellen und das geforderte Informationsmanagement gewährleisten. Demnach ist vor der eigentlichen Compliance-Risikoermittlung zu analysieren, ob die Verantwortungsbereiche in den Konzerngesellschaften zum Thema Compliance in ausreichendem Maße abgesteckt worden sind.

Die eigentliche Compliance-Risikoanalyse hat sich an den jeweiligen unternehmerischen Tätigkeiten des Konzerns auszurichten. Es hat im Konzern – genau wie in der unverbundenen Gesellschaft – eine funktionale Betrachtungsweise der Risikopotentiale zu erfolgen, die sich an den verschiedenen

---

724 Spindler/Stilz-*Fleischer*, § 91 AktG, Rn. 61; *Fleischer*, CCZ 2008, 1 (6).

725 *Fett/Theusinger*, BB-Special Compliance 2010, 6 (13).

726 Zur unverbundenen Gesellschaft: Siehe Seite 103.

727 *Bicker*, AG 2012, 542 (550); *Fleischer*, CCZ 2008, 1 (5); *Schneider/Schneider*, ZIP 2007, 2061 (2065).

Organisationsbereichen (z. B. Einkauf, Produktion oder Vertrieb) der Konzerngesellschaften orientieren sollte.[728]

Bei der Compliance-Risikoermittlung sind nicht etwa nur beherrschte inländische Gesellschaften auf ihre Risikopotentiale zu untersuchen. Die Compliance-Risikoanalyse hat sich vielmehr auch auf solche abhängige Gesellschaften zu beziehen, die als ausländische Gesellschaften zu bezeichnen sind.[729] Dies ist folgerichtig, weil sich die externe Legalitätspflicht der Geschäftsleiter eben auch auf ausländische Rechtsvorschriften bezieht, die sich auf den Konzern auswirken können.[730]

(b) Die Compliance-Risikobewertungspflicht im Konzern

Das durch die Compliance-Risikoermittlung festgestellte individuelle Compliance-Risikopotential des Konzerns, ist seitens der geschäftsleitenden Organe der herrschenden Gesellschaft sorgfältig auszuwerten. Analog zu den Erfordernissen bei der Einzelgesellschaft[731] gilt es die Compliance-Risiken des Konzerns nach Schadenspotential und der Wahrscheinlichkeit ihrer Realisierung einzuordnen. Die Organe der Konzernmuttergesellschaft haben dabei insbesondere eine mögliche Kumulation von Risiken zu beachten, die sich aus den verschiedenen Konzerngesellschaften und ihren unterschiedlichen Compliance-Risiken ergeben kann. Demnach besteht neben der Compliance-Risikoermittlungspflicht im Konzern auch eine Compliance-Risikobewertungspflicht.

(c) Die Compliance-Entscheidungspflicht im Konzern

Die Compliance-Entscheidungspflicht komplettiert im Konzern die Compliance-Pflichten-Trias. Auch diese Verpflichtung ergibt sich aus der Pflicht der geschäftsführenden Organe der herrschenden Gesellschaft zur sorgfältigen Unternehmensführung gegenüber ihrer eigenen Gesellschaft. Der Pflichteninhalt besteht auch im Konzern darin, überhaupt eine Entscheidung zum Thema Compliance-Management zu treffen. Wie schon zur konzernfreien Gesellschaft

---

728 *Fett/Theusinger*, BB-Special Compliance 2010, 6 (13); zur unverbundenen Gesellschaft: Siehe Seite 103.

729 *Bachmann*, in GesellschaftsR in der Diskussion 2007, S. 65 (98); *Bicker*, AG 2012, 542 (548); *Bürkle*, BB 2007, 1797 (1799); *Fett/Theusinger*, BB-Special Compliance 2010, 6 (9); *Fleischer*, CCZ 2008, 1 (6); *Grundmeier*, Rechtspflicht zur Compliance im Konzern, S. 101 f.; *Spindler*, WM 2008, 905 (917).

730 *Fleischer*, CCZ 2008, 1 (6); Siehe Seite 80.

731 Siehe Seite 105.

herausgestellt,[732] gibt es auch im Konzern keine absolute gesellschaftsrechtliche Verpflichtung, ein umfassendes Compliance-Management-System einzurichten. Vielmehr ist auf der Basis der Compliance-Risikoermittlung und der Compliance-Risikobewertung anhand des individuellen Compliance-Risikoprofils des Gesamtkonzerns eine Entscheidung zu treffen, ob ein Compliance-System notwendig ist oder nicht.[733] Diese Grundsatzentscheidung ist mit der hier statuierten Compliance-Entscheidungspflicht im Konzern gemeint. Naturgemäß ist diese Entscheidung bei Veränderungen der Bewertungsgrundlage zu überprüfen und möglicherweise anzupassen.

(d) Die konzernweite Compliance-Dokumentationspflicht

Nach der Compliance-Pflichten-Trias ist auch die Compliance-Dokumentationsverpflichtung der geschäftsleitenden Organe der herrschenden Gesellschaft auf den Konzern zu übertragen. Die Compliance-Dokumentationspflicht ist ebenfalls eine besondere konzernweite Sorgfaltspflicht und wurzelt in der Pflicht zur sorgfältigen Unternehmensführung. Im Interesse der Obergesellschaft sind sämtliche compliance-relevante Informationen und Entscheidungen, insbesondere im Hinblick auf die beherrschten Konzerngesellschaften, in ausreichendem Umfang zu dokumentieren. Die Compliance-Dokumentationspflicht ist nicht nur in der konzernfreien Gesellschaft, sondern auch in Konzernierungsfällen zur Vermeidung von Haftungsfällen und zur personenunabhängigen Nachvollziehbarkeit der Compliance-Entscheidungen im Zeitablauf zwingende Notwendigkeit.[734] Der Rahmen der konzernweiten Compliance-Dokumentationspflichten der geschäftsleitenden Organe der herrschenden Gesellschaft ist grundsätzlich identisch mit dem in der unverbundenen Gesellschaft. Der Pflichtenumfang weitet sich jedoch auf die compliance-spezifischen Umstände der Konzerngesellschaften zusätzlich aus, was den Erweiterungen des Pflichtenrahmens hinsichtlich der Compliance-Pflichten-Trias im Konzern entspricht.

(2) Die Entscheidungen zum „ob" und „wie" der Konzern-Compliance

Nachdem nun herausgearbeitet worden ist, dass die Compliance-Pflichten-Trias und die Compliance-Dokumentationsverpflichtung auch in der Konzernsituation einzuhalten sind, soll sich ein kurzer Überblick über die Entscheidungen zum „ob" und „wie" der Konzern-Compliance anschließen. Im Rahmen dieser

---

732 Siehe Seiten 95 ff.

733 *Kremer/Klahold*, ZGR 2010, 113 (142).

734 Zur konzernfreien Gesellschaft: Siehe Seiten 125 ff.

Ausführungen sind die Ergebnisse zur konzernfreien Gesellschaft heranzuziehen.[735] Denn auch im Konzern sind die Compliance-Entscheidungen insbesondere zum „wie" solche, die im unternehmerischen Ermessen der Geschäftsleiter der herrschenden Gesellschaft stehen. Auf diese Entscheidungen ist die Business Judgment Rule gemäß § 93 Abs. 1 Satz 2 AktG anzuwenden. Ferner haben sich die Compliance-Entscheidungen – wie in der konzernfreien Gesellschaft – an den Kriterien der objektiven Zumutbarkeit, Angemessenheit und Verhältnismäßigkeit zu orientieren.[736]

Bei der unternehmerischen Ermessensentscheidung zum „ob" eines konzernweiten Compliance-Management-Systems kann insbesondere in tiefschichtigen Konzernen jedoch eine Ermessensreduzierung auf Null in Betracht kommen.[737] Dies würde bedeuten, dass eine sorgfältige Ausübung des unternehmerischen Ermessens nur die Einrichtung eines Compliance-Systems im Konzern zur Folge haben kann. *Grundmeier* nimmt eine solche Reduktion des Ermessens für die Konzernsituation generell an. Faktisch sei es nämlich ausgeschlossen im Konzern auf ein Compliance-System zu verzichten und mit dieser Verzichtsentscheidung gleichzeitig eine pflichtgemäße Ermessensentscheidung zu treffen. Demnach sei in der Konzernsituation das unternehmerische Ermessen derart verdichtet, sodass ein konzernweites Compliance-System zu implementieren sei. Als Folge würde sich daraus im Konzern die zwingende Pflicht zur Einrichtung eines Compliance-Management-Systems ergeben.[738]

Dem kann in dieser Absolutheit nicht beigepflichtet werden. Zwar wird in sehr vielen Konzernsituationen die beschriebene Ermessensreduzierung in Betracht kommen, sodass ein Mindestmaß an Compliance zu erfüllen sein wird. Jedoch sind grundsätzlich auch Konzernsachverhalte denkbar, in welchen aufgrund der Übersichtlichkeit und der kleinen Größe des Konzerns auf die Einrichtung eines umfassenden Compliance-Management-Systems verzichtet werden kann.

Insgesamt ist es dann aber richtig, wenn in der Literatur ausgeführt wird, dass nicht eine perfekte, sondern eine an den Besonderheiten des jeweiligen Konzerns ausgerichtete angemessene Compliance-Organisation zu wählen sei.[739] Aufgrund der Vielschichtigkeit der Konzernformen sind allgemeine Vorgaben,

---

735 Siehe Seiten 106 ff.

736 Zur konzernfreien Gesellschaft: Siehe Seite 107.

737 *Grundmeier*, Rechtspflicht zur Compliance im Konzern, S. 122; *Huber*, Die Reichweite konzernbezogener Compliance-Pflichten des Mutter-Vorstands des AG-Konzerns, S. 185.

738 *Grundmeier*, Rechtspflicht zur Compliance im Konzern, S. 122.

739 *Schneider/Schneider*, ZIP 2007, 2061 (2065).

die stets bei der Gestaltung eines Compliance-Systems im Konzern zu beachten wären, kaum möglich.[740] Schon gar nicht sind sie einer gesetzlichen Normierung zugänglich.[741] Vielmehr hängt die spezielle Ausgestaltung im konkreten Konzern stets vom individuellen Compliance-Risikoprofil und der Bewertung durch die Geschäftsleiter der Muttergesellschaft ab.[742]

Trotz des großen Ermessensspielraumes bei der Ausgestaltung des Konzern-Compliance-Systems, ist auf einige Basiskomponenten hinzuweisen. Entscheiden sich die geschäftsleitenden Organe nach Erfüllung der Compliance-Pflichten-Trias für die Einrichtung eines konzernweiten Compliance-Systems, so sind zunächst die Grundlagen eines solchen Systems zu errichten. Auf Basis des speziellen Compliance-Risikos des Konzerns ist dann eine Konzernrichtlinie zu erstellen.[743] Diese Richtlinie muss den gewünschten Verhaltenskodex zum Ausdruck bringen. Dieser Kodex dient den einzelnen Mitarbeitern sämtlicher Konzerngesellschaften in Form von eindeutigen Handlungsanweisungen als Orientierungsrahmen.[744]

Bei der Umsetzung der durch die konzernweite Compliance-Richtlinie zum Ausdruck kommenden Standards ist es elementar, dass die geschäftsleitenden Organe und das gesamte Führungspersonal die jeweiligen Compliance-Standards vorleben. Nur durch einen solchen „*tone from the top*" kann im Gesamtkonzern überhaupt der Eindruck entstehen, dass das individuelle Compliance-Programm tatsächlich elementarer Bestandteil der Konzernkultur ist.[745] Weiter sind die jeweils für die Compliance zuständigen Einrichtungen, sowohl in den einzelnen Konzerngesellschaften als auch in der Muttergesellschaft, mit ausreichenden Ressourcen auszustatten.[746]

---

740 Spindler/Stilz-*Fleischer*, § 91 AktG, Rn. 60; *Fleischer*, CCZ 2008, 1 (6).

741 *Bachmann*, in GesellschaftsR in der Diskussion 2007, S. 65 (101 a. E.); *Fleischer*, NZG 2014, 321 (329).

742 *Grundmeier*, Rechtspflicht zur Compliance im Konzern, S. 122; *Verse*, ZHR 2011, 401 (416).

743 Spindler/Stilz-*Fleischer*, § 91 AktG, Rn. 59; *Bicker*, AG 2012, 542 (550); *Fett/Theusinger*, BB-Special Compliance 2010, 6 (13); *Fleischer*, CCZ 2008, 1 (5); *Kremer/Klahold*, ZGR 2010, 113 (128).

744 *Fett/Theusinger*, BB-Special Compliance 2010, 6 (13).

745 Schmidt/Lutter-*Krieger/Sailer-Coceani*, § 93 AktG, Rn. 8; *Bicker*, AG 2012, 542 (550); *Fett/Theusinger*, BB-Special Compliance 2010, 6 (13 f.); *Kremer/Klahold*, ZGR 2010, 113 (123).

746 *Bicker*, AG 2012, 542 (550); *Kremer/Klahold*, ZGR 2010, 113 (125); *Verse*, ZHR 2011, 401 (416).

Das etablierte konzernweite Compliance-Management-System ist in ausreichender Form zu überwachen. Auf Verstöße gegen die konzernweiten Compliance-Richtlinien ist durch die Geschäftsleiter mit angemessenen Sanktionen zu reagieren.[747]

Eine weitergehende Auseinandersetzung mit individuellen Elementen von konzernweiten Compliance-Management-Systemen soll hier nicht erfolgen. Aufgrund der Verschiedenartigkeit der Konzerne und deren unterschiedlichsten Compliance-Risikoprofilen ist es wenig sinnvoll und wohl auch kaum möglich, alle denkbaren Gestaltungsmöglichkeiten abstrakt aufzuzeigen. Abschließend sei aber nochmals darauf hingewiesen, dass bei den Entscheidungen zum „ob" und „wie" der konzernweiten Compliance grundsätzlich immer ein weiter Ermessenspielraum der geschäftsführenden Organe der herrschenden Gesellschaft besteht.

cc) Die konzernrechtlichen Grenzen der Compliance-Pflichten der geschäftsführenden Organe der herrschenden Gesellschaft

Die konzernweiten Sorgfaltspflichten und insbesondere die herausgestellten konzernweiten Compliance-Verpflichtungen der geschäftsführenden Organe der herrschenden Gesellschaft sind bislang weitestgehend unabhängig von der jeweiligen Konzernform betrachtet worden. Geprüft wurde vielmehr, welche konzernweiten Pflichten die geschäftsleitenden Organe der herrschenden Gesellschaft gegenüber ihrer eigenen Gesellschaft im Hinblick auf abhängige Gesellschaften grundsätzlich zu beachten haben. Nachdem diese Frage in den vorherigen Abschnitten beantwortet worden ist, sind nunmehr die gesellschaftsrechtlichen Schranken der konzernweiten Sorgfaltsverpflichtungen und Compliance-Pflichten aufgrund der Besonderheiten der unterschiedlichen Konzernformen herauszuarbeiten. Es erscheint nachvollziehbar und geradezu selbstverständlich, dass der Pflichtenkreis der geschäftsführenden Organe jedenfalls nicht weitergehend sein kann als ihre tatsächlichen Einflussmöglichkeiten.[748]

Diese Einflussmöglichkeiten der geschäftsführenden Organe der herrschenden Gesellschaft werden maßgeblich durch die jeweilige Konzernform bestimmt.

---

747 Schmidt/Lutter-*Krieger/Sailer-Coceani,* § 93 AktG, Rn. 8; *Bicker,* AG 2012, 542 (550 f.); *Fleischer,* CCZ 2008, 1 (6); *Kremer/Klahold,* ZGR 2010, 113 (128, 135); *Schneider/Schneider,* ZIP 2007, 2061 (2065); *Verse,* ZHR 2011, 401 (417).

748 Spindler/Stilz-*Fleischer,* § 76 AktG, Rn. 91; § 91 AktG, Rn. 62; *Huber,* Die Reichweite konzernbezogener Compliance-Pflichten des Mutter-Vorstands des AG-Konzerns, S. 103, 180 f., *Huber* stellt auf das Vorhandensein der erforderlichen Information des Mutter-Vorstandes ab; *Fleischer,* CCZ 2008, 1 (6); *Spindler,* WM 2008, 905 (916); *Verse,* ZHR 2011, 401 (417).

Die konzernrechtlichen Grenzziehungen der Compliance-Verpflichtungen sind dabei *„nicht compliance-spezifischer Natur“*.[749] Die durch das Konzernrecht beeinträchtigten Leitungsbefugnisse der geschäftsleitenden Organe der herrschenden Gesellschaft betreffen sämtliche der konzernweiten Sorgfaltspflichten. Dennoch befasst sich dieser Abschnitt im Kern damit, ob und in welcher Intensität die grundsätzlich bestehenden Compliance-Verpflichtungen der geschäftsführenden Organe der herrschenden Gesellschaft konzernrechtlich im Hinblick auf die abhängigen Gesellschaften durchsetzbar sind.[750]

(1) Leitungsbefugnisse der Organe der herrschenden Gesellschaft im Vertrags- und Eingliederungskonzern

Zunächst sind dazu die konzernweiten Einflussmöglichkeiten der geschäftsleitenden Organe der herrschenden Gesellschaft in einem durch Beherrschungsvertrag geprägten Konzern zu betrachten. Getrennt untersucht wird dabei die Situation im Aktienkonzern und im GmbH-Konzern. Hieran schließt die Betrachtung des mehrstufigen Vertragskonzerns an, um abschließend auf den Eingliederungskonzern einzugehen.

(a) Einflussmöglichkeiten im einstufigen Unterordnungsvertragskonzern (Aktienkonzern)

Zu Beginn sind die Einflussmöglichkeiten bzw. mögliche konzernrechtliche Schranken im einstufigen Aktienvertragskonzern zu untersuchen. Zunächst werden dabei die grundsätzlichen konzernrechtlichen Vorgaben betrachtet, um diese dann auf die Compliance-Situation im einstufigen Aktienkonzern zu übertragen. Mit einem Vertragskonzern ist hier ein Unterordnungsvertragskonzern i. S. v. § 18 Abs. 1 AktG gemeint, welcher sich durch das Bestehen eines Beherrschungsvertrages gemäß § 291 Abs. 1 Satz 1, 1. Alt. AktG auszeichnet. Das Gesetz beschreibt diesen Typus des Unternehmensvertrages als solchen, bei dem eine Aktiengesellschaft[751] (mit Sitz im Inland) die Leitung ihrer Gesellschaft einem anderen Unternehmen (beliebiger Rechtsform) unterstellt.[752]

Demnach stehen sich als Vertragsparteien eines Beherrschungsvertrages ein herrschendes und ein abhängiges Unternehmen gegenüber. Charakterisierend

---

749 *Verse*, ZHR 2011, 401 (417).

750 Ähnlich: *Lutter*, in FS Goette, S. 287 (293).

751 In § 291 Abs. 1 Satz 1 AktG wird auch die Kommanditgesellschaft auf Aktien genannt, die allerdings im Rahmen dieser Untersuchung nicht betrachtet wird.

752 *Emmerich*, in Emmerich/Habersack, § 291 AktG, Rn. 2, 7.

für den Aktienkonzern und entscheidend für die unmittelbare Anwendung der §§ 291 ff. AktG ist, dass es sich bei der abhängigen Gesellschaft um eine Aktiengesellschaft handelt. Im Gegensatz hierzu bezeichnet § 291 Abs. 1 Satz 1, 1. Alt. AktG den anderen Vertragspartner rechtformneutral als Unternehmen.[753] Ist das herrschende Unternehmen eine juristische Person, so kann dieses jede Rechtsform haben.[754] Folglich kommt im Aktienkonzern insbesondere eine weitere AG oder auch eine GmbH als herrschendes Unternehmen im Rahmen eines Beherrschungsvertrages in Betracht.

Inhaltlich charakterisieren den Vertragstyp zwei Mindestelemente, die sich unmittelbar aus dem Gesetz ergeben. Einmal wird durch den Beherrschungsvertrag die Leitung der abhängigen Aktiengesellschaft einem anderen Unternehmen unterstellt, vgl. § 291 Abs. 1 Satz 1, 1. Alt. AktG.[755] Als zweites Mindestelement ergibt sich aus dem Beherrschungsvertrag ein Weisungsrecht der herrschenden Gesellschaft nach § 308 Abs. 1 Satz 1 AktG und eine korrespondierende Weisungsbefolgungspflicht der abhängigen Gesellschaft gemäß § 308 Abs. 2 Satz 1 AktG.[756] Diese Elemente des Beherrschungsvertrages gilt es zu beleuchten und hinsichtlich der konzernweiten Compliance-Thematik zu untersuchen.

(aa) Unterstellung der Leitung i. S. v. § 291 Abs. 1 Satz 1, 1. Alt. AktG

Als Kernbestandteil des Beherrschungsvertrages ist die Unterstellung der abhängigen Aktiengesellschaft unter die fremde Leitung des herrschenden Unternehmens i. S. v. § 291 Abs. 1 Satz 1, 1. Alt. AktG zu sehen. Der Begriff der Leitung ist hierbei in gleicher Art und Weise zu begreifen, wie dieser in § 76 Abs. 1 AktG zum Ausdruck kommt, sodass es um die gesamte Führungsfunktion und Leitungskompetenz des Vorstandes geht.[757] Insgesamt betrifft die Unterstellung der Leitung demnach sämtliche Aspekte, welche zur konzernfreien Gesellschaft im Rahmen

---

753 *Emmerich,* in Emmerich/Habersack, § 291 AktG, Rn. 2, 7, 9; *Koch,* in Hüffer, § 291 AktG, Rn. 8; *Krieger,* in Hdb. Gesellschaftsrecht, AG, § 70, Rn. 9.

754 MüKo-*Altmeppen,* § 291 AktG, Rn. 21; Spindler/Stilz-*Veil,* § 291 AktG, Rn. 6.

755 *Altmeppen* sieht lediglich die Leitungsunterstellung als den Hauptbestandteil des Beherrschungsvertrages. Das Weisungsrecht sei hingegen nur ein Mittel dieser Leitungsunterstellung, MüKo-*Altmeppen,* § 291 AktG, Rn. 24.

756 *Koch,* in Hüffer, § 291 AktG, Rn. 9 ff.; Spindler/Stilz-*Veil,* § 291 AktG, Rn. 9.

757 OLG Schleswig, NZG 2008, 868 (869); OLG München, NZG 2008, 753 (754); *Emmerich,* in Emmerich/Habersack, § 291 AktG, Rn. 12; *Koch,* in Hüffer, § 291 AktG, Rn. 10; *Koppensteiner,* in Kölner Komm., § 291 AktG, Rn. 20; *Krieger,* in Hdb. Gesellschaftsrecht, AG, § 70, Rn. 4; MüKo-*Altmeppen,* § 291 AktG, Rn. 76; *Pachos,* in Henssler/Strohn, § 291 AktG, Rn. 10; Spindler/Stilz-*Veil,* § 291 AktG, Rn. 11.

der sorgfältigen Unternehmensleitung ausgeführt worden sind.[758] Dies bedeutet auch, dass die im Rahmen dieser Untersuchung zur konzernfreien Gesellschaft entwickelten Compliance-Pflichten, nämlich die Compliance-Pflichten-Trias und die Compliance-Dokumentationspflichten,[759] ebenfalls von der Unterstellung unter die fremde Leitung erfasst werden. Dennoch verbleibt trotz eines Beherrschungsvertrages die Leitungsbefugnis und somit auch die Compliance-Verantwortung grundsätzlich beim Vorstand der abhängigen Aktiengesellschaft. Sofern das herrschende Unternehmen allerdings von seinen vertraglich eingeräumten Leitungskompetenzen Gebrauch macht, wird die Leitungsmacht der geschäftsführenden Organe der abhängigen Gesellschaft beschränkt.[760]

(bb) Das Weisungsrecht aus § 308 AktG

Als Mittel zur Leitung der abhängigen Gesellschaft und damit zur Durchsetzung einer einheitlichen Leitung i. S. d. § 18 Abs. 1 AktG sieht das Gesetz das Weisungsrecht aus § 308 Abs. 1 AktG vor.[761] Das Gesetz berechtigt hierzu das herrschende Unternehmen, als Vertragspartner eines bestehenden Beherrschungsvertrages, der abhängigen Gesellschaft Weisungen im Hinblick auf die Leitung der Gesellschaft zu erteilen. Dieses Weisungsrecht ergibt sich unmittelbar aus dem Gesetz selbst und bedarf keiner besonderen Aufnahme in den jeweiligen Beherrschungsvertrag.[762] Mit diesem Weisungsrecht geht die Folgepflicht des Vorstandes der abhängigen Aktiengesellschaft nach § 308 Abs. 2 Satz 1 AktG einher, welche sich grundsätzlich auch auf nachteilige Weisungen bezieht. Dies unterscheidet das Weisungsrecht von anderen Leitungsmitteln, für welche eine gesetzlich normierte Folgeverpflichtung gerade nicht vorgesehen ist.[763] Ein so konzipiertes Weisungsrecht ermöglicht den geschäftsleitenden Organen der

---

758 Siehe Seiten 76 ff.

759 Siehe Seiten 101 ff.

760 *Emmerich,* in Emmerich/Habersack, § 308 AktG, Rn. 22; *Koch,* in Hüffer, § 308 AktG, Rn. 20; *Koppensteiner,* in Kölner Komm., § 308 AktG, Rn. 71; MüKo-*Altmeppen,* § 291 AktG, Rn. 77; MüKo-*Spindler,* § 76 AktG, Rn. 45; *Pachos,* in Henssler/Strohn, § 291 AktG, Rn. 26.

761 *Emmerich,* in Emmerich/Habersack, § 308 AktG, Rn. 2; Spindler/Stilz-*Veil,* § 291 AktG, Rn. 11.

762 OLG Schleswig, NZG 2008, 868 (869); *Koch,* in Hüffer, § 291 AktG, Rn. 11; *Koppensteiner,* in Kölner Komm., § 291 AktG, Rn. 23; MüKo-*Altmeppen,* § 291 AktG, Rn. 81; *Pachos,* in Henssler/Strohn, § 291 AktG, Rn. 13; Spindler/Stilz-*Veil,* § 291 AktG, Rn. 12.

763 *Emmerich,* in Emmerich/Habersack, § 308 AktG, Rn. 2; *Koppensteiner,* in Kölner Komm., § 308 AktG, Rn. 61, 65.

herrschenden Gesellschaft die Durchsetzung ihrer Leitungsentscheidungen in rechtlich abgesicherter Art und Weise. Dies gilt insbesondere auch dann, wenn der Vorstand der abhängigen Gesellschaft konträre Ansichten hinsichtlich der Unternehmensleitung hat.[764]

Aus der Zweckbestimmung des Weisungsrechts, die Leitungsmacht des herrschenden Unternehmens sicherzustellen, ist im Schrifttum folgender Weisungsbegriff entwickelt worden. Als Weisung im Sinne von § 308 AktG ist jede Maßnahme seitens des herrschenden Unternehmens zu verstehen, durch die dieses über den Vorstand der abhängigen Gesellschaft Einfluss auf deren Leitung nehmen will. Hierbei muss aus der Perspektive der abhängigen Gesellschaft eine solche Verbindlichkeit bestehen, dass die Befolgung der Maßnahme von der Obergesellschaft geradezu erwartet wird.[765] Der Weisungsbegriff ist grundsätzlich weit auszulegen.[766]

Dieses umfassende Weisungsrecht des herrschenden Unternehmens im zweigliedrigen Aktienkonzern geht einher mit einem Informations- und Auskunftsanspruch. Das Weisungsrecht aus § 308 AktG kann überhaupt nur dann sinnvoll eingesetzt werden, wenn das herrschende Unternehmen über sämtliche Vorgänge, welche die Leitung der abhängigen Gesellschaft betreffen, umfassend informiert ist. Aus diesem Grunde hat das herrschende Unternehmen auf Basis seines Weisungsrechtes einen weitreichenden Auskunftsanspruch gegen die abhängige Gesellschaft.[767] Hierdurch kann ein konzernweiter Informationsfluss sichergestellt werden.

Erteilt die abhängige Gesellschaft der herrschenden Gesellschaft auf Basis dieses Informations- und Auskunftsanspruchs der Obergesellschaft Auskünfte

---

764 *Emmerich,* in Emmerich/Habersack, § 291 AktG, Rn. 14; MüKo-*Altmeppen,* § 291 AktG, Rn. 81; Spindler/Stilz-*Veil,* § 291 AktG, Rn. 11.

765 *Emmerich,* in Emmerich/Habersack, § 308 AktG, Rn. 23; *Koch,* in Hüffer, § 308 AktG, Rn. 10; *Koppensteiner,* in Kölner Komm., § 308 AktG, Rn. 22; MüKo-*Altmeppen,* § 308 AktG, Rn. 9; Spindler/Stilz-*Veil,* § 308 AktG, Rn. 5; *Schneider/Schneider,* AG 2005, 57 (61).

766 *Emmerich,* in Emmerich/Habersack, § 308 AktG, Rn. 25; Spindler/Stilz-*Veil,* § 308 AktG, Rn. 5; *Lutter,* in FS Goette, S. 287 (293).

767 *Emmerich,* in Emmerich/Habersack, § 308 AktG, Rn. 39; *Koppensteiner,* in Kölner Komm., § 308 AktG, Rn. 29; *Krieger,* in Hdb. Gesellschaftsrecht, AG, § 70, Rn. 151; MüKo-*Kubis,* § 131 AktG, Rn. 157; *Leuering/Goertz,* in Hölters, § 308 AktG, Rn. 23; Spindler/Stilz-*Veil,* § 308 AktG, Rn. 20; *Lutter,* in FS Goette, S. 287 (293); *Grundmeier,* Rechtspflicht zur Compliance im Konzern, S. 87; *Huber,* Die Reichweite konzernbezogener Compliance-Pflichten des Mutter-Vorstands des AG-Konzerns, S. 110; *Fleischer,* DB 2005, 759 (765).

und insbesondere umfassende compliance-relevante Informationen, begründet dies keinen Verstoß gegen die organschaftliche Verschwiegenheitspflicht aus § 93 Abs. 1 Satz 3 AktG. Die Verschwiegenheitsverpflichtungen der geschäftsleitenden Organe der beherrschten Gesellschaft werden im Hinblick auf das umfassende Informationsrecht der herrschenden Gesellschaft, welches aus dem aktienrechtlichen Weisungsrecht folgt, eingeschränkt, denn der konzernweite Informationsfluss ist für eine einheitliche Leitung zwingende Voraussetzung.[768]

Weiter führen solche Informationsflüsse von der abhängigen Gesellschaft zur Obergesellschaft im Vertragskonzern auch nicht zu einer erweiterten Auskunftspflicht gegenüber anderen Aktionären in der Hauptversammlung nach § 131 Abs. 4 Satz 1 AktG. Die Grundlage für die Auskünfte stellen die Weisungs- und Leitungsbefugnisse im Vertragskonzern dar und gerade nicht die Aktionärsstellung des herrschenden Unternehmens.[769] Demnach haben die außenstehenden Aktionäre auch keinen Anspruch zu erfahren, was der Konzernmutter mitgeteilt worden ist.[770] Im Ergebnis sind die geschäftsführenden Organe der abhängigen Gesellschaft somit berechtigt, dem herrschenden Unternehmen die angeforderten Informationen zu erteilen, ohne den weiteren Aktionären in der öffentlichen Hauptversammlung ebenfalls Auskunft erteilen zu müssen.[771]

(aaa) Einschränkungen des Weisungsrechts

Insgesamt ist das Weisungsrecht des herrschenden Unternehmens aber nicht grenzenlos. Vielmehr können Weisungen durchaus unzulässig und somit nichtig sein. Einschränkungen der Weisungsbefugnis können sich aus dem Gesetz, der Satzung der abhängigen Gesellschaft und dem Beherrschungsvertrag ergeben.[772] Naturgemäß hat das herrschende Unternehmen bei der Erteilung von Weisungen die allgemeinen Vorschriften und Gesetze zu beachten (vgl. §§ 134, 138 BGB). Insbesondere sind solche Weisungen, die gegen zwingende aktienrechtliche

---

768 *Hopt*, in Großkomm., § 93 AktG, Rn. 214; *Löbbe*, Unternehmenskontrolle im Konzern, S. 107 f.; *Singhof*, ZGR 2001, 146 (160).

769 *Emmerich*, in Emmerich/Habersack, § 308 AktG, Rn. 39; *Koch*, in Hüffer, § 131 AktG, Rn. 38; *Leuering/Goertz*, in Hölters, § 308 AktG, Rn. 23; MüKo-*Kubis*, § 131 AktG, Rn. 157; *Fleischer*, DB 2005, 759 (765).

770 LG München I, AG 1999, 138 (139).

771 *Fleischer*, in Hdb. Vorstandsrecht, § 18, Rn. 34.

772 OLG Nürnberg, AG 1999, 228 (229); *Emmerich*, in Emmerich/Habersack, § 308 AktG, Rn. 55; *Koch*, in Hüffer, § 308 AktG, Rn. 13 f.; MüKo-*Altmeppen*, § 308 AktG, Rn. 94, 130, 132; Spindler/Stilz-*Veil*, § 308 AktG, Rn. 28 f.

Vorschriften oder bilanzrechtliche Normen des HGB verstoßen, nichtig.[773] Die Weisungsbefugnis kann ferner durch die Satzung der abhängigen Gesellschaft beschränkt werden. Da sich das Weisungsrecht an der Leitungsbefugnis aus § 76 Abs. 1 AktG orientiert, ist auch das Weisungsrecht auf den satzungsmäßigen Gesellschaftsgegenstand (vgl. § 82 Abs. 2 AktG) der Untergesellschaft beschränkt.[774]

Weiter können im jeweiligen Beherrschungsvertrag nach vorherrschender Ansicht die Grenzen des Weisungsrechts privatautonom festgelegt werden, etwa durch eine Beschränkung auf einzelne Leitungsmaßnahmen. Die grundsätzliche Zulässigkeit einer solchen vertraglich vereinbarten Grenze des Weisungsrechts ergibt sich aus § 308 Abs. 1 Satz 2 AktG, in dem die Möglichkeit eines vertraglichen Ausschlusses von nachteiligen Weisungen explizit zum Ausdruck kommt.[775] Ist das Weisungsrecht des herrschenden Unternehmens im Rahmen des Beherrschungsvertrages eingegrenzt worden, wird ein solcher Unternehmensvertrag auch als Teilbeherrschungsvertrag bezeichnet.[776]

Nach vorherrschender Ansicht ist es mit dem Sinn und Zweck der §§ 291 ff. AktG allerdings unvereinbar, einen vollständigen Ausschluss des Weisungsrechts zu vereinbaren. Die Weisungsbefugnis sei nämlich gerade ein unverzichtbares Merkmal des Beherrschungsvertrages.[777]

---

773 OLG Nürnberg, NJW-RR, 2001, 104 (105); *Emmerich,* in Emmerich/Habersack, § 308 AktG, Rn. 58; *Koch,* in Hüffer, § 308 AktG, Rn. 14; MüKo-*Altmeppen,* § 308 AktG, Rn. 94; Spindler/Stilz-*Veil,* § 308 AktG, Rn. 28.

774 OLG Nürnberg, NJW-RR, 2001, 104 (105); *Emmerich,* in Emmerich/Habersack, § 308 AktG, Rn. 56a; *Koch,* in Hüffer, § 308 AktG, Rn. 13; MüKo-*Altmeppen,* § 308 AktG, Rn. 130 f.; Spindler/Stilz-*Veil,* § 308 AktG, Rn. 29.

775 *Emmerich,* in Emmerich/Habersack, § 291 AktG, Rn. 21; § 308 AktG, Rn. 56; MüKo-*Altmeppen,* § 291 AktG, Rn. 85 ff.; § 308 AktG, Rn. 132 ff.; Spindler/Stilz-*Veil,* § 291 AktG, Rn. 25; § 308 AktG, Rn. 4, 29; a. A. *Koppensteiner,* in Kölner Komm., § 291 AktG, Rn. 49; *Däubler,* NZG 2005, 617 (620).

776 *Emmerich,* in Emmerich/Habersack, § 291 AktG, Rn. 20; *Krieger,* in Hdb. Gesellschaftsrecht, AG, § 70, Rn. 5; MüKo-*Altmeppen,* § 291 AktG, Rn. 85; *Pachos,* in Henssler/Strohn, § 291 AktG, Rn. 11; a. A. *Koppensteiner,* in Kölner Komm., § 291 AktG, Rn. 49 a. E., *„Insgesamt ist daher daran festzuhalten, dass ‚Teilbeherrschungsverträge' in jeder Variante keine Beherrschungsverträge i. S. d. § 291 AktG sind."*.

777 OLG Schleswig, NZG 2008, 868 (869); OLG München, AG 2012, 802 (803); *Emmerich,* in Emmerich/Habersack, § 291 AktG, Rn. 22 f.; *Koch,* in Hüffer, § 291 AktG, Rn. 11; *Koppensteiner,* in Kölner Komm., § 291 AktG, Rn. 22; *Krieger,* in Hdb. Gesellschaftsrecht, AG, § 70, Rn. 5 f.; *Pachos,* in Henssler/Strohn, § 291 AktG, Rn. 13; Spindler/Stilz-*Veil,* § 291 AktG, Rn. 25; a. A. MüKo-*Altmeppen,* § 291 AktG, Rn. 97 ff.; § 308 AktG, Rn. 135: mit dem Hinweis auf die Vertragsfreiheit; *Mülbert,* in Großkomm., § 291 AktG, Rn. 122.

(bbb) Weisungsempfänger

Der Wortlaut von § 308 Abs. 1 Satz 1 AktG macht deutlich, dass als Weisungsempfänger der Vorstand der abhängigen Gesellschaft verpflichtet werden soll. Diese Weisungsbefolgungspflicht betrifft daher neben der abhängigen Gesellschaft als Vertragspartner die Vorstandsmitglieder persönlich.[778] Ein Weisungsrecht des herrschenden Unternehmens auch gegenüber Mitarbeitern und Angestellten der abhängigen Gesellschaft besteht aber in der Regel nicht.[779]

Nach vorherrschender Meinung ist es grundsätzlich zulässig, dass der Vorstand der abhängigen Gesellschaft seine Mitarbeiter anweist, Weisungen des herrschenden Unternehmens unmittelbar auszuführen.[780] Als Bedingung für die Zulässigkeit der Anweisung der Mitarbeiter in dieser Form wird verbreitet gefordert, dass solche organisatorischen Maßnahmen ergriffen werden müssten, damit eine frühzeitige Information des Vorstandes der abhängigen Gesellschaft hinsichtlich des Inhaltes der Weisungen sichergestellt ist. Dies sei notwendig, um die Weisungen der herrschenden Gesellschaft überprüfen zu können und im Hinblick auf § 308 Abs. 2 Satz 2 AktG oder bei Nichtigkeit zurückweisen zu können.[781] Nach anderer Auffassung könne diese Prüfungspflicht ebenfalls auf die angewiesenen nachgeordneten Mitarbeiter der abhängigen Gesellschaft delegiert werden, sodass der Vorstand nicht von jeder Weisung unmittelbar Kenntnis erlangen müsse.[782] Auf welcher Ebene nun diese Prüfungspflicht tatsächlich ausgeübt wird, soll hier nicht weiter vertieft werden. Die Möglichkeit der herrschenden Gesellschaft auch Mitarbeiter der abhängigen Gesellschaft

778 *Emmerich,* in Emmerich/Habersack, § 308 AktG, Rn. 17; *Koppensteiner,* in Kölner Komm., § 308 AktG, Rn. 16, „*Weisungsadressat ist nicht die abhängige Gesellschaft, sondern deren Vorstand.*“; *Grundmeier,* Rechtspflicht zur Compliance im Konzern, S. 85.

779 *Emmerich,* in Emmerich/Habersack, § 308 AktG, Rn. 19; *Koch,* in Hüffer, § 308 AktG, Rn. 7; *Koppensteiner,* in Kölner Komm., § 308 AktG, Rn. 16; MüKo-*Altmeppen,* § 308 AktG, Rn. 72; Schmidt/Lutter-*Langenbucher,* § 308 AktG, Rn. 18; Spindler/Stilz-*Veil,* § 308 AktG, Rn. 15 f.; *Fleischer,* in Hdb. Vorstandsrecht, § 18, Rn. 42.

780 *Emmerich,* in Emmerich/Habersack, § 308 AktG, Rn. 19; *Hirte,* in Großkomm., § 308 AktG, Rn. 28; *Koppensteiner,* in Kölner Komm., § 308 AktG, Rn. 18; *Krieger,* in Hdb. Gesellschaftsrecht, AG, § 70, Rn. 153; Spindler/Stilz-*Veil,* § 308 AktG, Rn. 16; Schmidt/Lutter-*Langenbucher,* § 308 AktG, Rn. 18.

781 *Emmerich,* in Emmerich/Habersack, § 308 AktG, Rn. 20; *Hirte,* in Großkomm., § 308 AktG, Rn. 28; *Koch,* in Hüffer, § 308 AktG, Rn. 8; *Krieger,* in Hdb. Gesellschaftsrecht, AG, § 70, Rn. 153; *Koppensteiner,* in Kölner Komm., § 308 AktG, Rn. 18; MüKo-*Spindler,* § 76 AktG, Rn. 45.

782 MüKo-*Altmeppen,* § 308 AktG, Rn. 78 f.; Spindler/Stilz-*Veil,* § 308 AktG, Rn. 16; *Verse,* ZHR 2011, 401 (418).

unter bestimmten Umständen anweisen zu können, soll aber als Zwischenergebnis festgehalten werden.

(cc) Das Weisungsrecht des herrschenden Unternehmens und konzernweite Compliance-Verpflichtungen

Die geschäftsleitenden Organe der herrschenden Gesellschaft wären nur dann zur Durchsetzung insbesondere der konzernweiten Compliance-Pflichten-Trias verpflichtet, wenn ihr Weisungsrecht aus § 308 Abs. 1 Satz 1 AktG diese Compliance-Verpflichtungen inhaltlich umfassen würde. Denn nur in diesem Fall würden die Einflussmöglichkeiten hinsichtlich der abhängigen Gesellschaft mit den aufgeführten konzernweiten Compliance-Aufgaben übereinstimmen und könnten den geschäftsleitenden Organen der herrschenden Gesellschaft überhaupt verpflichtend aufgegeben werden.

Das Weisungsrecht beinhaltet zweifellos sämtliche Aspekte, die im Rahmen der sorgfältigen Unternehmensleitung inklusive der organschaftlichen Legalitätspflicht[783] und der organschaftlichen Organisationspflicht[784] von den geschäftsleitenden Organen der abhängigen Gesellschaft zu erfüllen sind.[785] Wie oben beschrieben, ist gerade auch das Compliance-Management grundsätzlich als Teil der sorgfältigen Unternehmensleitung zu betrachten.[786]

Demnach ist es nur folgerichtig, wenn es im juristischen Schrifttum heißt, dass auch die Einführung einer bestimmten Compliance-Ordnung unter das Weisungsrecht fallen würde. Im Vertragskonzern könnten compliance-spezifische Berichts- und Überwachungspflichten mittels entsprechenden Weisungen ausgeführt werden. Die herrschende Gesellschaft könne eine jeweils abhängige Gesellschaft anweisen, Compliance-Aufgaben und Überwachungsmaßnahmen zu ergreifen. Ferner würden auch konzernweite Compliance-Kontrollmaßnahmen der Obergesellschaft bei der abhängigen Gesellschaft per Weisung durchgeführt werden können.[787] Die *„Vorstellungen eines konzernweiten Risiko- und*

---

783 Siehe Seiten 78 ff.

784 Siehe Seiten 83 ff.

785 *Lutter,* in FS Goette, S. 287 (293), *„Erfasst* [vom Weisungsrecht] *werden daher gerade auch Fragen der Organisation, […].“*; *Verse,* ZHR 2011, 401 (418), *„Hier ist die Obergesellschaft mit weitreichenden Weisungsrechten ausgestattet (§§ 308, 323 AktG), die ihre Geschäftsleiter auch im Bereich der Legalitätskontrolle einsetzten können.“*.

786 Siehe Seite 86.

787 MüKo-*Spindler,* § 76 AktG, Rn. 53; Spindler/Stilz-*Fleischer,* § 76 AktG, Rn. 97; *Immenga,* in FS Schwark, S. 199 (204); *Lutter,* in FS Goette, S. 287 (293); *Fett/Theusinger,* BB-Special Compliance 2010, 6 (9); *Fleischer,* CCZ 2008, 1 (6); *Spindler,* WM 2008, 905 (916); *Verse,* ZHR 2011, 401 (418).

Compliance-Managements" dürften zwar die konzernrechtlichen Strukturen nicht ignorieren, jedoch seien diese Vorstellungen der herrschenden Gesellschaft im Vertragskonzern per Weisung durchzusetzen.[788] Aufgrund des mit dem Weisungsrecht einhergehenden weitreichenden Auskunftsanspruchs des herrschenden Unternehmens könnten deren geschäftsleitende Organe vom jeweiligen Vorstand der abhängigen Gesellschaft zu sämtlichen Compliance-Angelegenheiten vollumfängliche Information verlangen.[789] Diesen Wertungen entspricht es, wenn insbesondere *Fleischer* ausführt, dass mittels des Weisungsrechts ein konzernweites Informations- und Kontrollsystem seitens der geschäftsleitenden Organe der herrschenden Gesellschaft eingerichtet werden könne.[790]

Blickt man zusammenfassend auf das Meinungsspektrum in der juristischen Literatur, so bestehen keine Zweifel, dass sich das Weisungsrecht aus § 308 AktG auch auf die konzernweiten Compliance-Aufgaben bezieht. Die geschäftsführenden Organe der Obergesellschaft haben demnach i. S. d. Compliance-Pflichten-Trias eine vertragskonzernweite Compliance-Risikoanalyse durchzuführen, eine Bewertung der Risiken vorzunehmen und eine Entscheidung zur Compliance-Thematik zu treffen. Dem entspricht auch *Fleischers* Ansicht, wenn er den Konzernvorstand für verpflichtet hält, „*ein System zur konzerndimensionalen Risikoerfassung und -auswertung einzurichten, das er im Vertragskonzern vermittels seines Weisungsrechts auch durchzusetzen vermag.*"[791]

Insbesondere mittels des weitreichenden Informations- und Auskunftsanspruchs gegenüber der abhängigen Gesellschaft, der das Weisungsrecht flankiert, kann das erforderliche konzernweite Berichts- und Informationssystem installiert werden. Dieses System ermöglicht den geschäftsleitenden Organen der herrschenden Gesellschaft, die geforderte konzernweite Compliance-Risikoanalyse durchzuführen, welche diesen im Idealfall einen tatsächlichen Überblick über die Compliance-„Ist-Situation" im Konzern verschafft.[792] Auch im Konzern ist diese Risikoanalyse die Grundlage sämtlicher konzernweiter Compliance-Entscheidungen. Weitergehend ist *Lutter* zu folgen, wenn er der herrschenden Gesellschaft das Recht zuspricht, Auskünfte über die Umsetzung und Befolgung des Compliance-Systems verlangen zu können.[793]

---

788 MüKo-*Spindler*, § 76 AktG, Rn. 53.

789 *Bauckhage-Hoffer/Katko*, WM 2012, 486 (488); *Lutter*, in FS Goette, S. 287 (293); *Verse*, ZHR 2011, 401 (418).

790 *Fleischer*, in Hdb. Vorstandsrecht, § 18, Rn. 34; *Fleischer*, DB 2005, 759 (765).

791 Spindler/Stilz-*Fleischer*, § 76 AktG, Rn. 97.

792 Siehe Seite 169.

793 *Lutter*, in FS Goette, S. 287 (293).

Abschließend ist auch die Compliance-Dokumentationspflicht konzernweit zu verstehen, sodass die konzernweiten Compliance-Aspekte vollumfänglich zu dokumentieren sind.

Die Weisungen zur Umsetzung eines konzernweiten Compliance-Management-Systems haben sich im Rahmen der allgemeinen Grenzen des Weisungsrechtes zu halten. Es erscheint jedoch relativ fernliegend, dass Weisungen gerade zur Umsetzungen eines verhältnismäßigen Compliance-Management-Systems gegen das Gesetz oder die Satzung verstoßen könnten. Jedenfalls theoretisch ist ein Ausschluss des Weisungsrechtes im Beherrschungsvertrag hinsichtlich Compliance denkbar. In diesem Fall wären die konzernweiten Compliance-Verpflichtungen mangels Einflussmöglichkeiten der herrschenden Gesellschaft inhaltlich wohl einzuschränken. Dies soll an dieser Stelle allerdings mangels praktischer Relevanz nicht weitergehend beschrieben werden.

Für die Praxis durchaus relevant erscheint die Frage zu sein, ob die geschäftsführenden Organe der herrschenden Gesellschaft ihre Weisungen zur Umsetzung eines konzernweiten Compliance-Management-Systems unmittelbar an die Mitarbeiter und Angestellten der abhängigen Gesellschaft richten können. Dies könnte z. B. Weisungen an den Compliance-Officer der abhängigen Gesellschaft betreffen, wenn dieser nicht dem Vorstand der abhängigen Gesellschaft angehört. Die Zulässigkeit solcher Weisungen „am Vorstand der abhängigen Gesellschaft vorbei" sind nach den vorherigen Ausführungen[794] aufgrund des eindeutigen Wortlautes von § 308 Abs. 1 Satz 1 AktG abzulehnen. Zulässig wären solche unmittelbaren Weisungen an einen nachgeordneten Compliance-Officer dann, wenn die geschäftsleitenden Organe der abhängigen Gesellschaft diesen wiederum angewiesen hätten, die Compliance-Weisungen der herrschenden Gesellschaft unmittelbar entgegenzunehmen und zu befolgen.[795] Ob in einem solchen Fall der Vorstand der abhängigen Gesellschaft sofort über die Compliance-Weisung zu informieren ist, soll hier nicht näher untersucht werden.

(dd) Ergebnis zum Einfluss im einstufigen Aktienkonzern

Im einstufigen Aktienkonzern, der sich durch einen Beherrschungsvertrag auszeichnet, ergeben sich keine konzernrechtlichen Beschränkungen der konzernweiten Compliance-Verpflichtungen. Durch Leitungsunterstellung i. S. v. § 291 Abs. 1 Satz 1, 1. Alt. AktG und das umfassende Weisungsrecht aus § 308 AktG ergeben sich die erforderlichen, umfassenden Leitungsbefugnisse der

794 Siehe schon Seite 183.

795 *Verse*, ZHR 2011, 401 (418).

herrschenden Gesellschaft. Daher ist das geforderte Mindestmaß an Compliance, nämlich die Compliance-Pflichten-Trias und die Dokumentationsverpflichtung, seitens der geschäftsleitenden Organe der herrschenden Gesellschaft vollumfänglich konzernweit durchsetzbar.

(b) Einflussmöglichkeiten im einstufigen GmbH-Vertragskonzern

Ob die im Abschnitt zuvor für den einstufigen Aktienkonzern gefundenen Ergebnissen auch auf den einstufigen GmbH-Konzern zu übertragen sind, hängt davon ab, ob die §§ 291 ff. AktG auch auf diese Konzernform anzuwenden sind. Eine direkte Anwendung der §§ 291 ff. AktG würde allerdings eine Aktiengesellschaft und keine Gesellschaft mit beschränkter Haftung als abhängige Gesellschaft voraussetzen, sodass eine solche ausscheidet.[796]

Beherrschungsverträge können nach verbreiteter Ansicht aber auch mit einer GmbH als beherrschte Gesellschaft abgeschlossen werden. Von dieser Möglichkeit geht die Rechtsordnung in § 30 Abs. 1 Satz 2 GmbHG und ferner in § 17 KStG explizit aus.[797] Dennoch enthält das GmbHG kein Regelungskonzept für Unternehmensverträge bzw. zum GmbH-Vertragskonzern.[798] Nach allgemeiner Ansicht sind die §§ 291 ff. AktG daher entsprechend auf den GmbH-Konzern anzuwenden, wenn nicht die organisatorischen Strukturunterschiede zwischen der Aktiengesellschaft und der Gesellschaft mit beschränkter Haftung einer solchen Anwendung entgegenstehen.[799]

Die entsprechende Anwendung der aktienrechtlichen Regelungen auf den GmbH-Vertragskonzern erstreckt sich auch auf das Weisungsrecht aus § 308 AktG.[800] Demnach können die geschäftsleitenden Organe der herrschenden

---

796 Siehe Seite 178.

797 BGH, NJW 1989, 295 (296); BGH, NJW 1992, 1452 (1452); *Emmerich,* in Emmerich/Habersack, § 291 AktG, Rn. 41 f.; *Koch,* in Hüffer, § 291 AktG, Rn. 6; MüKo-*Altmeppen,* § 291 AktG, Rn. 17; Spindler/Stilz-*Veil,* § 291 AktG, Rn. 4; Baumbach/Hueck-*Zöllner/Beurskens,* SchlAnhKonzernR, Rn. 50.

798 Baumbach/Hueck-*Zöllner/Beurskens,* SchlAnhKonzernR, Rn. 3; *Emmerich,* in Emmerich/Habersack, § 291 AktG, Rn. 41; MüKo-*Liebscher,* Anh. § 13 GmbHG, Rn. 637; *Casper,* in Ulmer/Habersack/Winter, Anh. § 77 GmbHG, Rn. 172.

799 *Emmerich,* in Emmerich/Habersack, § 291 AktG, Rn. 41; *Koch,* in Hüffer, § 291 AktG, Rn. 6, in Anlehnung an die §§ 291 ff. AktG; MüKo-*Altmeppen,* § 291 AktG, Rn. 17; Spindler/Stilz-*Veil,* § 291 AktG, Rn. 4; im Ergebnis auch *Lutter,* in FS Goette, S. 287 (293).

800 OLG Nürnberg, AG 1999, 228 (229); *Emmerich,* in Emmerich/Habersack, § 308 AktG, Rn. 9; *Koppensteiner,* in Kölner Komm., § 308 AktG, Rn. 4; *Leuering/Goertz,* in Hölters, § 308 AktG, Rn. 5; *Casper,* in Ulmer/Habersack/Winter, Anh. § 77 GmbHG, Rn. 174; *Grundmeier,* Rechtspflicht zur Compliance im Konzern, S. 94.

Gesellschaft den Geschäftsführern der abhängigen GmbH in allen Punkten der Unternehmensleitung Weisungen erteilen.[801] Dies entspricht dem Umfang, der zum Aktienkonzern herausgearbeitet worden ist.

Durch den Abschluss des Beherrschungsvertrages i. S. v. § 291 Abs. 1 Satz 1, 1. Alt. AktG geht demnach das Weisungsrecht der Gesellschafter aus § 37 Abs. 1 GmbHG auf die herrschende Gesellschaft über.[802] Andere Stimmen sprechen von einem Vorrang des Weisungsrechtes des herrschenden Unternehmens im Verhältnis zum Weisungsrecht der Gesellschafter der abhängigen GmbH.[803] *Lutter* geht gar davon aus, dass sich das Weisungsrecht der herrschenden Gesellschaft faktisch aus § 37 Abs. 1 GmbHG ergeben würde. Auf § 308 AktG geht er in diesem Zusammenhang indes überhaupt nicht ein.[804] Für diese Untersuchung spielen die unterschiedlichen Bewertungen allerdings keine Rolle, da diese allesamt zu einem umfassenden Weisungsrecht der herrschenden Gesellschaft gegenüber der abhängigen Gesellschaft führen, welches somit der Weisungsbefugnis im Aktienkonzern gleicht.

Schlussendlich ist festzuhalten, dass die geschäftsführenden Organe der herrschenden Gesellschaft im beherrschungsvertraglichen GmbH-Konzern die gleichen konzernweiten Compliance-Verpflichtungen zu erfüllen haben, wie dies für den Aktienkonzern bereits aufgezeigt worden ist, weshalb auf die dortigen Ausführungen verwiesen wird.

(c) Einflussmöglichkeiten im mehrstufigen Aktien- und GmbH-Vertragskonzern

Die bisherigen Untersuchungen der Einflussmöglichkeiten der geschäftsführenden Organe der herrschenden Gesellschaft im Vertragskonzern sind stets von einem einstufigen Konzerngebilde ausgegangen. In der Praxis sind aber mehrstufige Vertragskonzerne durchaus häufiger anzutreffen.[805] Das Regelungskonzept

---

801 *Casper,* in Ulmer/Habersack/Winter, Anh. § 77 GmbHG, Rn. 218, 220.

802 BGH, NJW 1989, 295 (296); OLG Stuttgart, NZG 1998, 601 (602); *Altmeppen,* in Roth/Altmeppen, Anh. § 13 GmbHG, Rn. 49; Baumbach/Hueck-*Zöllner/Beurskens,* SchlAnhKonzernR, Rn. 63; *Casper,* in Ulmer/Habersack/Winter, Anh. § 77 GmbHG, Rn. 182.

803 *Emmerich,* in Emmerich/Habersack, § 308 AktG, Rn. 10; *Leuering/Goertz,* in Hölters, § 308 AktG, Rn. 5.

804 *Lutter,* in FS Goette, S. 287 (294).

805 *Emmerich,* in Emmerich/Habersack, § 291 AktG, Rn. 38; *Koppensteiner,* in Kölner Komm., § 291 AktG, Rn. 65; MüKo-*Altmeppen,* Anh. zu § 311 AktG, Rn. 1; *Mülbert,* in Großkomm., § 291 AktG, Rn. 110; Spindler/Stilz-*Veil,* § 291 AktG, Rn. 29; *Cahn,* BB 2000, 1477; *Görling,* AG 1993, 538 (543, 547).

der §§ 291 ff. AktG ist jedoch im Hinblick auf einstufige Konzerngebilde konzipiert worden, sodass die einschlägigen Normen bei einer Anwendung auf tiefer gestaffelte Konzernverbindungen oftmals einer Modifikation bedürfen.[806] Die folgenden Ausführungen zum mehrstufigen Vertragskonzern gelten für den Aktienkonzern und für den GmbH-Konzern entsprechend.

Grundsätzlich sind nach verbreiteter Ansicht Beherrschungsverträge auf sämtlichen Konzernebenen zulässig.[807] Beispielsweise kann die Muttergesellschaft sowohl mit der Tochter- als auch mit der Enkelgesellschaft eine beherrschungsvertragliche Bindung eingehen. Auch möglich ist der Abschluss von Beherrschungsverträgen zwischen Enkelgesellschaft und Muttergesellschaft sowie Enkelgesellschaft und Tochtergesellschaft. Ferner ist aber auch die Konstellation denkbar, in der ein Beherrschungsvertrag einerseits zwischen Mutter- und Tochtergesellschaft und andererseits zwischen Tochter- und Enkelgesellschaft abgeschlossen wird.[808] In der zuletzt aufgeführten Konstellation liegt ein sog. „durchlaufender Beherrschungsvertrag" vor, der kettenartig von der Konzernspitze hinunterläuft.[809] Die genannten Beispiele beziehen sich aus Gründen der Vereinfachung lediglich auf zweistufige Konzernierungssachverhalte. Beherrschungsvertragliche Beziehungen sind aber genauso in tiefer gestaffelten Konzernen auf sämtlichen Ebenen möglich und zulässig.[810]

Fraglich ist, wie sich die mehrstufige Konzernierung auf die Leitungsmacht der herrschenden Gesellschaft auswirkt. Insbesondere sind dabei die Folgen für das Weisungsrecht und den korrespondierenden Auskunftsanspruch der Organe der herrschenden Gesellschaft zu untersuchen. Für den Fall, dass sich

806 *Emmerich,* in Emmerich/Habersack, § 291 AktG, Rn. 39; *Koppensteiner,* in Kölner Komm., § 291 AktG, Rn. 65; MüKo-*Altmeppen,* § 291 AktG, Rn. 107; Spindler/Stilz-*Veil,* § 291 AktG, Rn. 30; *Cahn,* BB 2000, 1477.

807 *Emmerich,* in Emmerich/Habersack, § 291 AktG, Rn. 38; *Koch,* in Hüffer, § 291 AktG, Rn. 15; MüKo-*Altmeppen,* § 309 AktG, Rn. 23; *Mülbert,* in Großkomm., § 291 AktG, Rn. 111, 113; Anh. zu § 311 AktG, Rn. 24; *Pachos,* in Henssler/Strohn, § 291 AktG, Rn. 20; Spindler/Stilz-*Veil,* § 291 AktG, Rn. 30.

808 *Emmerich,* in Emmerich/Habersack, § 291 AktG, Rn. 38; MüKo-*Altmeppen,* Anh. zu § 311 AktG, Rn. 12 ff.

809 MüKo-*Altmeppen,* Anh. zu § 311 AktG, Rn. 17; *Grundmeier,* Rechtspflicht zur Compliance im Konzern, S. 97; *Koppensteiner,* in Kölner Komm., § 291 AktG, Rn. 66; *Mülbert,* in Großkomm., § 291 AktG, Rn. 113, die beiden letztgenannten sprechen von *„hintereinander geschalteten Beherrschungsverträgen"*.

810 *Koppensteiner,* in Kölner Komm., § 291 AktG, Rn. 69; *Cahn,* BB 2000, 1477, der jedoch – in den gleichen Konstellationen – nicht von einem zweistufigen Aufbau, sondern von einem dreistufigen Konzernaufbau spricht.

diesbezüglich Einschränkungen ergeben würden, wären diese auch bei den konzernweiten Compliance-Verpflichtungen zu berücksichtigen.

(aa) Beherrschungsvertrag zwischen Mutter- und Enkelgesellschaft

In den Konzernierungssachverhalten, in welchen die Muttergesellschaft in unmittelbaren beherrschungsvertraglichen Beziehungen zur Enkelgesellschaft steht, ergeben sich grundsätzlich keine Unterschiede zu der dargestellten Situation im einstufigen Aktien- bzw. GmbH-Vertragskonzern. Die geschäftsleitenden Organe der Muttergesellschaft haben gegenüber der Enkelgesellschaft ein unmittelbares Weisungsrecht.[811] Aufgrund der umfassenden Leitungsbefugnis, die durch das Weisungsrecht ausgeübt werden kann, können die konzernweiten Compliance-Pflichten der geschäftsleitenden Organe der herrschenden Gesellschaft durchgesetzt werden.

Ist die Enkelgesellschaft allerdings sowohl mit der Mutter- als auch mit der Tochtergesellschaft beherrschungsvertraglich verbunden, ist es zu vermeiden, dass es zueinander widersprechenden Weisungen gegenüber der Enkelgesellschaft kommt.[812] Zur Koordination der Weisungsrechte haben die Beherrschungsverträge eine eindeutige Abgrenzung der Leitungsbefugnisse der einzelnen Gesellschaften vorzusehen oder ein taugliches Verfahren zu bestimmen, wie im Konfliktfall seitens der Enkelgesellschaft vorzugehen ist.[813] Nach vorherrschender Ansicht ist eine solche Koordination der Beherrschungsverträge bereits entscheidend für die Wirksamkeit der Unternehmensverträge.[814]

(bb) Der „durchlaufende Beherrschungsvertrag“

Es ist bereits auf den sog. „durchlaufenden Beherrschungsvertrag“ hingewiesen worden. Kennzeichnend für diese Konzernsituation ist, dass die beherrschungsvertraglichen Verbindungen ununterbrochen, kettenartig den Konzern hinunterlaufen. Zwischen der Muttergesellschaft und der Enkelgesellschaft

---

811 *Koch,* in Hüffer, § 291 AktG, Rn. 15; *Pachos,* in Henssler/Strohn, § 291 AktG, Rn. 20; Spindler/Stilz-*Veil,* § 291 AktG, Rn. 29.

812 *Emmerich,* in Emmerich/Habersack, § 291 AktG, Rn. 38; *Koch,* in Hüffer, § 291 AktG, Rn. 15; *Krieger,* in Hdb. Gesellschaftsrecht, AG, § 70, Rn. 10; Spindler/Stilz-*Veil,* § 291 AktG, Rn. 30.

813 LG Frankfurt, DB 1990, 624 (624); Spindler/Stilz-*Veil,* § 291 AktG, Rn. 30.

814 LG Frankfurt, DB 1990, 624 (624); *Emmerich,* in Emmerich/Habersack, § 291 AktG, Rn. 38; *Koppensteiner,* in Kölner Komm., § 291 AktG, Rn. 57; *Krieger,* in Hdb. Gesellschaftsrecht, AG, § 70, Rn. 10; Spindler/Stilz-*Veil,* § 291 AktG, Rn. 30; a. A. MüKo-*Altmeppen,* § 291 AktG, Rn. 108; *Mülbert,* in Großkomm., § 291 AktG, Rn. 113.

besteht somit kein Beherrschungsvertrag. Die Tochtergesellschaft ist vielmehr „zwischengeschaltet". Fraglich ist, wie sich diese Form des mehrgliedrigen Vertragskonzerns auf das Weisungsrecht bzw. die Leitungsbefugnis der Konzernmuttergesellschaft auswirkt.

Vereinzelte Stimmen, insbesondere *Altmeppen*, gewähren der Mutter auch in der Konstellation des „durchlaufenden Beherrschungsvertrages" ein direktes Weisungsrecht gegenüber der Enkelin.[815] Dies ergäbe sich aus *„ihrer Stellung als „Geschäftsherrin" der gesamten Konzerngeschäftsführung"*[816] bzw. sei die Muttergesellschaft stets als befugt zu betrachten, *„als Delegierte der Tochtergesellschaft zu handeln"*.[817]

Die ganz herrschende Ansicht verneint ein direktes Weisungsrecht der herrschenden Konzernmuttergesellschaft gegenüber der Enkelgesellschaft. Weisungsberechtigter gegenüber dem abhängigen Unternehmen sei stets der jeweils andere Vertragspartner des Beherrschungsvertrages. Auch bei einer Aneinanderreihung von Beherrschungsverträgen sei dies nicht anders zu entscheiden. Die Muttergesellschaft sei lediglich unmittelbar weisungsbefugt gegenüber der Tochtergesellschaft, nicht aber gegenüber der Enkelgesellschaft.[818] Die Muttergesellschaft könne allerdings die geschäftsleitenden Organe der Tochtergesellschaft, solange in diesem Verhältnis ein Beherrschungsvertrag bestehe, anweisen, der Enkelgesellschaft Weisungen bestimmten Inhalts zu erteilen. Im Wege einer solchen durchgeleiteten Weisung durch die gesamte Kette könne die herrschende Konzerngesellschaft die Leitung der Enkelgesellschaft verbindlich beeinflussen.[819]

Im Hinblick auf die konzernweiten Compliance-Verpflichtungen ist eine Entscheidung zwischen der herrschenden Ansicht und *Altmeppens* Meinung nicht

---

815 MüKo-*Altmeppen,* § 308 AktG, Rn. 58; *Würdinger,* in Großkomm., 3. Auflage (1975), § 291 AktG, Anm. 30.

816 MüKo-*Altmeppen,* § 308 AktG, Rn. 58.

817 *Würdinger,* in Großkomm., 3. Auflage (1975), § 291 AktG, Anm. 30.

818 *Emmerich,* in Emmerich/Habersack, § 308 AktG, Rn. 6; *Hirte,* in Großkomm., § 308 AktG, Rn. 24; *Koch,* in Hüffer, § 308 AktG, Rn. 3; *Koppensteiner,* in Kölner Komm., § 308 AktG, Rn. 5 f.; *Krieger,* in Hdb. Gesellschaftsrecht, AG, § 70, Rn. 152; *Leuering/Goertz,* in Hölters, § 308 AktG, Rn. 9; Schmidt/Lutter-*Langenbucher,* § 308 AktG, Rn. 16, 19; Spindler/Stilz-*Veil,* § 308 AktG, Rn. 10; *Grundmeier,* Rechtspflicht zur Compliance im Konzern, S. 97.

819 *Emmerich,* in Emmerich/Habersack, § 308 AktG, Rn. 6; *Hirte,* in Großkomm., § 308 AktG, Rn. 24; *Leuering/Goertz,* in Hölters, § 308 AktG, Rn. 9; Spindler/Stilz-*Veil,* § 308 AktG, Rn. 10; *Cahn,* BB 2000, 1477 (1481); *Grundmeier,* Rechtspflicht zur Compliance im Konzern, S. 97.

erforderlich. Auch im Wege des indirekten Einflusses auf die Enkelgesellschaft mittels einer Weisung an die Tochtergesellschaft im Falle eines „durchlaufenden Beherrschungsvertrages“ können die Compliance-Verpflichtungen der geschäftsleitenden Organe der herrschenden Gesellschaft konzernweit durchgesetzt werden. Ferner kann die herrschende Gesellschaft auf diesem Wege auch ihren umfassenden Informations- und Auskunftsanspruch auf die Enkelgesellschaft erstrecken.[820]

(cc) Ergebnis für den mehrstufigen Vertragskonzern

Im Ergebnis ergeben sich im mehrstufigen Aktien- und GmbH-Vertragskonzern somit keine Einschränkungen hinsichtlich der Möglichkeiten der geschäftsführenden Organe der Konzernmuttergesellschaft, die konzernweiten Compliance-Verpflichtungen durchzusetzen und vollumfänglich zu erfüllen.

(d) Einflussmöglichkeiten im (Aktien-)Eingliederungskonzern

Im juristischen Schrifttum, welches sich mit der Compliance-Thematik auseinandersetzt, wird auf den Eingliederungskonzern entweder überhaupt nicht oder unter der gemeinsamen Überschrift „Vertrags- und Eingliederungskonzern“ eingegangen.[821] Dies ist deshalb nachvollziehbar, weil die zum Vertragskonzern gefundenen Ergebnisse ohne Zweifel auf den Eingliederungskonzern übertragbar sind. Lediglich zur Ergänzung sei darauf hingewiesen, dass an einer Eingliederung gemäß § 319 Abs. 1 Satz 1 AktG ausschließlich Aktiengesellschaften (bzw. SEs) beteiligt sein können.[822] Eine Eingliederung, insbesondere unter Beteiligung einer GmbH, ist nicht möglich.[823]

Die Leitungsbefugnis der Hauptgesellschaft in Form des Weisungsrechtes ergibt sich im Eingliederungskonzern aus § 323 Abs. 1 Satz 1 AktG. Die Folgepflicht des Vorstandes der eingegliederten Gesellschaft entspringt aus § 323 Abs. 1 Satz 2 i. V. m. § 308 Abs. 2 Satz 1 AktG. Dieses Weisungsrecht der Hauptgesellschaft geht im Hinblick auf nachteilige Weisungen sogar noch über das Weisungsrecht im Beherrschungsvertragskonzern hinaus.[824] Demnach können

---

820 So auch hinsichtlich der Durchsetzung von Aufsichtsmaßnahmen i. R. v. § 130 OWiG: *Grundmeier*, Rechtspflicht zur Compliance im Konzern, S. 98.

821 *Fleischer*, CCZ 2008, 1 (6); *Fleischer*, DB 2005, 759 (765); *Verse*, ZHR 2011, 401 (418).

822 *Habersack*, in Emmerich/Habersack, § 319 AktG, Rn. 5; Spindler/Stilz-*Singhof*, § 319 AktG, Rn. 3.

823 MüKo-*Liebscher*, Anh. § 13 GmbHG, Rn. 1061.

824 *Habersack*, in Emmerich/Habersack, § 323 AktG, Rn. 2; MüKo-*Spindler*, § 76 AktG, Rn. 46; Spindler/Stilz-*Fleischer*, § 76 AktG, Rn. 104; Spindler/Stilz-*Singhof*, § 323 AktG, Rn. 2.

die konzernweiten Compliance-Verpflichtungen der Hauptgesellschaft ohne Beschränkungen aus dem Konzernrecht im Eingliederungskonzern umgesetzt werden.

(e) Keine konzernrechtlichen Einschränkungen der konzernweiten Compliance-Pflichten im Vertrags- und Eingliederungskonzern

Als Endergebnis zum Vertrags- und Eingliederungskonzern ist festzuhalten, dass die konzernweiten Compliance-Verpflichtungen der Geschäftsleiter der herrschenden Gesellschaft gegenüber ihrer eigenen Gesellschaft durch das Konzernrecht nicht beeinträchtigt werden. Sowohl im einstufigen Aktien[825]- und GmbH[826]-Vertragskonzern als auch im mehrstufigen[827] Vertragskonzern und erst recht im Eingliederungskonzern[828] bestehen umfassende Leitungsbefugnisse der herrschenden Gesellschaft, welche mittels Weisungsrechts durchgesetzt werden können. Insgesamt ergeben sich für die geschäftsleitenden Organe der herrschenden Gesellschaft keine konzernrechtlichen Schranken hinsichtlich ihrer konzernweiten Compliance-Pflichten-Trias und ihrer Compliance-Dokumentationspflichten. Im Vertrags- und Eingliederungskonzern sind die zur konzernfreien Gesellschaft entwickelten Compliance-Verpflichtungen vollumfänglich durchsetzbar. Die Compliance-Pflichten sind somit weder in ihrer grundsätzlichen Existenz noch in ihrer inhaltlichen Intensität durch das Konzernrecht eingeschränkt.

(2) Die Compliance-Pflichten im faktischen Konzern

Nachdem zuvor die Compliance-Pflichten im Vertrags- und Eingliederungskonzern aufgezeigt worden sind, gilt es die rechtliche Situation des faktischen Konzerns unter Compliance-Gesichtspunkten zu betrachten. Die konzernrechtlichen Auswirkungen auf die Compliance-Verpflichtungen der Organe der herrschenden Gesellschaft werden zunächst hinsichtlich des faktischen Aktienkonzerns untersucht, um sodann auf den faktischen GmbH-Konzern einzugehen.

(a) Einflussmöglichkeiten der herrschenden Gesellschaft im faktischen Aktienkonzern

Ein faktischer Unterordnungsaktienkonzern liegt vor, wenn die geschäftsleitenden Organe des herrschenden Unternehmens, ohne die Existenz eines

---

825 Siehe Seiten 186 f.

826 Siehe Seiten 187 f.

827 Siehe Seite 192.

828 Siehe Seiten 192 f.

Beherrschungsvertrages oder einer Eingliederung, ihre eigene Gesellschaft und mindestens eine abhängige Aktiengesellschaft im Rahmen einer einheitlichen Leitung i. S. v. § 18 Abs. 1 Satz 1 AktG zusammenfassen.[829] Der Begriff des faktischen Konzerns wird als Sammelbegriff ohne gesetzliche Basis umschrieben.[830] Die Ausübung eines solchen beherrschenden Einflusses seitens der herrschenden Gesellschaft wird durch die Abhängigkeit eines rechtlich selbstständigen Unternehmens ermöglicht (vgl. § 17 Abs. 1 AktG), die in der Praxis regelmäßig auf einer Mehrheitsbeteiligung der herrschenden Gesellschaft basiert.[831] Die Rechtsfolge einer solchen Mehrheitsbeteiligung (vgl. § 16 AktG) ist die Abhängigkeitsvermutung des § 17 Abs. 2 AktG, an welche dann die widerlegbare Konzernvermutung des § 18 Abs. 1 Satz 3 AktG anknüpft.[832] Im nun folgenden Teil der Darstellung gilt es, die Einflussmöglichkeiten der konzernleitenden Organe der herrschenden Gesellschaft auf die faktisch beherrschte Gesellschaft im Hinblick auf die Durchsetzung der Compliance-Pflichten-Trias zu untersuchen.

(aa) Die Regelungen der §§ 311 ff. AktG

Der Einfluss der herrschenden Gesellschaft im faktischen Aktienkonzern ist nach Maßgabe und in den Grenzen der §§ 311 ff. AktG auszuüben.[833] Zur Klarstellung ist darauf hinzuweisen, dass die Anwendbarkeit der §§ 311 ff. AktG nicht das konzernbegründende Merkmal der einheitlichen Leitung (vgl. § 18 Abs. 1 Satz 1 AktG) voraussetzt, sondern bereits auf den Begriff der Abhängigkeit des § 17 Abs. 1 AktG abstellt.[834] Trotzdem werden aus Gründen der Vereinfachung die §§ 311 ff. AktG oftmals als das Recht des faktischen Konzerns bezeichnet.[835]

---

829 *Emmerich,* in Emmerich/Habersack, § 18 AktG, Rn. 8; *Koch,* in Hüffer, § 18 AktG, Rn. 3.

830 *Hirschmann,* in Hölters, § 18 AktG, Rn. 5; *Koch,* in Hüffer, § 18 AktG, Rn. 3.

831 *Hirschmann,* in Hölters, § 18 AktG, Rn. 5; MüKo-*Bayer,* § 18 AktG, Rn. 9.

832 *Emmerich,* in Emmerich/Habersack, § 17 AktG, Rn. 2, 5; *Hirschmann,* in Hölters, § 16 AktG, Rn. 15; *Koch,* in Hüffer, § 16 AktG, Rn. 14; § 18 AktG, Rn. 24; Spindler/Stilz-*Schall,* § 17 AktG, Rn. 4; § 18 AktG, Rn. 27.

833 *Habersack,* in Emmerich/Habersack, § 311 AktG, Rn. 9; *Koch,* in Hüffer, § 311 AktG, Rn. 1 ff.; *Kort,* in Großkomm., § 76 AktG, Rn. 145.

834 *Emmerich,* in Emmerich/Habersack, § 17 AktG, Rn. 2; *Habersack,* in Emmerich/Habersack, § 311 AktG, Rn. 1, 11; *Koch,* in Hüffer, § 17 AktG, Rn. 1, 24; § 311 AktG, Rn. 2, 8; Spindler/Stilz-*Schall,* § 17 AktG, Rn. 4.

835 MüKo-*Altmeppen,* § 311 AktG, Rn. 384; Spindler/Stilz-*Müller,* Vorbemerkung §§ 311 bis 318 AktG, Rn. 1.

Das Regelungskonzept der §§ 311 ff. AktG impliziert nach heute ganz herrschender Ansicht die Zulässigkeit bzw. die rechtliche Anerkennung der einfachen faktischen Konzernierung.[836] Das Aktiengesetz duldet[837] den faktischen Konzern nicht nur als gesellschaftsrechtliche Beherrschungsform, sondern billigt die Konzernierungsform als solche.[838] Demnach beinhalten die §§ 311 ff. AktG ferner einen eingeschränkten Organisationsrahmen für den faktischen Aktienkonzern.[839]

(bb) Die fehlende rechtlich durchsetzbare Konzernleitungsbefugnis

Trotz dieser Zulässigkeit des faktischen Konzerns und der Ansätze einer Organisationsstruktur in den §§ 311 ff. AktG, ergeben sich für diese Konzernform seitens der herrschenden Gesellschaft keine rechtlich durchsetzbaren Konzernleitungsbefugnisse.[840] Seitens der geschäftsführenden Organe der herrschenden Gesellschaft besteht insbesondere kein Weisungsrecht i. S. v. § 308 AktG gegenüber der abhängigen Gesellschaft.[841]

---

836 BGH, NZG 2008, 831 (833); OLG Köln, AG 2009, 416 (418); *Habersack,* in Emmerich/Habersack, § 311 AktG, Rn. 2, 8; *Hirschmann,* in Hölters, § 18 AktG, Rn. 5; *Koch,* in Hüffer, § 311 AktG, Rn. 3; *Krieger,* in Hdb. Gesellschaftsrecht, AG, § 69, Rn. 22; MüKo-*Bayer,* § 18 AktG, Rn. 9; MüKo-*Altmeppen,* § 311 AktG, Rn. 26; Schmidt/Lutter-*Vetter,* § 311 AktG, Rn. 6; Spindler/Stilz-*Müller,* Vorbemerkung §§ 311 bis 318 AktG, Rn. 5; siehe auch Seite 154.

837 *Hirschmann,* in Hölters, § 18 AktG, Rn. 5: Der faktische Konzern wird in § 311 AktG hingenommen; *Koppensteiner,* in Kölner Komm., Vorb. § 311 AktG, Rn. 10 ff.

838 *Koch,* in Hüffer, § 311 AktG, Rn. 4; MüKo-*Altmeppen,* § 311 AktG, Rn. 26: Die Frage, ob der Gesetzgeber den faktischen Konzern nun billigt oder duldet, sei eine graue Theorie; Schmidt/Lutter-*Vetter,* § 311 AktG, Rn. 6; Spindler/Stilz-*Müller,* Vorbemerkung §§ 311 bis 318 AktG, Rn. 5.

839 *Habersack,* in Emmerich/Habersack, § 311 AktG, Rn. 2; *Koch,* in Hüffer, § 311 AktG, Rn. 4; MüKo-*Altmeppen,* § 311 AktG, Rn. 21; Schmidt/Lutter-*Vetter,* § 311 AktG, Rn. 127 ff.

840 *Habersack,* in Emmerich/Habersack, § 311 AktG, Rn. 10; *Koch,* in Hüffer, § 18 AktG, Rn. 3; § 311 AktG, Rn. 5; MüKo-*Altmeppen,* § 311 AktG, Rn. 401; MüKo-*Bayer,* § 18 AktG, Rn. 9 f., 20; Schmidt/Lutter-*Vetter,* § 311 AktG, Rn. 7, 131; Spindler/Stilz-*Fleischer,* § 76 AktG, Rn. 102.

841 *Habersack,* in Emmerich/Habersack, § 311 AktG, Rn. 10; *Koch,* in Hüffer, § 76 AktG, Rn. 52; *Kort,* in Großkomm., § 76 AktG, Rn. 146 f.; *Mertens/Cahn,* in Kölner Komm., § 76 AktG, Rn. 67; MüKo-*Altmeppen,* § 311 AktG, Rn. 401; MüKo-*Spindler,* § 76 AktG, Rn. 40; Spindler/Stilz-*Fleischer,* § 76 AktG, Rn. 102; Spindler/Stilz-*Müller,* § 311 AktG, Rn. 6; *Fett/Theusinger,* BB-Special Compliance 2010, 6 (9); *Grundmeier,* Rechtspflicht zur Compliance im Konzern, S. 89; *Lutter,* in FS Goette, S. 287 (294); *Verse,* ZHR 2011, 401 (419).

Dieser Mangel an rechtlichen Mitteln zur Durchsetzung einer Konzernleitungsmacht ist gerade kennzeichnend für den faktischen Konzern.[842] Der Vorstand der abhängigen Aktiengesellschaft bleibt daher bei einer faktischen Konzernierung verpflichtet, die eigene Gesellschaft vollumfänglich eigenverantwortlich zu leiten. § 76 AktG wird durch die faktische Konzernierung nicht eingeschränkt.[843] Die Leitungs- und Geschäftsführungsbefugnisse des Vorstandes der abhängigen Gesellschaft unterscheiden sich im faktischen Konzern somit grundsätzlich nicht von denen in der konzernfreien Aktiengesellschaft.[844]

Im Rahmen der §§ 311 ff. AktG ist der Vorstand der abhängigen Gesellschaft allerdings grundsätzlich berechtigt, den Veranlassungen der geschäftsleitenden Organe der herrschenden Gesellschaft zu folgen. Der Begriff der Veranlassung ist dabei weit zu verstehen.[845] Es genügt jede Form der versuchten Einflussnahme seitens des herrschenden Unternehmens. Die Veranlassung kann somit in Form von Ratschlägen, Anregungen, Weisungen oder in sonstiger Art und Weise eingekleidet sein.[846] Diesbezüglich ergeben sich keine Änderungen zum Weisungsbegriff i. S. v. § 308 AktG. Jedoch besteht auch im Falle des Nachteilsausgleichs gemäß § 311 Abs. 1 AktG keine rechtliche Verpflichtung der abhängigen Gesellschaft der Veranlassung nachzukommen. Dies unterscheidet die Veranlassung maßgeblich von der Weisung.[847] Wegen des fehlenden Weisungsrechtes handelt es sich im faktischen Konzern stets um eine von der abhängigen Gesellschaft geduldete Konzernierung, denn „*[g]egen den Willen der Tochter kann keine Maßnahme getroffen werden.*“[848]

---

842 MüKo-*Bayer,* § 18 AktG, Rn. 9.

843 *Bürgers/Israel,* in Heidelberger Komm., § 76 AktG, Rn. 27; *Habersack,* in Emmerich/Habersack, § 311 AktG, Rn. 10; *Koch,* in Hüffer, § 311 AktG, Rn. 48; § 76, Rn. 52; MüKo-*Bayer,* § 18 AktG, Rn. 20; MüKo-*Spindler,* § 76 AktG, Rn. 40; Spindler/Stilz-*Fleischer,* § 76 AktG, Rn. 102; Spindler/Stilz-*Müller,* § 311 AktG, Rn. 62; siehe schon Seite 154.

844 *Kort,* in Großkomm., § 76 AktG, Rn. 145.

845 MüKo-*Altmeppen,* § 311 AktG, Rn. 76.

846 *Koch,* in Hüffer, § 311 AktG, Rn. 13; MüKo-*Altmeppen,* § 311 AktG, Rn. 76; *Habersack,* in Emmerich/Habersack, § 311 AktG, Rn. 23; Spindler/Stilz-*Müller,* § 311 AktG, Rn. 12; *Grundmeier,* Rechtspflicht zur Compliance im Konzern, S. 89.

847 *Habersack,* in Emmerich/Habersack, § 311 AktG, Rn. 23; Spindler/Stilz-*Fleischer,* § 76 AktG, Rn. 102; Spindler/Stilz-*Müller,* § 311 AktG, Rn. 13; *Grundmeier,* Rechtspflicht zur Compliance im Konzern, S. 89; *Bicker,* AG 2012, 542 (551).

848 Schmidt/Lutter-*Vetter,* § 311 AktG, Rn. 129.

(cc) Auswirkungen der faktischen Konzernierung auf die konzernweiten Compliance-Pflichten (Bemühensverpflichtungen)

Die fehlende rechtlich durchsetzbare Konzernleitungsbefugnis der geschäftsführenden Organe der herrschenden Gesellschaft hat Auswirkungen auf deren konzernweite Compliance-Verpflichtungen. Anders als im Vertrags- und Eingliederungskonzern können die geschäftsführenden Organe der herrschenden Gesellschaft im faktischen Konzern ihre Compliance-Aufgaben nicht mittels verbindlichen Weisungen konzernweit durchsetzen. Möglich sind lediglich Veranlassungen zur konzernweiten Compliance, welche allerdings gegenüber der abhängigen Gesellschaft nicht gegen den Willen ihrer Leitungsorgane rechtlich durchsetzbar sind.[849]

Fleischer spricht aufgrund der begrenzten Rechtsmacht im faktischen Konzern von einer reduzierten Compliance-Verantwortung des Konzernvorstandes.[850] An anderer Stelle wird ausgeführt, dass die Vorstellungen u. a. zu einem konzernweiten Compliance-Management im faktischen Aktienkonzern aufgrund der konzernrechtlichen Grenzen nicht ohne Weiteres umsetzbar seien.[851] Die herrschende Gesellschaft könne die abhängige Gesellschaft gerade nicht dazu verpflichten, überhaupt eine Compliance-Organisation einzurichten bzw. eine solche der Konzernmutter zu übernehmen.[852]

Fraglich ist nun, welche Auswirkungen die faktische Konzernierung auf die hier statuierte konzernweite Compliance-Pflichten-Trias und die Compliance-Dokumentationspflicht hat. Zunächst wird an dieser Stelle nochmals darauf hingewiesen, dass es sich bei den konzernweiten Compliance-Pflichten um solche im Innenverhältnis zwischen der Gesellschaft und den geschäftsleitenden Organen handelt.[853] Die grundsätzliche Entstehung dieser konzernweiten Verpflichtungen hängt demnach zunächst nicht von der speziellen Konzernform ab. Jedoch werden die konzernweiten Compliance-Pflichten inhaltlich durch die Konzernform modifiziert. Dies bedeutet, dass die geschäftsführenden Organe der herrschenden Gesellschaft auch im faktischen Konzern grundsätzlich eine Compliance-Risikoermittlungspflicht, eine Risikobewertungspflicht, eine

---

849 *Grundmeier,* Rechtspflicht zur Compliance im Konzern, S. 89, kommt allerdings hinsichtlich der Umsetzung von Aufsichtsmaßnahmen zum gleichen Ergebnis.

850 Spindler/Stilz-*Fleischer,* § 91 AktG, Rn. 62; *Fleischer,* CCZ 2008, 1 (6).

851 MüKo-*Spindler,* § 76 AktG, Rn. 46.

852 *Huber,* Die Reichweite konzernbezogener Compliance-Pflichten des Mutter-Vorstands des AG-Konzerns, S. 184; *Immenga,* in FS Schwark, S. 199 (204).

853 Siehe Seite 160.

Entscheidungspflicht und eine Dokumentationspflicht zu erfüllen haben.[854] Bei der inhaltlichen Ausgestaltung der konzernweiten Compliance-Pflichten sind dann aber die dargestellten konzernrechtlichen Schranken, womit insbesondere das fehlende Weisungsrecht gemeint ist, im faktischen Konzern zu beachten.

Im Schrifttum wird für den faktischen Konzern eine Bemühenspflicht statuiert, welche sich auf die Beschaffung der Compliance-Informationen und Kontrollmaßnahmen bezieht.[855] Die Obergesellschaft müsse rechtliche und tatsächliche Befugnisse vollständig ausnutzen, um ihre Compliance-Ziele zu verwirklichen.[856]

Dieser Bemühenspflicht seitens der geschäftsleitenden Organe der herrschenden Gesellschaft ist zuzustimmen. Eine solche Pflicht berücksichtigt einerseits die grundsätzlichen konzernweiten Compliance-Verpflichtungen und anderseits die konzernrechtlich begrenzten Leitungsbefugnisse der herrschenden Gesellschaft im faktischen Konzern.

Zur Erfüllung der auch im faktischen Konzern bestehenden konzernweiten Compliance-Pflichten-Trias haben sich die Geschäftsleiter der herrschenden Gesellschaft daher, unter Ausschöpfung sämtlicher rechtlicher und tatsächlicher Möglichkeiten, zunächst um die relevanten Compliance-Informationen zu bemühen. Inhaltlich haben sich diese Bemühungen gerade auf die compliance-relevanten Informationen im Hinblick auf die faktisch beherrschte Gesellschaft zu beziehen, um überhaupt eine umfassende Compliance-Risikoanalyse durchführen zu können, welche den Ausgangspunkt der konzernweiten Compliance-Pflichten darstellt. Die Informationsbeschaffung wird im Schrifttum zu Compliance-Standards im Konzern auch als *„den Bereich der passiven Compliance-Überwachung"* bezeichnet.[857]

Eine solche Bemühenspflicht ist dem Aktienrecht im Allgemeinen, ohne einen ausdrücklichen Bezug zur Compliance-Thematik herzustellen, nicht fremd. Eine Verpflichtung in Form der Bemühenspflicht trifft den Vorstand auch im Rahmen der konzerndimensionalen Regelberichterstattung an den Aufsichtsrat gemäß § 90 Abs. 1 Satz 2 AktG.[858] In der Regierungsbegründung zum Transparenz- und

---

854 Siehe Seiten 168 ff.

855 Spindler/Stilz-*Fleischer,* § 91 AktG, Rn. 62; *Fleischer,* CCZ 2008, 1 (6); *Verse,* ZHR 2011, 401 (419); siehe auch Seite 164.

856 *Bürkle,* in Corporate Compliance, § 8, Rn. 68; *Huber,* Die Reichweite konzernbezogener Compliance-Pflichten des Mutter-Vorstands des AG-Konzerns, S. 190; *Lutter,* in FS Goette, S. 287 (294).

857 *Mutter/Kruchen,* in Bürkle, Compliance im Versicherungsunternehmen, § 3, Rn. 33.

858 *Koch,* in Hüffer, § 90 AktG, Rn. 7a; MüKo-*Spindler,* § 90 AktG, Rn. 22; Schmidt/Lutter-*Krieger/Sailer-Coceani,* § 90 AktG, Rn. 31; Spindler/Stilz-*Fleischer,* § 90 AktG, Rn. 30.

Publizitätsgesetz vom 11. 04. 2002 heißt es zum Pflichtenrahmen wörtlich: „*Der Vorstand ist vielmehr verpflichtet, sich die für die Berichterstattung notwendigen Informationen von sich aus im Rahmen des nach den gesetzlichen Bestimmungen Zulässigen, des ihm faktisch Möglichen und konkret Zumutbaren zu beschaffen.*“[859] Dieser Pflichtenrahmen ist es dann auch, den die geschäftsführenden Organe bei der Compliance-Informationsbeschaffung im faktischen Konzern grundsätzlich zu erfüllen haben.

(dd) Kein umfassender Informationsanspruch der Obergesellschaft

Anders als im Vertrags- und Eingliederungskonzern besteht im faktischen Konzern kein umfassender Informations- und Auskunftsanspruch des herrschenden Unternehmens gegen die abhängige Gesellschaft.[860] Dieser Anspruch basiert im Vertrags- und Eingliederungskonzern auf dem Weisungsrecht gemäß § 308 AktG,[861] welches im Falle der faktischen Konzernierung nicht existent ist. Dies erschwert die Umsetzung der konzernweiten Compliance-Pflichten im faktischen Konzern maßgeblich.

Abweichend hiervon wird im juristischen Schrifttum gelegentlich, unter wechselnder dogmatischer Begründung, dennoch ein umfassender Informations- und Auskunftsanspruch der Obergesellschaft im faktischen Konzern bejaht. Die Erwägungen überzeugen im Ergebnis jedoch nicht. Im Einzelnen:

(aaa) § 131 Abs. 1 Satz 1 AktG kann Informationsfluss im Konzern nicht sicherstellen

Zunächst scheidet der allgemeine aktienrechtliche Informationsanspruch gemäß § 131 Abs. 1 Satz 1 AktG als Grundlage für einen umfassenden Compliance-Informationsfluss im faktischen Aktienkonzern aus. *Löbbe* führt zutreffend aus, dass das Informationsrecht des Aktionärs völlig ungeeignet sei, als Basis einer umfassenden Informationsversorgung des herrschenden Unternehmens zu dienen.[862] *Hüffer* misst diesem Informationsrecht der Gesellschafter deshalb „*keinen*

---

859 BT-Drucks. 14/8769, S. 14.

860 MüKo-*Altmeppen*, § 311 AktG, Rn. 422, 434; *Fabritius*, in FS Huber, S. 705 (710); *Fett/Theusinger*, BB-Special Compliance 2010, 6 (9); *Fleischer*, DB 2005, 759 (765); *Grundmeier*, Rechtspflicht zur Compliance im Konzern, S. 90; *Huber*, Die Reichweite konzernbezogener Compliance-Pflichten des Mutter-Vorstands des AG-Konzerns, S. 111, 121; *Hüffer*, in FS Schwark, S. 185 (197); *Krieger*, in Hdb. Gesellschaftsrecht, AG, § 69, Rn. 28; *Lutter*, Information und Vertraulichkeit im Aufsichtsrat, S. 62; *Singhof*, ZGR 2001, 146 (159); *Verse*, ZHR 2011, 401 (423).

861 Siehe Seite 185.

862 *Löbbe*, Unternehmenskontrolle im Konzern, S. 132.

besonderen Gewinn für die Wahrnehmung unternehmensleitender Funktionen" bei.[863]

Der herrschenden Gesellschaft steht, wie jedem anderen Aktionär auch, das gesetzliche Auskunftsrecht des § 131 Abs. 1 Satz 1 AktG gegen die faktisch beherrschte Gesellschaft zu. Der Auskunftsanspruch ist aber bereits tatbestandlich in zweifacher Hinsicht eingeschränkt, sodass dieser zur Durchsetzung eines konzernweiten Informationsanspruchs im faktischen Konzern nicht geeignet ist. Zum einen ist das Auskunftsrecht des Aktionärs, und somit auch das der herrschenden Gesellschaft im faktischen Konzern, zeitlich auf die Hauptversammlung beschränkt. Weiter können durch die Aktionäre überhaupt nur solche Informationen verlangt werden, die zur sachgemäßen Beurteilung eines Gegenstandes der Tagesordnung erforderlich sind. Ferner kann der Vorstand der abhängigen Gesellschaft die Auskunft unter den Voraussetzungen des § 131 Abs. 3 AktG verweigern.[864] Das Auskunftsrecht des Aktionärs hat die sinnvolle Ausübung der Mitgliedschaftsrechte insbesondere der Stimmrechte vor Augen.[865] Aus § 131 Abs. 1 Satz 1 AktG ergibt sich kein allgemeiner Rechenschaftsanspruch des Aktionärs gegen die Gesellschaft.[866]

Aufgrund der tatbestandlichen Einschränkungen des allgemeinen aktienrechtlichen Informationsanspruches ist dieser schon nicht geeignet, einen konzernweiten Compliance-Informationsfluss in ausreichendem Maße sicherzustellen. Gelangt die Obergesellschaft durch ein auf § 131 Abs. 1 Satz 1 AktG gestütztes Auskunftsverlangen jedoch an einzelne compliance-relevante Informationen, sind diese selbstverständlich bei der Erfüllung der konzernweiten Compliance-Pflichten zu berücksichtigen.

(bbb) Kein Informationsfluss im Konzern aus §§ 294 Abs. 3, 320 Abs. 3 HGB

Bei der Suche nach einer Grundlage zur Sicherstellung eines umfassenden Informationsflusses insbesondere im faktischen Konzern sind die Regelungen zur Konzernrechnungslegung in den Fokus geraten.[867] Zur vollständigen Aufstellung eines Konzernabschlusses und eines Konzernlageberichts ergeben sich ausdrückliche Vorlage- und Auskunftspflichten für ein Tochterunternehmen

863 *Hüffer*, in FS Schwark, S. 185 (186).

864 Spindler/Stilz-*Siems*, § 131 AktG, Rn. 18, 28; *Huber*, Die Reichweite konzernbezogener Compliance-Pflichten des Mutter-Vorstands des AG-Konzerns, S. 106; *Löbbe*, Unternehmenskontrolle im Konzern, S. 132; *Fabritius*, in FS Huber, S. 705 (706 f.).

865 *Koch*, in Hüffer, § 131 AktG, Rn. 1; MüKo-*Kubis*, § 131 AktG, Rn. 1.

866 Spindler/Stilz-*Siems*, § 131 AktG, Rn. 18; *Fabritius*, in FS Huber, S. 705 (707).

867 *Semler*, Leitung und Überwachung der AG, Rn. 300 ff.

gegenüber einem Mutterunternehmen i. S. v. § 290 HGB aus § 294 Abs. 3 HGB, welche durch die Rechte des Abschlussprüfers nach § 320 Abs. 3 HGB ergänzt werden.

Semler leitet aus diesen bilanzrechtlichen Regeln *„einen allgemeinen Grundsatz für den Informationsfluß im Konzern“* ab. *„Die zur Konzernleitung nötigen Informationen müssen und dürfen von konzernabhängigen Unternehmen an das herrschende Unternehmen gegeben werden.“*[868] Die geschäftsführenden Organe einer faktisch abhängigen Gesellschaft seien berechtigt und verpflichtet, die zur Konzernführung notwendigen Informationen abzugeben.[869] Eine dogmatische Begründung für den von ihm statuierten allgemeinen Grundsatz zum konzernweiten Informationsfluss liefert *Semler* allerdings genauso wenig, wie eine Prüfung und Darlegung der Voraussetzungen einer analogen Anwendung der genannten Vorschriften.

Die handelsgesetzlichen Vorlage- und Auskunftsrechte des § 294 Abs. 3 HGB sind inhaltlich auf solche Informationen begrenzt, die zur Aufstellung eines Konzernabschlusses und eines Konzernlageberichts erforderlich sind.[870] Bereits das Gesetz definiert den inhaltlichen Umfang der Vorlagepflichten. Demnach sind gemäß § 294 Abs. 3 Satz 1 HGB Jahresabschlüsse, Einzelabschlüsse, Lageberichte, Konzernabschlüsse, Konzernlageberichte, Prüfungsberichte und Zwischenprüfungsberichte einzureichen. Der Umfang der Informationen ist also tatbestandlich auf die Belange der Konzernrechnungslegung begrenzt. *Hüffer* beschreibt die aus § 294 Abs. 3 Satz 1 HGB stammenden Informationsrechte aus diesem Grunde als *„inhaltlich schmal“*. Ferner seien die Informationen vergangenheitsorientiert, da es sich um Auskünfte zum vergangenen Geschäftsjahr handeln würde.[871]

Der vorherrschenden Auffassung im juristischen Schrifttum ist zuzustimmen, wenn es dort heißt, dass sich eine umfassende Informationsverpflichtung der abhängigen Gesellschaft gegenüber der herrschenden Gesellschaft nicht aus den §§ 294 Abs. 3, 320 Abs. 3 HGB ergibt.[872] Einen allgemeinen Grundsatz zur

---

868 *Semler,* Leitung und Überwachung der AG, Rn. 300.

869 *Semler,* Leitung und Überwachung der AG, Rn. 306.

870 *Bauckhage-Hoffer/Katko,* WM 2012, 486 (487); *Böcking/Gros/Schurbohm-Ebneth,* in EBJS, § 294 HGB, Rn. 17; MüKo-*Pfaff,* § 294 HGB, Rn. 38.

871 *Hüffer,* in FS Schwark, S. 185 (188); *Huber,* Die Reichweite konzernbezogener Compliance-Pflichten des Mutter-Vorstands des AG-Konzerns, S. 105, 113.

872 *Bauckhage-Hoffer/Katko,* WM 2012, 486 (487 f.); *Grundmeier,* Rechtspflicht zur Compliance im Konzern, S. 90; *Hüffer,* in FS Schwark, S. 185 (189); MüKo-*Altmeppen,* § 311 AktG, Rn. 432.

Informationsweitergabe von der beherrschten Gesellschaft an die herrschende Gesellschaft würde sich aus den Vorschriften zur Konzernrechnungslegung nicht ergeben.[873] Ein Analogieschluss, der zu einem allgemeinen Informationsanspruch für die Zwecke der Konzernkontrolle gelange, liefe auf eine gesetzesübersteigende Rechtsfortbildung hinaus.[874] Als Basis für den Informationsfluss im Rahmen eines konzernweiten Compliance-Systems taugen die §§ 294 Abs. 3, 320 Abs. 3 HGB im Ergebnis daher nicht.[875] Anders als *Bicker* ausführt,[876] kann ein konzernweites Compliance-Reporting deshalb nicht mittels einer weiten Auslegung von § 294 Abs. 3 Satz 2 HGB sichergestellt werden.

Zur Sicherstellung eines konzernweiten Informationsflusses im Rahmen eines konzernweiten Compliance-Systems und insbesondere zur Durchführung einer Compliance-Risikoanalyse sind die Vorschriften zur Konzernrechnungslegung nicht geeignet. Dennoch haben die geschäftsführenden Organe die im Rahmen der §§ 294 Abs. 3, 320 Abs. 3 HGB erlangten Informationen auch bei der Compliance-Risikoanalyse zu beachten. Die vergangenheitsorientierten Informationen sind zukunftsorientiert in die Compliance-Pflichten-Trias zu integrieren.

(ccc) Kein Informationsanspruch als Nebenpflicht aus dem Sonderrechtsverhältnis nach den §§ 311 ff. AktG

Löbbe bejaht im Rahmen eines anderen dogmatischen Ansatzes einen umfassenden Auskunftsanspruch der Obergesellschaft gegen die abhängige Gesellschaft im Hinblick auf die organisationsrechtliche Komponente des Sonderrechtsverhältnisses aus den §§ 311 ff. AktG.[877] Der Zweck dieses Sonderrechtsverhältnisses, nämlich dem herrschenden Unternehmen auch in dezentralen Konzernen die Ausübung von Leitungsmacht zu ermöglichen, erfordere ein Auskunftsrecht der Obergesellschaft.[878] Sofern der Obergesellschaft nicht sämtliche Informationen zur abhängigen Gesellschaft erteilt würden, würde dieser die Möglichkeit genommen, die faktische Leitungsmacht sorgfaltsgemäß auszuüben. Die §§ 311 ff. AktG gingen davon aus, dass der Vorstand der herrschenden Gesellschaft die genauen Auswirkungen der veranlassten Maßnahmen auf die

873 *Wittmann,* Informationsfluss im Konzern, S. 72; im Ergebnis auch: *Löbbe,* Unternehmenskontrolle im Konzern, S. 155.

874 *Verse,* ZHR 2011, 401 (423).

875 *Bauckhage-Hoffer/Katko,* WM 2012, 486 (488); *Fabritius,* in FS Huber, S. 705 (710); *Hüffer,* in FS Schwark, S. 185 (189).

876 *Bicker,* AG 2012, 542 (551).

877 *Löbbe,* Unternehmenskontrolle im Konzern, S. 155 ff., 167.

878 *Löbbe,* Unternehmenskontrolle im Konzern, S. 161.

abhängige Gesellschaft kenne, weshalb eine umfassende Information notwendig sei.[879]

Diesem Ansatz kann ebenfalls nicht gefolgt werden. Die §§ 311 ff. AktG verfolgen gerade nicht den Zweck, der herrschenden Gesellschaft Leitungsmacht zu verschaffen oder diese abzusichern. Das Regelungskonzept der §§ 311 ff. AktG hat keine Verpflichtungen der abhängigen Gesellschaft, sondern vielmehr deren Schutz vor Augen, sodass Informationsverpflichtungen der abhängigen Gesellschaft gegenüber der Obergesellschaft abzulehnen sind.[880] Demnach ist es richtig, wenn *Hüffer* ausführt, dass in der Logik des Gesetzes (§§ 311 ff. AktG), im Gegensatz zu der von *Löbbe* geäußerten Auffassung, gerade keine Informationspflicht der abhängigen Gesellschaft liege. Die geschäftsleitenden Organe der abhängigen Gesellschaft könnten vielmehr nach freiem unternehmerischem Ermessen entscheiden, ob ihre faktisch beherrschte Gesellschaft sich in das Informationssystem der herrschenden Gesellschaft einfügen oder die Informationsgesuche der Obergesellschaft zurückweisen würde.[881] Eine Informations- und Auskunftspflicht würde im Ergebnis wiederum auf ein Weisungsrecht der herrschenden Gesellschaft hinauslaufen, welches im faktischen Konzern gerade nicht bestehen würde. Eine Pflicht der abhängigen Gesellschaft zur umfassenden Information der Obergesellschaft wäre somit nicht systemimmanent und würde sich insbesondere nicht aus dem Sonderrechtsverhältnis der §§ 311 ff. AktG ergeben.[882]

(ddd) Keine Informationspflicht der abhängigen Gesellschaft aus den gesellschaftsrechtlichen Treuepflichten

Nach anderer Auffassung wird ein umfassender Informationsanspruch der herrschenden Gesellschaft aus den Treuepflichten der abhängigen Gesellschaft hergeleitet. *Schneider* und *Burgard* führen hierzu aus: „*Rechtmäßig konzernierte Gesellschaften sind gleich auf welcher Stufe ohne Bestehen eines Beherrschungsvertrages <u>aufgrund der Treupflicht</u> gehalten, dem herrschenden Unternehmen alle Informationen zur Verfügung zu stellen, die es zur Ausübung seiner*

879 *Löbbe*, Unternehmenskontrolle im Konzern, S. 162.

880 *Hüffer*, in FS Schwark, S. 185 (191); *Grundmeier*, Rechtspflicht zur Compliance im Konzern, S. 91; *Huber*, Die Reichweite konzernbezogener Compliance-Pflichten des Mutter-Vorstands des AG-Konzerns, S. 116.

881 *Hüffer*, in FS Schwark, S. 185 (191).

882 *Grundmeier*, Rechtspflicht zur Compliance im Konzern, S. 91; *Koppensteiner*, in Kölner Komm., § 311 AktG, Rn. 147, Fn. 376.

Konzernleitungsmacht bedarf, […]".[883] Die abhängige Gesellschaft hätte auf die Interessen der herrschenden Gesellschaft Rücksicht zu nehmen und die erforderlichen Informationen zur Verfügung zu stellen. Dies ergebe sich daraus, dass die vereinzelt normierten Informationsrechte zugunsten des herrschenden Unternehmens nicht ausreichend seien, um eine Konzernleitung sachgerecht ausüben zu können.[884]

Auch auf der dogmatischen Grundlage der gesellschaftsrechtlichen Treuepflichten ergibt sich kein umfassender Informationsanspruch der herrschenden Gesellschaft. Die Regelungen der §§ 311 ff. AktG können zwar in das Konzept der Treuepflichten integriert werden.[885] Jedoch haben die gesellschaftsrechtlichen Treuepflichten vorrangig beschränkende Funktion, sodass sich hieraus überhaupt nur in Ausnahmefällen Handlungsverpflichtungen ergeben.[886] Wie aufgezeigt, haben die Vorschriften der §§ 311 ff. AktG keine Handlungsverpflichtungen der abhängigen Gesellschaft vor Augen, sondern bezwecken vornehmlich den Schutz der faktisch beherrschten Gesellschaft. Somit kann es im Ergebnis nicht richtig sein, aus der Treuepflicht der abhängigen Gesellschaft eine Informationsverpflichtung zu statuieren, die im Regelungskonzept der §§ 311 ff. AktG schon nicht angelegt ist. Ein solcher Eingriff in das konzernrechtliche Haftungsregime wäre als eine unzulässige Rechtsfortbildung zu qualifizieren.[887]

Im Schrifttum wird ausgeführt, dass im speziellen Anwendungsbereich der §§ 311 ff. AktG eine Haftung wegen Verletzung ungeschriebener gesellschaftsrechtlicher Treuepflichten zurücktreten müsse.[888] *Altmeppen* sieht die Treuepflicht des herrschenden Unternehmens gar in den §§ 311 ff. AktG abschließend geregelt bzw. gesetzlich präzisiert.[889]

Ein umfassender Informationsanspruch der Obergesellschaft betrifft und gestaltet den Umfang der Einflussnahme der herrschenden Gesellschaft auf die faktisch beherrschte Gesellschaft.[890] Die Regelungen der §§ 311 ff. AktG haben im Kern

---

883 *Schneider/Burgard*, in FS Ulmer, S. 579 (600 f.).

884 *Schneider/Burgard*, in FS Ulmer, S. 579 (598.).

885 *Koch*, in Hüffer, § 53a AktG, Rn. 24.

886 Spindler/Stilz-*Cahn/v. Spannenberg*, § 53a AktG, Rn. 38.

887 Spindler/Stilz-*Cahn/v. Spannenberg*, § 53a AktG, Rn. 62.

888 *Habersack*, in Emmerich/Habersack, § 311 AktG, Rn. 89; *Koch*, in Hüffer, § 53a AktG, Rn. 24; Schmidt/Lutter-*Vetter*, § 311 AktG, Rn. 126; Spindler/Stilz-*Müller*, § 311 AktG, Rn. 67: *„Die §§ 311 ff. stellen sich daher in ihrem Anwendungsbereich als abschließende Sonderregelung dar."*.

889 MüKo-*Altmeppen*, § 311 AktG, Rn. 15, 121.

890 *Huber*, Die Reichweite konzernbezogener Compliance-Pflichten des Mutter-Vorstands des AG-Konzerns, S. 114 f.

gerade die Einflussnahme der herrschenden Gesellschaft auf die abhängige Gesellschaft zum Gegenstand,[891] sodass ihr Anwendungsbereich bei einem umfassenden Informationsverlangen der Obergesellschaft eröffnet ist.

Die gesellschaftsrechtlichen Treuepflichten der abhängigen Gesellschaft vermögen insgesamt einen umfassenden Informationsanspruch der Obergesellschaft nicht zu begründen. Das Regelungskonzept der §§ 311 ff. AktG kann nicht mittels eines Rückgriffs auf die gesellschaftsrechtlichen Treuepflichten derart umgestaltet werden.[892] Dies wäre nicht stringent und schon gar nicht konform zu den konzernrechtlichen Regeln.

(eee) Kein Informationsrecht der herrschenden Gesellschaft im faktischen Konzern

Die vorstehenden Ausführungen haben deutlich gemacht, dass es an einer Rechtsgrundlage für ein allgemeines Informations- und Auskunftsrecht der herrschenden Gesellschaft gegenüber der abhängigen Gesellschaft im faktischen Konzern fehlt. Den verschiedenen Versuchen des juristischen Schrifttums eine solche Rechtsgrundlage zu konstruieren, ist allesamt eine Absage zu erteilen.[893]

Die mangelnden rechtlichen Mittel zur Durchsetzung einer Konzernleitungsmacht seitens der geschäftsleitenden Organe der herrschenden Gesellschaft im faktischen Konzern zeigen sich im Ergebnis also insbesondere bei dem Versuch der Sicherstellung eines konzernweiten Informationsflusses und demnach bei der passiven Compliance-Überwachung.[894] *Lutter* spricht in diesem Zusammenhang von einem Aspekt, in welchem sich die Spannung zwischen Einheit und Vielheit im Konzern nicht gänzlich auflösen lassen würde.[895] Das für die

---

891 *Koch,* in Hüffer, § 311 AktG, Rn. 1.

892 *Huber,* Die Reichweite konzernbezogener Compliance-Pflichten des Mutter-Vorstands des AG-Konzerns, S. 115.

893 Im Ergebnis auch: MüKo-*Altmeppen,* § 311 AktG, Rn. 422, 434; *Fabritius,* in FS Huber, S. 705 (710); *Fett/Theusinger,* BB-Special Compliance 2010, 6 (9); *Fleischer,* DB 2005, 759 (765); *Grundmeier,* Rechtspflicht zur Compliance im Konzern, S. 90; *Huber,* Die Reichweite konzernbezogener Compliance-Pflichten des Mutter-Vorstands des AG-Konzerns, S. 111, 121; *Hüffer,* in FS Schwark, S. 185 (197); *Krieger,* in Hdb. Gesellschaftsrecht, AG, § 69, Rn. 26; *Lutter,* Information und Vertraulichkeit im Aufsichtsrat, S. 62; *S. H. Schneider,* Informationspflichten, S. 152; *Singhof,* ZGR 2001, 146 (159); *Verse,* ZHR 2011, 401 (423).

894 Begriffsprägend: *Mutter/Kruchen,* in Bürkle, Compliance im Versicherungsunternehmen, § 3, Rn. 33.

895 *Lutter,* Information und Vertraulichkeit im Aufsichtsrat, S. 63.

Compliance-Risikoanalyse essentielle konzernweite Berichts- und Informationssystem[896] kann im faktischen Konzern demzufolge nur bei uneingeschränkter, freiwilliger Kooperation der abhängigen Gesellschaft eingerichtet werden. Die herrschende Gesellschaft hat, anders als im Vertrags- und Eingliederungskonzern, keinen umfassenden Informations- und Auskunftsanspruch gegen die abhängige Gesellschaft, der zur Durchsetzung eines solchen Systems – gegen den Willen der geschäftsführenden Organe der abhängigen Gesellschaft – jedoch zwingend erforderlich wäre.

(ee) Berechtigung der abhängigen Gesellschaft zur Information der herrschenden Gesellschaft

Im nächsten Schritt gilt es zu hinterfragen, ob die kooperationsbereite abhängige Gesellschaft im faktischen Konzern überhaupt berechtigt ist, sensible compliance-relevante Informationen an die geschäftsleitenden Organe der herrschenden Gesellschaft weiterzuleiten. Nur wenn hinsichtlich eines solchen konzernweiten Informationsflusses keine rechtlichen Schranken bestehen würden, wäre im faktischen Konzern eine umfängliche Compliance-Risikoanalyse überhaupt möglich. Die Informationserteilung im faktischen Konzern könnte an rechtliche Grenzen stoßen, die sich aus der Verschwiegenheitspflicht der geschäftsführenden Organe der abhängigen Gesellschaft gemäß § 93 Abs. 1 Satz 3 AktG und aus einer möglichen Nachteiligkeit der Informationsweitergabe i. S. v. § 311 Abs. 1 AktG ergeben könnten. Ferner könnte auch ein etwaiges Nachauskunftsrecht der übrigen Aktionäre nach § 131 Abs. 4 AktG einen konzernweiten Informationsfluss erschweren.[897]

(aaa) Verschwiegenheitspflicht aus § 93 Abs. 1 Satz 3 AktG

Nach § 93 Abs. 1 Satz 3 AktG haben die Vorstandsmitglieder über vertrauliche Angaben und Geheimnisse der Gesellschaft Stillschweigen zu bewahren. Die Verschwiegenheitspflicht gilt für sämtliche Vorstandsmitglieder und ist Ausdruck der organschaftlichen Treue- und Sorgfaltspflichten.[898] Diese Schweigeverpflichtungen sind bei der Weiterleitung von umfassenden Informationen zu

---

896 Siehe Seite 185.

897 *Fleischer,* DB 2005, 759 (765); *Fleischer,* in Hdb. Vorstandsrecht, § 18, Rn. 33, *der* von den *„rechtlichen Schleusen"* für einen ungehinderten Informationsfluss spricht; *Löbbe,* Unternehmenskontrolle im Konzern, S. 104.

898 BGH, NJW 1975, 1412 (1412); *Koch,* in Hüffer, § 93 AktG, Rn. 29, 31; MüKo-*Spindler,* § 93 AktG, Rn. 113; Spindler/Stilz-*Fleischer,* § 93 AktG, Rn. 160 f.; *Löbbe,* Unternehmenskontrolle im Konzern, S. 110.

den Compliance-Risiken der abhängigen Gesellschaft an die Obergesellschaft unzweifelhaft betroffen, da der Anwendungsbereich des § 93 Abs. 1 Satz 3 AktG eröffnet ist.

Die Pflicht zur Verschwiegenheit der Vorstände gilt allerdings nicht schrankenlos. Vielmehr endet diese Verpflichtung dort, wo gesetzliche Auskunftspflichten vorliegen und wenn ein Schweigen der Vorstände unzumutbar wäre. Eine weitere anerkannte Fallgruppe zur Durchbrechung der Verschwiegenheitspflicht ergibt sich dann, wenn eine Informationsmitteilung bzw. -weitergabe gerade auch im Interesse der eigenen Gesellschaft liegt.[899] Die Verschwiegenheitsverpflichtung dient diesem Gesellschaftsinteresse und kann deshalb gerade im Hinblick auf dieses durchbrochen und eingeschränkt werden.[900]

Nach verbreiteter Auffassung ist ein Informationsfluss im faktischen Konzern zulässig und wird nicht grundsätzlich durch die organschaftliche Verschwiegenheitsverpflichtung des Vorstandes der abhängigen Gesellschaft ausgeschlossen.[901] Diese sind demnach zwar nicht verpflichtet, aber durchaus berechtigt der herrschenden Gesellschaft die verlangten Compliance-Auskünfte zu erteilen. Die Beschränkung der Schweigepflicht aus § 93 Abs. 1 Satz 3 AktG im faktischen Konzern beruht dabei auf unterschiedlichen Begründungen.

Nach einer Auffassung sei bereits aufgrund der aktienrechtlichen Zulässigkeit des faktischen Konzerns ein Informationsfluss von der Tochter zur Mutter nicht zu beanstanden, selbst wenn es sich dabei um Informationen handeln würde, die unter den Schutz des § 93 Abs. 1 Satz 3 AktG fallen würden.[902] Die Weiterleitung von vertraulichen Angaben und Geheimnissen der Gesellschaft könne immer dann erfolgen, wenn der Informationsfluss der einheitlichen Leitung

899 *Hopt,* in Großkomm., § 93 AktG, Rn. 206 ff.; *Koch,* in Hüffer, § 93 AktG, Rn. 31; MüKo-*Spindler,* § 93 AktG, Rn. 133; Spindler/Stilz-*Fleischer,* § 93 AktG, Rn. 167 ff.; *Fabritius,* in FS Huber, S. 705 (711).

900 BGH, NJW 1975, 1412 (1413), zum Verschwiegenheitsgebot für Aufsichtsratsmitglieder nach § 116 AktG i. V. m. § 93 AktG: Der BGH spricht in seinem Urteil vom *„Interesse des Unternehmens“*; *Hopt,* in Großkomm., § 93 AktG, Rn. 209; MüKo-*Spindler,* § 93 AktG, Rn. 133; Spindler/Stilz-*Fleischer,* § 93 AktG, Rn. 169; *Löbbe,* Unternehmenskontrolle im Konzern, S. 110; *Lutter,* Information und Vertraulichkeit im Aufsichtsrat, S. 168; *S. H. Schneider,* Informationspflichten, S. 181.

901 *Hopt,* in Großkomm., § 93 AktG, Rn. 214; *Krieger,* in Hdb. Gesellschaftsrecht, AG, § 69, Rn. 26; *Singhof,* ZGR 2001, 146 (160); *Fabritius,* in FS Huber, S. 705 (710 ff.); *Grundmeier,* Rechtspflicht zur Compliance im Konzern, S. 92; *Hüffer,* in FS Schwark, S. 185 (192 f.).

902 *Hopt,* in Großkomm., § 93 AktG, Rn. 214; *Krieger,* in Hdb. Gesellschaftsrecht, AG, § 69, Rn. 26.

der Gesellschaften im faktischen Konzern diene. Die §§ 311 ff. AktG würden die Verschwiegenheitsverpflichtung verdrängen bzw. überlagern, sodass diese Pflicht im faktischen Konzern überhaupt nur eingeschränkt anzuwenden sei.[903]

Nach vorzugswürdiger Ansicht steht die organschaftliche Verschwiegenheitsverpflichtung dem konzernweiten Informationsfluss im faktischen Konzern deshalb nicht entgegen, weil ein solcher auch und gerade im Interesse der faktisch abhängigen Gesellschaft liegen kann.[904] Diese Grenze der Verschwiegenheit ergibt sich dann also aus der oben aufgezeigten dritten Fallgruppe. Im Ergebnis liegt es im unternehmerischen Ermessen, ob die geschäftsleitenden Organe der abhängigen Gesellschaft eine Informationsweitergabe an die herrschende Gesellschaft veranlassen oder eine solche unterlassen.

Es könne in der Regel jedoch nicht dem Gesellschaftsinteresse der abhängigen Gesellschaft entsprechen, wenn die Obergesellschaft das Einflusspotential auf Grundlage unzureichender Information ausüben würde. Das Wohl und somit auch das Interesse der abhängigen Gesellschaft würden sich durch die faktische Konzernierung inhaltlich verändern.[905] *Hüffer* spricht daher von einer teleologischen Reduktion des § 93 Abs. 1 Satz 3 AktG im faktischen Konzern.[906]

Insgesamt wird ein konzernweiter Informationsfluss hinsichtlich der compliance-relevanten Informationen im Regelfall im Interesse der abhängigen Gesellschaft liegen. Die geschäftsführenden Organe sind somit trotz ihrer organschaftlichen Verschwiegenheitsverpflichtung zur Weiterleitung von Compliance-Auskünften an die herrschende Gesellschaft in der Regel berechtigt, da dies grundsätzlich dem eigenen Gesellschaftsinteresse der abhängigen Gesellschaft entsprechen wird. § 93 Abs. 1 Satz 3 AktG steht einem konzernweiten Berichtssystem jedenfalls nicht grundsätzlich entgegen.

(bbb) Informationsweitergabe als Nachteil der beherrschten Gesellschaft

Die Weiterleitung der Compliance-Informationen im faktischen Konzern hat im Rahmen des Regelungskonzepts der §§ 311 ff. AktG zu erfolgen. Die geschäftsführenden Organe der beherrschten Aktiengesellschaft wären demnach nicht zur Weitergabe von Informationen an die herrschende Gesellschaft berechtigt,

---

903 *Fabritius,* in FS Huber, S. 705 (711); *Grundmeier,* Rechtspflicht zur Compliance im Konzern, S. 92; *Singhof,* ZGR 2001, 146 (160); a. A. *S. H. Schneider,* Informationspflichten, S. 180.

904 *S. H. Schneider,* Informationspflichten, S. 181.

905 *Koch,* in Hüffer, § 93 AktG, Rn. 31; *Hüffer,* in FS Schwark, S. 185 (192 f.); *Löbbe,* Unternehmenskontrolle im Konzern, S. 110 f.

906 *Hüffer,* in FS Schwark, S. 185 (192 f.).

wenn dies für die eigene Gesellschaft stets nachteilig wäre und wenn ein etwaiger Nachteil nicht ausgeglichen werden würde oder schon nicht ausgleichsfähig wäre.[907]

Zweifelhaft ist bereits, ob die Weitergabe von Compliance-Informationen an die herrschende Gesellschaft überhaupt nachteilig für die faktisch abhängige Gesellschaft sein kann. Nachteile i. S. v. § 311 Abs. 1 AktG könnten aus dem Verbrauch von zusätzlichen Ressourcen entstehen, die zur Erfassung und Weiterleitung der Compliance-Informationen erforderlich sind. Ferner besteht immer die abstrakte Gefahr, dass die herrschende Gesellschaft die erteilten Informationen zum jeweiligen Nachteil der abhängigen Gesellschaft nutzt oder die Vertraulichkeit nicht in ausreichendem Maße einhält. Die Weiterleitung von Informationen im faktischen Konzern an die herrschende Gesellschaft hat deshalb ein gewisses Nachteilspotential.[908]

Dennoch verneint *Habersack* den nachteiligen Charakter der Informationsweitergabe, wenn sich die herrschende Gesellschaft verpflichten würde, die Informationen lediglich zum Zwecke der Kontrolle zu verwenden.[909] Hierfür spricht zum einem, dass der Bestand einer abstrakten Nachteilsgefahr allein, die zulasten der abhängigen Gesellschaft aus der umfassenden Weiterleitung der Compliance-Informationen im faktischen Konzern entstehen könnte, für einen Nachteil i. S. v. § 311 Abs. 1 AktG nicht ausreichend ist. Nach der Rechtsprechung des BGH setzt ein solcher Nachteil immer eine konkrete Gefährdung der Vermögens- oder Ertragslage der Gesellschaft voraus.[910] Zum anderen haben die geschäftsführenden Organe der faktisch beherrschten Gesellschaft im Rahmen ihrer eigenen Compliance-Pflichten-Trias bereits eine vollständige Compliance-Risikoanalyse durchzuführen. Schon zu diesem Zweck sind daher sämtliche Compliance-Risiken zu ermitteln und zu bewerten. Demnach werden durch die Weiterleitung der compliance-relevanten Informationen im faktischen Konzern,

---

907 *Hüffer*, in FS Schwark, S. 185 (193); *Fabritius*, in FS Huber, S. 705 (712); *S. H. Schneider*, Informationspflichten, S. 196.

908 Schmidt/Lutter-*Vetter*, § 311 AktG, Rn. 72; *Bauckhage-Hoffer/Katko*, WM 2012, 486 (487); *Verse*, ZHR 2011, 401 (420); *Fabritius*, in FS Huber, S. 705 (714); *Grundmeier*, Rechtspflicht zur Compliance im Konzern, S. 92; *Lutter*, Information und Vertraulichkeit im Aufsichtsrat, S. 62; *S. H. Schneider*, Informationspflichten, S. 182.

909 *Habersack*, in Emmerich/Habersack, § 311 AktG, Rn. 51a.

910 BGH, NJW 1999, 1706 (1707); BGH, NJW 2009, 850 (851); BGH, NZG 2013, 233 (236); *Habersack*, in Emmerich/Habersack, § 311 AktG, Rn. 39 m. w. N.; *Koch*, in Hüffer, § 311 AktG, Rn. 24; *Verse*, ZHR 2011, 401 (420).

wenn überhaupt, nur in sehr begrenztem Maße zusätzliche Ressourcen zulasten der abhängigen Gesellschaft verbraucht.

Nimmt man dennoch an, dass die Weitergabe von Informationen im faktischen Konzern grundsätzlich einen Nachteil i. S. v. § 311 Abs. 1 AktG darstellen würde, könnte dieser bereits durch die Vorteile des konzernweiten Informationsflusses wieder kompensiert werden.[911] Die überwiegende Ansicht im juristischen Schrifttum lässt daher einen Informationsfluss im faktischen Konzern im Rahmen der §§ 311 ff. AktG zu, wenn dieser auch mit den Interessen der abhängigen Gesellschaft übereinstimmt.[912] *Verse* trägt vor, dass die Integration in ein konzernweites Kontrollsystem dann im Interesse der Tochtergesellschaft liegen könne, wenn durch die Bündelung der Informationen die Effektivität von Compliance erhöht würde.[913]

Die geschäftsführenden Organe sind demnach im Rahmen ihres unternehmerischen Ermessens berechtigt zu entscheiden, ob eine Informationserteilung auch für die abhängige Gesellschaft sinnvoll ist oder jedenfalls nicht gegen das Gesellschaftsinteresse verstößt.[914]

Die Entscheidung wird im Ergebnis auch von der Prognose abhängen, wie sensibel und vertraulich die herrschende Gesellschaft mit den weitergeleiteten Informationen verfahren wird. Eine weitere Absicherung und Schutz der Informationen kann durch den Abschluss einer strafbewehrten Vertraulichkeitsvereinbarung erreicht werden.[915] Voraussetzung für den Informationsfluss im faktischen Konzern ist dies hingegen nicht.[916] Die Regelungen der §§ 311 ff. AktG stehen einem konzernweiten Compliance-Informationsfluss ebenso wenig entgegen, wie die organschaftliche Verschwiegenheitspflicht aus § 93 Abs. 1 Satz 3 AktG. Sowohl bei der Bewertung eines Nachteils i. S. d. §§ 311 ff. AktG als auch bei der Durchbrechung der organschaftlichen Verschwiegenheitsverpflichtung, kommt es entscheidend auf die Interessen der abhängigen Gesellschaft an,

---

911 *Fabritius,* in FS Huber, S. 705 (714); *Grundmeier,* Rechtspflicht zur Compliance im Konzern, S. 92; *Lutter,* Information und Vertraulichkeit im Aufsichtsrat, S. 62.

912 *Koppensteiner,* in Kölner Komm., § 311 AktG, Rn. 147; § 312 AktG, Rn. 8; MüKo-*Altmeppen,* § 311 AktG, Rn. 426; *Verse,* ZHR 2011, 401 (421 f.); *Fabritius,* in FS Huber, S. 705 (713 f.).

913 *Verse,* ZHR 2011, 401 (420).

914 MüKo-*Altmeppen,* § 311 AktG, Rn. 426; *Fabritius,* in FS Huber, S. 705 (712).

915 *Verse,* ZHR 2011, 401 (421); *Fabritius,* in FS Huber, S. 705 (714); *Hüffer,* in FS Schwark, S. 185 (193, 197); *Löbbe,* Unternehmenskontrolle im Konzern, S. 115.

916 *Verse,* ZHR 2011, 401 (421); *Hüffer,* in FS Schwark, S. 185 (193, 197); a. A. *Löbbe,* Unternehmenskontrolle im Konzern, S. 115.

die von den geschäftsleitenden Organen im Rahmen ihres unternehmerischen Ermessens zu bewerten und abzuwägen sind.

(ccc) Erweiterte Auskunftsrechte der übrigen Aktionäre aus § 131 Abs. 4 AktG

Nach herrschender Ansicht führt eine Informationserteilung außerhalb der Hauptversammlung durch die geschäftsführenden Organe der abhängigen Gesellschaft an die herrschende Gesellschaft im faktischen Konzern nicht zu einem erweiterten Auskunftsanspruch der außenstehenden Aktionäre gemäß § 131 Abs. 4 Satz 1 AktG.[917] Würde ein solches Nachauskunftsrecht bestehen, würde dies zu einer Offenlegung von sensiblen Unternehmensdaten in der öffentlichen Hauptversammlung führen, was auf einen konzernweiten Informationsfluss stark einschränkend wirken würde.[918] Richtigerweise ist ein solches Auskunftsrecht aus § 131 Abs. 4 Satz 1 AktG mit der herrschenden Meinung abzulehnen.

Die Weiterleitung von Informationen an die herrschende Gesellschaft im faktischen Konzern im Rahmen eines konzernweiten Informationsflusses würde aufgrund der besonderen konzernrechtlichen Beziehung zwischen den Gesellschaften erfolgen. Die herrschende Gesellschaft würde deshalb nicht wegen ihrer Aktionärsstellung informiert werden, sondern vielmehr aufgrund ihrer zusätzlichen Stellung als Konzernobergesellschaft. Die Auskünfte würden die einheitliche Leitung unter Beachtung der §§ 311 ff. AktG ermöglichen und seien daher leitungsbezogen.[919] Aufgrund der besonderen Stellung der herrschenden Gesellschaft, mit den entsprechenden Rechten und Pflichten, sei eine Gleichbehandlung mit den übrigen Aktionären nicht angezeigt.[920] § 131 Abs. 4 AktG finde daher im Konzernverhältnis keine Anwendung.[921]

---

917 LG München I, WM 2007, 1276 (1279); *Decher,* in Großkomm., § 131 AktG, Rn. 348; *Habersack,* in Emmerich/Habersack, § 311 AktG, Rn. 51a; § 312 AktG, Rn. 5; *Koch,* in Hüffer, § 131 AktG, Rn. 38; *Koppensteiner,* in Kölner Komm., § 312 AktG, Rn. 8; MüKo-*Altmeppen,* § 311 AktG, Rn. 428 f.; Spindler/Stilz-*Siems,* § 131 AktG, Rn. 77; *Fabritius,* in FS Huber, S. 705 (711); *Hüffer,* in FS Schwark, S. 185 (194 f.); *Krieger,* in Hdb. Gesellschaftsrecht, AG, § 69, Rn. 26; *Verse,* ZHR 2011, 401 (421); a. A. *Schneider/Burgard,* in FS Ulmer, S. 579 (599).

918 MüKo-*Altmeppen,* § 311 AktG, Rn. 429; *Hüffer,* in FS Schwark, S. 185 (194).

919 *Koch,* in Hüffer, § 131 AktG, Rn. 38; *Fabritius,* in FS Huber, S. 705 (711); *Hüffer,* in FS Schwark, S. 185 (194); *Krieger,* in Hdb. Gesellschaftsrecht, AG, § 69, Rn. 26.

920 *Decher,* in Großkomm., § 131 AktG, Rn. 348; MüKo-*Altmeppen,* § 311 AktG, Rn. 429.

921 *Habersack,* in Emmerich/Habersack, § 311 AktG, Rn. 51a.

Diese Erwägungen überzeugen, sodass § 131 Abs. 4 AktG keine einschränkende Wirkung auf den Informationsfluss im faktischen Konzern hat. Informiert die faktisch beherrschte Gesellschaft die herrschende Gesellschaft über ihr individuelles Compliance-Risikopotential, führt dies nicht zu Auskunftsansprüchen der übrigen Gesellschafter im Rahmen der Hauptversammlung.

(ddd) Konzernweiter Informationsfluss im faktischen Konzern nicht grundsätzlich unzulässig

Der konzernweite Compliance-Informationsfluss bei einer faktischen Konzernierung von der abhängigen Gesellschaft zur Obergesellschaft ist im Ergebnis nicht als grundsätzlich unzulässig zu bewerten. Weder die organschaftlichen Verschwiegenheitspflichten noch das Regelungskonzept der §§ 311 ff. AktG stehen einer umfassenden Informationsweitergabe generell entgegen. Die geschäftsleitenden Organe der abhängigen Gesellschaft haben im Rahmen ihres unternehmerischen Ermessens abzuwägen, ob die compliance-relevanten Informationen an die Obergesellschaft weitergeleitet werden. Steht das Gesellschaftsinteresse der faktisch beherrschten Gesellschaft einem solchen Compliance-Informationsfluss nicht entgegen, sind die geschäftsführenden Organe zur Informationserteilung jedenfalls berechtigt.[922] *Singhof* führt daher folgerichtig aus, dass das beherrschte Unternehmen *„gesellschaftsrechtlich zwar berechtigt, aber nicht verpflichtet“* ist, der herrschenden Gesellschaft die begehrten Informationen zu erteilen.[923]

In der Praxis kann das unternehmerische Ermessen der geschäftsleitenden Organe gegenüber ihrer eigenen abhängigen Gesellschaft auf Null reduziert sein, sodass die Compliance-Informationen und Risiken der faktisch beherrschten Gesellschaft im Rahmen eines konzernweiten Berichtssystems der herrschenden Gesellschaft zur Verfügung zu stellen sind. Es sind nur wenige Fälle denkbar, in welchem es dem Gesellschaftsinteresse der abhängigen Gesellschaft entsprechen wird, dass die im Rahmen der eigenen Compliance-Risikoanalyse festgestellten Compliance-Informationen und Risiken nicht auch an die herrschende Gesellschaft weitergeleitet werden, um dann auch nicht im Rahmen eines

---

922 *Fett/Theusinger,* BB-Special Compliance 2010, 6 (9); *Grundmeier,* Rechtspflicht zur Compliance im Konzern, S. 91 a. E; *Lutter,* Information und Vertraulichkeit im Aufsichtsrat, S. 62; *Semler,* Leitung und Überwachung der AG, Rn. 306; *Singhof,* ZGR 2001, 146 (160 f.); *Verse,* ZHR 2011, 401 (422).

923 *Singhof,* ZGR 2001, 146 (161).

konzernweiten Compliance-Management-Systems Beachtung zu finden. In der Regel wird ein effektives konzernweites Compliance-System, welches auch die Compliance-Risiken der faktisch beherrschten Gesellschaft berücksichtigt, für die abhängige Gesellschaft vorteilhafter sein, als sich ausschließlich auf die Erfüllung der eigenen Compliance-Pflichten zu verlassen.

(ff) Begrenzte Einflussmöglichkeiten der herrschenden Gesellschaft auf die faktisch beherrschte Gesellschaft

Es bleibt jedoch im Ergebnis dabei, dass es im faktischen Aktienkonzern den geschäftsleitenden Organen der herrschenden Gesellschaft an den rechtlichen Mitteln zur Durchsetzung einer Konzernleitungsbefugnis fehlt. Dies muss einschränkend bei der Ausgestaltung der Compliance-Verpflichtungen beachtet werden. Ein umfassender Informations- und Auskunftsanspruch gegen die faktisch beherrschte Aktiengesellschaft besteht nicht, was bereits die konzernweite Compliance-Risikoanalyse der Obergesellschaft erschwert. Die herrschende Gesellschaft ist daher im faktischen Konzern auf die gesellschaftsrechtlich grundsätzlich zulässige Kooperation der abhängigen Gesellschaft angewiesen, um eine umfassende konzernweite Compliance-Risikoanalyse durchführen zu können. Zu einer solchen Zusammenarbeit mit der Obergesellschaft können die Organe der abhängigen Gesellschaft im Falle einer Ermessensreduzierung auf Null gegenüber ihrer eigenen Gesellschaft verpflichtet sein. Verweigert die faktisch beherrschte Gesellschaft allerdings die Kooperation und Mitgestaltung bei einem konzernweiten Compliance-Management-System, gilt Folgendes:

Auf Basis der zuvor statuierten Bemühensverpflichtungen haben die geschäftsführenden Organe der herrschenden Gesellschaft ihre faktischen Einflussmöglichkeiten in diesem Fall auszuschöpfen, um ihren konzernweiten Compliance-Verpflichtungen – insbesondere der Compliance-Pflichten-Trias – gegenüber der eigenen Gesellschaft nach §§ 76 Abs. 1, 93 Abs. 1 AktG zu genügen. Nachfolgend sind daher die rechtlichen und tatsächlichen Einflussmöglichkeiten der herrschenden Gesellschaft gegenüber der abhängigen Gesellschaft zu skizzieren, die bei der Erfüllung der konzernweiten Compliance im faktischen Konzern zu beachten sind. Hierdurch ergibt sich eine inhaltliche Konkretisierung der Bemühensverpflichtungen der geschäftsführenden Organe der herrschenden Gesellschaft. Von diesen Einflussmöglichkeiten wird insbesondere dann intensiv Gebrauch zu machen sein, wenn die faktisch beherrschte Gesellschaft nicht zur Kooperation mit der Obergesellschaft in Compliance-Aspekten bereit ist.

(aaa) Die Informationsmöglichkeiten der herrschenden Gesellschaft

Die Bedeutung des konzernweiten Informationsflusses für ein effektives Compliance-Management-System ist bereits mehrfach herausgestellt worden. Dieser Informationsfluss ist im faktischen Aktienkonzern bei mangelnder Mitwirkungsbereitschaft der abhängigen Gesellschaft seitens der Obergesellschaft nicht durchsetzbar, da ein umfassender Informations- und Auskunftsanspruch fehlt.

Zur Erfüllung ihrer Bemühensverpflichtungen haben die geschäftsleitenden Organe der herrschenden Gesellschaft trotz der konzernrechtlichen Grenzen auf die Einrichtung eines konzernweiten Informations- und Berichtssystems hinzuwirken. Die bestehenden Informationsmöglichkeiten und Auskunftskanäle der herrschenden Gesellschaft sind im faktischen Aktienkonzern auszunutzen und die erlangten Informationen sind im Rahmen der Compliance-Pflichten-Trias zu berücksichtigen.

Als gesetzliche Informationskanäle müssen daher insbesondere im Rahmen der konzernweiten Compliance-Risikoanalyse die eingeschränkten Auskunftsrechte aus § 131 Abs. 1 Satz 1 AktG und nach § 294 Abs. 3 HGB ausgeschöpft werden. Compliance-Informationen zur faktisch beherrschten Gesellschaft, welche die Obergesellschaft auf Basis des allgemeinen aktienrechtlichen Auskunftsrechts gemäß § 131 Abs. 1 Satz 1 AktG erlangen kann, sowie sämtliche compliance-relevante Informationen, welche die Muttergesellschaft aufgrund der Vorlage- und Auskunftspflichten der Tochter nach § 294 Abs. 3 HGB für die Belange der Konzernrechnungslegung erhalten kann, sind bei der Erfüllung der konzernweiten Compliance-Pflichten zu beachten und auszuwerten.[924]

(bbb) Die Personalentscheidungsgewalt der herrschenden Gesellschaft

Ein besonders effektives Mittel der herrschenden Gesellschaft, um im faktischen Aktienkonzern auf die Leitung der abhängigen Gesellschaft Einfluss zu nehmen und nicht zuletzt auch um den konzernweiten Informationsfluss zu gewährleisten, ist die Beeinflussung der Personalbesetzung bei der abhängigen Gesellschaft. Die Einflussnahme hinsichtlich der Personalbesetzung wird daher als „*eines der wichtigsten Leitungsmittel im faktischen Konzern*“ beschrieben.[925] Vorangestellt soll aber bereits an dieser Stelle darauf hingewiesen werden, dass die Intensität des Einflusses auf die Personalbesetzung bei der faktisch abhängigen Gesellschaft im unternehmerischen Ermessen der geschäftsführenden Organe der herrschenden Gesellschaft steht. Anders als bei den vorstehenden gesetzlichen Auskunftsrechten

924 Siehe Seite 202.

925 *Löbbe,* Unternehmenskontrolle im Konzern, S. 86.

handelt es sich bei den faktischen Einflussmöglichkeiten aufgrund der Personalentscheidungsgewalt der herrschenden Gesellschaft nicht um originäre Rechte der herrschenden Gesellschaft.[926] Im Einzelnen:

(ccc) Unmittelbarer Einfluss auf die Besetzung des Aufsichtsrates

Im faktischen Aktienkonzern hat die herrschende Gesellschaft unmittelbaren Einfluss auf die personelle Besetzung des Aufsichtsrates bei der abhängigen Gesellschaft. Die herrschende Gesellschaft kann als Mehrheitsaktionärin der abhängigen Gesellschaft mittels ihrer grundsätzlich bestehenden Stimmenmehrheit in der Hauptversammlung (vgl. §§ 101 Abs. 1, 133 Abs. 1 AktG) die Mitglieder des Aufsichtsrates – vorbehaltlich der Regeln über die Arbeitnehmermitbestimmung – nach ihren Vorstellungen bestimmen.[927] Der herrschenden Gesellschaft eröffnet dies die Möglichkeit, den gesamten Aufsichtsrat ausschließlich mit ihren Vertrauensleuten zu besetzten.[928] Einen Minderheitenschutz in der Form, dass auch die Minderheitsaktionäre im Aufsichtsrat repräsentiert sein müssten, gibt es im Aktienrecht nicht. Betrachtet man die generellen Voraussetzungen bzw. Verbote für Aufsichtsratsmitglieder gemäß § 100 AktG, ergibt sich daraus gerade nicht, dass in Konzernierungssachverhalten von der herrschenden Gesellschaft unabhängige Aufsichtsratsmitglieder vorhanden sein müssten.[929]

926 *Fleischer,* in Hdb. Vorstandsrecht, § 18, Rn. 36; *Löbbe,* Unternehmenskontrolle im Konzern, S. 152.

927 BFH, NZG 2011, 916 (917); *Emmerich,* in Emmerich/Habersack, § 17 AktG, Rn. 6; *Koch,* in Hüffer, § 101 AktG, Rn. 4; MüKo-*Bayer,* § 17 AktG, Rn. 26; Spindler/Stilz-*Spindler,* § 101 AktG, Rn. 43; *Löbbe,* Unternehmenskontrolle im Konzern, S. 143; *Huber,* Die Reichweite konzernbezogener Compliance-Pflichten des Mutter-Vorstands des AG-Konzerns, S. 117.

928 BGH, NZG 2009, 744 (745).

929 *Koch,* in Hüffer, § 101 AktG, Rn. 4; *Mertens/Cahn,* in Kölner Komm., § 101 AktG, Rn. 18; MüKo-*Bayer,* § 17 AktG, Rn. 26; MüKo-*Habersack,* § 101 AktG, Rn. 7, 28; Spindler/Stilz-*Spindler,* § 101 AktG, Rn. 16, 43; *Hoffmann-Becking,* in Hdb. Gesellschaftsrecht, AG, § 30, Rn. 18; a. A. OLG Hamm, NJW 1987, 1030 (1031 f.). Einerseits akzeptiert das OLG Hamm die Möglichkeit des herrschenden Unternehmens den Aufsichtsrat mit „*Personen seines Vertrauens zu besetzen*". Andererseits verletze eine Besetzung des Tochteraufsichtsrates ausschließlich mit der beherrschenden AG sehr eng verbundenen Personen die Gesellschaftertreuepflicht bzw. sei rechtsmissbräuchlich. Es sei ein unvermerkter Übergang vom einfachen zum qualifiziert faktischen Konzern zu verhindern.

Infolgedessen ist es grundsätzlich zulässig, sog. Doppelmandate zu etablieren, sodass ein Vorstandsmitglied der herrschenden Gesellschaft zugleich auch ein Aufsichtsratsmandat bei der faktisch beherrschten Gesellschaft bekleiden kann.[930] Im Schrifttum wird dies als *„geübte Praxis“*[931] bezeichnet und als Mittel zur *„Informationserlangung durch personelle Verflechtung im faktischen Konzern“*[932] thematisiert. Das Einflusspotential des herrschenden Unternehmens würde durch die Präsenz im Aufsichtsrat eine erhebliche Steigerung erfahren.[933] Der Aufsichtsrat der abhängigen Gesellschaft sei eine wichtige Informationsquelle des Muttervorstandes.[934]

Den Vertretern der herrschenden Gesellschaft im Aufsichtsrat der faktisch beherrschten Gesellschaft stehen, wie den übrigen Aufsichtsräten auch, Informations- und Auskunftsrechte zu. Gemäß § 90 Abs. 1 AktG hat der Vorstand an den Aufsichtsrat der eigenen Gesellschaft regelmäßig zu berichten und aus § 90 Abs. 3 AktG ergibt sich das Recht des Aufsichtsrates bzw. des einzelnen Aufsichtsratsmitgliedes, Berichte anfordern zu können.[935] Einer Informationsweitergabe an die herrschende Gesellschaft und demnach einem konzernweiten Informationsfluss können jedoch die organschaftlichen Verschwiegenheitsverpflichtungen der Aufsichtsräte gemäß § 116 Satz 2 AktG gegenüber der abhängigen Gesellschaft entgegenstehen.[936]

---

930 *Habersack,* in Emmerich/Habersack, § 311 AktG, Rn. 36; *Fleischer,* in Hdb. Vorstandsrecht, § 18, Rn. 36; *Mutter/Kruchen,* in Bürkle, Compliance im Versicherungsunternehmen, § 3, Rn. 38; *Singhof,* ZGR 2001, 146 (160); *Huber,* Die Reichweite konzernbezogener Compliance-Pflichten des Mutter-Vorstands des AG-Konzerns, S. 117 f.; *Löbbe,* Unternehmenskontrolle im Konzern, S. 143 ff.; *S. H. Schneider,* Informationspflichten, S. 154.

931 *Mutter/Kruchen,* in Bürkle, Compliance im Versicherungsunternehmen, § 3, Rn. 38.

932 *Huber,* Die Reichweite konzernbezogener Compliance-Pflichten des Mutter-Vorstands des AG-Konzerns, S. 117.

933 *Habersack,* in Emmerich/Habersack, § 311 AktG, Rn. 36.

934 *Löbbe,* Unternehmenskontrolle im Konzern, S. 144.

935 *Koch,* in Hüffer, § 90 AktG, Rn. 4, 11; MüKo-*Spindler,* § 90 AktG, Rn. 1 f.; Spindler/Stilz-*Fleischer,* § 90 AktG, Rn. 1 f.

936 *Fleischer,* in Hdb. Vorstandsrecht, § 18, Rn. 36; *Huber,* Die Reichweite konzernbezogener Compliance-Pflichten des Mutter-Vorstands des AG-Konzerns, S. 118; *Mutter/Kruchen,* in Bürkle, Compliance im Versicherungsunternehmen, § 3, Rn. 39; *S. H. Schneider,* Informationspflichten, S. 154.

(ddd) Mittelbarer Einfluss auf die Besetzung des Vorstands

Einen unmittelbaren Einfluss auf die Besetzung des Vorstands der abhängigen Gesellschaft hat die herrschende Gesellschaft hingegen nicht. Die Bestellung (vgl. § 84 Abs. 1 AktG) und Abberufung (vgl. § 84 Abs. 3 AktG) des Vorstands erfolgt allein durch den Aufsichtsrat.[937]

Dennoch leitet sich aus dem unmittelbaren Einfluss auf die Personalpolitik des Aufsichtsrates ein mittelbarer Einfluss auf die Personalzusammensetzung des Vorstands bei der beherrschten Gesellschaft ab, womit wiederum ein wirksamer mittelbarer Einfluss auf die Leitung der abhängigen Gesellschaft einhergeht.[938] Es wird auch vom „*indirekten Herrschaftsmittel der Personalhoheit*" gesprochen.[939] Es bestehe nämlich eine sehr hohe Wahrscheinlichkeit, dass sowohl der Aufsichtsrat als auch der Vorstand der faktisch beherrschten Gesellschaft den Wünschen und Vorstellungen der herrschenden Gesellschaft nachkommen würden. Trotz der fehlenden Weisungsgebundenheit der Mitglieder des Aufsichtsrates und des Vorstands der abhängigen Gesellschaft liege ein solches „linientreues Verhalten" nahe, da andernfalls die eigene Wiederwahl gefährdet sei bzw. eine vorzeitige Abberufung drohe.[940]

Als Mittel der verstärkten Konzernsteuerung und zur Verbesserung des konzernweiten Informationsflusses sind in der Praxis sog. Vorstandsdoppelmandate verbreitet.[941] Der Begriff beschreibt den Umstand, dass ein Vorstandsmandat sowohl bei der herrschenden als auch bei der beherrschten Gesellschaft personenidentisch besetzt ist. In der Literatur werden solche Vorstandsdoppelmandate als ein sehr effektives Instrument zur Kontrolle der abhängigen Unternehmen bezeichnet.[942]

Der BGH hat in einem Leitsatz zu einem Urteil vom 09. 03. 2009 ausgeführt: „*So genannte Vorstandsdoppelmandate sind nach geltendem Aktienrecht*

---

937 Siehe Seite 164.

938 BFH, NZG 2011, 916 (917); *Emmerich,* in Emmerich/Habersack, § 17 AktG, Rn. 6; *Kort,* in Großkomm., Vor § 76 AktG, Rn. 50; MüKo-*Bayer,* § 17 AktG, Rn. 26 f.

939 Spindler/Stilz-*Schall,* § 17 AktG, Rn. 9, 11.

940 OLG Düsseldorf, AG 2008, 859 (860); AG 2003, 688 (689); *Emmerich,* in Emmerich/Habersack, § 17 AktG, Rn. 7; *Koch,* in Hüffer, § 17 AktG, Rn. 5; MüKo-*Bayer,* § 17 AktG, Rn. 27; *Windbichler,* in Großkomm., § 17 AktG, Rn. 20; *Verse,* ZHR 2011, 401 (419).

941 MüKo-*Spindler,* § 76 AktG, Rn. 48, „verbreitetes Führungsinstrument"; MüKo-*Altmeppen,* § 311 AktG, Rn. 95; Spindler/Stilz-*Fleischer,* § 76 AktG, Rn. 105; *Singhof,* ZGR 2001, 146 (160); *S. H. Schneider,* Informationspflichten, S. 155.

942 *Löbbe,* Unternehmenskontrolle im Konzern, S. 147.

nicht verboten; ihre Zulässigkeit hängt allein von der Zustimmung der Aufsichtsräte beider Gesellschaften zu der Doppeltätigkeit ab (§§ 84 I, 88 I AktG)".[943] Die grundsätzliche Zulässigkeit von Vorstandsdoppelmandaten, unter der Voraussetzung der Zustimmung der Aufsichtsräte der betroffenen Gesellschaften, wird auch im juristischen Schrifttum anerkannt und nicht bezweifelt.[944]

Nicht übersehen werden kann aber, dass mit der Bestellung von Vorstandsdoppelmandaten ein hohes Interessenkonfliktpotential des Mandatsträgers einhergeht. Dieses Konfliktpotential würde insbesondere im Konzernverbund eine besondere Zuspitzung erfahren. Der Doppelmandatsträger hätte bei seinen Entscheidungen stets die Interessen des jeweiligen Pflichtenkreises wahrzunehmen, in dem er jeweils tätig werden würde. Einen „Freibrief" zugunsten der Konzernspitze könne es nicht geben.[945] Eine Pflichtverletzung zulasten einer Gesellschaft könne niemals dadurch gerechtfertigt werden, dass im jeweiligen entgegenstehenden Interesse der anderen Gesellschaft gehandelt worden wäre.[946] Ein Doppelmandatsträger habe grundsätzlich im jeweiligen Vorstand, auch nur die Interessen der jeweiligen Gesellschaft zu vertreten.[947]

Festzuhalten ist, dass Vorstandsdoppelmandatsträger im Verhältnis zur faktisch beherrschten Gesellschaft grundsätzlich den gleichen Restriktionen unterliegen wie die übrigen Vorstände. Insbesondere eine Informationsweitergabe an andere Vorstände der Obergesellschaft darf nur unter Berücksichtigung der organschaftlichen Verschwiegenheitsverpflichtung nach § 93 Abs. 1 Satz 3

---

943 BGH, NZG 2009, 744; im Ergebnis auch schon OLG Köln, NJW-RR 1993, 804 (807).

944 *Koch*, in Hüffer, § 76 AktG, Rn. 54; *Mertens/Cahn*, in Kölner Komm., § 76 AktG, Rn. 70; MüKo-*Spindler*, § 76 AktG, Rn. 49; MüKo-*Altmeppen*, § 311 AktG, Rn. 99; Spindler/Stilz-*Fleischer*, § 76 AktG, Rn. 106; *Weber*, in Hölters, § 76 AktG, Rn. 57; *Huber*, Die Reichweite konzernbezogener Compliance-Pflichten des Mutter-Vorstands des AG-Konzerns, S. 118.

945 BGH, NZG 2009, 744 (745); MüKo-*Spindler*, § 76 AktG, Rn. 49; *Mertens/Cahn*, in Kölner Komm., § 76 AktG, Rn. 71; Spindler/Stilz-*Fleischer*, § 76 AktG, Rn. 107; *Weber*, in Hölters, § 76 AktG, Rn. 58; *Huber*, Die Reichweite konzernbezogener Compliance-Pflichten des Mutter-Vorstands des AG-Konzerns, S. 120.

946 BGH, NJW 1980, 1629 (1630), zum Aufsichtsrat; *Mertens/Cahn*, in Kölner Komm., § 76 AktG, Rn. 71; MüKo-*Altmeppen*, § 311 AktG, Rn. 100; Spindler/Stilz-*Fleischer*, § 76 AktG, Rn. 107; *Weber*, in Hölters, § 76 AktG, Rn. 58; *Huber*, Die Reichweite konzernbezogener Compliance-Pflichten des Mutter-Vorstands des AG-Konzerns, S. 120.

947 BGH, NJW 1962, 864 (866), zum Aufsichtsrat; MüKo-*Spindler*, § 76 AktG, Rn. 49; Spindler/Stilz-*Fleischer*, § 76 AktG, Rn. 107; *Weber*, in Hölters, § 76 AktG, Rn. 59; *Singhof*, ZGR 2001, 146 (161).

AktG und unter Beachtung des Regelungskonzepts der §§ 311 ff. AktG erfolgen.[948] Einen konzernweiten Compliance-Informationsfluss und weitergehend auch die Umsetzung der Compliance-Entscheidungen der herrschenden Gesellschaft, darf der Doppelmandatsträger nur dann sicherstellen, wenn dies nicht dem Gesellschaftsinteresse der faktisch beherrschten Gesellschaft zuwiderläuft. Dennoch liegt es auf der Hand, dass im Falle von Vorstandsdoppelmandaten die Bereitschaft der abhängigen Gesellschaft zur Kooperation mit der Obergesellschaft erhöht und somit gerade der für die Compliance-Risikoanalyse essentielle konzernweite Informationsfluss in höherem Maße abgesichert sein wird.[949]

Ob die geschäftsleitenden Organe der herrschenden Gesellschaft allerdings die Bestellung von Vorstandsdoppelmandaten im faktischen Konzern anstreben oder auf dieses faktische Mittel zur Konzernsteuerung verzichten, liegt im Rahmen ihres unternehmerischen Ermessens.[950] Weder die konzernweiten Compliance-Pflichten noch die Bemühensverpflichtungen im faktischen Konzern zwingen den Vorstand der herrschenden Gesellschaft zur Etablierung von sog. Doppelmandaten.

(eee) Die Folgen aus der Personalentscheidungsgewalt für die konzernweiten Compliance-Pflichten

Die Personalentscheidungsgewalt der herrschenden Gesellschaft im Hinblick auf die faktisch beherrschte Gesellschaft hat im Ergebnis dennoch große praktische Auswirkungen auf die konzernweiten Compliance-Pflichten.

Betrachtet man einmal unter dem Blickwinkel der unmittelbaren und mittelbaren Einflussmöglichkeiten auf die Personalausstattung bei der abhängigen Gesellschaft die Veranlassungen seitens Obergesellschaft zur Erfüllung der konzernweiten Compliance-Verpflichtungen, so ist diesen Veranlassungen eine große faktische Verbindlichkeit beizumessen. In der compliance-spezifischen Literatur wird ausgeführt, dass aufgrund der Personalhoheit der herrschenden Gesellschaft mit einer Kooperation der abhängigen Gesellschaft hinsichtlich der Compliance-Thematik zu rechnen sei.[951] *Bicker* sieht es gar als

948 *Fleischer*, in Hdb. Vorstandsrecht, § 18, Rn. 36; *Huber*, Die Reichweite konzernbezogener Compliance-Pflichten des Mutter-Vorstands des AG-Konzerns, S. 119; *S. H. Schneider*, Informationspflichten, S. 155.

949 *Huber*, Die Reichweite konzernbezogener Compliance-Pflichten des Mutter-Vorstands des AG-Konzerns, S. 120.

950 *Löbbe*, Unternehmenskontrolle im Konzern, S. 147.

951 *Fett/Theusinger*, BB-Special Compliance 2010, 6 (10); *Lutter*, in FS Goette, S. 287 (294); *Verse*, ZHR 2011, 401 (419).

Mindestanforderung von Compliance im Konzern an, dass die geschäftsführenden Organe der herrschenden Gesellschaft durch Personalentscheidungen ihren Einfluss auf die beherrschte Gesellschaft auszuüben hätten.[952] Als ultima ratio sei mittels der beschriebenen mittelbaren Personalentscheidungsgewalt eine Neubesetzung des Vorstands der abhängigen Gesellschaft herbeizuführen, wenn beispielsweise Compliance-Anforderungen nicht erfüllt oder gar Gesetzesverstöße hingenommen würden.[953]

Mit Blick auf die statuierte Bemühensverpflichtung der geschäftsführenden Organe der herrschenden Gesellschaft im faktischen Konzern sind die tatsächlichen Einflussmöglichkeiten durch die Personalentscheidungsgewalt hinsichtlich der konzernweiten Compliance-Pflichten-Trias fruchtbar zu machen. Ein Auskunftsbegehren hinsichtlich der erforderlichen Compliance-Informationen als Grundlage einer Compliance-Risikoanalyse ist so mit Nachdruck an die geschäftsleitenden Organe der abhängigen Gesellschaft zu richten. Ferner sind in dieser Art und Weise auch die Veranlassungen zu einem Compliance-Management-System als mögliches Ergebnis der Compliance-Entscheidungspflicht an die geschäftsführenden Organe der abhängigen Gesellschaft heranzutragen. Es sei allerdings darauf hinzuweisen, dass hierbei stets die gesellschaftsrechtlichen Grenzen und insbesondere diejenigen aus den §§ 311 ff. AktG zu beachten sind. In welcher Intensität von dieser Personalentscheidungsgewalt der herrschenden Gesellschaft gegenüber der faktisch abhängigen Gesellschaft Gebrauch zu machen ist, steht auch im Hinblick auf die konzernweiten Compliance-Verpflichtungen im unternehmerischen Ermessen der Geschäftsleiter der herrschenden Gesellschaft. Dieses Ermessen wird dabei geprägt durch die Anforderungen der konzernweiten Compliance-Pflichten-Trias und kann im Verhältnis zur eigenen Gesellschaft auf Null reduziert sein.

(gg) Fazit zu den tatsächlichen Einflussmitteln der herrschenden Gesellschaft

Im Ergebnis hat die Compliance-Thematik den grundsätzlichen Mangel an rechtlichen Mitteln zur Durchsetzung einer Konzernleitungsmacht seitens der geschäftsführenden Organe der herrschenden Gesellschaft im faktischen Aktienkonzern endgültig zu akzeptieren. Die konzernweiten Compliance-Pflichten

---

952 *Bicker,* AG 2012, 542 (551).

953 Spindler/Stilz-*Fleischer,* § 91 AktG, Rn. 62; *Huber,* Die Reichweite konzernbezogener Compliance-Pflichten des Mutter-Vorstands des AG-Konzerns, S. 190; *Bicker,* AG 2012, 542 (551).

werden durch diese konzernrechtlichen Grenzen und insbesondere den fehlenden Informationsanspruch eingeschränkt, sodass von konzernweiten Compliance-Bemühensverpflichtungen gesprochen werden kann. Verweigert die faktisch beherrschte Gesellschaft die Zusammenarbeit bei der Erfüllung der konzernweiten Compliance-Pflichten-Trias durch die geschäftsführenden Organe der Obergesellschaft, so sind die beschränkten tatsächlichen Einflussmittel im faktischen Konzern zu nutzen. Zwingend sind dabei die eingeschränkten gesetzlichen Auskunftsrechte vollständig auszunutzen. Die unmittelbare bzw. mittelbare Personalentscheidungsgewalt der herrschenden Gesellschaft im faktischen Konzern ist diesbezüglich – wie aufgezeigt – das effektivere Mittel zur Absicherung des konzernweiten Informationsflusses und zur Umsetzung der Compliance-Pflichten-Trias. Die Ausübung der Personalentscheidungsgewalt steht allerdings stets im unternehmerischen Ermessen der geschäftsleitenden Organe der herrschenden Gesellschaft. Auf diese unternehmerischen Entscheidungen ist wiederum die Business Judgment Rule anzuwenden.

(b) Einflussmöglichkeiten der herrschenden Gesellschaft im faktischen GmbH-Konzern

Nachdem im faktischen Aktienkonzern deutliche konzernrechtliche Grenzen des Einflusspotentials der herrschenden Gesellschaft auf die faktisch beherrschte Aktiengesellschaft zutage getreten sind, sind nunmehr die Einflussmöglichkeiten der herrschenden Gesellschaft im faktischen GmbH-Konzern zu untersuchen. Erneut geht es um die Frage, ob der konzernweiten Compliance-Pflichten-Trias gesellschaftsrechtliche Beschränkungen entgegenstehen.

(aa) Keine Normierung des faktischen GmbH-Konzerns im GmbHG

Das GmbHG enthält keine Normierung eines GmbH-Konzernrechts, sodass auch der faktische GmbH-Konzern nicht spezifisch im Gesetz kodifiziert ist.[954] Die Vorschriften des Aktiengesetzes können aufgrund der Strukturunterschiede zwischen der GmbH und der Aktiengesellschaft nicht allgemein auf den GmbH-Konzern übertragen werden. Insbesondere sind die §§ 311 ff. AktG nicht analog auf den faktischen GmbH-Konzern anzuwenden.[955]

---

954 MüKo-*Liebscher,* Anh. § 13 GmbHG, Rn. 368; MüKo-*Altmeppen,* Vorbem., Rn. 78; *Habersack,* in Emmerich/Habersack, § 318 AktG Anh., Rn. 6; Spindler/Stilz-*Müller,* Vorb. zu den §§ 311–318 AktG, Rn. 21; *Fett/Theusinger,* BB-Special Compliance 2010, 6 (10).

955 BGH, NJW 2001, 3622; BGH, NJW 1986, 188 (190); Baumbach/Hueck-*Zöllner/Beurskens,* SchlAnhKonzernR, Rn. 5, 76; *Emmerich,* in Scholz, Anh. § 13 GmbHG, Rn. 68;

Entsprechende Anwendung finden hingegen die allgemeinen Regelungen der §§ 15 bis 19 AktG. Diese definierenden Normen aus dem Aktiengesetz sind rechtsformneutral und deshalb auch dann entsprechend anzuwenden, wenn es sich bei der faktisch beherrschten Gesellschaft nicht um eine Aktiengesellschaft handelt.[956] Entsprechend der Ausführungen zum faktischen Unterordnungsaktienkonzern[957] liegt ein faktischer GmbH-Konzern immer dann vor, wenn es an einem Beherrschungsvertrag bzw. einer Eingliederung mangelt und mindestens eine abhängige GmbH gemeinsam mit dem herrschenden Unternehmen unter einheitlicher Leitung i. S. v. § 18 Abs. 1 Satz 1 AktG zusammengefasst wird. Die Abhängigkeit basiert dabei auf einer Mehrheitsbeteiligung der herrschenden Gesellschaft.

(bb) Konzernleitungsbefugnisse der herrschenden Gesellschaft

Voraussetzung für konzernweite Compliance-Verpflichtungen der geschäftsführenden Organe der herrschenden Gesellschaft im faktischen GmbH-Konzern wäre, dass diese gegenüber der faktisch beherrschten GmbH überhaupt solche Konzernleitungsbefugnisse besitzen würde, die eine Durchsetzung der konzernweiten Compliance-Pflichten-Trias ermöglichen. Solche Konzernleitungsbefugnisse zugunsten der Obergesellschaft im faktischen GmbH-Konzern könnten sich daraus ergeben, dass die herrschende Gesellschaft aufgrund ihrer Stimmenmehrheit eine dominierende Stellung in der Gesellschafterversammlung einnimmt. Demnach könnte die herrschende Gesellschaft Compliance-Maßnahmen auch in der faktisch beherrschten GmbH durchsetzen, wenn über die Gesellschafterversammlung eine umfassende Beeinflussung der Geschäftsführung der faktisch beherrschten GmbH möglich wäre.

In der juristischen Literatur ist von einer „*Allzuständigkeit der Gesellschafterversammlung*“ die Rede. *Liebscher* spricht vom Grundsatz der sog. „*Omnipotenz der Gesellschafterversammlung*“.[958] Insgesamt sei daher eine „*beinahe schrankenlose Mehrheitsherrschaft*“ möglich, weshalb es den Abschluss eines

---

Habersack, in Emmerich/Habersack, § 318 AktG Anh., Rn. 2, 6, 23; MüKo-*Altmeppen,* Vorbem., Rn. 78; MüKo-*Liebscher,* Anh. zum GmbHG, Rn. 369, 372; Spindler/Stilz-*Müller,* Vorb. zu den §§ 311–318 AktG, Rn. 21; *Fett/Theusinger,* BB-Special Compliance 2010, 6 (10).

956 BGH, NJW 1981, 1512; BGH, NJW 1989, 1800; Baumbach/Hueck-*Zöllner/Beurskens,* SchlAnhKonzernR, Rn. 5; *Emmerich,* in Emmerich/Habersack, § 15 AktG, Rn. 5; *Hirschmann,* in Hölters, § 15 AktG, Rn. 1; *Koch,* in Hüffer, § 15 AktG, Rn. 6.

957 Siehe Seiten 193 f.

958 MüKo-*Liebscher,* § 46 GmbHG, Rn. 2.

Beherrschungsvertrages nicht bedürfe, um seitens der Obergesellschaft einen unmittelbaren Einfluss auf die Geschäftsführung im faktischen GmbH-Konzern zu erlangen.[959] Hierzu im Einzelnen:

(aaa) Weisungsrechte gegenüber den Geschäftsführern der abhängigen GmbH

Im Gegensatz zu den Vorständen einer Aktiengesellschaft, welche die Gesellschaft gemäß § 76 Abs. 1 AktG stets unter eigener Verantwortung leiten, sind die Geschäftsführer einer GmbH weisungsgebunden.[960] Nach § 37 Abs. 1 GmbHG unterliegen die Geschäftsführer solchen Beschränkungen, die sich aus dem Gesellschaftsvertrag und den Beschlüssen der Gesellschafter hinsichtlich ihrer Vertretungsbefugnis ergeben. Somit sind die Gesellschafter insbesondere berechtigt, den Geschäftsführern der abhängigen GmbH durch Beschluss i. S. v. § 47 GmbHG mit einfacher Mehrheit, sofern die Satzung keine anderweitige Regelung trifft, Weisungen zu erteilen,[961] um in dieser Form unmittelbaren Einfluss auf die Geschäftsführung zu nehmen.[962] Die Geschäftsführer trifft hinsichtlich dieser Weisungen eine Folgepflicht, sodass Gesellschafterbeschlüsse, welche die Inhalte der Geschäftsführung bestimmen, bindende Wirkung entfalten.[963] Das Weisungsrecht der Gesellschafterversammlung aus § 37 Abs. 1 GmbHG wird in seiner Art mit dem Weisungsrecht im Vertragskonzern gleichgestellt.[964]

---

959 MüKo-*Liebscher,* Anh. § 13 GmbHG, Rn. 362; zur Allzuständigkeit der Gesellschafterversammlung: Baumbach/Hueck-*Zöllner,* § 46 GmbHG, Rn. 89; Michalski-*Römermann,* § 46 GmbHG, Rn. 3.

960 *Altmeppen,* in Roth/Altmeppen, § 37 GmbHG, Rn. 3; *Habersack,* in Emmerich/Habersack, § 318 AktG Anh., Rn. 6; *Kort,* in Großkomm., Vor § 76 AktG, Rn. 50; Michalski-*Michalski,* GmbHG, Systematische Darst., Rn. 31; *Oetker,* in Henssler/Strohn, § 37 GmbHG, Rn. 1, 11.

961 BGH, NJW 1997, 1985 (1986 a. E.); Baumbach/Hueck-*Zöllner/Noack,* § 37 GmbHG, Rn. 20; Baumbach/Hueck-*Zöllner,* § 46 GmbHG, Rn. 91; *Kleindiek,* in Lutter/Hommelhoff, § 37 GmbHG, Rn. 17; Michalski-*Lenz,* § 37 GmbHG, Rn. 16; Michalski-*Michalski,* GmbHG, Systematische Darst., Rn. 31; *U. H. Schneider/S. H. Schneider,* in Scholz, § 37 GmbHG, Rn. 37; *Lutter,* in FS Goette, S. 287 (294); *Grundmeier,* Rechtspflicht zur Compliance im Konzern, S. 95.

962 MüKo-*Liebscher,* Anh. § 13 GmbHG, Rn. 362; MüKo-*Stephan/Tieves,* § 37 GmbHG, Rn. 115.

963 Baumbach/Hueck-*Zöllner,* § 46 GmbHG, Rn. 91; *Oetker,* in Henssler/Strohn, § 37 GmbHG, Rn. 11.

964 *Fett/Theusinger,* BB-Special Compliance 2010, 6 (10 f.); *Lutter,* in FS Goette, S. 287 (294); *Grundmeier,* Rechtspflicht zur Compliance im Konzern, S. 96.

Grenzen dieses Weisungsrechtes der herrschenden Gesellschaft im faktischen GmbH-Konzern können sich – wie im Vertragskonzern – aus dem Gesetz und der Satzung der abhängigen Gesellschaft ergeben.[965]

Aufgrund der dominierenden Stellung der herrschenden Gesellschaft als Mehrheitsgesellschafterin der abhängigen GmbH und der damit verbundenen Position in der Gesellschafterversammlung ergibt sich aus § 37 Abs. 1 GmbHG ein weitreichendes Weisungsrecht gegenüber den Geschäftsführern der faktisch beherrschten Gesellschaft mit beschränkter Haftung.

(bbb) Personalentscheidungsgewalt der herrschenden Gesellschaft

Die herrschende Gesellschaft besitzt grundsätzlich auch die unmittelbare Personalentscheidungsgewalt hinsichtlich der Bestellung, der Abberufung und der Entlastung der Geschäftsführer bei der faktisch beherrschten GmbH. § 46 Nr. 5 GmbHG weist den Gesellschaftern die diesbezüglichen Kompetenzen grundsätzlich zu,[966] wobei die entsprechenden Beschlüsse und insbesondere auch die Bestellungsbeschlüsse nach den allgemeinen Regeln gemäß §§ 47 ff. GmbHG mit einfacher Stimmenmehrheit gefasst werden, wenn nicht die Satzung hiervon abweicht.[967] Als Mehrheitsgesellschafterin hat die herrschende Gesellschaft demnach die Möglichkeit, die Geschäftsführung der abhängigen GmbH unmittelbar zu beeinflussen bzw. diese nach ihren Vorstellungen zu besetzten.

(ccc) Auskunfts- und Informationsansprüche

Ferner ist die Gesellschafterversammlung das Kontroll- und Überwachungsorgan der GmbH, was durch § 46 Nr. 6 GmbHG gesetzlich zum Ausdruck kommt. Demnach bestehen weitreichende Kontrollkompetenzen der Gesellschafterversammlung in den Angelegenheiten der Geschäftsführung. Als Kontrollinstrument kommt dabei insbesondere die Etablierung eines Berichts- und Auskunftssystems in Betracht.[968] Aufgrund dieser umfassenden

---

965 Siehe Seite 181.

966 Handelt es sich um eine mitbestimmte GmbH, wird diese Kompetenz allerdings ausnahmsweise dem obligatorischen Aufsichtsrat zugewiesen, vgl. hierzu: *Mollenkopf,* in Henssler/Strohn, § 46 GmbHG, Rn. 20.

967 Michalski-*Römermann,* § 46 GmbHG, Rn. 202; MüKo-*Liebscher,* § 46 GmbHG, Rn. 105.

968 BGH, NJW 1997, 1985 (1986 a. E.); Baumbach/Hueck-*Zöllner,* § 46 GmbHG, Rn. 50; Michalski-*Römermann,* § 46 GmbHG, Rn. 343; MüKo-*Liebscher,* § 46 GmbHG, Rn. 189; *Roth,* in Roth/Altmeppen, § 46 GmbHG, Rn. 44 ff.; *Löbbe,* Unternehmenskontrolle im Konzern, S. 137.

Kontrollkompetenz der Gesellschafterversammlung hat die herrschende Gesellschaft als Mehrheitsgesellschafterin die rechtlichen Mittel, einen umfassenden Informationsfluss im faktischen GmbH-Konzern zu gewährleisten.

Ergänzt wird dieser kollektive Auskunftsanspruch durch § 51a Abs. 1 GmbHG, welcher dem einzelnen Gesellschafter als Individualrecht – also auch der herrschenden Gesellschaft als Mehrheitsgesellschafterin – Auskunfts- und Einsichtsrechte über die Angelegenheiten der Gesellschaft gewährt.[969] Das Auskunfts- und Einsichtsrecht begründet dabei in den Grenzen des § 51a Abs. 2 GmbHG einen weiten bzw. umfassenden Informationsanspruch des einzelnen Gesellschafters.[970] Der BGH führt zu diesem individuellen Recht auf Information aus: „*Es ist, von dem Sonderfall des § 51a II GmbHG und dem Bestehen eines ungeschriebenen Verweigerungsgrundes abgesehen, prinzipiell unbeschränkt und findet seine Grenze erst bei einer nicht zweckentsprechenden Wahrnehmung.*“[971]

(ddd) Konzernweite Leitungsmacht und mitgliedschaftliche Treuepflichten

Im Gegensatz zum faktischen Aktienkonzern fehlt es den geschäftsleitenden Organen der herrschenden Gesellschaft im faktischen GmbH-Konzern insgesamt nicht an den rechtlichen Mitteln zur Durchsetzung einer Konzernleitungsmacht.

Der Obergesellschaft, die Mehrheitsgesellschafterin der faktisch beherrschten GmbH ist, steht ein umfassendes Weisungsrecht zu, welches sich aus § 37 Abs. 1 GmbHG ergibt. Ferner ist die herrschende Gesellschaft grundsätzlich zur Sicherstellung eines konzernweiten Informationsflusses in der Lage, da dieser weitreichende kollektive (vgl. § 46 Nr. 6 GmbHG) und individuelle (vgl. § 51a GmbHG) Informationsrechte gegenüber den Geschäftsführern der abhängigen GmbH zustehen. Die konzernweite Leitungsmacht der geschäftsleitenden Organe der herrschenden Gesellschaft wird komplettiert und verstärkt durch ihre unmittelbare Personalentscheidungsgewalt (vgl. § 46 Nr. 5 GmbHG).

Diese weitreichenden rechtlichen Mittel der geschäftsführenden Organe der herrschenden Gesellschaft zur Leitung des faktischen GmbH-Konzerns sind jedoch nicht gänzlich unbeschränkt. Die Schranken der konzernweiten

---

969 Baumbach/Hueck-*Zöllner,* § 51a GmbHG, Rn. 8; Michalski-*Römermann,* § 51a GmbHG, Rn. 18 f.; *Grundmeier,* Rechtspflicht zur Compliance im Konzern, S. 96.

970 BGH, NZG 2003, 396 (397); Michalski-*Römermann,* § 51a GmbHG, Rn. 21; MüKo-*Hillmann,* § 51a GmbHG, Rn. 26; *Roth,* in Roth/Altmeppen, § 51a GmbHG, Rn. 5; *Grundmeier,* Rechtspflicht zur Compliance im Konzern, S. 96; *Löbbe,* Unternehmenskontrolle im Konzern, S. 134.

971 BGH, NJW 1997, 1985 (1987); wiederholend: BGH, NZG 2003, 396 (397).

Leitungsmacht der herrschenden Gesellschaft als Mehrheitsgesellschafterin der faktisch abhängigen GmbH ergeben sich aus den mitgliedschaftlichen Treuepflichten.[972] Diese gesellschaftsrechtlichen Treuepflichten verbieten der Obergesellschaft grundsätzlich jede schädigende Einflussnahme auf die abhängige Gesellschaft. Etwas anderes gilt ausnahmsweise dann, wenn die übrigen Gesellschafter der nachteiligen Einflussnahme zustimmen oder keine weiteren Minderheitsgesellschafter vorhanden sind und keine Existenzgefährdung der abhängigen GmbH vorliegt.[973] Diese Treuepflichten sind insbesondere bei der Erteilung von Weisungen an die Geschäftsführung der faktisch beherrschten GmbH zu beachten.

(cc) Auswirkungen des Konzernrechts auf die Compliance-Pflichten im faktischen GmbH-Konzern

Insgesamt hat die herrschende Gesellschaft im faktischen GmbH-Konzern weitreichende Konzernleitungsbefugnisse, die sich insbesondere aus der dominierenden Stellung in der Gesellschafterversammlung der abhängigen GmbH ergeben. Die konzernweiten Compliance-Pflichten der geschäftsführenden Organe der Obergesellschaft sind damit im faktischen GmbH-Konzern auch gegen den Willen der geschäftsleitenden Organe der abhängigen Gesellschaft durch- und umsetzbar. Eine äußere Grenze finden die Compliance-Pflichten lediglich hinsichtlich der gesellschaftsrechtlichen Treuepflichten. Es ist aber kaum denkbar, dass die angemessene Erfüllung der Compliance-Pflichten-Trias und der Compliance-Dokumentationspflicht zu einer Verletzung der Treuepflichten führen könnte. Demnach bestehen im faktischen GmbH-Konzern beinahe keine konzernrechtlichen Schranken hinsichtlich der konzernweiten Compliance-Pflichten der geschäftsleitenden Organe der herrschenden Gesellschaft.

(c) Ergebnis zu den Compliance-Pflichten im faktischen Konzern

Die faktische Konzernierung hat entscheidende Auswirkungen auf die Compliance-Pflichten der geschäftsleitenden Organe der herrschenden Gesellschaft.

---

972 BGH, NJW 1976, 191 (192 f.); BGH, NJW 1986, 188 (190); *Emmerich*, in Scholz, Anh. § 13 GmbHG, Rn. 71; *Habersack*, in Emmerich/Habersack, § 318 AktG Anh., Rn. 7, 24; MüKo-*Liebscher*, Anh. § 13 GmbHG, Rn. 370; Spindler/Stilz-*Müller*, Vor §§ 311–318 AktG, Rn. 22; *Fett/Theusinger*, BB-Special Compliance 2010, 6 (10 f.).

973 BGH, NJW 1976, 191 (192 f.); *Habersack*, in Emmerich/Habersack, § 318 AktG Anh., Rn. 23; MüKo-*Liebscher*, Anh. § 13 GmbHG, Rn. 370; *Schneider/Burgard*, in FS Ulmer, S. 579 (600 f.); Spindler/Stilz-*Müller*, Vor §§ 311–318 AktG, Rn. 22.

Konzernrechtliche Grenzen der Compliance-Verpflichtungen ergeben sich aufgrund fehlender Konzernleitungsbefugnisse in großem Umfang im faktischen Aktienkonzern. Im faktischen GmbH-Konzern markieren allein die gesellschaftsrechtlichen Treuepflichten die äußere Grenze der konzernweiten Compliance-Pflichten. Demnach ist es richtig, wenn im Schrifttum ausgeführt wird: *„Compliance-Systeme lassen sich im faktischen GmbH-Konzern mithin deutlich einfacher als im faktischen Aktienkonzern implementieren."*[974] Dies gilt im Ergebnis auch für die Durchsetzung der konzernweiten Compliance-Pflichten-Trias. Diese ist seitens der Organe der herrschenden Gesellschaft im faktischen Aktienkonzern im Rahmen der Bemühensverpflichtungen zu erfüllen, wohingegen im faktischen GmbH-Konzern grundsätzlich eine konzernweite Durchsetzung geschuldet wird.

3 Konzernweite Sorgfaltspflichten der geschäftsführenden Organe der abhängigen Gesellschaft

Bislang ist in dieser Untersuchung stets von den konzernweiten Sorgfaltspflichten sowie den konzernweiten Compliance-Pflichten der geschäftsführenden Organe der herrschenden Gesellschaft die Rede gewesen. Nunmehr soll noch ein Blick darauf geworfen werden, ob sich auch für die geschäftsleitenden Organe der abhängigen Gesellschaft konzernweite Sorgfalts- bzw. Compliance-Pflichten ergeben.

a) Die abhängige Gesellschaft im faktischen Aktienkonzern

Die geschäftsführenden Organe einer abhängigen Gesellschaft im faktischen Aktienkonzern bleiben gemäß § 76 Abs. 1 AktG weiterhin verpflichtet, ihre Gesellschaft in eigener Verantwortung zu leiten. Die Untersuchung des faktischen Aktienkonzerns hat ergeben, dass Weisungsrechte der herrschenden Gesellschaft gerade nicht bestehen. Die Leitungsmacht der geschäftsführenden Organe der abhängigen Gesellschaft besteht demnach im faktischen Konzern in gleicher Art und Weise wie in der konzernfreien Gesellschaft.[975]

Abschließend ist festzustellen, dass sich die geschäftsführenden Organe der faktisch abhängigen Gesellschaft bei ihren Leitungsentscheidungen ausschließlich an den Interessen der eigenen Gesellschaft zu orientieren haben. Die Leitung der beherrschten Gesellschaft hat sich demnach gerade nicht am Konzerninteresse

---

974 *Fett/Theusinger*, BB-Special Compliance 2010, 6 (11).
975 Siehe Seite 196.

auszurichten.[976] Konzernweite Sorgfaltspflichten der geschäftsführenden Organe der abhängigen Gesellschaft bestehen daher grundsätzlich nicht.

b) Die abhängige Gesellschaft im vertraglichen Unterordnungs- bzw. Eingliederungskonzern

Anders ist die Situation hingegen in der abhängigen Gesellschaft im vertraglichen Unterordnungs- bzw. Eingliederungskonzern zu beurteilen. Die eigenverantwortliche Leitungsbefugnis nach § 76 Abs. 1 AktG der geschäftsführenden Organe der abhängigen Gesellschaft entfällt zwar nicht, jedoch wird diese aufgrund der Weisungsbefolgungspflicht aus § 308 Abs. 2 Satz 1 AktG im beherrschungsvertraglich geprägten Konzern bzw. aus § 323 Abs. 1 Satz 2 i. V. m. § 308 Abs. 2 Satz 1 AktG im Eingliederungskonzern stark beschnitten.[977] Fehlt es allerdings an entsprechenden Weisungen seitens der herrschenden Gesellschaft, so sind die Leitungsentscheidungen eigenverantwortlich i. S. v. § 76 Abs. 1 AktG durch die geschäftsleitenden Organe der abhängigen Gesellschaft zu treffen.[978]

Umstritten ist allerdings die Frage, ob die geschäftsführenden Organe der abhängigen Gesellschaft bei der Ausübung ihrer eigenverantwortlichen Leitungsbefugnis das Interesse des Konzerns oder nur das Interesse ihrer eigenen Gesellschaft zu berücksichtigen haben. Teilweise wird dies dahin gehend beantwortet, dass aufgrund der Existenz eines Beherrschungsvertrages das Konzerninteresse vorrangig sei. Demnach sei dieses Konzerninteresse auch als Maßstab für die Ausübung der Leitungsentscheidungen der abhängigen Gesellschaft anzusehen.[979] Aufgrund dieser Ausrichtung auf das Konzerninteresse wird von einer Verpflichtung zu einem „konzernfreundlichen" Verhalten der abhängigen Gesellschaft gesprochen.[980]

---

976 *Kort,* in Großkomm., § 76 AktG, Rn. 146; *Mertens/Cahn,* in Kölner Komm., § 76 AktG, Rn. 67.

977 *Emmerich,* in Emmerich/Habersack, § 308 AktG, Rn. 54; *Kort,* in Großkomm., § 76 AktG, Rn. 141 f.: *„Insofern findet § 76 Abs. 1 AktG […] nur in modifizierter Form Anwendung"*; *Mertens/Cahn,* in Kölner Komm., § 76 AktG, Rn. 68: *„unter dem Vorbehalt des Weisungsrechts"*; MüKo-*Spindler,* § 76 AktG, Rn. 45 f.: *„nur eingeschränkt anwendbar"*; Spindler/Stilz-*Fleischer,* § 76 AktG, Rn. 103: *„Leitungsbefugnis wird […] nur überlagert"*; siehe schon Seiten 179 ff., 192.

978 *Emmerich,* in Emmerich/Habersack, § 308 AktG, Rn. 54; *Koch,* in Hüffer, § 308 AktG, Rn. 20; *Kort,* in Großkomm., § 76 AktG, Rn. 141; *Mertens/Cahn,* in Kölner Komm., § 76 AktG, Rn. 68; MüKo-*Altmeppen,* § 308 AktG, Rn. 153; Spindler/Stilz-*Fleischer,* § 76 AktG, Rn. 103.

979 *Kort,* in Großkomm., § 76 AktG, Rn. 141 f.; Spindler/Stilz-*Fleischer,* § 76 AktG, Rn. 103.

980 *Koch,* in Hüffer, § 308 AktG, Rn. 20; *Kort,* in Großkomm., § 76 AktG, Rn. 142; Spindler/Stilz-*Fleischer,* § 76 AktG, Rn. 103.

Nach anderer Auffassung hätten die geschäftsleitenden Organe der abhängigen Gesellschaft bei ihren Leitungsentscheidungen aber gerade nicht das Konzerninteresse, sondern lediglich das Interesse der eigenen Gesellschaft zu beachten.[981] Es sei nämlich nicht die Aufgabe der Organe der abhängigen Gesellschaft, die Interessen des Konzerns zu definieren und im Einzelfall zu spezifizieren. Allein die Obergesellschaft habe sowohl die Verantwortung für die Wahrung des Konzerninteresses als auch die Aufgabe der Konkretisierung dieses Interesses. Aus diesem Grund sei die Leitung der abhängigen Gesellschaft allein auf ihre eigenen Interessen auszurichten.[982] Doch auch die Befürworter dieser Auffassung sind sich dahin gehend einig, dass bei einer offensichtlichen Kollision der Interessen der abhängigen Gesellschaft mit solchen des Konzerns, die abhängige Gesellschaft aufgrund der vertraglichen Bindung eine Verpflichtung zur Abstimmung mit der Konzernspitze hätte.[983]

Insgesamt stimmen die beiden Auffassungen somit dahin gehend überein, dass sich die abhängige Gesellschaft im Vertragskonzern jedenfalls nicht „konzernfeindlich" verhalten darf.[984] Die divergierenden Ansichten werden in der Praxis somit kaum zu tatsächlich unterschiedlichen Ergebnissen führen. Dies ergibt sich insbesondere aufgrund der beschriebenen Abstimmungsverpflichtung mit der herrschenden Gesellschaft, welche selbst die Autoren annehmen, die eine Berücksichtigung der Interessen des Konzerns bei den Leitungsentscheidungen der abhängigen Gesellschaft grundsätzlich ablehnen. Hält die informierte Obergesellschaft dann das Konzerninteresse im Rahmen der Leitungsentscheidung der Untergesellschaft für nicht ausreichend berücksichtigt, hat sie die Leitungsorgane der abhängigen Gesellschaft entsprechend anzuweisen. Im Ergebnis hat demnach das Konzerninteresse auch Einfluss auf die Leitungsentscheidungen der abhängigen Gesellschaft.

Aus dogmatischer Sicht ist allerdings die zweite Ansicht vorzuziehen, nach der auf der Ebene der abhängigen Gesellschaft im Vertragskonzern auch nur das eigene Gesellschaftsinteresse zu berücksichtigen ist. Den geschäftsleitenden Organen der abhängigen Gesellschaft steht es schon nicht zu, das Interesse des

981 *Emmerich,* in Emmerich/Habersack, § 308 AktG, Rn. 54; *Mertens/Cahn,* in Kölner Komm., § 76 AktG, Rn. 68; MüKo-*Altmeppen,* § 308 AktG, Rn. 154.

982 *Mertens/Cahn,* in Kölner Komm., § 76 AktG, Rn. 68; MüKo-*Altmeppen,* § 308 AktG, Rn. 154.

983 *Emmerich,* in Emmerich/Habersack, § 308 AktG, Rn. 54; *Mertens/Cahn,* in Kölner Komm., § 76 AktG, Rn. 68; MüKo-*Altmeppen,* § 308 AktG, Rn. 155.

984 MüKo-*Altmeppen,* § 308 AktG, Rn. 155.

Konzerns zu bestimmen oder zu konkretisieren,[985] sodass es – von offensichtlichen Fällen abgesehen – schwierig sein wird, das Konzerninteresse im Rahmen von einzelnen Leitungsmaßnahmen seitens der Organe der abhängigen Gesellschaft zu antizipieren. Eine Verpflichtung zur Beachtung des Konzerninteresses der Organe der abhängigen Gesellschaft bei ihren eigenen Leitungsmaßnahmen besteht demnach nicht.

c) Ergebnis

Abschließend ist festzuhalten, dass es konzernweite Sorgfaltspflichten der abhängigen Gesellschaft im Verhältnis zur herrschenden Gesellschaft sowohl im Vertragskonzern als auch im faktischen Konzern nicht gibt. Im Innenverhältnis haben sich die geschäftsleitenden Organe stets am Interesse der eigenen abhängigen Gesellschaft zu orientieren, sodass dieses Interesse auch für ihre Leitungsmaßnahmen i. S. v. § 76 Abs. 1 AktG maßgeblich ist. Insgesamt bestehen somit keine konzernweiten Sorgfaltspflichten bzw. keine konzernweiten Compliance-Verpflichtungen bei der abhängigen Gesellschaft, die mit den konzernweiten Verpflichtungen der herrschenden Gesellschaft zu vergleichen wären.

Lediglich im Vertragskonzern trifft die abhängige Gesellschaft die zusätzliche Pflicht, sich nicht „konzernfeindlich“ zu verhalten und sich bei Interessenkonflikten im Rahmen der Leitungsentscheidungen mit der Obergesellschaft abzustimmen. Diese Pflichten haben dabei ihren Ursprung in der konzernvertraglichen Verbindung, sind aber nicht als echte konzernweite Sorgfaltspflichten zu verstehen.

---

985 *Mertens/Cahn*, in Kölner Komm., § 76 AktG, Rn. 68; MüKo-*Altmeppen*, § 308 AktG, Rn. 154.

E Zusammenfassung der wesentlichen Ergebnisse

I Compliance-Pflichten in der konzernfreien Kapitalgesellschaft

[1.] Nach der Auswertung des compliance-spezifischen Schrifttums wird folgende Compliance-Definition vorgeschlagen: „*Der Begriff Compliance umschriebt die tatsächliche Einhaltung und Durchsetzung des Legalitätsprinzips (materielle Compliance-Komponente), aber auch die gesamten präventiven Organisationsmaßnahmen eines Unternehmens zur Vorsorge, dass allen normativen Vorgaben (verbindliche gesetzliche Regelungen, soft law, unternehmensinterne Richtlinien und vertragliche Vereinbarungen) entsprochen wird (organisatorische Compliance-Komponente), um ein ausreichendes Niveau an Schadensprävention und Reputationsschutz zu erreichen.*“[986]

[2.] Aus den spezialgesetzlichen Normen mit Compliance-Inhalten (vgl. § 33 Abs. 1 WpHG, § 25a Abs. 1 KWG, § 9 GwG, § 22 ZAG, § 64a Abs. 1 VAG a. F., § 52a Abs. 2 BImSchG und § 53 KrW-/AbfG a. F.) ergeben sich keine Compliance-Verpflichtungen für die geschäftsführenden Organe einer branchenfremden konzernfreien Einzelgesellschaft. Die Voraussetzungen einer Rechtsanalogie sind nicht erfüllt.[987]

[3.] Die im Rahmen von § 130 Abs. 1 Satz 1 OWiG erforderlichen Pflichten zur Aufsicht, zur Kontrolle und zur Organisation weisen eine gewisse Schnittmenge zur Compliance-Thematik auf, was insbesondere die präventiven Organisationsmaßnahmen betrifft.[988] Eine allgemeine Compliance-Pflicht der unverbundenen Kapitalgesellschaft im Außenverhältnis begründen die ordnungswidrigkeitsrechtlichen Normen nach §§ 130, 30, 9 OWiG dennoch nicht. Die in § 130 Abs. 1 OWiG enthaltene tatbestandliche Beschränkung auf Zuwiderhandlungen gegen solche betriebsbezogenen Pflichten, welche die Tatbestandsmerkmale einer Straftat oder einer Ordnungswidrigkeit erfüllen, hat sich als zu eng erwiesen, um als Grundlage einer allgemeinen Compliance-Verpflichtung der konzernfreien Kapitalgesellschaft zu dienen.[989]

---

986 Vgl. Seite 44.
987 Vgl. Seite 57.
988 Vgl. Seite 63.
989 Vgl. Seiten 63 ff.

[4.] Der DCGK begründet keine zwingenden Compliance-Verpflichtungen, da es bereits am Gesetzesrang des Kodexes fehlt. Die in der Compliance-Debatte vielbeachtete Ziffer 4.1.3 DCGK beschreibt lediglich deklaratorisch die gesetzliche Pflichtenlage in Deutschland aus Kommissionssicht.[990]

[5.] Die Auslegungsergebnisse zu § 91 Abs. 2 AktG führen zu einer restriktiven Lesart der Norm, sodass die geschäftsleitenden Organe „lediglich" zur Etablierung eines Früherkennungssystems verpflichtet werden. § 91 Abs. 2 AktG ist tatbestandlich auf das Erkennen von solchen Entwicklungen beschränkt, die den Fortbestand der Gesellschaft gefährden. Die Regelung hat vorwiegend klarstellenden Charakter und konkretisiert die allgemeine Leitungsverantwortung der geschäftsleitenden Organe in der Kapitalgesellschaft, ohne aber neue Handlungsverpflichtungen statuieren zu wollen. Die Einrichtung eines umfassenden Compliance-Management-Systems verlangt die Regelung nicht. Überschneidungen zwischen einem Früherkennungssystem i. S. v. § 91 Abs. 2 AktG und einem weiterreichenden Compliance-System sind jedoch nicht von der Hand zu weisen.[991]

[6.1] Die Pflicht zur sorgfältigen Unternehmensleitung gemäß den §§ 76 Abs. 1, 93 Abs. 1 AktG beinhaltet und wird konkretisiert durch eine Legalitätspflicht und eine Organisationspflicht.[992] Aus der organschaftlichen Organisationspflicht ergibt sich die Verpflichtung, geeignete, angemessene und objektiv zumutbare Kontroll- und Schutzvorkehrungen in der konzernfreien Aktiengesellschaft zu etablieren, sodass Rechtsverstöße vermieden und entdeckt werden können. Im Innenverhältnis besteht somit die Pflicht des Vorstandes zu einer sorgfältigen Unternehmensüberwachung.[993]

[6.2] Compliance ist ein Bestandteil der sorgfältigen Unternehmensführung.[994]

[6.3] Aus der Pflicht der geschäftsführenden Organe zur sorgfältigen Unternehmensführung gemäß §§ 76 Abs. 1, 93 Abs. 1 AktG folgt keine absolute Compliance-Rechtspflicht für alle Aktiengesellschaften. Verpflichtungen, welche in den organschaftlichen Sorgfaltspflichten wurzeln oder als deren Bestandteile zu betrachten sind, sind stets an den Kriterien von Angemessenheit und Zumutbarkeit zu messen, weshalb seitens der geschäftsleitenden Organe ein unternehmerisches Ermessen besteht. Eine solche

990 Vgl. Seite 67.
991 Vgl. Seiten 67 ff.
992 Vgl. Seite 78.
993 Vgl. Seite 84.
994 Vgl. Seite 86.

Ermessensentscheidung, auf welche die Business Judgment Rule anwendbar ist, ist die jeweilige Entscheidung zum „ob" und erst recht zum „wie" von Compliance in der Kapitalgesellschaft.[995] Richtig ist aber – wie im Schrifttum vorgeschlagen – von einer relativen Compliance-Rechtspflicht zu sprechen, die aus den §§ 76 Abs. 1, 93 Abs. 1 AktG folgt.

[6.4] Um der Pflicht zur sorgfältigen Unternehmensführung nach dem Maßstab eines ordentlichen und gewissenhaften Geschäftsleiters zu genügen, müssen sich die geschäftsführenden Organe zwingend mit dem individuellen Compliance-Risikopotential auseinandersetzen.[996]

[6.5] Die geschäftsleitenden Organe trifft eine sog. Compliance-Pflichten-Trias, welche dogmatisch aus den §§ 76 Abs. 1, 93 Abs. 1 AktG folgt. Die (1.) Compliance-Risikoermittlungspflicht verlangt eine umfassende und periodisch wiederkehrende Compliance-Risikoanalyse, die den geschäftsführenden Organen einen Überblick über den jeweiligen „Ist-Zustand" im Unternehmen verschafft. Diese Risikoanalyse hat daher die wichtige Funktion, das individuelle Compliance-Risikopotential erkennbar und auswertbar zu machen.[997] Auf diese Verpflichtung folgt zwingend die (2.) Compliance-Risikobewertungspflicht. Die geschäftsführenden Organe haben die analysierten Compliance-Risiken auszuwerten und einzuschätzen. Entscheidende Bewertungskriterien sind insbesondere das Schadenspotential, das Realisierungsrisiko sowie mögliche Wechselwirkungen der verschiedenen Compliance-Risiken.[998] Auf Basis einer so geschaffenen Compliance-Bewertungsgrundlage ist sodann die (3.) Compliance-Entscheidungspflicht zu erfüllen. Diese beinhaltet eine Entscheidung bzw. eine Positionierung, ob Compliance-Maßnahmen zu ergreifen oder schon nicht notwendig sind. Eine Verpflichtung zur Einrichtung eines Compliance-Management-Systems ist somit mit dieser Entscheidungspflicht nicht gemeint.[999] Sämtliche Entscheidungen zum „ob" und „wie" von Compliance sind unternehmerische Entscheidungen der geschäftsführenden Organe, auf welche die Business Judgment Rule nach § 93 Abs. 1 Satz 2 AktG Anwendung findet.[1000] Erfüllen die

995 Vgl. Seiten 98 f.
996 Vgl. Seite 101.
997 Vgl. Seiten 101 ff.
998 Vgl. Seite 105.
999 Vgl. Seiten 106 f.
1000 Vgl. Seiten 106 ff.

Compliance-Entscheidungen die Kriterien des § 93 Abs. 1 Satz 2 AktG, so ist eine Haftung der geschäftsführenden Organe im Innenverhältnis grundsätzlich ausgeschlossen.[1001]

[6.6] Im Rahmen eines Haftungsprozesses der Gesellschaft gegen ein geschäftsführendes Organ wegen unzureichender oder fehlerhafter Compliance ergibt sich unter Beachtung von § 93 Abs. 2 Satz 2 AktG folgende Beweislastverteilung: Die Gesellschaft hat grundsätzlich einen durch unzureichende oder fehlende Compliance-Maßnahmen verursachten Schaden nachzuweisen. Das beklagte Organ trifft die Beweislast dafür, dass im Hinblick auf die Compliance-Entscheidungen die Sorgfalt eines ordentlichen und gewissenhaften Geschäftsleiters eingehalten worden ist. Bei vollständiger Nichterfüllung der Compliance-Pflichten-Trias genügt allerdings bereits der Nachweis eines Schadens seitens der Gesellschaft. Die Kausalität der Außerachtlassung der Compliance-Pflichten-Trias für den eingetretenen Schaden wird sodann vermutet.[1002]

[6.7] Aus der Pflicht zur sorgfältigen Unternehmensleitung folgt neben der Compliance-Pflichten-Trias auch eine Compliance-Dokumentationspflicht. Nur durch eine ausreichende Compliance-Dokumentation genügen die geschäftsführenden Organe dem Maßstab eines ordentlichen und gewissenhaften Geschäftsleiters und stellen eine personenunabhängige Nachvollziehbarkeit der Compliance-Entscheidungen im Zeitablauf sicher.[1003]

[7.] Auf der Grundlage von § 43 Abs. 1 GmbHG ergibt sich zur konzernfreien GmbH eine identische Compliance-Pflichtenlage wie bei der Aktiengesellschaft. Insbesondere die Compliance-Pflichten-Trias – aber auch die Compliance-Dokumentationspflicht – ist auf die konzernfreie GmbH übertragbar.[1004]

II Compliance-Pflichten im Konzern

[1.] Spezialgesetzliche Compliance-Regelungen mit Konzernbezug finden sich insbesondere im Bank- und Kreditwesen sowie im Versicherungsrecht, vgl. § 25a Abs. 3 Satz 1 KWG. Eine analoge Anwendung dieser

---

1001 Vgl. Seite 109.

1002 Vgl. Seiten 118 ff.

1003 Vgl. Seiten 121 ff.

1004 Vgl. Seiten 128 f.

branchenspezifischen Normen auf sämtliche Konzernierungssachverhalte scheidet allerdings aus.[1005]

[2.] In der Praxis werden seitens einiger Behörden (u. a. des Bundeskartellamtes) konzernweite Aufsichtspflichten aus den §§ 130, 30, 9 OWiG konstruiert.[1006] Dogmatisch ist eine Anwendung der §§ 130, 30, 9 OWiG auf die Konzernsituation nicht überzeugend. Die herrschende Gesellschaft ist weder als Inhaberin der bei den Tochtergesellschaften betriebenen Unternehmen zu betrachten, noch ergibt sich eine Inhaberstellung i. S. v. § 130 Abs. 1 Satz 1 OWiG für den gesamten Konzern. Die ordnungswidrigkeitsrechtliche Aufsichtspflicht des herrschenden Unternehmens bezieht sich grundsätzlich nicht auf die abhängigen Konzerngesellschaften. Für die Konzernobergesellschaft folgt aus den §§ 130, 30, 9 OWiG keine Pflicht zur Einrichtung eines konzernweiten Compliance-Management-Systems.[1007]

[3.] Aus Ziffer 4.1.3 DCGK und § 91 Abs. 2 AktG folgt keine Verpflichtung der geschäftsführenden Organe der Konzernobergesellschaft ein konzernweites Compliance-System einzurichten. Insbesondere die Konzerndimensionalität von § 91 Abs. 2 AktG zeigt aber deutlich, dass dem deutschen Gesellschaftsrecht konzernweite Verpflichtungen der geschäftsleitenden Organe der herrschenden Gesellschaft nicht fremd sind.[1008]

[4.1] Die geschäftsleitenden Organe der herrschenden Gesellschaft haben sog. „konzernweite Sorgfaltspflichten“ zu erfüllen. Die dogmatische Grundlage dieser Verpflichtungen ergibt sich aus der Pflicht zur sorgfältigen Unternehmensführung gegenüber der eigenen Gesellschaft nach den §§ 76 Abs. 1, 93 Abs. 1 AktG. Die Beteiligungen der herrschenden Gesellschaft an den Konzerngesellschaften gehören zum jeweiligen Gesellschaftsvermögen. Bei dem Umgang mit diesen Beteiligungen haben die geschäftsführenden Organe somit den Maßstab eines ordentlichen und gewissenhaften Geschäftsleiters aus § 93 Abs. 1 Satz 1 AktG zu erfüllen. Im Rahmen ihres unternehmerischen Ermessens können diese allerdings frei entscheiden, wie die jeweiligen Beteiligungen an den Konzerngesellschaften verwaltet werden sollen.[1009] *Fleischer* hat deshalb den Begriff von der „*konzernorganisatorischen Business Judgment Rule*“ geprägt.[1010]

1005 Vgl. Seite 132.
1006 Vgl. Seiten 133 ff.
1007 Vgl. Seite 144.
1008 Vgl. Seiten 145 ff.
1009 Vgl. Seiten 157 ff.
1010 Vgl. Seiten 158 f.

[4.2] Die Ausgestaltung der „konzernweiten Sorgfaltspflichten“ hat sich an dem Organisationsrahmen, bestehend aus Konzernplanung, Konzernorganisation, Konzernüberwachung und Besetzung der Führungspositionen in den Konzerngesellschaften, zu orientieren. Im Hinblick auf die konkreten Inhalte des so abgesteckten Organisationsrahmens besteht ein unternehmerischer Ermessensspielraum.[1011]

[4.3] „Konzernweite Sorgfaltspflichten“ seitens der geschäftsleitenden Organe der herrschenden Gesellschaft im Verhältnis zu den abhängigen Konzerngesellschaften sind abzulehnen. Es fehlt schlicht an einer gesetzlichen Grundlage für eine solche Pflichtenbindung.[1012]

[4.4] Die konzernweiten Compliance-Pflichten der geschäftsleitenden Organe der herrschenden Gesellschaft sind in den Organisationsrahmen der konzernweiten Sorgfaltspflichten aus den §§ 76 Abs. 1, 93 Abs. 1 AktG einzuordnen. Aus der Rechtspflicht zur Konzernkontrolle ergeben sich konzernweite Compliance-Aufgaben.[1013]

[4.5] Compliance im Konzern ist als besondere konzernweite Sorgfaltspflicht zu bezeichnen, sodass auch die konzernweiten Compliance-Pflichten der geschäftsleitenden Organe aus dem Innenverhältnis zu ihrer eigenen Gesellschaft erwachsen. Aus diesem Grund ist die zur konzernfreien Gesellschaft entwickelte Compliance-Pflichten-Trias grundsätzlich auf die Konzernsituation zu übertragen.[1014]

[4.6] Die Compliance-Risikoermittlungspflicht im Konzern erweitert die Analyse auf solche Compliance-Risiken, die sich aus den Konzerngesellschaften ergeben. Entscheidend für eine erfolgreiche Compliance-Risikoermittlung im Konzern sind sowohl ein funktionierendes Informations- und Berichtssystem als auch eindeutig definierte Verantwortungsbereiche in den Konzerngesellschaften.[1015] Das individuelle Compliance-Risikopotential ist sodann auszuwerten und eine Compliance-Entscheidung für den Gesamtkonzern zu treffen.[1016] Flankiert wird die Compliance-Pflichten-Trias auch im Konzern durch eine Compliance-Dokumentationspflicht.[1017]

1011 Vgl. Seiten 161 ff.
1012 Vgl. Seiten 165 f.
1013 Vgl. Seiten 167 f.
1014 Vgl. Seite 169.
1015 Vgl. Seiten 169 ff.
1016 Vgl. Seiten 172 ff.
1017 Vgl. Seite 173.

[4.7] Hinsichtlich der Entscheidungen zum „ob“ und zum „wie“ der konkreten Konzern-Compliance besteht zugunsten der geschäftsleitenden Organe der herrschenden Gesellschaft ein weiter Ermessenspielraum. Insbesondere bei tiefschichtigen Konzernen kann aber eine Reduzierung des unternehmerischen Ermessens auf Null in Betracht kommen, sodass die pflichtgemäße Ausübung des Ermessens zwingend die Einrichtung eines konzernweiten Compliance-Management-Systems zur Folge hat.[1018]

[5.1] Durch die gesellschaftsrechtlichen Schranken in den unterschiedlichen Konzernformen ergeben sich unterschiedlich weitreichende Einflussmöglichkeiten der geschäftsleitenden Organe der herrschenden Gesellschaft, die sich auf die konzernweiten Compliance-Verpflichtungen auswirken.[1019]

[5.2] Im einstufigen Aktienvertragskonzern sind keine konzernrechtlichen Beschränkungen der konzernweiten Compliance-Verpflichtung vorhanden. Die Compliance-Pflichten-Trias ist im Wege des umfassenden Weisungsrechtes aus § 308 Abs. 1 Satz 1 AktG und des korrespondierenden Informations- und Auskunftsanspruchs der herrschenden Gesellschaft konzernweit durchsetzbar.[1020] Dies gilt in gleichem Maße für den einstufigen GmbH-Vertragskonzern, da die aktienrechtlichen Regelungen zum Weisungsrecht entsprechende Anwendung finden.[1021]

[5.3] Im mehrstufigen Aktien- und GmbH-Vertragskonzern ergeben sich ebenfalls keine Einschränkungen der konzernweiten Compliance-Pflichten der geschäftsführenden Organe der herrschenden Gesellschaft. Wird die jeweilige Konzernsituation durch einen „durchlaufenden Beherrschungsvertrag“ geprägt, sind die indirekten Leitungsmittel der Muttergesellschaft ausreichend, um die Compliance-Pflichten-Trias zu erfüllen und durchzusetzen.[1022]

[5.4] Im faktischen Aktienkonzern stoßen die Compliance-Pflichten der geschäftsleitenden Organe der herrschenden Gesellschaft an konzernrechtliche Grenzen. Die Compliance-Aufgaben können in dieser Konzernierungsform nicht durch verbindliche Weisungen durchgesetzt werden. Die konzernrechtlich begrenzten Leitungsbefugnisse der geschäftsleitenden Organe der herrschenden Gesellschaft führen lediglich zu einer Compliance-Bemühenspflicht. Die geschäftsführenden Organe der Muttergesellschaft haben demnach nach pflichtgemäßem Ermessen alle

1018 Vgl. Seiten 173 ff.
1019 Vgl. Seiten 176 ff.
1020 Vgl. Seiten 186 f.
1021 Vgl. Seiten 187 f.
1022 Vgl. Seiten 188 ff.

rechtlichen und tatsächlichen Möglichkeiten auszuschöpfen, um die Compliance-Pflichten-Trias auch im Hinblick auf die faktisch beherrschte Gesellschaft zu erfüllen.[1023]

[5.5] Es ist zu beachten, dass es im faktischen Aktienkonzern an einem allgemeinen Informations- und Auskunftsrecht der herrschenden Gesellschaft gegenüber der abhängigen Gesellschaft fehlt.[1024] Der Vorstand der abhängigen Gesellschaft ist somit nicht verpflichtet, wohl aber berechtigt, der herrschenden Gesellschaft die relevanten Compliance-Informationen zu erteilen. Weder die organschaftliche Verschwiegenheitsverpflichtung der geschäftsführenden Organe der abhängigen Gesellschaft noch das Regelungskonzept der §§ 311 ff. AktG stehen einem konzernweiten Compliance-Informationsfluss grundsätzlich entgegen.[1025]

[5.6] Verweigert die faktisch abhängige Gesellschaft in Compliance-Angelegenheiten eine Zusammenarbeit mit der herrschenden Gesellschaft, sind die geschäftsleitenden Organe der herrschenden Gesellschaft im Rahmen ihrer Bemühenspflichten gehalten, ihre tatsächlichen Einflussmöglichkeiten im faktischen Aktienkonzern zu nutzen. Als effektivstes Mittel ist dabei die Personalentscheidungsgewalt der herrschenden Gesellschaft zu nennen. Die Muttergesellschaft hat als Mehrheitsaktionärin unmittelbaren Einfluss auf die Besetzung des Aufsichtsrates bei der abhängigen Gesellschaft, woraus wiederum ein mittelbarer Einfluss auf die Personalzusammensetzung des Vorstandes erwächst. Diese Personalentscheidungsgewalt stellt ein effektives Mittel zur Durchsetzung der Compliance-Pflichten-Trias dar.[1026]

[5.7] Im Gegensatz zum faktischen Aktienkonzern fehlt es den geschäftsführenden Organen der Obergesellschaft im faktischen GmbH-Konzern nicht an den rechtlichen Mitteln zur Durchsetzung einer Konzernleitungsmacht. Die herrschende Gesellschaft – als Mehrheitsgesellschafterin – kann durch das umfassende Weisungsrecht der Gesellschafterversammlung aus § 37 Abs. 1 GmbHG verbindlichen Einfluss auf die Geschäftsführung der abhängigen GmbH nehmen. Ein konzernweiter Compliance-Informationsfluss kann durch die kollektiven (vgl. § 46 Nr. 6 GmbHG) und die individuellen (vgl. § 51a GmbHG) Informationsrechte der herrschenden Gesellschaft sichergestellt werden. Im faktischen GmbH-Konzern sind

---

1023 Vgl. Seiten 193 ff.

1024 Vgl. Seiten 199 ff.

1025 Vgl. Seite 212.

1026 Vgl. Seiten 213 ff.

die Compliance-Pflichten-Trias und die Compliance-Dokumentationsverpflichtungen der geschäftsleitenden Organe der herrschenden Gesellschaft, begrenzt durch die gesellschaftsrechtlichen Treuepflichten und etwaige Satzungsregelungen, vollumfänglich durch- und umsetzbar.[1027]

[6.] Konzernweite Compliance-Verpflichtungen der Leitungsorgane der abhängigen Gesellschaft im Verhältnis zur herrschenden Gesellschaft bestehen weder im Vertragskonzern noch im faktischen Konzern. Grundsätzlich haben die geschäftsführenden Organe der abhängigen Gesellschaft ihre Leitungsmaßnahmen nicht anhand des Konzerninteresses auszurichten. Allein im Vertragskonzern besteht jedoch eine Pflicht, sich jedenfalls nicht „konzernfeindlich" zu verhalten bzw. zur Abstimmung mit der Obergesellschaft bei etwaigen Interessenkonflikten.[1028]

1027 Vgl. Seiten 221 ff.
1028 Vgl. Seiten 227 ff.

Literaturverzeichnis

Adams, Heinz W./Johannsen, Dirk, Das gerichtsfeste Produktionsunternehmen, BB 1996, S. 1017–1021

Assmann, Heinz Dieter/Schneider, Uwe H., (Herausgeber), Wertpapierhandelsgesetz; Kommentar, 6. Auflage, Köln 2012 (zitiert: Assmann/Schneider-*Bearbeiter,* WpHG)

Bachmann, Gregor, Compliance-Rechtsgrundlagen und offene Fragen, Gesellschaftsrecht in der Diskussion 2007 herausgegeben von der Gesellschaftsrechtlichen Vereinigung, Köln 2008, S. 65–101 (zitiert: *Bachmann,* in GesellschaftsR in der Diskussion 2007)

Bachmann, Gregor, Anmerkung zum Urteil vom 10. 12. 2013 des LG München I, ZIP 2014, S. 579–583

*Barz, Carl Hans*u. a. (Bearbeiter), Aktiengesetz; Großkommentar, Vierter Band, §§ 291–410, Einführungsgesetz zum Aktiengesetz, 3. Auflage, Berlin 1975 (zitiert: *Bearbeiter,* in Großkomm., 3. Auflage (1975), AktG)

Bauckhage-Hoffer, Florian/Katko, Peter, Compliance-Systeme und Datentransfer im Konzern, WM 2012, S. 486–492

Baumbach, Adolf (Begründer)/*Hueck, Alfred,* GmbHG; Gesetz betreffend die Gesellschaften mit beschränkter Haftung, 20. Auflage, München 2013 (zitiert: Baumbach/Hueck-*Bearbeiter)*

Bayer, Walter, Legalitätspflicht der Unternehmensleitung, nützliche Gesetzesverstöße und Regress bei verhängten Sanktionen – dargestellt am Beispiel von Kartellverstößen –, in Festschrift für Karsten Schmidt, herausgegeben *von Georg Bitter, Marcus Lutter, Hans-Joachim Priester, Wolfgang Schön,* Peter Ulmer, Köln 2009, S. 85–103 (zitiert: *Bayer,* in FS Schmidt)

Berg, Cai, Korruption in Unternehmen und Risikomanagement, AG 2007, S. 271–279.

Bergmoser, Ulrich, Integration von Compliance-Management-Systemen, BB-Special 4.2010, S. 2–6

Bergmoser, Ulrich/Theusinger, Ingo/Gushurst, Klaus-Peter, Corporate Compliance – Grundlagen und Umsetzung, BB-Special 5.2008, S. 1–11

Bicker, Eicke, Compliance – organisatorische Umsetzung im Konzern, AG 2012, S. 542–552

Blasche, Sebastian, Die Mindestanforderungen an ein Risikofrüherkennungs- und Überwachungssystem nach § 91 Abs. 2 AktG, CCZ 2009, S. 62–67

Bock, Dennis, Criminal Compliance, Baden-Baden 2011, (zitiert: *Bock,* Criminal Compliance)

Böttcher, Lars, Compliance: Der IDW PS 980 – Keine Lösung für alle (Haftungs-)Fälle!, NZG 2011, S. 1054–1058

Bohnert, Joachim (Bearbeiter), OWiG; Kommentar zum Ordnungswidrigkeitengesetz, München 2010 (zitiert: *Bohnert,* OWiG)

Bohrer, Michael, Anmerkung zum Urteil des BGH vom 03. 11. 1989, DNotZ 1991, S. 124–131

Boos, Karl-Heinz/Fischer, Reinfrid/Schulte-Mattler, Hermann (Herausgeber), Kreditwesengesetz; Kommentar zu KWG und Ausführungsvorschriften, 4. Auflage, München 2012 (zitiert: Boos/Fischer/Schulte-Mattler-*Bearbeiter)*

Brebeck, Frank/Herrmann, Dagmar, Zur Forderung des KonTraG-Entwurfs nach einem Frühwarnsystem und zu den Konsequenzen für die Jahres- und Konzernabschlussprüfung, WPg 1997, S. 381–391

Bürger, Christian, Die Haftung der Konzernmutter für Kartellrechtsverstöße ihrer Tochter nach deutschem Recht, WuW 2011, S. 130–140

Bürgers, Tobias/Körber, Torsten (Herausgeber), Heidelberger Kommentar zum Aktiengesetz, Heidelberg, 3. Auflage, 2014 (zitiert: *Bearbeiter,* in Heidelberger Komm., AktG)

Bürkle, Jürgen, Corporate Compliance – Pflicht oder Kür für den Vorstand der AG?, BB 2005, S. 565–570

Bürkle, Jürgen, Corporate Compliance als Standard guter Unternehmensführung des Deutschen Corporate Governance Kodex, BB 2007, S. 1797–1801

Bürkle, Jürgen (Herausgeber), Compliance in Versicherungsunternehmen: Rechtliche Anforderungen und praktische Umsetzung, 2. Auflage, München 2015 (zitiert: *Bearbeiter,* in Bürkle, Compliance im Versicherungsunternehmen)

Bunte, Hermann-Josef (Herausgeber), Kartellrecht; Kommentar Band 1, Deutsches Kartellrecht, 12. Auflage, Köln 2014 (zitiert: *Bearbeiter,* in Langen/Bunte)

Bunting, Nikolaus, Konzernweite Compliance – Pflicht oder Kür, ZIP 2012, S. 1542–1549

Bussmann, Kai-D./Salvenmoser, Steffen, Der Wert von Compliance und Unternehmenskultur, CCZ 2008, S. 192–196

Cahn, Andreas, Zur Anwendbarkeit der §§ 311 ff. AktG im mehrstufigen Vertragskonzern, BB 2000, S. 1477–1482

Campos Nave, Jose A., Bonenberger, Saskia, Korruptionsaffären, Corporate Compliance und Sofortmaßnahmen für den Krisenfall, BB 2008, S. 734–741

Däubler, Wolfgang, Ausklammerung sozialer und personeller Angelegenheiten aus einem Beherrschungsvertrag?, NZG 2005, S. 617–620

Deselaers, Wolfgang, Uferlose Geldbußen bei Kartellverstößen nach der neuen 10 % Umsatzregel des § 81 Abs. 4 GWB?; Zugleich Vorschläge für Leitlinien zur Bemessung der Geldbuße, WuW 2006, S. 118–127

Dreher, Meinrad, Kartellrechtscompliance. Voraussetzungen und Rechtsfolgen unternehmens- oder verbandsinterner Maßnahmen zur Einhaltung des Kartellrechts, ZWeR 2004, S. 75–106

Dreher, Meinrad, Die Vorstandsverantwortung im Geflecht von Risikomanagement, Compliance und interner Revision, in Festschrift für Uwe Hüffer, herausgegeben *von Peter Kindler, Jens Koch, Peter Ulmer, Martin Winter*, München 2010, S. 161–177 (zitiert: *Dreher,* in FS Hüffer)

Eibelshäuser, Beate, Corporate Compliance: Ist eine globale Uniformität möglich? – Eine Analyse aus betriebswirtschaftlicher Sicht dargestellt am Beispiel des Prüfungsausschusses –, Der Konzern 2007, S. 735–744

Eisele, Dieter, Insiderrecht und Compliance, WM 1993, S. 1021–1026

Emmerich, Volker/Habersack, Mathias (Herausgeber), Aktien- und GmbH-Konzernrecht, 7. Auflage, München 2013 (zitiert: *Bearbeiter,* in Emmerich/Habersack)

Endres, Michael, Organisation der Unternehmensleitung aus der Sicht der Praxis, ZHR 163 (1999), S. 441–460

Fabritius, Andreas, Zu den Grenzen der Durchsetzung eines kapitalmarktrechtlich begründeten Informationsinteresses des herrschenden Unternehmens im faktischen Konzern, in Festschrift für Ulrich Huber, herausgegeben von Theodor *Baums* und *Johannes Wertenbruch* in Gemeinschaft mit Marcus Lutter und Karsten Schmidt, Tübingen 2006, S. 705–718 (zitiert: *Fabritius,* in FS Huber)

Fett, Torsten/Theusinger, Ingo, Compliance im Konzern – Rechtliche Grundlagen und praktische Umsetzung, BB-Special 4.2010, S. 6–14

Fleischer Holger (Herausgeber), Handbuch des Vorstandsrechts, München 2006 (zitiert: *Bearbeiter,* in Hdb. Vorstandsrecht)

Fleischer, Holger, Zur Leitungsaufgabe des Vorstands im Aktienrecht, ZIP 2003, S. 1–11

Fleischer, Holger, Vorstandsverantwortlichkeit und Fehlverhalten von Unternehmensangehörigen – Von der Einzelüberwachung zur Errichtung einer Compliance-Organisation, AG 2003, S. 291–300

Fleischer, Holger, Legal Transplants im deutschen Aktienrecht, NZG 2004, S. 1129–1137

Fleischer, Holger, Konzernleitung und Leitungssorgfalt der Vorstandsmitglieder im Unternehmensverbund, DB 2005, S. 759–166

Fleischer, Holger, Aktienrechtliche Legalitätspflicht und „nützliche" Pflichtverletzungen, ZIP 2005, S. 141–152

Fleischer, Holger, Corporate Compliance im aktienrechtlichen Unternehmensverbund, CCZ 2008, S. 1–6

Fleischer, Holger, Das unternehmerische Ermessen des GmbH-Geschäftsführers und seine GmbH-spezifischen Grenzen, NZG 2011, S. 521–527

Fleischer, Holger, Aktienrechtliche Compliance-Pflicht im Praxistest: Das Siemens/Neubürger-Urteil des LG München I, NZG 2014, S. 321–329

Fleischer, Holger/Goette, Wulf (Herausgeber), Münchener Kommentar zum Gesetz betreffend die Gesellschaften mit beschränkter Haftung (GmbHG), Band 1, §§ 1–34, 2. Auflage, München 2015; Band 2, §§ 35–52, 2. Auflage, München 2016 (zitiert: MüKo-*Bearbeiter,* GmbHG)

Fuchs, Andreas (Herausgeber), Wertpapierhandelsgesetz (WpHG); Kommentar, München 2009 (zitiert: Fuchs-*Bearbeiter,* WpHG)

Geiser, Martina, Leitungspflichten des Vorstandes in der AG, Hamburg 2010 (zitiert: *Geiser,* Leitungspflichten des Vorstandes in der AG)

Göhler, Erich/Gürtler, Franz/Seitz, Helmut, Gesetz über Ordnungswidrigkeiten, 16. Auflage, München 2012 (zitiert: Göhler-*Bearbeiter,* OWiG)

Goette, Wulf, Organisationspflichten in Kapitalgesellschaften zwischen Rechtspflicht und Opportunität, ZHR 175 (2011), S. 388–400

Goette, Wulf/Habersack, Mathias/Kalss, Susanne (Herausgeber), Münchener Kommentar zum Aktiengesetz, Band 1, §§ 1–75 AktG, 3. Auflage, München 2008; Band 2, §§ 76–117 AktG, 3. Auflage, München 2008; Band 3, §§ 118–178 AktG, 3. Auflage, München 2013; Band 5, §§ 278–328 AktG, 3. Auflage, München 2010; Band 6, §§ 329–410 AktG, 3. Auflage, München 2011 (zitiert: MüKo-*Bearbeiter,* AktG)

Görling, Helmut, Die Verbreitung zwei- und mehrstufiger Unternehmensverbindungen; Ergebnisse einer empirischen Untersuchung, AG 1993, S. 538–547

Götz, Heinrich, Leitungssorgfalt und Leitungskontrolle der Aktiengesellschaft hinsichtlich abhängiger Unternehmen, ZGR 1998, S. 524–546

Grundmeier, Charlotte Elisabeth, Rechtspflicht zur Compliance im Konzern, Köln 2011 (zitiert: *Grundmeier,* Rechtspflicht zur Compliance im Konzern)

Hauschka, Christoph E., Compliance, Compliance-Manager, Compliance-Programme: Eine geeignete Reaktion auf gestiegene Haftungsrisiken für Unternehmen und Management?, NJW 2004, S. 257–261

Hauschka, Christoph E., Compliance am Beispiel der Korruptionsbekämpfung, ZIP 2004, S. 877–883

Hauschka, Christoph E., Corporate Compliance – Unternehmensorganisatorische Ansätze zur Erfüllung der Pflichten von Vorständen und Geschäftsführern, AG 2004, S. 461–480

Hauschka, Christoph E., Die Voraussetzungen für ein effektives Compliance System i. S. von § 317 Abs. 4 HGB, DB 2006, S. 1143–1146

Hauschka, Christoph E., Compliance – Praktische Erfahrungen und Thesen –, Gesellschaftsrecht in der Diskussion 2007 herausgegeben von der Gesellschaftsrechtlichen Vereinigung, Köln 2008, S. 51–63 (zitiert: *Hauschka,* in GesellschaftsR in der Diskussion 2007)

Hauschka, Christoph E., Compliance als Teil einer modernen Unternehmensführung; Der Stand der Compliance-Diskussion: Nicht nur ein Thema für die Großen, AnwBl. 2010, S. 629–633

Hauschka, Christoph E. (Herausgeber), Corporate Compliance; Handbuch der Haftungsvermeidung im Unternehmen, 2. Auflage, München 2010 (zitiert: *Bearbeiter,* in Corporate Compliance)

Henssler, Martin/Strohn, Lutz (Herausgeber,) Gesellschaftsrecht, 2. Auflage, München 2014 (zitiert: *Bearbeiter,* in Henssler/Strohn)

Hölters, Wolfgang (Herausgeber), Aktiengesetz; Kommentar, 2. Auflage, München 2014 (zitiert: *Bearbeiter,* in Hölters, AktG)

Hoffmann-Becking, Michael (Herausgeber), Münchener Handbuch des Gesellschaftsrechts; Band 4, Aktiengesellschaft, 3. Auflage, München 2007 (zitiert: *Bearbeiter,* in Hdb. Gesellschaftsrecht, AG)

Hommelhoff, Peter, Die Konzernleitungspflicht, Köln 1982 (zitiert: *Hommelhoff,* Die Konzernleitungspflicht)

Hommelhoff, Peter/Mattheus, Daniela, Risikomanagement im Konzern – ein Problemaufriß, BFuP 2000, S. 217–230

Hommelhoff, Peter/Mattheus, Daniela, Risikomanagementsysteme im Entwurf des BilMoG als Funktionselement der Corporate Governance, BB 2007, S. 2787–2791

Hopt, Klaus J./Wiedemann, Herbert (Herausgeber), Aktiengesetz; Großkommentar, Erster Band, §§ 1–53, 4. Auflage, Berlin 2004; Dritter Band, §§ 76–94, 4. Auflage, Berlin 2008; Fünfter Band, §§ 118–149, 4. Auflage, Berlin 2008; Achter Band, §§ 278–310, 4. Auflage, Berlin 2013 (zitiert: *Bearbeiter,* in Großkomm., AktG)

Horney, Jörg/Kuhlmann, Matthias, Der Entwurf des IDW für einen Standard zur Prüfung von Compliance-Management-Systemen aus Sicht der Unternehmenspraxis, CCZ 2010, S. 192–195

Huber, Nikolaus, Die Reichweite konzernbezogener Compliance-Pflichten des Mutter-Vorstands des AG Konzerns, Berlin 2013 (zitiert: *Huber,* Die Reichweite konzernbezogener Compliance-Pflichten des Mutter-Vorstands des AG-Konzerns)

Hüffer, Uwe, Informationen zwischen der Tochtergesellschaft und herrschenden Unternehmen im vertragslosen Konzern, in Unternehmensrecht zu Beginn des 21. Jahrhunderts, Festschrift für Eberhard Schwark, herausgegeben *von Stefan Grundmann, Christian Kirchner, Thomas Raiser, Hans-Peter Schwintowski, Martin Weber* und *Christine Windbichler*, München 2009, S. 185–198 (zitiert: *Hüffer,* in FS Schwark)

Hüffer, Uwe, Aktiengesetz, 10. Auflage, München 2012 (zitiert: *Hüffer,* in Hüffer, 10. Aufl. (Voraufl.) AktG)

Hüffer, Uwe (Begründer)/*Koch, Jens* (Bearbeiter), Aktiengesetz, 11. Auflage, München 2014 (zitiert: *Koch,* in Hüffer, AktG)

Immenga, Ulrich, Compliance als Rechtspflicht nach Aktienrecht und Sarbanes-Oxley-Act, in Unternehmensrecht zu Beginn des 21. Jahrhunderts, Festschrift für Eberhard Schwark, herausgegeben *von Stefan Grundmann, Christian Kirchner, Thomas Raiser, Hans-Peter Schwintowski, Martin Weber* und *Christine Windbichler*, München 2009, S. 199–207 (zitiert: *Immenga,* in FS Schwark)

Joost, Detlev/Strohn, Lutz (Herausgeber), Handelsgesetzbuch; Band 1, §§ 1–342e, 3. Auflage, München 2014 (zitiert: *Bearbeiter,* in EBJS, HGB)

Kiethe, Kurt, Vermeidung der Haftung von geschäftsführenden Organen durch Corporate Compliance, GmbHR 2007, S. 393–400

Kleindiek, Detlef, Konzernstrukturen und Corporate Governance: Leitung und Überwachung im dezentral organisierten Unternehmensverbund, in Handbuch Corporate Governance, Leitung und Überwachung börsennotierter Unternehmen in der Rechts- und Wirtschaftspraxis, herausgegeben *von Hommelhoff, Peter, Hopt, Klaus J.*, v. *Werden, Axel*, 2. Auflage, Stuttgart 2009, S. 787–823 (zitiert: *Kleindiek,* in Hdb. Corporate Governance)

Klesczewski, Diethelm, Ordnungswidrigkeitenrecht; Ein Lehrbuch München 2010 (zitiert: *Klesczewski,* Ordnungswidrigkeitenrecht)

Koch, Jens, Das Gesetz zur Unternehmensintegrität und Modernisierung des Anfechtungsrechts (UMAG), ZGR 2006, S. 769–804

Koch, Jens, Der kartellrechtliche Sanktionsdurchgriff im Unternehmensverbund, ZHR 171 (2007), S. 554–580

Koch, Jens, Compliance-Pflichten im Unternehmensverbund, WM 2009, S. 1013–1020

Kort, Michael, Verhaltensstandardisierung durch Corporate Compliance, NZG 2008, S. 81–86

Kremer, Thomas/Klahold, Christoph, Compliance-Programme in Industriekonzernen, ZGR 2010, S. 113–143

Krieger, Gerd/Schneider, Uwe H. (Herausgeber), Handbuch Managerhaftung: Vorstand, Geschäftsführer, Aufsichtsrat, Pflichten und Haftungsfolgen. Typische Risikobereiche, 2. Auflage, Köln 2010 (zitiert: *Bearbeiter,* in Hdb. Managerhaftung)

Langenbucher, Katja, Aktien- und Kapitalmarktrecht; Ein Studienbuch, 3. Auflage, München 2015 (zitiert: *Langenbucher,* Aktien- und Kapitalmarktrecht)

Larenz, Karl, Methodenlehre der Rechtswissenschaft, 6. Auflage, Berlin 1991 (zitiert: *Larenz,* Methodenlehre)

Lelley, Jan Tibor, Compliance im Arbeitsrecht; Leitfaden für die Praxis, Köln 2010 (zitiert: *Lelley,* Compl. im ArbeitsR)

Lemke, Michael/Mosbacher, Andreas, Ordnungswidrigkeitengesetz; Kommentar, 2. Auflage, Heidelberg 2005 (zitiert: Lemke/Mosbacher, OWiG)

Liese, Jens, Much Adoe About Nothing? oder: Ist der Vorstand einer Aktiengesellschaft verpflichtet, eine Compliance-Organisation zu implementieren?, BB-Special 5.2008, S. 17–22

Löbbe, Marc, Unternehmenskontrolle im Konzern; Die Kontrollaufgaben von Vorstand, Geschäftsführer und Aufsichtsrat, Heidelberg 2003 (zitiert: *Löbbe,* Unternehmenskontrolle im Konzern)

Lösler, Thomas, Das moderne Verständnis von Compliance im Finanzmarktrecht, NZG 2005, S. 104–108

Loewenheim, Ulrich/Meessen, Karl M./Riesenkampff, Alexander (Herausgeber), Kartellrecht; Kommentar, 2. Auflage, München 2009 (zitiert: *Bearbeiter,* in Loewenheim/Meessen/Riesenkampff)

Lück, Wolfgang, Der Umgang mit unternehmerischen Risiken durch ein Risikomanagementsystem und durch ein Überwachungssystem, DB 1998, S. 1925–1930

Lutter, Marcus, Information und Vertraulichkeit im Aufsichtsrat, 3. Auflage, Köln 2006 (zitiert: *Lutter,* Information und Vertraulichkeit im Aufsichtsrat)

Lutter, *Marcus,* Die Business Judgment Rule und ihre praktische Anwendung, ZIP 2007, S. 841–848

Lutter, *Marcus,* Konzernphilosophie vs. konzernweite Compliance und konzernweites Risikomanagement, in Festschrift für Wulf Goette, herausgegeben *von Mathias Habersack* und *Peter Hommelhoff*, München 2011, S. 289–297 (zitiert: *Lutter,* in FS Goette)

Lutter, *Marcus*/*Hommelhoff*, *Peter*/*Bayer*, *Walter*/*Kleindiek*, *Detlef,* GmbH-Gesetz; Kommentar, 18. Auflage, München 2012 (zitiert: *Bearbeiter,* in Lutter/Hommelhoff, GmbHG)

Marsch-Barner, *Reinhard*/*Schäfer*, *Frank A.* (Herausgeber), Handbuch börsennotierte AG; Aktien- und Kapitalmarktrecht, 3. Auflage, Köln 2014 (zitiert: *Bearbeiter,* in Hdb. börsennotierte AG)

Mansdörfer, *Marco*/*Timmerbeil*, *Sven,* Zurechnung und Haftungsdurchgriff im Konzern; Eine rechtsgebietsübergreifende Betrachtung, WM 2004, S. 362–370

Meier-Greve, *Daniel,* Vorstandshaftung wegen mangelhafter Corporate Compliance, BB 2009, S. 2555–2560

Mengel, *Anja,* Compliance und Arbeitsrecht; Implementierung – Durchsetzung – Organisation, München 2009 (zitiert: *Mengel,* Compl. und ArbeitsR)

Mengel, *Anja*/*Hagemeister*, *Volker,* Compliance und Arbeitsrecht, BB 2006, S. 2466–2471

Michalski, *Lutz* (Herausgeber), Kommentar zum Gesetz betreffend die Gesellschaften mit beschränkter Haftung (GmbH-Gesetz), Band I, Systematische Darstellungen, §§ 1–34 GmbHG, 2. Auflage, München 2010; Band II; §§ 35–85 GmbHG, §§ 1–4 EGGmbHG, 2. Auflage, München 2010 (zitiert: Michalski-*Bearbeiter,* GmbHG)

Moosmayer, *Klaus,* Compliance; Praxisleitfaden für Unternehmen, 3. Auflage, München 2015 (zitiert: *Moosmayer,* Compliance)

Pahlke, *Anne-Kathrin,* Risikomanagement nach KonTraG – Überwachungspflichten und Haftungsrisiken für den Aufsichtsrat, NJW 2002, S. 1680–1688

Palandt, *Otto* (Begründer), Bürgerliches Gesetzbuch mit Nebengesetzen, 75. Auflage, München 2016 (zitiert: Palandt-*Bearbeiter,* BGB)

Passarge, *Malte,* Risiken und Chancen mangelhafter Compliance in der Unternehmensinsolvenz, NZI 2009, S. 86–91

Pietzke, *Rudolf,* Die Verantwortung für Risikomanagement und Compliance im mehrköpfigen Vorstand, CCZ 2010, S. 45–53

Pollanz, Manfred, Offene Fragen der Prüfung von Risikomanagementsystemen nach KonTraG, DB 2001, S. 1317–1325

Preußner, Joachim, Deutscher Corporate Governance Kodex und Risikomanagement, NZG 2004, S. 303–307

Preußner, Joachim, Risikomanagement im Schwerpunkt von Bankaufsichtsrecht und Gesellschaftsrecht, NZG 2004, S. 57–61

Preußner, Joachim/Becker, Florian, Ausgestaltung von Risikomanagementsystemen durch die Geschäftsleitung, NZG 2002, S. 846–851

Rebmann, Kurt/Roth, Werner/Herrmann, Siegfried, Gesetz über Ordnungswidrigkeiten; Kommentar, Band 1, 3. Auflage, 21 Lieferung, Januar 2015; Band 2, 3. Auflage, 21. Lieferung Januar 2015 (zitiert: Rebmann/Roth/Herrmann, OWiG)

Reichert, Jochem/Ott, Nicolas, Non Compliance in der AG – Vorstandspflichten im Zusammenhang mit der Vermeidung, Aufklärung und Sanktionierung von Rechtsverstößen, ZIP 2009, S. 2173–2180

Reuter, Alexander, Die Konzerndimension des KonTraG und ihre Umsetzung in Konzernobergesellschaften, DB 1999, S. 2250–2253

*Ringleb, Henrik-Michael/Kremer, Thomas/Lutter, Marcus/*v. *Werden, Axel,* Kommentar zum Deutschen Corporate Governance Kodex; Kodex-Kommentar; 5. Auflage, München 2014 (zitiert: *Ringleb,* DCGK)

Rodewald, Jörg/Unger, Ulrike, Corporate Compliance – Organisatorische Vorkehrungen zur Vermeidung von Haftungsfällen der Geschäftsleitung, BB 2006, S. 113–117

Rodewald, Jörg/Unger, Ulrike, Kommunikation und Krisenmanagement im Gefüge der Corporate Compliance-Organisation, BB 2007, S. 1629–1635

Roth, Günter H./Altmeppen, Holger, Gesetz betreffend die Gesellschaften mit beschränkter Haftung; Kommentar, 8. Auflage, München 2015 (zitiert: *Bearbeiter,* in Roth/Altmeppen, GmbHG)

Saenger, Ingo/Inhester, Michael (Herausgeber), GmbHG, Handkommentar, 2. Auflage, Baden-Baden 2013 (zitiert: *Bearbeiter,* in Saenger/Inhester, GmbHG)

Salvenmoser, Steffen/Hauschka, Christoph E., Korruption, Datenschutz und Compliance, NJW 2010, S. 331–335

Schäfer, Carsten, Die Binnenhaftung von Vorstand und Aufsichtsrat nach der Renovierung durch das UMAG, ZIP 2005, S. 1253–1259

Schimansky, Herbert/Bunte, Hermann-Josef/Lwowski, Hans-Jürgen (Herausgeber), Bankrechts-Handbuch, Band II, 4. Auflage, München 2011 (zitiert: *Bearbeiter,* in Bankrechts-Hdb.)

Schmidt, Bernd, Compliance in der Kapitalgesellschaft, Baden-Baden 2010 (zitiert: *Schmidt,* Compliance in Kapitalgesellschaften)

Schmidt, Karsten, Gesellschaftsrecht, 4. Auflage, Köln 2002 (zitiert: *Schmidt,* Gesellschaftsrecht)

Schmidt, Karsten/Ebke, Werner F. (Herausgeber), Münchener Kommentar zum Handelsgesetzbuch, Band 4, Drittes Buch, Handelsbücher, §§ 238–342e HGB, 3. Auflage, München 2013 (zitiert: MüKo-*Bearbeiter,* HGB)

Schmidt, Karsten/Lutter, Marcus, (Herausgeber), Aktiengesetz; Kommentar, I. Band, §§ 1–149, 3. Auflage, Köln 2015; II. Band, §§ 150–410, 3. Auflage, Köln 2015 (zitiert: Schmidt/Lutter-*Bearbeiter,* AktG)

Schneider, Sven H., „Unternehmerische Entscheidungen" als Anwendungsvoraussetzung für die Business Judgment Rule, DB 2005, S. 707–712

Schneider, Sven H., Informationspflichten und Informationssystemeinrichtungspflichten im Aktienkonzern – Überlegungen zu einem Unternehmensinformationsgesetzbuch, Berlin 2006 (zitiert: *S. H. Schneider,* Informationspflichten)

Schneider, Sven H./Schneider, Uwe H., Vorstandshaftung im Konzern, AG 2005, S. 57–66

Schneider, Uwe H., Konzernleitung als Rechtsproblem; Überlegungen zu einem Konzernverfassungsrecht, BB 1981, S. 249–259

Schneider, Uwe H., Die Überlagerung des Konzernrechts durch öffentlich-rechtliche Strukturnormen und Organisationspflichten – Vorüberlegungen zu „Compliance im Konzern" – ZGR 1996, S. 225–246

Schneider, Uwe H., Compliance als Aufgabe der Unternehmensleitung, ZIP 2003, S. 645–650

Schneider, Uwe H., Compliance im Konzern, NZG 2009, S. 1321–1326

Schneider, Uwe H., Die Haftung von Mitgliedern des Vorstands und der Geschäftsführer bei Vertragsverletzungen der Gesellschaft, in Festschrift für Uwe Hüffer, herausgegeben *von Peter Kindler, Jens Koch, Peter Ulmer, Martin Winter,* München 2010, S. 905–916 (zitiert: *U. H. Schneider,* in FS Hüffer)

Schneider, Uwe H./Burgard, Ulrich, Treupflichten im mehrstufigen Unterordnungskonzern, in Festschrift für Peter Ulmer, herausgegeben *vom Mathias Habersack, Uwe Hüffer, Peter Hommelhoff* und *Karsten Schmidt,* Berlin 2003, S. 579–603 (zitiert: *Schneider/Burgard,* in FS Ulmer)

Schneider, Uwe H./Schneider, Sven H., Konzern-Compliance als Aufgabe der Konzernleitung, ZIP 2007, S. 2061–2065

Scholz, Franz, Kommentar zum GmbH-Gesetz; mit Anhang Konzernrecht, I. Band, §§ 1–34, 11. Auflage, Köln 2012; II. Band, §§ 35–52, 11. Auflage, Köln 2014 (zitiert: *Bearbeiter,* in Scholz, GmbHG)

Schwacke, Peter, Juristische Methodik; mit Technik der Fallbearbeitung, 5. Auflage, Stuttgart 2011 (zitiert: *Schwacke,* Juristische Methodik)

Schwark, Eberhardt/Zimmer, Daniel (Herausgeber), Kapitalmarktrechts-Kommentar, 4. Auflage, München 2010 (zitiert: Schwark/Zimmer-*Bearbeiter*)

Schwennicke, Andreas/Auerbach, Dirk (Herausgeber), Kreditwesengesetz (KWG); Kommentar, München 2009 (zitiert: Schwennicke/Auerbach-*Bearbeiter,* KWG)

Schwintowski, Hans-Peter, Gesellschaftsrechtliche Anforderungen an Vorstandshaftung und Corporate Governance durch das neue System der kartellrechtlichen Legalausnahme, NZG 2005, S. 200–203

Seibert, Ulrich, Die Entstehung des § 91 Abs. 2 AktG im KonTraG – „Risikomanagement“ oder „Frühwarnsystem“?, in Festschrift für Gerold Bezzenberger, herausgegeben *von Harm Peter Westermann* und *Klaus Mock*, Berlin 2000, S. 427–438 (zitiert: *Seibert,* in FS Bezzenberger)

Semler, Johannes, Leitung und Überwachung der Aktiengesellschaft; Die Leitungsaufgabe des Vorstands und die Überwachungsaufgabe des Aufsichtsrats, 2. Auflage, Köln 1996 (zitiert: *Semler,* Leitung und Überwachung der AG)

Semler, Johannes/Peltzer, Martin, (Herausgeber), Arbeitshandbuch für Vorstandsmitglieder, München 2005 (zitiert: *Bearbeiter,* in Semler/Peltzer)

Senge, Lothar (Herausgeber), Karlsruher Kommentar zum Gesetz über Ordnungswidrigkeiten, 4. Auflage, München 2014 (zitiert: KK-*Bearbeiter,* OWiG)

Singhof, Bernd, Zur Weitergabe von Insiderinformationen im Unterordnungskonzern, ZGR 2001, S. 146–174

Spindler, Gerald, Compliance in der multinationalen Bankengruppe, WM 2008, S. 905–918

Spindler, Gerald, Von der Früherkennung von Risiken zum umfassenden Risikomanagement – zum Wandel des § 91 AktG unter europäischem Einfluss, in Festschrift für Uwe Hüffer, herausgegeben *von Peter Kindler, Jens Koch, Peter Ulmer, Martin Winter*, München 2010, S. 985–998 (zitiert: *Spindler,* in FS Hüffer)

Spindler, Gerald/Stilz, Eberhard (Herausgeber), Kommentar zum Aktiengesetz, Band 1, §§ 1–149, 2. Auflage, München 2010; Band 2, §§ 150–410, 2. Auflage, München 2010 (zitiert: Spindler/Stilz-*Bearbeiter,* AktG)

Stetter, Sabine, Korruption und Wirtschaftskrise: Machen sich Präventionsmaßnahmen bezahlt, CCZ 2009, S. 227–231

Streck, Michael/Binnewies, Burkhard, Tax Compliance, DStR 2009, S. 229–234

Thümmel, Roderich C., Die Abweichung von der Entsprechungserklärung nach § 161 AktG, CCZ 2008, S. 141–144

Thüsing, Gregor, Arbeitnehmerdatenschutz und Compliance; Effektive Compliance im Spannungsverhältnis von reformiertem BDSG, Persönlichkeitsschutz und Mitbestimmung, München 2010 (zitiert: *Thüsing,* Arbeitnehmerdatenschutz und Compliance)

Tiedemann, Klaus, Strafrechtliche Grundprobleme im Kartellrecht, NJW 1979, S. 1849–1856

Ulmer, Peter/Habersack, Mathias/Winter, Martin (Herausgeber), Gesetz betreffend die Gesellschaften mit beschränkter Haftung (GmbHG); Großkommentar, Band III, §§ 53–87, Tübingen 2008 (zitiert: *Bearbeiter,* in Ulmer/Habersack/Winter, GmbHG)

Wecker, Gregor/van Laak, Hendrik (Herausgeber), Compliance in der Unternehmenspraxis, 2. Auflage, Wiesbaden 2009 (zitiert: *Bearbeiter,* in Wecker/van Laak, Compliance in der Unternehmerpraxis)

Wermelt, Andreas, Erhebung eines Meinungsbilds zum EPS 980, CCZ 2010, S. 150–151

Wernsmann, Rainer/Gatzka, Ulrich, Der Deutsche Corporate Governance Kodex und die Entsprechungserklärung nach § 161 AktG, NZG 2011, S. 1001–1007

Wirtz, Markus M., Die Aufsichtspflicht des Vorstands nach OWiG und KonTraG, WuW 2001, S. 342–356

Wittmann, Martin, Informationsfluss im Konzern, Frankfurt a. M. 2008 (zitiert: *Wittmann,* Informationsfluss im Konzern)

Verse, Dirk A., Compliance im Konzern; Zur Legalitätskontrollpflicht der Geschäftsleiter einer Konzernobergesellschaft, ZHR 175 (2011), S. 401–424

Vetter, Eberhard, Zur Compliance-Verantwortung des Vorstands und zu den Compliance-Aufgaben des Aufsichtsrats in Zwischen Vertragsfreiheit und Verbraucherschutz, in Festschrift für Friedrich Graf von Westphalen, herausgegeben *von F. Christian Genzow, Barbara Grunewald, Hans Schulte-Nölke*, Köln 2010, S. 719–739 (zitiert: *Vetter,* in FS Graf von Westphalen)

Zenke, Ines/Schäfer, Ralf/Brocke, Holger (Herausgeber), Compliance in Energieversorgungsunternehmen, Ein Praxishandbuch, Frankfurt a. M. 2011 (zitiert: *Bearbeiter,* in Zenke/Schäfer/Brocke, Compliance in Energieversorgungsunternehmen)

*Zippelius, Reinhold,*Juristische Methodenlehre, 11. Auflage, München 2012 (zitiert: *Zippelius,* Juristische Methodenlehre)

Zöllner, Wolfgang/Noack, Ulrich (Herausgeber), Kölner Kommentar zum Aktiengesetz, Band 2/1, §§ 76–94 AktG, 3. Auflage, Köln 2010; Band 2/2, §§ 95–117 AktG, 3. Auflage, Köln 2013; Band 6, §§ 15–22 AktG und §§ 291–328, 3. Auflage, Köln 2004 (zitiert: *Bearbeiter,* in Kölner Komm., AktG)

Presseberichte/Allgemeine Zeitungen

Balser, Markus, Teure Affäre, Süddeutsche Zeitung vom 31. 12. 2008, V3/9

Beiseb, Marc, Gütesiegel für die neue Siemens AG, Süddeutsche Zeitung vom 15. 12. 2008, S. 4

Dahlkamp, Jürgen/Deckstein, Dinah/Schmitt, Jörg, Die Firma, Der Spiegel vom 14. 04. 2008 (Heft 16), S. 76–90

Herr, Joachim, „Globalisierung kennt keine Moral“, Frankfurter Allgemeine Zeitung vom 28. 11. 2006, Nr. 277, S. 22

Leyendecker, Hans, „Das ist wie bei der Mafia“, Süddeutsche Zeitung vom 14. 01. 2011, S. 21

Leyendecker, Hans/Ott, Klaus, Was haften bleibt, Süddeutsche Zeitung vom 26. 07. 2008, S. 25

Ott, Klaus, Hinschauen statt wegschauen, Süddeutsche Zeitung vom 11. 06. 2011, S. 29

Ott, Klaus, Korruption bleibt falsch, Süddeutsche Zeitung vom 21. 05. 2011, S. 21

Ott Klaus, Zwei, die es wissen wollen, Süddeutsche Zeitung vom 26. 01. 2010, S. 17

Ott, Klaus, Geheime Codes und gelbe Zettelchen, Süddeutsche Zeitung vom 12. 04. 2008, S. 26

Ott, Klaus, Ex-Vorstand muss nicht ins Gefängnis, Süddeutsche Zeitung vom 06. 03. 2008, S. bin

Ott, Klaus, Frühere Vorstände in Bedrängnis, Süddeutsche Zeitung vom 01. 10. 2007, S. 17

Ott, Klaus/Balser, Markus, Korruptions-Bekämpfer sollen verwickelt sein, Süddeutsche Zeitung vom 27. 11. 2006, S. 17

Ott, Klaus/Schäfer, Ulrich, Drei gegen einen, Süddeutsche Zeitung vom 26. 04. 2007, S. 2

Wilhelm, Hannah, Die positiven Folgen des Falls Siemens, Süddeutsche Zeitung vom 24. 09. 2009, S. 23

Intradisziplinäre Forschung zur Compliance
Studien zur Rechtsentwicklung und -praxis

Herausgegeben von Andrea Lohse, Roman Seer und Katharina Uffmann

Band 1 Henrik Zapfe: Compliance und Strafverfahren. Das Spannungsverhältnis zwischen Unternehmensinteressen und Beschuldigtenrechten. 2013

Band 2 Christina Altemeier: Verantwortlichkeit des Vorstands für Kartellrechtsverstöße. Ein Beitrag zur Organhaftung und zur Organuntreue. 2013

Band 3 Kristof Nenninger: Kartellrechtliche Kronzeugenprogramme und Datenschutzrecht. Eine Untersuchung der datenschutzrechtlichen Voraussetzungen und Grenzen der Informationsweitergabe anlässlich einer freiwilligen Kooperation mit nationalen und U.S.-Behörden. 2013

Band 4 André Frischemeier: Die Haftung geschäftsführender Organe für Compliance-Verstöße in Tochtergesellschaften. 2014.

Band 5 Christian Schützler: Tax Compliance im Kooperationsverhältnis zwischen Unternehmen und Finanzverwaltung. 2015.

Band 6 Alexander Roos: Compliance Defence. Kartellrechtliche Umsetzung im verfassungsrechtlichen Rahmen. 2015.

Band 7 Armin Gasper: Tax Compliance aus unternehmensrechtlicher Sicht. Die Pflichtenstellung des Vorstandes angesichts systemischer Steuerrisiken internationaler Unternehmen. 2016.

Band 8 David Wolfmeyer: Steuerung von Corporate Social Responsibility durch Recht. Der normative Rahmen der Unternehmensverantwortung im europäischen und globalen Raum. 2016.

Band 9 Jens Hausmanns: Pflichten zum Compliance-Management in der konzernfreien Kapitalgesellschaft und im Konzern. 2018.

www.peterlang.com